杭 州

贰零贰贰

2022

HANGZHOU JISHI

纪 事

中共杭州市委党史研究室
（杭州市人民政府地方志办公室）编

ZHEJIANG UNIVERSITY PRESS

浙江大学出版社

·杭州·

图书在版编目（CIP）数据

杭州纪事. 2022 ／ 中共杭州市委党史研究室
（杭州市人民政府地方志办公室）编. —杭州：浙江
大学出版社，2023.10
　　ISBN 978-7-308-24273-8

　　Ⅰ．①杭… Ⅱ．①中… Ⅲ．①杭州－地方史－
大事记－2022 Ⅳ．①K295.51

中国国家版本馆CIP数据核字（2023）第190831号

杭州纪事（2022）

HANGZHOU JISHI（2022）

中共杭州市委党史研究室（杭州市人民政府地方志办公室）　编

图书策划	柯华杰（khj2019@zju.edu.cn）
责任编辑	柯华杰
责任校对	高士吟
文字编辑	赵　钰
装帧设计	林智广告
出版发行	浙江大学出版社
	（杭州市天目山路148号　　邮政编码　310007）
	（网址：http://www.zjupress.com）
排　　版	杭州林智广告有限公司
印　　刷	杭州捷派印务有限公司
开　　本	710mm×1000mm　1/16
印　　张	26.5
字　　数	488千
版 印 次	2023年10月第1版　2023年10月第1次印刷
书　　号	ISBN 978-7-308-24273-8
定　　价	128.00元

杭州市地方志编纂委员会

主　　任　姚高员

副主任　陈　瑾　黄海峰　朱　华

成　　员　陈国强　戚海滨　陈伟民　鲍一飞　郭初民

　　　　　　童定干　骆安全　龚志南　沈　翔　孔春浩

　　　　　　王越剑　楼建忠　楼俪捷　钮　俊　何凌超

　　　　　　谢建华　董　悦　郑洪彪　王永芳　范　飞

　　　　　　吴槐庆　孙国方　高小辉　郎健华　谭　飞

　　　　　　刘　冬

办公室主任　　郎健华

《杭州纪事》编辑部

主　　编　郎健华

副主编　阮关水　金利权

执行主编　郦　晶

编　　辑（以姓氏笔画为序）

　　　　　　金利权　郦　晶　秦文蔚

编　　务　吴陈英

地　　址　杭州市解放东路18号市民中心C座15楼

邮　　编　310026

电　　话　0571-85253695

数字杭州 2022

- 年末常住人口1237.6万人
  户籍人口846.7万人

- 地区生产总值18753亿元，比上年增长1.5%
  三次产业增加值结构为1.8 ： 30.0 ： 68.2

- 财政总收入4590.08亿元，比上年增长0.6%
  一般公共预算收入2451亿元，比上年增长2.7%
  一般公共预算支出2542亿元，比上年增长6.2%

- 社会消费品零售总额7294亿元，比上年增长5.8%

- 固定资产投资比上年增长6.0%

- 居民人均可支配收入70281元，比上年增长3.8%
  扣除价格因素实际增长1.4%
  居民人均消费支出46440元，比上年增长4.1%

- 城镇居民人均可支配收入77043元，比上年增长3.1%
  扣除价格因素实际增长0.7%

- 农村居民人均可支配收入45183元，比上年增长5.8%
  扣除价格因素实际增长3.3%

- 货物进出口总额7565亿元，比上年增长2.7%
  出口5141亿元，比上年增长10.6%
  进口2424亿元，比上年下降10.8%
  跨境电商进出口总额1203亿元，比上年增长8%
  服务贸易出口170亿美元，比上年增长11.4%

- 新引进外商投资项目840个
  实际利用外资78.1亿美元

- 研究与试验发展经费支出与生产总值之比为3.75%
  新增发明专利授权量3.0万件，比上年增长31.2%

- 有国家级企业技术中心43个
  有国家级技术创新示范企业14个
  有国家级众创空间85个

- 境内公路总里程16642千米
  高速公路801千米

- 主城区公共交通运营线路394条
  城市轨道交通运营里程516千米
  地铁客运量9.6亿人次，比上年增长7.3%

- 新建成停车泊位10.4万个，其中公共泊位1.2万个

- 一般公共预算支出中民生支出1966亿元
  占一般公共预算支出的77.3%

- 年末职工基本养老保险参保人数823.2万人
  职工医疗保险参保人数783.0万人

- 有居家养老服务中心乡镇（街道）级227个、村（社区）级2688个
  有各类养老机构246个
  有儿童福利和救助保护机构7个

- 市区空气优良天数304天，优良率83.3%
  市控以上断面水质优良率100%，功能区达标率100%
  县级以上集中式饮用水水源地水质达标率100%

- 森林覆盖率65.33%

十件民生实事 2022

① 新建中小学幼儿园85所，新增学位70680个

② 完成回迁安置13213户，新增公租房货币补贴保障家庭4.7万户，新开工保障性住房137.3万平方米

③ 新增群众身边体育健身设施308处，开放免费或低收费全民健身场地11933片

④ 实施政策性特色农业保险扩面，惠及农业主体16482户

⑤ 新建社区级公园71个，新增乡村（社区）博物馆50个

6 规范化改造避灾安置场所300个，新增应急救护持证人员9.9万名

7 完成城镇老旧小区改造242个、老旧小区住宅加装电梯1070台、二次供水设施改造69个

8 新辟优化地铁接驳公交线路50条，新增地铁出入口非机动车停车位14695个

9 新增普惠托位8358个、婴幼儿成长驿站185个、老年大学（学堂）16所、康养联合体24个

10 完成重要公共服务场所无障碍改造145处，规范化残疾人之家68个

编辑说明

一、《杭州纪事》是中共杭州市委党史研究室（杭州市人民政府地方志办公室）编纂的年度出版物，是原《杭州日记》《杭州纪事》整合改版后的第三卷，以编年体大事纪要的形式，忠实记录、真实反映杭州城市发展历程，为保存城市历史留存基础资料，为社会各界了解杭州提供权威参考。

二、《杭州纪事（2022）》坚持以马克思列宁主义、毛泽东思想、邓小平理论、"三个代表"重要思想、科学发展观、习近平新时代中国特色社会主义思想为指导，坚持辩证唯物主义和历史唯物主义的立场、观点和方法，存真求实，全面记录2022年在中共杭州市委、杭州市人民政府正确领导下，杭州坚定捍卫"两个确立"、坚决做到"两个维护"、忠实践行"八八战略"，全面深化"奋进新时代、建设新天堂"系列变革性实践、高水平推进共同富裕幸福杭州建设、加快打造世界一流的社会主义现代化国际大都市、努力成为中国式现代化的城市范例的奋斗历程。

三、《杭州纪事（2022）》记录时间为2022年1月1日至12月31日。全书按月分为12个部分，以时间为序，记录2022年杭州市自然、经济、政治、文化、社会等方面的大事、要事和新事。

四、《杭州纪事（2022）》涉及的数据来自杭州市《政府工作报告》、杭州市国民经济和社会发展统计公报等正式文件和官方媒体。无特别说明时，书中提及的"上年"均指"2021年"，"省"均指"浙江省"，"市"均指"杭州市"。

目录

一月

●● 省委书记袁家军，省委副书记、代省长王浩到杭州看望慰问元旦假期值班值守人员和坚守岗位的建设者，检查节日疫情防控、民生保障等工作，代表省委、省政府向全省广大干部群众致以诚挚问候和新年祝福。省、市领导刘捷、陈奕君、王成国、刘忻、朱建明参加有关活动。

袁家军强调，全省各地要认真学习贯彻习近平总书记关于疫情防控的重要讲话和重要指示精神，深入践行以人民为中心的发展思想，牢固树立安全红线意识和底线思维，坚持"干部在岗、群众过节"，以更加饱满的工作热情和昂扬的精神状态，切实做好节日期间疫情防控、民生保障等各项工作，确保全省社会大局持续和谐稳定，确保广大人民群众过一个安全欢乐祥和的元旦假期。

●● 时代高架萧山段开通试运行。

时代高架萧山段北起滨江区天马路，南至萧山义桥收费站，为双向六车道设计，设计速度为80千米/小时，全长6.6千米。该段道路的开通，标志着杭州绕城内快速路网"上塘—中河—时代"这"一纵"的全面贯通，南部快速路框架进一步完善。通车后，它将串联起杭州主城区、滨江区、湘湖新城、萧山南部片区，有利于义桥、闻堰区域进出城交通提速，缓解南北向交通压力。

●● 市长刘忻到市疫情防控指挥部主持召开视频连线会议。柯吉欣、陈卫强、丁狄刚参加。

刘忻强调，要深入贯彻习近平总书记关于疫情防控的重要讲话和重要指示精神，坚决落实省委、省政府部署要求，迅速进入备战状态，全面激活应急机制，主动加强检测筛查，落实落细各方责任，把疫情防控网络织得更密、扎得更紧，为人民群众生命安全和身体健康筑起坚固的城市防线。

●● 市委召开信访工作会议，省委常委、市委书记刘捷出席会议并讲话。会议以视频形式召开，各区县（市）设分会场。市委副书记、市长刘忻主持，李火林、潘家玮、柯吉欣、朱建明、罗杰等出席。

刘捷强调，要深入学习贯彻习近平总书记关于加强和改进人民信访工作的重要思想，全面落实省委信访工作会议精神，以数字化改革为牵引，开展信访"积案清零、清单销号、源头治理攻坚年"活动，奋力谱写人民信访事业发展新篇章，持续营造平稳健康的经济环境、安定和谐的社会环境、风清气正的政治环境。

●● 市人大常委会党组召开(扩大)会议，传达学习贯彻市委十二届十四次全体(扩大)会议精神，研究部署贯彻落实工作。市人大常委会党组书记、主任李火林主持并讲话，郑荣胜、陈红英、戴建平、罗卫红、卢春强、徐小林参加。

●● 市政协召开党组（扩大）会议，传达学习市委十二届十四次全会精神，研究部署贯彻落实意见。市政协党组书记、主席潘家玮主持并讲话。张仲灿、叶鉴铭、谢双成、毛溪浩、王立华、周智林、陈国妹、滕勇参加。

●● 省委、省政府举行2022年全省扩大有效投资重大项目集中开工活动。

省委书记、省人大常委会主任袁家军宣布开工，省委副书记、代省长王浩讲话，省政协主席葛慧君、省委副书记黄建发出席。

开工活动以视频形式举行。李火林、潘家玮、柯吉欣、朱建明、缪承潮、王宏、胡伟、陈卫强、丁狄刚等在杭州分会场参加。

杭州市有38个项目参加此次集中开工活动，聚焦重大产业、社会民生、基础设施、城市有机更新等领域，总投资854亿元。

●● 省委召开县（市、区）委书记工作交流会暨疫情防控工作部署会。省直单位党委（党组）主要负责人等在省主会场参会。

刘捷、刘忻、李火林、潘家玮等市四套班子领导在杭州分会场参加。

袁家军强调，要深入学习贯彻习近平总书记重要讲话精神，不断提高政治判断力、政治领悟力、政治执行力，全面贯彻中央和省委经济工作会议部署要求，聚焦高质量发展建设共同富裕示范区目标任务，统筹推进疫情防控和经济社会发展工作，努力干得更出色、交出更加靓丽成绩单，确保2022年开好局、起好步，以优异成绩迎接党的二十大和省第十五次党代会胜利召开。

●● 省委书记袁家军到杭州调研，围绕企业开门红上门服务，推动解决问题，拉开全省实施"助企开门红"活动的序幕。刘捷、陈奕君、朱建明陪同调研。

袁家军强调，新的一年各地各部门要深入学习贯彻习近平总书记重要讲话精神，全面贯彻落实中央经济工作会议精神，围绕企业发展最现实、最紧迫问题，开展系统服务、精准服务、联动服务，把资源要素等向想干事、能干事、干成事的区域和企业集聚，在解决实际问题中推动高质量发展，推动全省各地各部门围绕高质量发展、竞争力提升、现代化先行和共同富裕取得突破性进展、标志性成果，持续展现新气象、实现新作为，确保一季度开门稳、开门红和社会大局稳定，努力为全国大局多做贡献，以优异成绩迎接党的二十大胜利召开。

●● 市政府党组书记、市长刘忻主持召开市政府党组（扩大）会议，传达学习市委十二届十四次全会精神，研究部署政府贯彻落实工作。

会议强调，要始终牢记习近平总书记殷殷嘱托，坚定不移做"两个确立"忠诚拥护者、"两个维护"示范引领者，深入推进"八八战略"在杭州的具体实践，紧紧围绕"一个中心、七项重点"总体思路，以只争朝夕、埋头苦干的精神状态抓执行抓落实抓推进，让习近平新时代中国特色社会主义思想在杭州大地展现巨大的真理伟力。

●● 全市开发区（园区）人大工作交流会在萧山区召开。市人大常委会主任李火林讲话，郑荣胜主持。

李火林强调，要深入贯彻落实党的十九届六中全会和中央人大工作会议精神，认真落实市委十二届十四次全会精神，从发展全过程人民民主、完善党和国家监督体系、落实市委决策部署的高度，深刻认识开发区人大工作的重要意义，准确把握新任务新要求，推进开发区人大工作向纵深发展。

6
日 YI YUE

●● 市委常委会召开会议，传达学习习近平总书记在中共中央政治局民主生活会上的重要讲话精神和习近平总书记重要指示、党史学习教育总结会议精神，研究市委常委会党史学习教育专题民主生活会建议方案和有关贯彻落实工作。省委常委、市委书记刘捷主持会议并讲话。

会议指出，习近平总书记在中共中央政治局民主生活会上的重要讲话，从政治和全局的高度，对增加历史自信、增进团结统一、增强斗争精神等做出深刻阐述，视野宏阔，内涵丰富，思想深邃，既是对中央政治局的明确要求，也是对全体党员特别是领导干部的谆谆教诲。要深入学习贯彻习近平总书记的重要讲话精神，要围绕主题深化学习，要聚焦问题联系实际，要高标准做好各个环节工作。

会议强调，习近平总书记关于党史学习教育的重要论述，贯通历史、现实、未来，贯穿信仰、信念、信心，为中国共产党团结带领人民再创伟业提供根本遵循。要深入学习贯彻习近平总书记关于党史学习教育的重要论述，要全面总结全市党史学习教育经验做法，要巩固拓展党史学习教育成果，推动杭州各项事业发展再上新台阶。

●● 省委常委、市委书记刘捷到钱塘区开展"助企开门红"和企业大走访活动。朱建明参加。

刘捷强调，要深入学习贯彻习近平总书记重要指示精神，认真落实中央和省委经济工作会议精神，深入开展"助企开门红"和企业大走访活动，落实落细各项惠企政策，把服务精准送到企业发展的急需处，在解决实际问题中提升塑造变革能力、推动高质量发展，确保一季度开门红和社会大局稳定。

●● 市长刘忻主持召开市政府常务会议，研究部署"专精特新"企业培育、药品安全事件应急处置、春节期间留杭外省员工电子消费券发放等事项。审议《杭州市加快中小企业"专精特新"发展行动计划》和新修订的《杭州市药品安全事件应急预案》。

会议强调，要深入学习贯彻市委全会精神，坚持稳中求进工作总基调，统筹发展和安全，加快培育"专精特新"企业集群，着力提升药品安全应急能力，扎实做好春节期间电子消费券发放工作，让市民群众获得感幸福感安全感更加充实，不断巩固拓展杭州高质量发展的大好局面。

●● 杭州市工商业联合会中小微企业工作委员会成立。

杭州市工商业联合会中小微企业工作委员会是根据《中国工商业联合会章程》和工作需要设立的专业委员会，是杭州市工商业联合会联系和服务中小微企业的工作平台。该委员会主要承担加强思想政治引领、加强中小微企业联系、加强政策宣传引导、加强营商环境优化、加强亲清政商关系构建等工作职能。

●● 2021年杭州市"未来工厂"评定企业名单公示结束，全市有48个企业上榜，包括"链主工厂"5个、"智能工厂"18个、"数字化车间"25个。这是杭州首批评定的"未来工厂"。

7 日 YI YUE

●● 全省民营经济发展大会在杭州召开。会议以视频会议形式召开，各市、县（市、区）设分会场。省委书记袁家军出席会议并讲话。省委副书记、代省长王浩主持。刘忻、李火林、潘家玮、陈新华、柯吉欣、朱建明、王宏、胡伟、丁狄刚、冯仁强在杭州分会场出席。

袁家军强调，要深入学习贯彻习近平总书记关于民营经济发展重要论述和指示精神，坚持"两个毫不动摇"，促进"两个健康"，加快打造营商环境最优省、市场机制最活省、改革探索领跑省，聚焦聚力高质量发展、竞争力提升、现代化先行和共同富裕示范，坚定信心、坚守实业、塑造变革、追求卓越，全面提升民营经济创新力竞争力，努力实现创新能力更强、应变能力更强、产业结构更优、绿色低碳更优、开放层次更高、治理效能更高，打造新时代民营经济高质量发展新高地，持续擦亮"重要窗口"的金名片，以优异成绩迎接党的二十大胜利召开。

王浩就抓好贯彻落实提出要求。要坚决落实好习近平总书记关于积极构建亲清新型政商关系的重要指示精神。要以最快速度、最高效率落实各项惠企助企政策。

要营造促进民营经济高质量发展的良好社会氛围。

● ● 杭州西站站西Ⅰ标疏解高架贯通，这标志着西站"西进西出"快速进出站的核心交通线全线贯通。

站西Ⅰ标疏解高架位于西站西北角，高架西侧与运溪路主线连接、东侧与站房西落客平台连接，整个工程共40联现浇箱梁、13联钢箱梁，线路总长约5千米，是西站周边疏解高架中工程量最大的标段。自2020年9月底开工，建设历时近16个月。位于西站西南的站西Ⅱ标疏解高架，已于2021年年底先行贯通，加上Ⅰ标疏解高架，西站"西进西出"的格局已经从图纸变为现实。

● ● 省委常委、市委书记刘捷到滨江区、萧山区调研。朱建明参加。

刘捷强调，要深入学习贯彻习近平总书记重要指示精神，认真落实全省民营经济发展大会部署要求，坚定不移贯彻新发展理念，服务构建新发展格局，坚持以数字化改革为牵引，进一步拉长长板、补齐短板，加快民营经济数字变革，深入推进数字产业化、产业数字化，推动全产业链优化升级，实现数字经济与制造业高质量融合发展。要坚持"两个毫不动摇"，进一步深化"助企开门红"和企业大走访活动，全力帮助民营企业解决发展中的困难，让民营企业心无旁骛谋发展、抓创新，推动更多民营企业在杭州做大做强、走向世界。

● ● 历经4年建设的杭台高铁通车，杭州与台州间形成一条铁路快速客运通道，两地最快63分钟可达。

杭台高铁，连接杭州、绍兴、台州三地，全长266.9千米，其中既有杭甬段40.5千米，新建线路226.4千米，设计时速350千米，总投资440.3亿元，设杭州东、绍兴北、上虞南、嵊州北、嵊州新昌、天台山、临海、台州、温岭9个车站。

杭台高铁是中国首条民营控股高铁，采用PPP运作模式，由复星牵头民营企业联合体参与投资，被载入《党的十八大以来大事记》，开创中国铁路投资建设的新模式、新范例。

● ● 2021年杭州文史论坛暨"辛亥革命与近代浙江"学术研讨会举行。市政协主席潘家玮出席并致辞，叶鉴铭、陈国姝参加。

潘家玮强调，要深入学习贯彻习近平总书记在纪念辛亥革命110周年大会上的重要讲话精神，大力学习和弘扬孙中山先生等革命先驱为振兴中华而矢志不渝的崇高精神，切实增强奋进新征程、建功新时代的责任感和使命感，努力为实现中华民族伟大复兴中国梦而不懈奋斗，为杭州高水平建设社会主义现代化大都市、争当共同富裕城市范例广泛汇聚智慧和力量。希望各位专家学者持续关心支持杭州政协文史工作，进一步办好杭州文史论坛，在服务助推杭州历史文化名城建设中发挥更重要的作用。

杭州文史论坛由市政协主办，自2010年创办以来，坚持一年一主题，已成为全国地方政协文史研究的重要品牌。

● ● 2022年亚运会和亚残运会杭州市运行保障指挥部召开第二次会议。省委常委、市委书记刘捷主持并讲话。刘忻、戚哮虎、许明、陈新华、柯吉欣、马小秋、朱建明、唐春所、胥伟华、陈一行、戴建平、卢春强、缪承潮、王宏、胡伟、陈卫强、丁狄刚、罗杰等出席。会议以视频形式召开，各区县（市）设分会场。

刘捷强调，要深入学习贯彻习近平总书记关于办好杭州亚运会的重要论述，认真落实省第19届亚运会和第4届亚残运会工作领导小组第一次会议要求，强化分工负责，倒排时间进度，只争朝夕、主动担责，确保亚运筹办工作协调有序统筹高效。要强化数字赋能，打造高效管用的技术支撑。要强化分工负责，加强统筹整合，确保各项工作开展有力有序。要抓住重要时间节点，有条不紊推进各项工作。

●● 省委常委、市委书记刘捷调研西湖西溪一体化保护提升工作。朱建明、缪承潮参加。

刘捷强调，要深入学习贯彻习近平总书记考察浙江、杭州重要讲话精神，坚定不移走绿水青山就是金山银山发展之路，坚持把保护好西湖和西溪湿地作为城市发展和治理的鲜明导向，统筹好生产生活生态三大空间布局，持续推进西湖西溪一体化保护进程。

●● 全市大安全工作会议召开，全面部署推进新一年各领域安全生产、安全管理工作。市长刘忻出席会议并讲话。柯吉欣、缪承潮、王宏、胡伟、陈卫强、丁狄刚、罗杰参加。

刘忻强调，要深入学习贯彻习近平总书记关于安全生产的重要论述精神，统筹疫情防控和经济社会发展，统筹发展和安全，坚持底线思维、增强系统观念，以铁的决心、硬的举措全方位提升本质安全水平，全力打好大安全整体战攻坚战持久战，以安全发展的实效实绩忠诚拥护"两个确立"、坚决做到"两个维护"，为迎接党的二十大胜利召开营造良好安全环境和社会氛围。

●● 中国致公党杭州市第七届委员会第二次全体会议召开。会议深入学习中共十九届六中全会、致公党中央十五届五次全会和中共杭州市委十二届十四次全会精神，听取并审议通过常委会工作报告，审议通过市委会监督委员会工作报告，选举产生杭州市出席致公党浙江省第七次代表大会的代表，表彰2021年度各类先进集体和先进个人。

●● 杭州市2022年"春风行动"工作座谈会召开，表彰先进集体和先进个人，回顾总结2021年工作，启动2022年"春风行动"。

●● 为迎接亚运会、高质量打造城市管理示范区，拱墅城管中的"特种兵队伍"——"红旗班"入驻亚运公园。东至学院北路，西至丰潭路，南至申花路，北至石祥西路的拱墅亚运公园核心区域是继延安路、武林广场、新天地之后，拱墅区引进"红旗班"的又一个精细化城管示范区。

11

日 YI YUE

●● 省委常委、市委书记刘捷到余杭区、临安区调研。朱建明参加。

刘捷强调，要深入学习贯彻中央和省委、市委全会精神，厚植历史文化底蕴，推进创新驱动发展，加快构建现代产业体系，不断增强经济实力，充分彰显城市魅力。

●● 杭州市党员干部"廉洁好家风"主题晚会举行，一批"杭州味"的"廉洁好家风"典型集中展示，广泛传颂廉洁好家风、清廉好作风。

省委常委、市委书记刘捷，市政协主席潘家玮，省纪委副书记、省监委副主任温暖，省妇联党组书记佟桂莉，省委宣传部副部长、省文明办主任俞慧敏，市领导戚哮虎、马小秋、朱建明、陈一行、陈红英、胡伟等，与市十佳公务员、优秀共产党员、担当作为好干部、文明家庭、最美家庭的代表及家属代表们一起观看晚会。

●● 市政府与市政协召开工作协商联席会议，交流总结2021年工作，谋划展望2022年发展。市长刘忻、市政协主席潘家玮出席并讲话。市政府副市长、市政协副主席参加。

刘忻指出，2021年，市政协积极履行政治协商、民主监督、参政议政职能，政治站位高、协商监督准，凝聚共识广、履职载体新，展现政协工作的特色亮点，成为全国全省的示范标杆。2022年，市政府将紧紧围绕"一个中心、七项重点"的总体思路，举全市之力办一届成功的亚运会，以"亚运年"为契机打造开放高地，以经济稳进提质为目标打造产业高地，以数字化改革为引领打造创新高地，以宋韵文化传承为主轴打造文化高地，以"现代版富春山居图"为美好图景打造生态高地，以共同富裕城市范例为愿景打造品质高地，奋力开创干在实处、走在前列、勇立潮头的新境界，让习近平新时代中国特色社会主义思想在杭州大地展现巨大的真理伟力。

潘家玮指出，2021年，市政府认真学习贯彻习近平总书记一系列重要讲话和对杭州工作的重要指示批示精神，全面落实党中央、国务院、省委、省政府和市委决策部署，全力强产业、抓亚运、塑文化、惠民生、优生态、推改革、战疫情，各方面工作都取得新进展新成效，交出一份靓丽成绩单。2022年，市政协将在市委的领导和市政府的支持下，积极围绕中心大局认真履职，为杭州奋进新时代新征程、展现"重要窗口"头雁风采献计出力。

● ● 章太炎家训诵读活动在位于余杭区仓前街道的章太炎故居纪念馆举行。活动现场，太炎社区志愿者、仓前辖内区级非遗传承人、章太炎故居纪念馆讲解员等6名代表共同诵读章太炎家训。

章太炎，名炳麟，号太炎，是近代民主革命家、思想家、国学大师。1869年1月12日，章太炎出生在美丽的仓前，并在此度过22个春秋，一生著述甚丰，后辑为《章太炎全集》。

12 日 YI YUE

● ● 省委常委、市委书记刘捷到临平区调研。朱建明参加。

刘捷强调，要深入学习贯彻习近平总书记关于发展实体经济的重要指示精神，全面实施"新制造业计划"，推进新一轮制造业"腾笼换鸟、凤凰涅槃"攻坚行动，以"产业大脑+未来工厂"为核心，强化技术攻坚，带动产业集聚，扎实推进产业数字化、数字产业化，不断做大做强实体经济。

● ● 2022年"我们的中国梦 文化进万家"——杭州市"迎亚运、迎新春"系列文化活动启动仪式在运河文化广场举行。

该活动由市委宣传部、市文联、杭州文广集团、市文化广电旅游局、拱墅区委区政府联合举办。与往年的新春"文化进万家"活动相比，该活动更有亚运味、杭州味、新时代味。

启动仪式后，由市文联牵头的"'艺'起过大年'艺'起迎亚运"系列活动，由杭州文广集团牵头的"新春欢乐送"系列活动，由市文化广电旅游局牵头的"文化迎新春 欢乐过大年"系列活动，以及华数集团的大片好剧云展播活动等全面铺开。

13 日 YI YUE

●● 省委常委、市委书记刘捷专题调研民生保障工作。朱建明参加。

刘捷强调，要深入学习贯彻习近平总书记关于保障和改善民生的重要指示精神，用心用情办好民生实事，持续提升公共服务水平，让改革发展成果更多更公平惠及全体市民，进一步擦亮"幸福示范标杆城市"金字招牌。

●● 全市人大常委会主任座谈会在淳安县召开。市人大常委会主任李火林讲话，郑荣胜主持，陈红英、戴建平、罗卫红、徐小林参加。

会上，各区县（市）人大常委会交流2021年主要工作和2022年工作打算，对市人大常委会2022年和此后五年有关工作提出意见建议。

李火林强调，2022年是党的二十大召开之年、杭州亚（残）运会举办之年，也是新一届市县人大开局之年。全市各级人大要深入学习贯彻党的十九届六中全会和中央人大工作会议精神，按照市委全会的部署要求，以更高的站位、更强的担当、更实的作风，努力实现本届人大工作圆满收官和新一届人大工作精彩开局。

●● 市政协主席潘家玮到拱墅区开展"助企开门红"和企业大走访活动。

潘家玮强调，企业是高质量发展的主体，为企业提供优质服务是各级各部门的职责所在。要深入学习贯彻习近平总书记重要讲话和中央经济工作会议、省委经济工作会议精神，想企业所想、急企业所急、解企业所困，落实落细各级各项惠企政策，努力为企业提供更加优质、精准、高效的服务，优化企业创新发展的营商环境，激发市场主体活力，推动企业统筹做好生产经营和疫情防控工作，确保一季度开门红，更好地推动经济社会高质量发展。

●● 钱塘江金融港湾核心区（上城）发展联盟成立。由上城区发起组建的金融港湾联盟，其目的是整合全省金融产业资源，搭建一个政府和行业组织、金融机构之间对话交流和共建共享的平台。其发展目标可概括为"两区两高地"，即全省领先、全国一流、具有国际影响力的数智金融先行区、产融结合示范区；长三角南翼金融总部机构高地、财富管理高地。

14 日

YI YUE

●● 省委副书记、代省长、省新型冠状病毒肺炎疫情防控工作领导小组组长王浩到杭州市应急指挥中心，调度疫情防控工作。刘捷、成岳冲、王成国、刘忻、朱建明、陈卫强、丁狄刚、罗杰参加。

王浩强调，各级政府和部门要打起十二分精神，坚决贯彻落实习近平总书记重要指示精神，按照省委决策部署，从严从紧落实封控管控措施，精准精细开展流调溯源排查，争分夺秒推进核酸检测工作，细致周到做好服务保障，全力以赴打好疫情防控阻击战。

●● 省委常委、市委书记刘捷到市疫情防控指挥部检查指导疫情防控工作。刘忻、朱建明、陈卫强、丁狄刚、罗杰参加。

刘捷强调，要坚决贯彻习近平总书记关于新冠疫情防控工作的重要讲话和重要指示精神，落实省委、省政府部署要求，强化风险意识，严密管控措施，加快疫情防控"六大机制"运转，以最快速度遏制疫情扩散蔓延。

●● 杭州市数字乡村发展促进会成立。这是一个集理论研究、系统研发、应用推广、产业发展、业务交流、学习培训、社会服务等功能于一体的数字乡村发展平台。汇集中国移动通信集团浙江有限公司杭州分公司、杭州城市大数据运营有限公司等61个会员单位。其目的是搭建起政府、企业和其他机构之间的桥梁纽带，整合全市优质数字产业资源，促进全市数字乡村多元化参与、多价值链接、高水平建设、高质量发展。

●● "亚运走十城"大型文化推广活动走进厦门。

推广活动带着"亚运Talk""亚运UP""亚运Music"三份文化大礼，开启体育赛事交流的"双城记"。当天傍晚，在厦门白鹭洲公园音乐广场"亚运Music"（亚运好声音）开唱。《心心相融》《相约杭州》《等你来》等歌曲先后唱响，和闽南特色艺术表演《竹竿舞》《电音三太子》等节目同台展演，体现两地人民对亚运的憧憬与期待，共同唱响杭州亚运会的激情与豪迈，向五湖四海发出杭州邀请。

先后走过上海、西安、天津、武汉、成都的"亚运走十城"活动，还将继续走进广州、深圳、北京、南京等城市，传递体育精神，展示亚运风采，吸引世界瞩目。

●● 市人大常委会主任李火林到萧山区开展"助企开门红"和企业大走访活动。

李火林强调，要深入学习贯彻习近平总书记重要指示精神，认真贯彻落实中央和省委经济工作会议、市委十二届十四次全会精神，全力以赴做好企业服务保障工作，推动各项惠企政策落实落细，多措并举帮助企业排忧解难，更好地激发企业发展活力潜能，确保实现一季度开门红，为经济社会高质量发展增添动力。市、区两级部门要认真分析企业反映的问题，分类细化研究，加大统筹力度，加强沟通对接，合力推动问题解决，助推企业更高质量发展。

15 日 YI YUE

●● 中国民主建国会杭州市第十四届委员会第二次全体（扩大）会议召开。会议深入学习中共十九届六中全会精神、市委十二届十四次全会精神和民建中央、省委会全会精神，听取并审议通过常委会工作报告、监督委员会工作报告，增补市委委员，选举产生民建浙江省第十次代表大会杭州市代表，表彰先进。

●● 杭州市党群服务中心联动全市各级党群服务中心开启"暖冬同行"迎新春活动。活动采取走访慰问、文艺汇演、志愿服务等形式，面向"两优一先"、困难党员群众、抗疫先锋、快递小哥、环卫工人等群体，送上暖冬关怀和新春祝福。其中，杭州市党群服务中心通过线上线下联动送出温暖，组织"虎年接虎符"书法家开笔送春联、"喜迎亚运"歌曲联唱、"献礼二十大"音乐党课、"温暖来敲门"党群大礼包放送等环节。

16 日 YI YUE

●● 杭州亚组委授权电视《泳往直前》在杭州奥体中心游泳馆举办开机新闻发

布会。

《泳往直前》主要讲述4名背景各异、独具个性的少年在泳池奋力拼搏、执着追梦的故事，由天鹏传媒有限公司、浙江天堂鸟文化传播有限公司联合出品，是浙江文化艺术发展基金重点项目，入选省广电局"十四五"规划重点选题，同时也是杭州市文化精品工程扶持项目，曾出品过《烽火芳菲》的孙鹏担任总制片人，黄克敏担任导演，青年演员李汶翰（杭州人，曾是杭州市少年游泳队代表选手）、徐娇领衔主演。

●●出席省十三届人大六次会议和省政协十二届五次会议的杭州代表、委员，在各自驻地分团审议、分组讨论省政府工作报告。省人大代表刘捷、姒健敏、李火林、任少波、郑荣胜、戴建平等参加杭州代表团审议，刘忻、罗卫红等列席会议。省政协委员潘家玮、马卫光等参加小组讨论。

●●《杭州市未来乡村建设指南》发布。这是杭州市在2021年出台《杭州市未来乡村建设工作方案（试行）》《杭州市未来乡村建设评价指标体系（试行）》的基础上，又一次在全省率先发布的与未来乡村创建有关的文件。该指南围绕打造新时代美丽乡村升级版和共同富裕示范区的乡村振兴样板地，从生态、产业、民生、文化、数字等五个方面提出框架性和方向性引导。

●●"中国改革2021年度案例"最终名单发布，《浙江省杭州市富阳区：医检结果互认共享创造医改"富阳经验"》入选"中国改革2021年度地方全面深化改革典型案例"。

中国改革年度案例征集活动已连续举办13届。2021年度案例从来自20多个省

（自治区、直辖市）、近200个地级市1500多个改革案例中遴选发布3个"中国改革2021年度特别案例"、20个"中国改革2021年度案例"和90个"中国改革2021年度地方全面深化改革典型案例"，富阳是杭州市唯一入选的年度地方全面深化改革典型案例。

2021年7月，富阳区聚焦患者跨医院重复检查检验顽症，瞄准数字化医改主攻方向，通过建立互认标准、数字支撑、制度保障三大体系，在全省率先推行县域医共体检查检验结果互认共享，实现群众看病省时省钱、医生诊疗规范合理、医疗资源高效利用、医患关系互信和谐。截至12月底，全区6个区属医院、25个医共体成员单位间实现273项省定指标互认共享，共节约资金1220多万元，为分级诊疗体系数字化改革提供新路径。以胸部CT单个项目测算，人均可节省检查用时两小时以上，大大缩短患者就医检查时间。

● ● 位于滨江区的江南大道隧道开通试运行。江南大道快速路东起西兴立交，与机场快速路和西兴大桥连接；西至中兴立交，与时代高架和复兴大桥连接，全长4.6千米。隧道分为南、北两线，长3.2千米，从东向西依次下穿西兴路、阡陌路、江陵路、通和路、泰安路、江晖路、江汉路、江虹路等南北向主次干道，以及地铁1号线和6号线的换乘站江陵路站。

江南大道隧道开通后，将与时代高架、中河高架、秋石高架共同构成一个环绕钱塘江的快速路小环线，从复兴大桥来往西兴大桥的过境车辆不需要再走地面道路，可以避开多个红绿灯。由此，钱塘江南岸区域的快速路"一横"——"江南大道—机场快速路"也成型，全市骨架路网进一步得到提升完善，为杭州亚运会期间快速通勤创造良好的交通环境。

19
日 YI YUE

● ● 全市社会治理基层基础工作暨镇街"小脑+手脚"警网协同运行机制推进会召开。

会议强调，要深刻把握各类社会风险隐患特征，聚焦基层治理前瞻性不足、平台空转、应急处置不及时等问题，进一步增强做好基层基础工作的责任感紧迫感。

要以镇街社会治理综合指挥中心为"小脑",以综合执法力量为"手脚",大力推进"小脑+手脚"警网协同,实现"152"体系和"141"体系衔接贯通,加快建立快速反应、规范执法、闭环管理的高效协同机制,抓好实践经验的复制推广,全面提升基层综合指挥和落地处置能力。要切实履职尽责,进一步压实区县(市)、乡镇(街道)、村(社区)和职能部门责任,构建层层抓落实的责任体系。要坚持统筹兼顾,强化组织领导,加强经费保障,在技能培训、绩效考核、队伍建设等方面下功夫,努力形成争先创优浓厚氛围,不断提高全市社会治理体系和治理能力现代化水平,全面夯实杭州亚运会安全稳定工作基础。

●● 市政协召开十一届二十五次常委会会议,协商审议市政协十一届六次会议有关事项。市政协主席潘家玮主持并讲话,市政协党组书记马卫光,张仲灿、叶鉴铭、谢双成、毛溪浩、王立华、周智林、冯仁强、陈国妹、滕勇参加。

会议审议通过召开政协第十一届杭州市委员会第六次会议的决定,决定市政协十一届六次会议于2022年1月27日在杭州召开。审议通过政协第十一届杭州市委员会第六次会议议程(草案)和日程(草案),审议通过政协第十一届杭州市委员会第六次会议秘书长、副秘书长名单,审议通过政协第十一届杭州市委员会第六次会议大会选举办法(草案),审议通过有关人事事项。会议授权市政协主席会议审议市政协十一届二十五次常委会会议未尽事宜。

会议强调,即将召开的市政协十一届六次会议是一次十分重要的会议。要切实提高政治站位,强化责任担当,进一步把思想和行动统一到中央和省委、市委的决策部署上来,把旗帜鲜明讲政治的要求落实到大会各方面和全过程,全力以赴做好会议各项筹备工作,圆满完成会议各项任务。要强化统筹协调,压紧压实责任,优化工作方案,精心服务保障,确保大会各项工作高标准高质量。要严明纪律规矩,严肃会风会纪,从严从紧、落细落实疫情防控要求和举措,确保大会风清气正、安全有序。政协常委要坚持以身作则,当好表率示范,带头讲政治、守纪律,带头履职尽责,共同努力把会议开成统一思想、高举旗帜、凝心聚力、团结奋进的大会。

● ● 全市社会建设工作专题会议召开，听取市、区县（市）两级社建委关于社会建设和共同富裕工作情况汇报。

会议强调，市、县两级社建委要根据2022年推进共同富裕工作的总体思路、具体目标、重点举措，细化实施方案，梳理重点项目，坚持整体推进、重点突破、基层首创并重，加快推动共同富裕理论创新、实践创新、制度创新、文化创新，在社会建设领域取得更多成果和更大发展。要攻坚西部三县（市）跨越式高质量发展、农业农村现代化水平提升和优质公共服务供给均衡三大领域，破解摸底排查、"扩中""提低"和基本公共服务制度改革三大难题，强化理论、项目和数智三大支撑，创新求实推进各项工作步入"快车道"，加快取得突破性进展。要健全完善社建委运行体系，加强党建统领、健全工作机制、提升变革能力，以坐不住、等不起、慢不得的紧迫感和危机感推进社会建设各项工作，在共同富裕示范区建设中展现头雁风采。

● ● 全市宣传思想工作会议召开，贯彻落实全国宣传部长会议精神、全省宣传思想工作会议精神和市委对宣传思想工作要求，总结工作，分析形势，部署2022年工作任务。

会议强调，2022年，全市宣传思想文化战线要紧扣在明辨新局变局中锚定坐标，在融入大事要事中创新作为，突出主力军、主旋律、主基调，更好地统一思想凝聚共识汇聚力量，以实际行动迎接党的二十大胜利召开。要贯穿用习近平新时代中国特色社会主义思想武装头脑根本红线，要突出迎接宣传贯彻党的二十大和省、市党代会鲜明主线，要聚焦聚力"办一届成功的亚运会"中心工作，要锚定"推进精神富有文化先行，高质量建设历史文化名城"发展目标，要打好"防范化解意识形态重大风险"主动战，要坚持和加强党对宣传思想文化工作的全面领导，奋力展现全市宣传思想文化战线新气象新作为。

中旬 YI YUE

● ● 省委常委、市委书记刘捷，市委副书记、市长刘忻，市人大常委会主任李火林，市政协主席潘家玮等市四套班子领导分别接待群众来访，面对面倾听群众心声，帮助解决实际问题。

●● 刘捷、刘忻、李火林、潘家玮等市四套班子领导分别到各地，走访慰问困难群众、困难党员、退役军人和烈军属家庭、敬老院、消防救援队伍、信访干部，倾听大家的心声期盼，致以新春的诚挚祝福，送上党和政府的关怀温暖。

21
日 YI YUE

●● 市委常委会召开会议，传达学习习近平总书记在省部级主要领导干部学习贯彻党的十九届六中全会精神专题研讨班开班式、十九届中央纪委六次全会上的重要讲话精神和关于做好"三农"工作重要指示及中央农村工作会议精神，研究杭州市贯彻落实工作。省委常委、市委书记刘捷主持会议并讲话。

会议指出，习近平总书记在省部级主要领导干部学习贯彻党的十九届六中全会精神专题研讨班开班式上的重要讲话，对于大家深刻领悟六中全会决议的精髓要义具有重要指导意义。要深刻领悟"两个确立"的决定性意义，更加坚定自觉地用党的创新理论武装头脑、指导实践、推动工作，坚定不移拥戴核心、信赖核心、忠诚核心、维护核心。牢记"国之大者"，增强战略思维，提高政治判断力、政治领悟力、政治执行力，坚决做到地方策略服从服务中央战略，确保习近平总书记对杭州工作的重要指示批示精神和党中央各项决策部署在杭州落地生根、开花结果。坚持不懈推进自我革命，以永远在路上的坚韧和执着全面从严治党，大力营造风清气正的良好政治生态。巩固拓展党史学习教育成果，建立常态化长效化制度机制，推动"学党史、悟思想、办实事、开新局"不断取得新的更大成效。

会议强调，十九届中央纪委六次全会是在党的二十大前召开的一次重要会议，习近平总书记在会上发表的重要讲话，是推进新时代党的建设新的伟大工程的基本遵循。要深入学习贯彻习近平总书记重要讲话和十九届中央纪委六次全会精神，持续推进全面从严治党，以伟大自我革命推动伟大社会革命。始终保持坚定清醒，准确把握全面从严治党面临的形势，进一步增强贯彻落实全面从严治党战略方针的政治自觉。坚持严的主基调不动摇，持之以恒正风肃纪反腐，不断将全面从严治党引向深入。压紧压实管党治党政治责任，紧紧抓牢责任制这个"牛鼻子"，抓住领导干部这个"关键少数"，切实把全面从严治党要求落到实处。加强巡视整改和成果运用，认真抓好《关于加强巡视整改和成果运用的意见》的贯彻落实，切实做好巡视工作的"后半篇文章"。

会议指出，要深入贯彻落实习近平总书记关于做好"三农"工作的重要指示和中央农村工作会议精神，把做好"三农"工作作为落实坚持稳中求进和促进共同富裕的基础保障，采取扎实有效举措，推动乡村振兴取得新进展、农业农村现代化迈出新步伐。增强全局意识，切实担负起做好新发展阶段"三农"工作的重大责任，做到守土有责、守土负责、守土尽责。牢牢把握乡村振兴这个"总抓手"，大力发展绿色富民产业，千方百计增加农民和农村集体收入。强化党对"三农"工作的全面领导，加强城乡统筹政策研究，加大资金统筹、重点工作落实力度，选优配强乡镇领导班子、村"两委"成员特别是村党支部书记，确保各项目标任务落到实处。

● ● 市委常委会召开会议，传达学习省"两会"精神，研究部署杭州市贯彻落实工作。

省委常委、市委书记刘捷主持会议并讲话。

会议指出，2022年的省"两会"是在迎接党的二十大、省第十五次党代会，深入推进高质量发展建设共同富裕示范区关键节点召开的一次十分重要的会议。要深刻学习领会省"两会"精神，主动扛起省会责任担当，把省"两会"提出的各项要求转化为高水平建设社会主义现代化国际大都市的强大动力、争当浙江高质量发展建设共同富裕示范区城市范例的务实举措，确保中央和省委、省政府各项决策部署落地生根。

会议强调，要坚决做"两个确立"忠诚拥护者、"两个维护"示范引领者，在学懂弄通做实党的创新理论上走在前做表率，努力在浙江高质量发展、现代化先行、竞争力提升、共同富裕示范中干出省会担当、展现头雁风采。重点要认真学习贯彻习近平总书记关于亚运筹办工作的重要批示精神，以"办一届成功的亚运会"的具体行动检验忠诚拥护"两个确立"、坚决做到"两个维护"的实际成效。

会议指出，要坚持创新驱动发展，持续推进产业升级，在高质量发展上走在前做表率。要着力缩小"三大差距"，推动数字经济与制造业高质量融合发展，在共同富裕示范区建设上走在前做表率。要以数字化改革为牵引，聚焦重点领域、关键环节，在全面深化改革上走在前做表率。要防范化解重大风险，慎终如始抓好疫情常态化防控，在统筹发展和安全上走在前做表率。

●● 中国民主同盟杭州市第十四届委员会第二次全体会议在杭州召开。会议深入学习中共十九届六中全会、省委十四届十次全会、市委十二届十四次全会精神，听取并审议通过常委会工作报告、监督委员会工作报告，选举产生民盟浙江省第十三次代表大会杭州市代表，表彰2021年度各类先进集体和先进个人。

22
日 YI YUE

●● 浙江省党史学习教育总结会议在杭州召开。会议以视频会议形式召开。省委书记袁家军出席会议并讲话。省委副书记、省长王浩主持。会上，省委副书记黄建发传达习近平总书记关于党史学习教育的重要论述重要指示和中央党史学习教育总结会议精神。刘忻、李火林、潘家玮、马卫光、戚哮虎、马小秋、朱建明等在杭州分会场出席。

会议深入学习贯彻党的十九届六中全会精神，认真贯彻落实习近平总书记关于党史学习教育的重要论述重要指示精神，按照中央党史学习教育总结会议要求，全面总结全省党史学习教育情况，对巩固拓展党史学习教育成果，推动党史学习教育常态化长效化进行部署安排。

●● 全市党史学习教育总结会议召开。省委常委、市委书记刘捷出席会议并讲话，市委副书记、市长刘忻主持，李火林、潘家玮、马卫光、戚哮虎、马小秋、朱建明等出席。会议以视频会议形式召开，各区县（市）和西湖风景名胜区管委会设分会场。

刘捷强调，要深入学习贯彻习近平总书记关于党史学习教育的重要论述，按照全省党史学习教育总结会议部署要求，不断巩固拓展学习教育成果，大力弘扬伟大建党精神，赓续红色根脉，以强烈的历史主动精神推动杭州在新时代新征程上展现新气象新作为。

●● 九三学社杭州市第九届委员会第二次全体（扩大）会议召开。会议深入学习中共十九届六中全会精神、市委十二届十四次全会精神和九三学社中央全会精神，听取并审议通过常委会工作报告、监督委员会工作报告，选举产生九三学社浙江省第九次代表大会杭州市代表，表彰先进。

●● 市长刘忻主持召开市政府常务会议，就亚运会筹办、安全风险防范、物业管理等事项进行研究部署。

会议强调，要认真学习贯彻习近平总书记重要指示批示精神，全面落实省"两会"有关工作部署，踔厉奋发、笃行不怠，全力以赴办一届成功精彩的亚运会，坚决打赢除险保安"杭州战役"，积极有为推进物业管理体制机制创新，让广大人民群众共享改革发展成果，以优异成绩迎接党的二十大胜利召开。

●● 市政协召开党史学习教育总结会。市政协主席潘家玮讲话，市政协党组书记马卫光主持，毛溪浩、王立华、陈国妹、滕勇参加。

会议强调，要深入学习贯彻党的十九届六中全会精神，认真学习贯彻习近平总书记关于党史学习教育的重要论述和对杭州工作的重要指示精神，按照中央和省委、市委部署要求，持续巩固拓展党史学习教育成果，以更加强烈的历史担当做好新时代政协工作，在奋进新征程、建功新时代中交出优异答卷，以实际行动迎接党的二十大胜利召开。要始终把政治建设摆在首位，要坚持人民至上，要更加自觉围绕中心、服务大局，要纵深推进全面从严治党，要着力构建党史学习教育常态化长效化制度机制，高质量开好党史学习教育专题民主生活会。

●● 杭州亚运会第一次世界转播商大会在杭州以线上线下结合形式召开，设置杭州和北京两地会场。本次会议是杭州亚运会的重要里程碑事件，旨在面向世界转播商介绍赛会筹办工作进展，赛时转播商服务以及各项技术标准。亚奥理事会相关官员、亚太广播联盟官员、持权转播商代表、协办城市亚筹办负责人等在线上参会。

会上，杭州亚组委各业务领域介绍竞赛项目和赛程、抵离和出入境政策，媒体服务及主媒体中心、转播服务及国际广播中心，持权转播商收费卡政策、竞赛场馆基本情况以及转播设施建设、广播电视专网等信息技术系统以及注册、后勤、防疫等一系列政策和服务，并与持权转播商代表进行交流讨论和需求收集。

25 日 YI YUE

● ● 市十三届人大常委会召开第四十一次会议。市人大常委会主任李火林，副主任陈红英、罗卫红、卢春强、徐小林，秘书长张如勇出席。

会议决定任命刘嫔珺、孙旭东为杭州市人民政府副市长。会议表决通过关于接受斯金锦请求辞去杭州市中级人民法院院长职务的决定、关于接受陈海鹰请求辞去杭州市人民检察院检察长职务的决定，决定张宏伟代理杭州市中级人民法院院长职务，决定叶伟忠代理杭州市人民检察院检察长职务。

常务副市长柯吉欣，市监委、市法院、市检察院负责人列席会议。其间，新任命人员举行拟任职发言，并进行宪法宣誓。

● ● 中国农工民主党杭州市第十一届委员会第二次全体会议召开。会议传达学习贯彻中共十九届六中全会精神、省委十四届十次全会精神、市委十二届十四次全会精神和农工党中央十六届五次全会精神，听取并审议通过常委会工作报告、监督委员会工作报告，选举出席农工党省委会第十三次代表大会的代表，表彰各类先进。

● ● 2022年"春风行动"杭州市本级收到各类平台捐款38719251.69元。

26 日 YI YUE

● ● 省委书记、省新型冠状病毒肺炎疫情防控工作领导小组第一组长袁家军主持召开会议研究指导杭州市疫情防控工作。省委副书记、省长、省新型冠状病毒肺炎疫情防控工作领导小组组长王浩，省领导陈金彪、刘捷、陈奕君、高兴夫、成岳冲、卢山、王成国，杭州市领导刘忻、朱建明、陈卫强出席。

袁家军强调,要深刻领悟习近平总书记关于新冠疫情防控工作的重要讲话和重要指示精神,充分认识本轮杭州疫情形势的复杂性严峻性。疫情就是命令,全省上下务必迅速行动起来,按照疫情防控"六大机制"要求,做到紧张、有序、高效,抢抓时间窗口、激活应急机制、迅速投入战斗,尽快切断传播链条,以最短时间、最小代价打赢这场疫情防控硬仗,确保群众过一个健康安全欢乐祥和的春节,为全省一季度实现开门好开门红做出贡献。

●● 省委常委、市委书记刘捷主持召开全市疫情防控工作视频会议。市委副书记、市长刘忻,朱建明、陈卫强出席。

刘捷强调,要坚决贯彻习近平总书记关于新冠疫情防控工作的重要讲话和重要指示精神,按照省委、省政府部署要求,坚持从最坏处着眼、做最充分准备,突出动态清零、保持快响激活,全面落实疫情防控"六大机制",紧张、有序、高效抓好疫情防控各项工作,以最快时间、最小代价遏制疫情扩散外溢,在这场大战大考中交出高分答卷。

早上7时,刘捷到市疫情防控指挥部指挥调度疫情防控工作。下午,刘捷到滨江区疫情防控指挥中心、长江小区、白马湖建国宾馆核酸检测点,深入了解管理措施、核酸筛查进度等情况,检查指导疫情防控工作。

●● 市委常委会召开会议,传达学习省委书记袁家军在杭州市委常委会党史学习教育专题民主生活会上的重要讲话精神和省纪委十四届七次会议精神,听取杭州市2021年纪检监察工作情况和2022年主要任务安排建议的汇报,研究杭州市贯彻落实工作。

省委常委、市委书记刘捷主持会议并讲话。

会议指出,袁家军书记在杭州市委常委会党史学习教育专题民主生活会上的重要讲话,是对杭州工作的一次全面科学精准把脉,是一次语重心长、推心置腹的集体谈心谈话,是一堂思想深刻、直抵心灵的生动党课,对大家提升党性修养、增强能力本领、查找补齐短板、推动全面从严治党向纵深发展,具有很强的现实指导性、工作针对性。要认真学习领会,要筑牢政治忠诚,要坚定历史自信,要强化使命担当,要勇于自我革命。

会议强调,要坚持把学习省纪委全会精神与学习党的十九届六中全会和十九届中央纪委六次全会精神结合起来,按照中央、省委、市委和上级纪委的部署要求,坚持严的主基调不动摇,坚持不懈把全面从严治党向纵深推进,认真研究谋划市、县两级纪委全会思路举措，全力抓好贯彻落实。要聚焦重点履职尽责，强化政治监督，重点围绕亚运筹办加强监督检查，持续向腐败问题亮剑，持之以恒纠治"四风"，不断深化集中整治工作，推动党风政风持续好转，扎实抓好廉洁过节工作，确保风清气正。要切实加强纪检监察机关自身建设，以更高的标准、更严的纪律要求自己，锤炼过硬的思想作风、能力素质，以党性立身做事，不断提高自身免疫力，主动接受党内和社会各方面的监督，始终做党和人民的忠诚卫士。

● ● "中国共产党杭州市第一个村支部"揭牌仪式在临平区中共鸭兰村支部旧址举行。

1927年，杭州市第一个村支部——中共鸭兰村支部诞生，成为中国共产党早期地下组织发展的根据地之一。经过几次提升改造，中共鸭兰村支部旧址成为由约2000平方米旧址广场和中共临平区党史陈列室共同组成的红色旅游基地，并在2021年入选浙江省第一批革命文物名录、杭州市30条"红色精品研学线路"。

27 日

● ● 省委书记、省新型冠状病毒肺炎疫情防控工作领导小组第一组长袁家军到杭州市滨江区检查指导疫情防控工作。省领导刘捷、陈奕君、成岳冲，杭州市领导刘忻、朱建明、陈卫强参加检查指导或座谈。

袁家军强调，杭州疫情防控处在关键时期，要深刻领悟习近平总书记关于新冠疫情防控工作的重要讲话和重要指示精神，围绕"降总量""早清零"目标，聚焦"三区""三责""五快"，进一步优化策略、完善体系、扁平指挥，强化综合分析研判，提升科学决策能力，细化任务、明确责任、尽锐出战，用最短时间、以最小代价打赢这场疫情防控遭遇战阻击战歼灭战。

● ● 省长、省新型冠状病毒肺炎疫情防控工作领导小组组长王浩到滨江区疫情防控指挥中心调度疫情处置工作。成岳冲、王成国、刘忻、陈卫强参加。

王浩强调，杭州市、萧山区、滨江区及有关部门要坚决贯彻习近平总书记重要指示精神，坚决扛起守护人民群众生命安全和身体健康的重大政治责任，压紧压实"四方责任"，不折不扣落实各项防疫部署要求，以更快速度、更果断措施，坚决阻断疫情传播风险。

●● 省委常委、市委书记刘捷到滨江区检查指导疫情防控工作，并主持召开全市疫情防控工作会议。市委副书记、市长刘忻，戚哮虎、马小秋、朱建明、陈一行、王宏、胡伟、陈卫强、丁狄刚、罗杰、刘嫔珺、孙旭东等出席。

刘捷强调，要深入贯彻习近平总书记关于新冠疫情防控工作的重要讲话和重要指示精神，坚决落实省委、省政府决策部署，按照"六大机制"的要求，咬紧牙关、尽锐出战、攻坚克难，加强防控薄弱环节，以事不过夜的精神状态、一严到底的工作作风，坚决打赢疫情防控遭遇战阻击战歼灭战，确保人民群众度过安定祥和的春节。

●● 中国人民政治协商会议第十一届杭州市委员会第六次会议召开。

潘家玮、马卫光、陈新华、马小秋、张仲灿、叶鉴铭、谢双成、毛溪浩、王立华、周智林、冯仁强、陈国妹、滕勇出席会议。

大会以无记名投票的方式，选举马卫光为政协第十一届杭州市委员会主席。

马卫光表态，接过"接力棒"，面对新岗位，开启新征程，深感责任重大、使命光荣。他将坚持以习近平新时代中国特色社会主义思想为指引，在中共杭州市委的坚强领导下，在上级政协的有力指导下，依靠市政协领导班子的团结协作，依靠全体委员的共同努力，倍加珍惜人民政协发展的良好局面，继承和发扬市政协优良传统，恪尽职守，忠诚履职，积极推动杭州政协事业接续发展。

●● 商务部公布2021年国家级经开区综合发展水平考核评价结果，杭州经济技术开发区排名较2020年度提升1位，在全国217个国家级经济技术开发区中列第九位，连续两年跻身全国前十，也是全省唯一进入全国前十的经开区。杭州余杭经济技术开发区列第24位，成功晋级全国前30强。

●● 市人大常委会召开党史学习教育总结会。市人大常委会党组书记、主任李火林讲话，郑荣胜、陈红英、戴建平、罗卫红、卢春强、徐小林参加。

会议强调，2022年是党的二十大召开之年，也是杭州亚（残）运会举办之年。要以习近平新时代中国特色社会主义思想为指导，在市委坚强领导下，大力弘扬伟大建党精神，持续推进党史学习教育常态化长效化。要在强化党的创新理论武装上持续发力，要在加强党的政治建设上持续发力，要在发展全过程人民民主上持续发力，要在围绕中心服务大局上持续发力，要在弘扬伟大建党精神上持续发力，为杭州高水平建设社会主义现代化国际大都市、争当浙江高质量发展建设共同富裕示范区的城市范例做出应有贡献，以优异成绩迎接党的二十大胜利召开。

●● 27日晚上、28日下午，省长、省新型冠状病毒肺炎疫情防控工作领导小组组长王浩到滨江区疫情防控指挥中心，就落实袁家军书记在杭州市检查指导疫情防控工作时提出的"控总量、防外溢、早清零"要求，对防疫工作进行再部署再压紧再抓实。陈金彪、刘捷、成岳冲、刘忻、戚哮虎、马小秋、朱建明、陈一行、王宏、胡伟、陈卫强、丁狄刚、罗杰、刘嫔珺、孙旭东等出席。

王浩强调，快速有效管控疫情风险，坚决阻断病毒传播链条，关键要跑在疫情前头，关键在于坚持问题导向、解决突出问题，做到"流调、检测、隔离"三个环节快速精准到位。根据疫情防控的最新形势，一是在"流调、检测、隔离"齐头并进的基础上，把应隔尽隔上升为工作的重中之重；二是下决心摸清底数，实现应检尽检；三是流调溯源和排查工作要更加精准有力；四是封控区内的生活服务和物资保障要及时到位；五是持续加强舆论引导和社会动员，筑牢防线、守望相助，打好疫情防控的人民战争。

●● 省委书记、省新型冠状病毒疫情防控工作领导小组第一组长袁家军深入杭州市富阳区、上城区的封控小区、集中隔离点等重点场所检查指导疫情防控工作。省、市领导陈奕君、成岳冲、王成国、罗杰参加检查指导。

袁家军强调，要认真学习贯彻习近平总书记关于新冠疫情防控工作重要讲话重要指示精神，把疫情防控作为"国之大者"，围绕"控总量、防外溢、早清零"目标，全面激活完善"源头查控+快响激活+硬核隔离+精密智控"机制，全力弥补短板弱项查找漏洞，及时调整优化精准防控措施，进一步强化态势研判和不确定性管控，以最快速度阻断病毒传播，不留死角构筑群防群治抗疫严密防线，努力以最小代价最快速度打赢这场疫情防控遭遇战阻击战歼灭战。

●● 省委常委、市委书记刘捷在滨江区指挥调度疫情防控工作。市委副书记、市长刘忻，戚哮虎、马小秋、朱建明、陈一行、王宏、胡伟、陈卫强、丁狄刚、罗杰、刘嫔珺、孙旭东等出席。

刘捷强调，要深入贯彻习近平总书记关于新冠疫情防控工作的重要讲话和重要指示精神，坚决落实省委、省政府决策部署，把疫情防控作为一项重要的政治任务，进一步聚焦"三区""三责""五快"，激活"源头查控+快响激活+硬核隔离+精密智控"机制，完善指挥体系，压紧压实责任，调动一切力量，尽快实现见底清零。疫情防控是对党员干部政治本色、思想素质、专业能力的重大考验。各级机关干部要下沉基层一线，积极参与疫情防控工作。各地各部门要关心关爱、鼓励激励一线防疫人员，切实加强工作和生活保障，解除后顾之忧，让大家更好地投身疫情防控工作。

29
日 YI YUE

●● 省委书记、省新型冠状病毒肺炎疫情防控工作领导小组第一组长袁家军，省委副书记、省长、省新型冠状病毒肺炎疫情防控工作领导小组组长王浩到滨江检查指导疫情防控工作。

袁家军强调，杭州市疫情防控工作处在吃劲的关头，要认真学习贯彻习近平总书记关于新冠肺炎疫情防控工作的重要讲话重要指示精神，按照国务院联防联控机制综合组浙江工作组的要求，坚定信心、万众一心，迎难而上、奋力攻坚，进一步优化完善体系构建，因时因势因情施策，科学精准精细管控，努力在最短的时间内封住疫情，迅速坚决打赢疫情防控歼灭战。疫情防控指挥部要重点做好四件事：一是对已识别的风险，要明确要求，部署形成量化闭环，抓紧补齐短板；二是分析新发现的风险点，重点放在风险放大器和集聚点上，用好数字化手段，卫健和公安要更好地发挥职能作用；三是寻找潜在风险点，提前准备、提前布局，坚决阻断传播链；四是综合分析态势，深化细化各项工作要求，通过督查、专家指导，发现问题，及时纠偏并调整力量部署。要加强省指挥部力量，要加强流调研判机制，要坚持"不怕麻烦""不怕兴师动众"，要加大力量、集中力量，要快联动"三情"，要充分发挥基层"141"体系的作用，激发群众抗疫力量，打好人民战争。

●●● 省委常委、市委书记刘捷到滨江区、富阳区指挥调度疫情防控工作。市委副书记、市长刘忻等市四套班子领导分别参加。

刘捷强调，要深入贯彻习近平总书记关于新冠疫情防控工作的重要讲话和重要指示精神，坚决落实国务院联防联控机制部署，按照省委"六大机制"和"五快"要求，持续查漏补缺、跟进解决问题，坚定不移守住基层阵地防线，跑出最快速度，落实最严举措，全力以赴实现早清零，坚决打赢疫情防控歼灭战。

当天，市人大常委会主任李火林、市政协主席马卫光等市四套班子领导也到各地检查指导疫情防控工作。

●● 杭州警备区党委八届八次全体（扩大）会议召开。省委常委、市委书记、杭州警备区党委第一书记刘捷出席会议并讲话。市委常委、杭州警备区政委唐春所主持，杭州警备区司令员朱云忠宣读表彰奖励通报，与会领导为先进单位和先进个人代表颁奖。

刘捷强调，要坚持政治建军，忠诚拥护"两个确立"，要着眼战略决胜，聚焦使命任务，要聚焦主责主业，抓好动员能力准备，不断浓厚"爱我人民爱我军"的双拥氛围。警备区各级要投身地方建设，发挥桥梁纽带作用和自身优势，动员驻杭部队和民兵在维护社会稳定、助力经济建设、办好杭州亚运会等任务中站排头、当先锋，提升强市兴军服务能力。

●● 省委常委、市委书记刘捷到滨江区、富阳区指挥调度疫情防控工作。市委副书记、市长刘忻，戚哮虎、陈新华、马小秋、朱建明、陈一行、王宏、胡伟、陈卫强、丁狄刚、刘嫔珺等分别参加。

刘捷强调，要认真学习贯彻习近平总书记关于新冠疫情防控工作的重要讲话重要指示精神，按照国务院联防联控机制综合组浙江工作组的要求，落实省委、省政府决策部署，坚持以快制快，强化问题导向，坚定信心、一鼓作气，突出重点、统筹兼顾，决战决胜这场疫情防控硬仗，以疫情防控的实际行动忠诚拥护"两个确立"、坚决做到"两个维护"。

● ● 省委书记、省新型冠状病毒肺炎疫情防控工作领导小组第一组长袁家军，省委副书记、省长、省新型冠状病毒肺炎疫情防控工作领导小组组长王浩到滨江检查指导疫情防控工作并召开疫情防控视频会议。省领导刘捷、陈奕君、成岳冲、王成国，杭州市领导刘忻、朱建明、陈卫强、罗杰参加会议。

袁家军强调，要认真学习贯彻习近平总书记关于新冠疫情防控工作的重要讲话和重要指示精神，按照国务院联防联控机制工作要求，围绕"防外溢、早清零"目标，以更扎实的工作、更完善的机制、更高效的协同，突出重点、聚焦风险点，坚定信心、乘势而上，持续巩固扩大当前疫情防控良好态势，早日打赢这场疫情防控硬仗，为北京冬奥会圆满成功、全省人民欢度春节营造安全稳定的社会环境。要进一步突出本轮疫情防控的重点区域，要坚持高标准、高质量、高效率，严格落实"四责""四早"要求，要快速提升数字化平台实战实效能力，打造更加管用、好用数字化改革成果，为夺取疫情防控歼灭战全面胜利提供坚强保障。

王浩强调，要持之以恒落实好疫情防控措施，要持续深入做好排查流调工作，要严格规范做好隔离点管理工作，要加强对隔离人员的人文关怀，要继续做好愿检尽检工作，做到常而有序、常而不松。

● ● 除夕，省委书记袁家军，省委副书记、省长王浩一行到杭州市滨江区交警执勤点、涉疫小区、社区党群服务中心，看望慰问坚守岗位的防疫一线工作人员，同大家一起吃年夜饭，向大家致以新春祝福和节日问候。省领导刘捷、陈奕君、王成国，杭州市领导刘忻、朱建明参加有关活动。

● ● 省委常委、市委书记刘捷到滨江、富阳指挥调度疫情防控工作。市委副书记、市长刘忻，戚哮虎、陈新华、马小秋、朱建明、王宏、胡伟、陈卫强、丁狄刚、罗杰、刘嫔珺、孙旭东等分别参加。

刘捷强调，要认真学习贯彻习近平总书记关于新冠疫情防控工作的重要讲话和重要指示精神，深化落实国务院联防联控机制和省委、省政府部署要求，坚持"源头查控+快响激活+硬核隔离+精密智控"协同并举，精准施策提升防控实效，聚力攻坚遏制疫情蔓延，连续奋战争取早日清零，确保广大人民群众过一个健康平安欢乐祥和的春节。

● ● 杭州市委、市政府为受疫情影响的管控和隔离人员发放8万多份春节礼包（含一封题为《致为抗疫而努力的您》的信），让隔离人员也能过个好年。

● ● 春节前夕，省委常委、市委书记刘捷，市委副书记、市长刘忻，市人大常委会主任李火林，市政协主席马卫光等市四套班子领导在指导杭州疫情防控遭遇战阻击战歼灭战的同时，不忘关心关爱老同志，分别以带队走访、委托市委老干部局代为走访、电话慰问等形式慰问老红军和老同志，向他们致以诚挚的节日问候，衷心祝愿老同志们新春愉快、健康长寿。

● ● 彭埠互通改建工程的东西向主线高架，即钱塘快速路（同协路至公铁桥）段开通试运行。新建高架打通原来彭埠互通的高架断头处，将极大改善杭州东西向交通主动脉的通行条件。到5月底前全市计划建成快速路项目22个，共计79千米，为亚运会期间快速通勤创造良好道路交通环境。

二月

1 日 ER YUE

●● 全球规模最大的自由贸易协定《区域全面经济伙伴关系协定》（RCEP）对韩国生效。中国是韩国最大贸易伙伴、最大出口市场和最大进口来源国。此前，中韩两国已经签订并实施《亚太贸易协定》和《中国—韩国自由贸易协定》，RCEP对韩国生效后，中韩经贸关系将更加紧密，两国最终零关税产品将会达到86%。

上午，杭州海关签发浙江首份RCEP项下输韩国的原产地证书。为做好RCEP对韩国生效实施工作，杭州海关针对中韩间3个自贸协定交叉重叠的情况，面向全省出口企业编制《"十四五"期间自贸协定享惠指南》，汇编全省和各地市重点产业、主要进出口产品RCEP关税减让安排，重点解读RCEP同现有协定的降税政策比较，为企业提供一目了然的享惠指南。

2021年浙江省对韩出口纺织品贸易额估算，RCEP实施首年即可为全省纺织企业节约关税成本超2500万元，待降至零关税后，节约的关税成本预计将超过3亿元。

●● 大年初一，省委常委、市委书记刘捷到滨江指挥调度疫情防控工作并看望慰问一线防疫工作者。市委副书记、市长刘忻，戚哮虎、朱建明、胡伟、陈卫强、丁狄刚、刘嫔珺参加调度会或慰问活动。

刘捷强调，要不断健全指挥体系，要进一步提升流调溯源精准性，要切实加强隔离管控，要继续做好核酸筛查，做到不留死角、不漏一人。

2 日 ER YUE

●● 省委书记、省新冠疫情防控工作领导小组第一组长袁家军到杭州市富阳区检查指导疫情防控工作，看望慰问防疫一线干部群众，给大家拜年。省、市领导刘捷、陈奕君、王成国、陈新华、朱建明、王宏、孙旭东等参加。

袁家军强调，要深入学习贯彻习近平总书记关于疫情防控的重要讲话和重要指示精神，保持不松劲不懈怠状态，进一步优化工作流程，细化工作举措，扎紧疫情防控的笼子，持续巩固放大既有成果，加快实现疫情动态清零，以决战决胜姿态坚决夺取疫情防控最后胜利，为北京冬奥会圆满成功、全省人民欢度春节营造安全稳定的社会环境。

●● 省长、省新型冠状病毒肺炎疫情防控工作领导小组组长王浩到杭州市上城区和拱墅区检查指导疫情防控工作，向一线工作人员送去新春祝福。

王浩强调，集中隔离场所是疫情防控的主战场，加强集中隔离场所管理是打赢这场疫情防控硬仗最重要、最关键的环节，大家发扬连续作战精神，咬紧牙关、决战决胜，以虎虎生威的干劲，全力以赴抓实抓细集中隔离点管理这一当前疫情防控重中之重的工作，确保内部无交叉感染、风险不外溢，为加快实现疫情动态清零、早日打赢这场疫情防控硬仗提供强有力支撑。

●● 省委常委、市委书记刘捷到滨江区指挥调度疫情防控工作。市委副书记、市长刘忻，戚哮虎、马小秋、朱建明、陈一行、胡伟、陈卫强、丁狄刚、罗杰、刘嫔珺参加。

刘捷强调，要认真学习贯彻习近平总书记关于新冠疫情防控工作的重要讲话和重要指示精神，落实省委、省政府决策部署，发扬连续作战的优良作风，保持劲头不松、力度不减，持续巩固当前疫情防控良好态势，咬定目标、精准发力、奋战到底，尽快实现疫情见底清零，为北京冬奥会圆满成功、全市人民欢度春节假期营造安全稳定的社会环境。

3
日 ER YUE

●● 省委常委、市委书记刘捷到滨江区指挥调度疫情防控工作。市委副书记、市长刘忻，戚哮虎、朱建明、陈卫强、丁狄刚参加。

刘捷强调，要深入贯彻习近平总书记关于新冠疫情防控工作的重要讲话重要指示精神，认真落实省委、省政府决策部署，坚持目标导向、问题导向、结果导向，严格落实防控措施，有序调整"三区"范围，坚决打赢疫情防控遭遇战阻击战歼灭战。

●● 省委常委、市委书记刘捷到滨江区指挥调度疫情防控工作。市委副书记、市长刘忻，戚哮虎、朱建明、陈卫强、丁狄刚、刘嫔珺参加。

刘捷强调，要深入学习贯彻习近平总书记关于新冠疫情防控工作的重要讲话重要指示精神，切实按照国务院联防联控机制综合组浙江工作组和省委、省政府部署要求，稳妥有序做好社区解封、复工复产等"后半篇文章"，乘势而上夺取本轮疫情防控遭遇战阻击战歼灭战的全面胜利。

●● 省委常委、市委书记刘捷到滨江区指挥调度疫情防控工作。市委副书记、市长刘忻，戚哮虎、朱建明、陈卫强、丁狄刚参加。

刘捷强调，要深入贯彻习近平总书记关于新冠疫情防控工作的重要讲话重要指示精神，落实国务院联防联控机制综合组浙江工作组和省委、省政府部署要求，始终绷紧疫情防控这根弦，补短板、堵漏洞、强弱项，慎终如始抓好疫情防控各项措施落地落实，不断提升疫情防控整体能力和水平，深化巩固持续向好的疫情防控态势。

7
日 ER YUE

●● 省委召开高质量发展建设共同富裕示范区推进大会，总结盘点前一阶段高质量发展建设共同富裕示范区总体进展情况，部署推进2022年重点任务。省委书记袁家军出席会议并讲话。省委副书记、省长王浩主持，省政协主席黄莉新，省委副书记黄建发等副省级以上领导干部出席。

刘捷、刘忻、李火林、马卫光等市四套班子领导在主会场或杭州分会场参加。

袁家军强调，要深入学习贯彻习近平总书记关于共同富裕的重要论述精神，忠实践行"八八战略"，奋力打造"重要窗口"，坚持在高质量发展中促进共同富裕，聚焦解决发展不平衡不充分问题和群众急难愁盼问题，勇担使命、塑造变革，创新突破、蹄疾步稳，找跑道、定目标，建体系、抓改革，扎实推动共同富裕美好社会建设，加快打造具有全国影响、群众有感、可示范推广的标志性成果，以优异成绩迎接党的二十大胜利召开。要打造一批标志性成果，要探索一批共富机制性制度性创新模式，要谋划一批重大改革方案，要完整、准确、全面贯彻新发展理念，要推进经济高质量发展先行示范，要推进收入分配制度改革先行示范，要推进公共服务优质共享先行示范，要推进城乡区域协调发展先行示范，要推进社会主义先进文化发展先行示范，要推进生态文明建设先行示范，要推进社会治理先行示范。要加强党对示范区建设的全面领导，要加强生成性学习，不断开辟干在实处、走在前列、勇立潮头新境界。

王浩强调，各地各部门要认真贯彻落实大会精神，按照"每年有突破，五年有大进展"的目标任务，聚焦"为实现共同富裕提供浙江示范"的目标要求，坚决扛起使命担当，加快打造一批可复制可推广的标志性成果，以示范区建设的实际行动、实际成效坚决拥护"两个确立"、做到"两个维护"，紧跟总书记，奋进新征程。要把准系统架构、研深研透，要坚持真抓实干、埋头苦干，要突出问题导向、靶向破难，要强化群众有感、注重实效，让全省人民在迈向共同富裕中有更多实实在在的获得感。

●● 市政协主席马卫光到杭州市文史研究馆调研。叶鉴铭参加。

马卫光强调，要深入学习贯彻习近平总书记关于社会主义文化建设的重要论述，要充分发挥杭州政协文史工作的基础和特色，要加强传播展示和文史普及，要夯实文史研究馆发展基础，努力使杭州市文史研究馆成为研究展示传播杭州历史文化的重要窗口和重要平台。

杭州市文史研究馆于2020年12月11日建成开馆，位于拱墅区岳官巷4号市级文物保护单位吴宅内，总面积约3200平方米，展陈面积近1000平方米。

8

日 ER YUE

●● 省委书记袁家军到之江实验室等重大科研平台调研，并主持召开座谈会。省、市领导刘捷、陈奕君、卢山、朱建明参加调研座谈。

袁家军强调，要认真学习贯彻习近平总书记关于科技创新重要论述精神，坚持"四个面向"，深化科技体制机制改革，进一步完善创新体系，担当国家战略科技力量，保持战略定力和耐心，"致广大而尽精微"，抢抓机遇、激发活力，努力建设具有世界一流水平的开放型、平台型、枢纽型国家实验室，为建设社会主义现代化先行省和共同富裕示范区、打造"重要窗口"提供战略科技支撑。要围绕构建国家战略科技力量，要打造覆盖基础研究、应用研究、技术研发和产业化的全链条创新体系，要放大重大科创平台的磁场效应，要发挥好引领示范带动作用，要坚持"有所为、有所不为"，要强化人才队伍建设，要着力打造标志性成果，要坚持"四个面向"。

●● 省长王浩到杭州督导检查亚运会筹办工作并召开亚运场馆及配套基础设施建设专题调度会。高兴夫、刘忻、许明、戴建平、卢春强、缪承潮、陈卫强参加检查或会议。

王浩强调，办好杭州亚运会、亚残运会，是习近平总书记和党中央交给我们的重大政治任务，是浙江历史的"高光时刻""经典时刻"，将全面展示浙江"重要窗口"和共同富裕示范区建设成果。筹办工作已经进入倒计时，时间特别紧迫、任务特别艰巨，必须全力以赴冲刺，进一步增强紧迫感，增强精品意识机遇意识安全意识，做到只留经典、不留遗憾，确保成功举办一届"中国特色、浙江风采、杭州韵味、精彩纷呈"的体育文化盛会。要进一步增强紧迫感，要进一步增强精品意识，要进一步增强机遇意识，要进一步增强安全意识。

●● 杭州市深化作风建设大会召开。

2021年，全市查处违反中央八项规定精神问题437起554人，查处"不担当不作为不落实"问题超过700起。

2022年，杭州把市委"五张责任清单"作为重要抓手，聚焦"关键少数"，做实做细同级监督，推动领导干部特别是"一把手"念好"廉政经"、守好"责任田"，层层压实作风建设责任链条。为推动作风建设取得更大治理成效，杭州进一步健全规范党员干部"八小时外"行为、推动基层减负等长效机制，进一步巩固深化"我为群众办实事"实践活动成效，进一步健全完善"群众点题、部门答题、纪委监督、社会评价"工作机制，进一步巩固深化扫黑除恶专项斗争成果。把整治群众身边的腐败和不正之风摆到更加突出位置，实施推进基层监督"巩固深化年"活动，深化村级"三小"监督，全面推行重点村（社）提级监督，做深做实基层公权力大数据监督应用，推进"一肩挑"后的村（社）"阳光治理"。

● ●《2021年度杭州综合考评社会评价意见报告》发布，这是杭州市连续第15年发布"民意白皮书"。

2021年群众参与热情高涨，88027名社会各界代表参评，比2020年增长12.61%，征集到各类意见和建议20827条。社会评价意见主要涉及经济发展质效、城市空间开发运行、公共服务优质共享、城乡区域协调发展、文明和谐美丽家园建设、政府治理能力和党的建设等6个方面。参评代表对市直单位的总体满意率为99.11%，与2020年基本持平。参评代表对区县（市）的总体满意率为98.93%，其中，对"战疫情、促发展"工作的平均满意率最高，达到99.63%，对"平安创建""数字化改革""养老服务"等五项工作的平均满意率都在99%以上。

2021年度杭州综合考评社会评价意见的"十大热词"分别是"共同富裕""亚运筹办""交通治理""社区善治""疫情防控""教育'双减'""安居杭州""数字变革""亲清关系""区划调整"。其中，"共同富裕""亚运筹办""疫情防控""教育'双减'""安居杭州""亲清关系""区划调整"为2021年度新增热词。

● ●《杭州市自然资源行政处罚裁量基准（土地类）》出台，对"非法占地""破坏土地资源"等六大类37项土地违法违规行为的处罚类型、处罚依据、违法情形和裁量基准做出明确规定。这也是浙江省首个市级土地类自然资源行政处罚裁量基准，于2022年3月15日起施行。

2008年，杭州制定印发《杭州市国土资源行政处罚裁量基准》，对规范国土资源行政执法、增强国土资源行政执法公信力和权威性起到积极作用。为全面落实最严格的耕地保护制度，新基准对多部地方性法规和规章规定的行政处罚进行细化。

新基准，体现"严"的特点。新基准上调了罚款基准。如"非法占地"类的罚款裁量基准从原来的每平方米10～29元调整为每平方米150～999元。下调违法情形中的涉案土地面积，涉案土地面积则由原来的3亩、5亩下降至2亩，并将占用永久基本农田的违法情形和处罚裁量单列，进一步突出保护永久基本农田的重要性。另外，新基准还对省级裁量基准中的37项违法情形做进一步细化和量化。

9 日 ER YUE

● ● 市委召开经济工作座谈会。省委常委、市委书记刘捷主持会议并讲话。柯吉欣、朱建明、胥伟华出席。

刘捷强调，要深入学习贯彻习近平总书记对浙江、杭州工作的重要指示精神，正确认识和把握经济发展的"时"与"度"，坚持以高质量发展为主题，统筹推进、精准施策，推动全市经济社会发展继续走在全国全省前列。要主动服务构建新发展格局，要坚持创新驱动发展，要着力构建现代产业体系，要防范化解重大风险。

● ● 市委召开文化工作座谈会。省委常委、市委书记刘捷主持会议并讲话。戚哮虎、朱建明、丁狄刚出席。

刘捷强调，要深入学习贯彻习近平总书记对浙江、杭州工作的重要指示精神，传承城市文脉，讲好"亚运故事"，厚植历史文化名城的特色优势。要把握好不忘本来与创造未来的关系，要把握好内聚人心与外塑形象的关系，要把握好重点突破与久久为功的关系，要把握好自主培育和对外招引的关系。

● ● 第二轮"双一流"建设高校及建设学科名单公布。首轮"双一流"建设2016年启动，至2020年结束。

公布的名单共有建设高校147所。建设学科中数学、物理、化学、生物学等基础学科布局59个、工程类学科180个、哲学社会科学学科92个。浙江入选第二轮"双一流"建设高校及建设学科如下。浙江大学：化学、生物学、生态学、机械工程、光学工程、材料科学与工程、动力工程及工程热物理、电气工程、控制科学与工程、计算机科学与技术、土木工程、农业工程、环境科学与工程、软件工程、园艺学、植物保护、基础医学、临床医学、药学、管理科学与工程、农林经济管理。中国美术学院：美术学。宁波大学：力学。

10日 ER YUE

●● 杭州市争当浙江高质量发展建设共同富裕示范区城市范例领导小组会议召开。省委常委、市委书记刘捷主持会议并讲话。市委副书记、市长刘忻，柯吉欣、朱建明、胥伟华、缪承潮、王宏、胡伟、丁狄刚、罗杰、刘嫔珺、孙旭东等出席。

刘捷强调，要深入学习贯彻习近平总书记关于共同富裕的重要论述，认真落实中央和省委部署要求，全面对标对表，坚持系统思维，强化数字赋能，以共同富裕为总抓手，推动全市各领域改革创新，努力打造更多普惠性、覆盖性工程，确保在高质量发展建设共同富裕示范区上始终走在全省前列。要明确目标任务，聚焦关键领域、奋力攻坚破难，推进共同富裕重点任务落地见效。要在经济高质量发展中跑出加速度，在收入分配制度改革中跑出加速度，在城乡区域协调发展中跑出加速度，在社会主义先进文化发展中跑出加速度，在生态文明建设中跑出加速度，在加强社会治理中跑出加速度。要强化组织领导、完善工作机制，加强组织建设、制度建设、能力建设，提升治理效能，形成工作闭环，引领塑造变革，加快形成共同富裕工作合力。

11日 ER YUE

●● 省政协主席黄莉新到杭州调研数字化改革工作，并就加快推进浙江数字政协建设听取意见和建议。省、市领导周国辉、马卫光、张仲灿参加。

黄莉新强调，要进一步提高政治站位，持续深入学习贯彻习近平总书记关于全面深化改革和数字中国建设的重要论述，深刻认识数字化改革对忠实践行"八八战略"、奋力打造"重要窗口"，实现高质量发展、竞争力提升、现代化先行和共同富裕示范的重大意义；从打造践行全过程人民民主省域典范的维度，深刻认识加快推进数字政协建设对更好地发挥政协专门协商机构作用的重要意义，按照省委统一部署，进一步迭代深化政协数字化改革，努力在数字化改革大潮中打造政协工作金名片，推动数字政协工作走在前列。要进一步提升工作标杆，拓宽工作视野，坚持问题导向、需求导向、目标导向，聚焦聚力政协核心业务，在全流程全方位全系统全媒体上下功夫，打造重大多跨场景应用，注重实际、实用、实效，努力实现组织在线、协同在线、沟通在线、履职在线；坚持建管用一体化，更好地发挥数字政协叠加裂变效应，推动政协工作机制系统重塑；加强统筹协调，形成省、市、县三级政协整体合力，切实增强政协工作开放度、融合度、活跃度，努力以政协数字化改革成果赋能助力共同富裕示范区建设。

●● 市规划委员会全体会议召开。会议审议通过《杭州市规划委员会工作规则》。省委常委、市委书记刘捷主持会议并讲话。市委副书记、市长刘忻，柯吉欣、朱建明、缪承潮、丁狄刚出席。

刘捷强调，要深入学习贯彻习近平总书记重要指示精神，坚持以人民为中心的发展思想，厚植历史文化名城、创新活力之城、生态文明之都的特色优势，落实多规合一，强化边界约束，进一步优化国土空间结构，推动城市内涵式发展，把杭州建设得更加美丽动人，不断满足人民群众对美好生活的向往。要坚持全市域"一张图"，要科学划定"三区三线"，要推动节约集约利用土地，要坚持人民城市人民建、人民城市为人民，让所有工作生活在杭州的人们享有更多获得感和幸福感。

●● 市人大常委会主任李火林到钱塘区调研。

李火林强调，要深入贯彻落实党中央和省委、市委决策部署，聚焦高质量发展主线，实施创新驱动发展战略，更好地发挥企业创新主体作用，培育壮大战略性新兴产业，更好地服务构建新发展格局。要坚持以人民为中心的发展思想，聚焦人民群众关心关切，促进公共服务优质共享，提升社会治理能力和水平，扎实推进共同富裕美好社会建设。各级人大代表要更好地发挥桥梁纽带作用，通过人大代表联络站等载体，密切联系人民群众，更好地接地气、察民情、聚民智、惠民生，助力经济社会高质量发展。

●● 杭州市国家营商环境创新试点新闻发布会召开。会上，发布《杭州市国家营商环境创新试点实施方案》，共推出153项、509条改革举措。

2021年9月，国务院常务会议审议通过《关于开展营商环境创新试点工作的意见》，把杭州作为首批国家营商环境创新试点城市之一。根据实施方案提出的目标，经过三至五年的创新试点，杭州市营商环境竞争力跃居全国领先、全球前列，政府治理效能全面提升，集聚和配置各类资源要素能力明显增强，市场主体活跃度和发展质量显著提高，率先建成市场化法治化国际化的一流营商环境。

实施方案改革内容涉及面广且具体，包括优化经常性涉企服务等10个方面153项改革事项，涵盖国家明确的101项"规定动作"和具有杭州特色的52项"自选动作"。实施方案对每一项改革事项均明确事中事后监管措施，也逐项设计过渡方案，确保试点工作稳妥有序推进。

●● 杭州亚组委明确亚运会标准化保电场所建设标准，并现场为黄龙体育中心示范场馆授牌。黄龙体育中心体育场、体育馆、游泳跳水馆将分别承担杭州亚运会足球、体操（竞技体操、艺术体操、蹦床）及水球三大类、5项比赛和杭州亚残运会田径比赛任务。

国网杭州供电公司联合亚组委，结合亚运赛事特点和场馆实际情况编制印发8个电力相关导则和规范，为各场馆有序开展电气设施改造提供全面的技术保障。针对黄龙体育中心实际情况，制定一馆一册、一岗一案，明确场馆巡视、值守、通信流程，保障电气运营工作的规范、便捷开展。

●● 浙江省、杭州市、上城区共建的宋韵文化研究传承中心投入运营。

宋韵文化研究传承中心的成立，是贯彻落实省委文化工作会议精神、推进宋韵文化传世工程的实际行动，是一体化、整体性推进宋韵文化挖掘、保护、提升、研究、传承工作的有效举措。该中心将围绕宋韵文化的"八大形态"，开展课题研究、学术研讨、学术交流，努力形成一批标志性系列研究成果，充分挖掘宋韵文化的历史意义、精神内核和时代价值；围绕宋词、宋画等与"宋韵杭式"生活密切相关的领域，编纂出版宋韵文化系列通俗读物，举办讲座、直播、短视频制作推广等宋韵文化传播推广活动；为政府决策、项目建设、陈列展示、文旅融合、文艺创作、宋韵主题文化活动、宋韵文创产品开发等提供咨询、策划等服务。

中心运营首日，30名国内外专家学者受聘为首批学术咨询专家委员会委员。

13
日 ER YUE

●● 2022年亚运会和亚残运会杭州市运行保障指挥部第三次会议召开。省委常委、市委书记刘捷主持会议并讲话。刘忻、戚哮虎、许明、陈新华、柯吉欣、马小秋、朱建明、唐春所、胥伟华、陈一行、戴建平、缪承潮、王宏、胡伟、陈卫强、丁狄刚、罗杰、孙旭东等出席。省领导小组综合办主任和有关负责人参加。

刘捷指出，筹办亚运会和亚残运会，是2022年全市的中心工作，也是杭州争当"两个确立"忠诚拥护者、"两个维护"示范引领者的实践检验。要进一步增强做好各项筹办工作的思想自觉、政治自觉、行动自觉，全面落实"五精""五高"工作总要求，认真学习借鉴北京冬奥会筹办的好经验好做法，充分发挥亚运市运保指挥部的统筹协调作用，倒排时间表、细化任务书、明确责任人，推动各项筹办工作提速提质提效，做到只留经典、不留遗憾，努力交出亚运会筹办的高分答卷。

刘捷强调，要深入学习贯彻习近平总书记关于办好杭州亚运会的重要论述，全面落实省委、省政府部署安排，进一步紧张起来，以饱满的精神状态、高昂的工作热情、务实的工作作风，争分夺秒、冲锋冲刺，以决战决胜姿态圆满做好各项筹办工作，确保举办一届成功的体育文化盛会。要全力推进重点项目建设，要精心做好赛事运行准备工作，要进一步营造全民迎亚运浓厚氛围，要着力提升城市品质，高质量实现"办好一个会、提升一座城"。

●● 浙大城市学院国际文化旅游学院成立，这是浙江省首个"国际文化旅游学院"。

国际文化旅游学院的前身是浙大城市学院旅游管理专业，创建于1999年。2019年所在学科（工商管理学科：旅游休闲方向）入选杭州市一流学科。2021年该校在省内高校中首创"数字文旅特色班"并开班授课。

14
日 ER YUE

●● 为纪念中国与墨西哥建交50周年，19时，复兴大桥亮起墨西哥国旗色灯光。

杭州国际友好城市——墨西哥坎昆市也在当地时间2月14日早晨6时以红色灯光点亮市政厅大楼。除了杭州与坎昆，中墨两国其他具有代表性的友好省州和城市也将在各自地标建筑举行国旗色亮灯仪式或灯光秀。

杭州与坎昆自2008年结好以来，在旅游会展、文化遗产保护等领域交流频繁，成果丰硕。坎昆位于加勒比海北部，是墨西哥著名国际旅游城市。

15 日

ER YUE

●●● 市纪委十二届七次全会召开。会议以视频形式召开，各区县（市）设分会场。省委常委、市委书记刘捷出席会议并讲话，市委副书记、市长刘忻主持，市人大常委会主任李火林，市政协主席马卫光等市四套班子领导出席。市委常委、市纪委书记、市监委代主任陈一行代表市纪委常委会做工作报告。

刘捷指出，习近平总书记在十九届中央纪委六次全会上的重要讲话，是推进新时代党的建设新的伟大工程的基本遵循，也是我们党深化自我革命、不负百年华章的政治宣言。要深入学习贯彻习近平总书记重要讲话精神，深刻体悟党的自我革命的成功实践，坚定纵深推进全面从严治党的必胜信念；深刻领会"九个坚持"的规律性认识，把牢纵深推进全面从严治党的前进方向，深刻认识"四个任重道远"的阶段性特征，保持纵深推进全面从严治党的"赶考"清醒；深刻把握"坚持严的主基调不动摇"的战略部署，扛好纵深推进全面从严治党的重要使命，切实增强推进新时代伟大自我革命的思想自觉、政治自觉和行动自觉。

刘捷强调，要深入学习贯彻习近平总书记关于全面从严治党的重要论述，认真落实中央纪委六次全会和省纪委七次全会精神，持续深化清廉杭州建设，深刻汲取周江勇案件教训，纵深推进全面从严治党，努力成为浙江打造新时代清廉建设高地的实践范例。要奋力推动全面从严治党走在前列，切实扛起加快打造新时代清廉建设高地的省会担当。坚持"监督保执行、治理促发展"，坚持"主基调不变、威慑力常在"，坚持"永远在路上、常吹冲锋号"，坚持"守好亲清线、激发正能量"。要压紧压实管党治党政治责任，把纪律和监督挺在前面，完善"四责协同"机制，强化对"一把手"和领导班子监督，锻造高素质纪检监察铁军，推动全面从严治党各项部署落到实处。

●●● 全市领导干部警示教育大会召开。会议通报中央纪委关于给予周江勇开除党籍处分的决定和国家监委关于给予周江勇开除处分的决定。与会人员观看警示教育片。省委常委、市委书记刘捷主持会议并讲话。市委副书记、市长刘忻，市人大常委会主任李火林，市政协主席马卫光等市四套班子领导出席。

刘捷指出，中央纪委和国家监委分别给予周江勇开除党籍和开除处分决定，完全正确、非常及时，充分体现以习近平同志为核心的党中央坚定不移推进全面从严治党、把严的主基调长期坚持下去的坚强决心，充分体现反腐败无禁区、全覆盖、零容忍的鲜明态度，充分体现我们党勇于自我革命、自我净化、自我革新、自我提高的坚定意志。全市各级党组织和广大党员干部要旗帜鲜明讲政治，深刻认识党中央重拳反腐的坚定决心，纵深推进全面从严治党；深刻认识腐败问题的重大危害，持续保持反腐败斗争的高压态势；深刻认识反腐败斗争的严峻形势，坚定不移将自我革命进行到底。

刘捷强调，要坚决拥护中央和中央纪委国家监委决定，深刻汲取周江勇案件教训，以案示警、以案促治、举一反三、警钟长鸣，把全面从严治党不断引向深入。要认真反思总结、深刻汲取教训，要彻底肃清周江勇案件恶劣影响，强化思想理论武装，严肃党内政治生活，构建亲清政商关系，积极主动接受监督，始终保持清正廉洁，以自身的良好形象为全市广大党员干部做出示范。

●● 京杭大运河（杭州段）运道提升工程开工。

京杭大运河运道提升工程作为省级绿道2号线的重要组成部分，横贯拱墅、上城两区，该工程于5月底前完工，实现京杭大运河（杭州段）两岸从凤起路到石祥路30.40千米绿道全线贯通。

16 日 ER YUE

●● 市委理论学习中心组（扩大）召开专题学习会，学习贯彻习近平总书记关于加强党内法规制度建设的重要指示精神和全国党内法规工作会议精神，以及《中国共产党纪律检查委员会工作条例》。省委常委、市委书记刘捷主持会议并讲话。刘忻、李火林、马卫光和市委理论学习中心组其他成员，市直有关单位负责人参加会议。戚哮虎、马小秋、朱建明、陈一行做交流发言。

刘捷强调，《中国共产党纪律检查委员会工作条例》是中国共产党历史上第一部全面系统规范纪委工作的基础性党内法规，为更好地指导解决管党治党现实问题、持续推进全面从严治党提供重要制度保障。要牢牢把握党内监督的最高政治原则，要始终坚持严的主基调，要大力推进纪检监察工作规范化法治化正规化发展。各级党委及相关部门要大力支持纪检监察机关开展工作，始终做纪委监委的坚强后盾。

●● 市委召开座谈会就市第十三次党代会报告征求专家学者意见。省委常委、市委书记刘捷出席。市委副书记、市长刘忻主持并讲话。朱建明参加。

刘忻指出，即将召开的市第十三次党代会，是全市人民政治生活中的一件大事，也是杭州在全力推进亚运会筹办、全面开启建设世界一流社会主义现代化国际大都市新征程的关键时期召开的一次重要会议。起草好一份高质量的党代会报告意义重大，必须广泛听取各方意见，充分凝聚社会共识，为引领谋划未来五年发展提供战略指引和科学指南。对于各位专家学者提出的好想法、好思路、好建议，市委将认真梳理分析，充分吸收采纳，把报告修改得更加健全完善。

●● 市委政法工作会议暨杭州亚运会和亚残运会安全稳定工作动员部署会召开，罗杰主持。市法检"两院"主要负责人参加。

会议强调，要紧紧围绕"亚运攻坚、共富示范"主题年活动，坚持统筹发展与安全，一体推进平安法治、市域社会治理、数字赋能标杆示范建设，聚焦聚力护稳定、守底线、抓平安、谋变革、促转型、创共富、扬法治、铸忠诚等八项重点工作，提升党对政法工作的领导力、政法统筹协调力、风险隐患预见力、基层基础承载力、执法司法监督力、重大任务落实力，切实维护国家安全、社会安定、人民安宁。要提高站位、拉高标杆，全力以赴完成杭州亚运会、亚残运会安全稳定工作这一重大政治任务。对照任务书、路线图，坚持问题导向，压茬推进风险隐患清零、信访积案化解。压实责任，协同配合，加强督导，全市"一盘棋"推动各项措施落实落地落细，确保社会平稳、赛事安全，以优异成绩迎接党的二十大胜利召开，确保杭州亚运会、亚残运会顺利举办，为争当高质量发展共同富裕示范区城市范例、建设社会主义现代化国际大都市护航添彩。

17
日 ER YUE

●● 市委召开市各民主党派、工商联主要负责人和无党派人士代表座谈会，征求对市第十三次党代会报告（征求意见稿）的意见。中共浙江省委常委、杭州市委书记刘捷主持会议并讲话。陈新华、朱建明出席。

刘捷指出，2022年是中共二十大和省、市党代会召开之年，杭州还将举办亚运会和亚残运会，大事喜事盛事集聚，使命光荣、责任重大、任务艰巨。希望大家高举习近平新时代中国特色社会主义思想伟大旗帜，传承优良传统，坚守合作初心，自觉承担起好参谋、好帮手、好同事的重托，为加快建设社会主义现代化国际大都市汇聚智慧力量。要坚持正确方向聚共识，要围绕中心大局有作为，要聚力亚运攻坚作贡献。

●● 市人大常委会主任李火林到滨江区和临平区调研。

李火林指出，企业要紧抓发展机遇，加快创新步伐，发挥特色优势，助力杭州数字经济发展。要专注细分领域，掌握核心技术，提高自主创新能力，使企业成为创新要素集成、科技成果转化的生力军。坚持以数字化改革为牵引，推动全产业链优化升级，打造"未来工厂"标杆企业，实现数字经济与实体经济高质量融合发展。企业负责人要坚定发展信心，做精做强主业，不断实现新突破，推动行业高质量发展。

李火林强调，人才是第一资源，高层次人才在推动科技创新方面发挥着至关重要的作用，要继续发挥好"领头雁"作用，带领企业提升自主创新能力和核心竞争力，更好地参与服务国家重大发展战略，为杭州高水平建设社会主义现代化国际大都市贡献智慧和力量。

●● 市政协主席马卫光到上城区调研。毛溪浩参加。

马卫光指出，上城区作为南宋皇城遗址所在地，宋韵文化资源富集。要加强宋韵文化保护利用，深入做好宋韵文化挖掘研究、展示传播等工作，持续擦亮宋韵文化品牌，让千年宋韵文化更好地流动起来传承下去。政协要发挥独特优势，持续建言献策，更好地助力打造宋韵文化金名片。

马卫光强调，市县政协是人民政协发挥专门协商机构作用的重要力量。要深入学习贯彻习近平总书记关于加强和改进人民政协工作的重要思想，聚焦党委政府中心大局，坚持建言资政和凝聚共识双向发力，更好地发挥专门协商机构作用，为杭州加快建设现代化国际大都市、争当共同富裕示范区城市范例竭智尽力。要不断探索创新，丰富履职方式，拓宽聚识渠道，搭建更多发挥委员作用、延伸政协工作触角的平台载体，在发展全过程人民民主中更好地彰显政协独特作用。要加强市、区县（市）两级政协联动，协同打造富有特色的履职品牌，增强政协履职整体功能和质效，不断推动全市政协工作高质量发展。

●● 民革杭州市十二届二次全体（扩大）会议召开。会议学习贯彻中共十九届六中全会、民革十三届五中全会、民革省委会十三届六次、七次全会精神和中共杭州市委十二届十四次全体（扩大）会议精神，听取并审议通过常委会工作报告、监督委员会工作报告，选举出席民革浙江省第十五次代表大会代表。

●● 省政府新闻办举行中国（浙江）自由贸易试验区建设新闻发布会，发布新一批十大成果，杭州自贸片区五项成果入选。

18 日

●● 中共杭州市委十二届十五次全体会议召开。全会决定市第十三次党代会2月23日在杭州召开。全会审议通过中共杭州市委第十二届委员会向第十三次党代会的报告，决定提请市第十三次党代会审查。全会还审议通过中共杭州市纪律检查委员会向市第十三次党代会的工作报告，酝酿通过十三届市委委员、候补委员、市纪委委员候选人预备人选名单，通过市第十三次党代会主席团常务委员会建议名单，圈选确定杭州市出席省第十五次党代会代表候选人预备人选。

出席全会的市委委员54名，候补委员10名。

市委常委会主持会议。省委常委、市委书记刘捷讲话。市委副书记刘忻等出席会议。市纪委委员，不是市委委员、候补委员的区县（市）委书记，不是市纪委委员的区县（市）纪委书记列席会议。

会议强调，市第十三次党代会是在杭州市开启新征程、奋进新时代的关键时刻召开的一次重要会议。要深刻认识开好党代会的重要意义，切实增强思想自觉、政治自觉和行动自觉，在各项准备工作上高标准、严要求，确保大会顺利召开、圆满成功。要全过程把好政治关，要全链条把好程序关，要全环节把好纪律关，要全方位把好安全关，把市第十三次党代会开成一个高举旗帜、继往开来、团结奋进、风清气正的大会。

●● 省委常委、市委书记刘捷到城西科创大走廊调研。柯吉欣、马小秋、朱建明参加。

刘捷强调，要深入学习贯彻习近平总书记关于科技创新的重要论述，认真落实省委、省政府部署要求，进一步解放思想、统筹力量，紧紧围绕科技创新，做强做大高能级创新平台，以"功成不必在我，功成必定有我"的担当精神，举全市之力推进城西科创大走廊建设，全面提升创新策源能级和水平，为全市经济高质量发展插上翅膀。要进一步规范明确体制机制，要创新推出支持大走廊发展的超常规举措，要争创综合性国家科学中心，真正把大走廊打造成为政策洼地、人才高地。各级各部门要全力支持城西科创大走廊建设和发展，多做雪中送炭的事，在重点工作一线考察识别干部，激励引导党员干部苦干实干、扎实工作。

● ● 省委常委、市委书记刘捷，市委副书记、市长刘忻会见由宿州市委书记杨军，宿州市委副书记、市长王启荣率领的宿州市党政代表团一行。杭州市领导朱建明、王宏，宿州市领导杨宏星、李红、祖钧公参加。

双方表示，要深入学习贯彻习近平总书记重要指示精神，在长三角高质量一体化发展的总体部署下，按照中央和浙皖两省省委、省政府部署要求，坚持优势互补，加强沟通协作，全面开展结对合作帮扶工作，携手走向共同富裕。

● ● 市长刘忻主持召开市政府常务会议，就城西科创大走廊建设、信用报告推广应用、高中教育发展等议题进行研究部署。会议审议《关于加快推进杭州城西科创大走廊高质量融合发展打造创新策源地的实施意见》《杭州市高中学校建设攻坚行动工作方案（2022—2025年）》，研究推广信用报告（无违法违规证明版）相关应用工作。

会议强调，要深入学习贯彻习近平总书记重要讲话重要指示精神，精准落实中央和省委、市委有关决策部署，加快推进城西科创大走廊高质量融合发展，充分发挥信用建设对优化营商环境的重要作用，聚力攻坚提升杭州高中教育整体发展水平，为当好"重要窗口"头雁和打造共同富裕城市范例增效赋能、增光添彩。

● ● 市十三届人大常委会召开第四十二次会议。市人大常委会主任李火林，副主任郑荣胜、陈红英、罗卫红、卢春强、徐小林出席。部分拟任职人员作任职前发言。新任命人员进行宪法宣誓。市政府、市监委、市法院、市检察院有关负责人列席会议。

会议听取审议副市长胡伟代表市政府做的关于2021年度生态环境状况和生态环境保护目标完成情况的报告。审议关于2021年度市人大常委会规范性文件备案审查情况的报告、对全市政府重大投资项目全过程监督工作情况的报告。市人大常委会主任会议、市政府分别提交人事议案。市监委代主任陈一行、市检察院负责人提交人事报告并作说明。

会议表决通过关于召开杭州市第十四届人民代表大会第一次会议的决定，会议于2022年3月下旬在杭州召开。会议表决通过关于补选杭州市第十三届人民代表大会常务委员会代表资格审查委员会副主任委员、委员的决定。会议还表决通过有关人事事项。

● ● 市政协主席马卫光到高新区（滨江）调研。

马卫光指出，高新区（滨江）要紧紧围绕"建设天堂硅谷、打造硅谷天堂"目标，进一步强化创新驱动，集聚创新资源，提升产业能级，塑造数字经济新优势，为杭州经济社会高质量发展做出更大贡献。要进一步擦亮品牌、扩大影响，深化"书香政协"建设，为委员增知益智、凝聚共识、传播共识搭建更好的平台。

马卫光强调，建好用好政协履职平台，是发挥人民政协制度优势、践行全过程人民民主、彰显政协专门协商机构作用的必然要求。高新区（滨江）政协以"青春政协"履职品牌为牵引，探索创新，创造许多好经验好做法。全市各级政协要立足政协性质定位，在体现共性要求基础上，结合界别特色、区域特点和委员特长，搭建更接地气、更富成效的履职平台载体，延伸履职手臂，打造特色品牌，提升履职针对性和影响力。要突出双向发力，强化数字赋能，精心设计活动内容形式，使平台不断释放潜能、提升效能。要坚持上下联动、多方协同，聚合资源力量，推进集成履职，更好地发挥专门协商机构作用。

20
日 ER YUE

● ● 全市城市环境品质提升行动专题会议召开。省委常委、市委书记刘捷主持会议并讲话。市委副书记、市长刘忻，市人大常委会主任李火林，市政协主席马卫光，省亚运综合办负责人，市领导戚哮虎、许明、马小秋、朱建明、戴建平、卢春强、缪承潮、丁狄刚出席。

刘捷强调，要深入学习习近平总书记关于办好杭州亚运会的重要论述，贯彻落实省亚运领导小组例会部署要求，聚焦突出问题、借势借力攻坚，深入推进全市城市环境品质提升行动，突出赏心悦目、简约大气，以"绣花"功夫推动城市环境品质大提升，实现"美丽杭州迎亚运"。要细化完善方案，要统一标准规范，要发动全民参与，要落实长效管理，要加强组织领导，坚决打赢城市环境品质提升这场硬仗，以良好的城市面貌迎接亚运会。

刘捷指出，举办一届成功的亚运会，是习近平总书记和党中央交给杭州的重大政治任务，也是杭州发展面临的重大历史机遇。要对标北京冬奥会，从"国之大者"的政治高度，以更大视野、更大格局、更高站位，谋划推进城市环境品质的全面提升，让杭州亚运会真正成为杭州走向世界的再次精彩亮相。

21 日 ER YUE

● ● 杭州亚运会开幕倒计时200天之际，"接棒冬奥 冲刺亚运——'迎亚运'城市基础设施建设百日攻坚行动"在环城北路—天目山路（中河立交—古翠路段）提升改造工程现场全面启动。

会前，省长王浩做出批示。王浩在批示中指出，"办好一次会，搞活一座城"。办好杭州亚运会、亚残运会是习近平总书记和党中央交给浙江的政治任务，责任重大、使命光荣。城市基础设施是亚运成功举办的重要保证。要以亚运倒计时200天为契机，进一步增强紧迫感、责任感、使命感和荣誉感，按照"五精（经）"目标和"五高"要求，树牢精品意识、机遇意识、安全意识，拿出百倍决心、付出百倍努力，实施"迎亚运"城市基础设施建设百日攻坚行动，奋力打造一批城市基础设施精品工程、传世之作，确保只留经典、不留遗憾，为亚运圆满精彩举办提供坚实支撑，向习近平总书记和党中央、全国人民、全省人民交出一份高分答卷。

省委常委、市委书记刘捷出席启动活动并宣布地铁3号线首通段、4号线二期、10号线首通段开通暨"接棒冬奥 冲刺亚运'迎亚运'城市基础设施建设百日攻坚"行动启动。副省长高兴夫宣读，王浩省长批示，市委副书记、市长，亚运市运保指挥部指挥长刘忻主持，省亚运领导小组综合办公室主任杨戌标，市领导许明、戴建平出席，缪承潮部署"迎亚运"城市基础设施建设百日攻坚行动并做表态发言。党员代表宣读"党员带头奉献亚运倡议书",现场视频连线地铁3号线首通段、4号线二期、10号线首通段。

● ● 杭州亚运会开幕倒计时200天特色亚运文化活动在杭州湖滨步行街举行。

该活动由2022年第19届亚运会组委会主办,活动现场发布杭州亚运会赛会志愿者纪念物资"小青盒"、定制徽宝、《杭州2022年第19届亚运会》特殊版式个性化邮票双联张,面向全社会启动杭州亚运会藏品征集,群众体育文化展演和无人机表演。充满亚运元素的体育文化盛宴点亮杭州,擦亮亚运城市金名片。

协办和对口支援城市共同举办活动。有宁波市象山县文化馆和县石浦文化馆的《唱进洋 再起航》、温州的木偶戏《亚运偶欢》、湖州的民俗表演《龙狮共舞迎盛会》、绍兴的绍剧表演《金猴献瑞》、金华的少儿团操表演,还有四川省甘孜州的歌手表演。

● ● 由杭州西湖风景名胜区管委会(杭州西溪国家湿地公园管委会)主办、凤凰山管理处承办的"迎亚运盛会,展世遗风采"主题宋"潮"运动会在西子湖畔举行,迎接杭州2022年亚运会倒计时200天。

活动将"宋韵文化"与"亚运精神"相结合,通过再现南宋临安都城传统比赛运动场景,传承延续宋韵文化脉络,倡导全民参与体育运动。舞龙、射礼、蹴鞠等宋"潮"运动会,让市民游客在感受亚运氛围的同时,更深入了解宋韵文化。

● ● 市城市管理局联合各区县(市)举办倒计时200天亚运观赛空间预热活动。这是上城区清河坊历史街区、拱墅区杭州新天地、西湖区莲花广场、滨江区星光大道、萧山区钱江世纪公园、余杭区闲林埠老街、临平区人民广场、钱塘区江东宝龙广场、富阳区鹿山时代综合体、临安区望湖公园、桐庐县中心广场、淳安县千岛湖广场、建德市新安江体育馆和西湖景区的西湖天地大草坪14个亚运观赛空间第一次联动亮相。

"亚运观赛空间"是指在亚运会、亚残运会期间利用城市中现有可以用于观赛、举办文化体育活动的广场、公园、展馆、剧院等室内外公共空间,通过一定布置提升,拓展成为亚运赛场外的观赛空间。

●● 省长王浩到杭州市钱塘区、萧山区、滨江区调研制造业企业发展情况。刘忻参加。

王浩强调，一年之计在于春，一季度"开门稳、开门好"对全年经济健康运行至关重要。全省上下要深入贯彻习近平总书记重要讲话精神，全面落实省委经济工作会议和省政府工作报告部署要求，以时不我待、只争朝夕的精神状态，以真抓实干、奋勇争先的工作作风，坚定不移推动制造业做大做强做优，推动高质量发展之路越走越宽广。

●● 由市委办公厅、市委组织部、市委党史研究室（市志办）、市档案馆主办，市党史馆（方志馆）承办的"守好红色根脉 践行初心使命"——中国共产党杭州市历次代表大会主题展在中国共产党杭州历史馆（杭州市方志馆）北山馆区开展。

本次主题展以"守好红色根脉 践行初心使命"为主题，以时间为线索，完整记录每一次党代会召开参会人数、目标任务、主要内容、选举结果等内容，系统回顾杭州人民在市委领导下建立社会主义制度，探索社会主义建设道路，实行改革开放、推进中国特色社会主义进入新时代，开启第二个百年奋斗目标新征程的光辉历史。

●● 省住房和城乡建设厅在临安举行全省农房"浙建事"系统应用现场推进会，临安农房"浙建事"在全省推广应用。

近年来，临安高度重视"一所屋"从规划设计到建设投用，乃至交易流转等全生命周期中的各个"生长"环节，历经数次迭代、进化、进阶的农房"浙建事"全生命周期综合管理服务系统，2021年入选省级系统最佳应用。

经过数字化赋能，临安"浙建事"整合归集17个部门、18个镇街1000多万条数据，为建房户和管理部门构建"建房审批、安全管理、危房改造、建房服务、增收经营、决策辅助"6大应用模块。

● ● 中国共产党杭州市第十三次代表大会在省人民大会堂召开。

大会的主题是：高举习近平新时代中国特色社会主义思想伟大旗帜，认真落实党的十九大和十九届历次全会精神，深入学习贯彻习近平总书记对杭州工作的重要指示批示精神，围绕忠实践行"八八战略"、奋力打造"重要窗口"，奋进新时代、建设新天堂，向着世界一流的社会主义现代化国际大都市阔步前进。

刘捷代表中共杭州市第十二届委员会向大会做题为《高举习近平新时代中国特色社会主义思想伟大旗帜，奋力打造世界一流的社会主义现代化国际大都市》的报告。

大会号召，全市各级党组织、共产党员和广大人民群众要更加紧密地团结在以习近平同志为核心的党中央周围，不忘初心、牢记使命，奋力打造世界一流的社会主义现代化国际大都市，以优异成绩迎接党的二十大胜利召开。

大会通过《关于中国共产党杭州市第十二届委员会报告的决议》。大会批准刘捷同志代表十二届市委所做的报告。大会通过《关于中国共产党杭州市纪律检查委员会工作报告的决议》。

● ● 中国共产党杭州市第十三届委员会召开第一次全体会议。

会议由刘捷同志主持。

会议选举产生中共杭州市第十三届委员会常务委员会委员、书记、副书记。刘捷、刘忻、金志、柯吉欣、马小秋、朱建明、唐春所、陈一行、黄海峰、朱华、刘颖、陈瑾、王敏13位同志当选新一届市委常委。刘捷当选市委书记，刘忻、金志当选市委副书记。

全会通过中共杭州市第十三届纪律检查委员会第一次全体会议选举产生的新一届市纪委书记、副书记和常务委员会委员人选。陈一行、童定干、邬月培、张慧娟、王伟平、沈海军、金伟、徐恒辉、俞振、王伦、邵艳11位同志为中国共产党杭州市纪律检查委员会常务委员会委员。陈一行为市纪委书记，童定干、邬月培、张慧娟、王伟平为市纪委副书记。

全会审议通过《中国共产党杭州市委员会工作规则》和《中共杭州市委关于进一步加强自身建设的意见》。

刘捷强调，要恪守对党绝对忠诚的政治品格，深入学习贯彻习近平新时代中国特色社会主义思想，坚决落实习近平总书记对杭州工作的重要指示批示精神，持续推进"八八战略"在杭州的具体实践，在忠诚拥护"两个确立"、坚决做到"两个维护"上当好表率。要永葆踔厉奋发的进取精神，创造更多人无我有、人优我特的标志性成果，努力成为关键时候拉得出、顶得上、打得赢的硬核干部，在敢拼敢闯、勇争一流上当好表率。要践行为人民谋幸福的初心使命，要形成握指成拳的强大合力，要增强自我革命的战略定力，要保持拒腐防变的高度警醒，做到一心为公、一身正气、一尘不染，在廉洁自律、干净干事上当好表率。

●● 市政府党组书记、市长刘忻主持召开市政府党组（扩大）会议，传达学习贯彻市第十三次党代会精神。

会议强调，要深入学习贯彻习近平总书记对杭州工作的重要指示批示精神，紧紧围绕忠实践行"八八战略"、奋力打造"重要窗口"，对标对表市第十三次党代会决策部署，以抓铁有痕的劲头抓好执行落实，努力把新天堂美好图景转化为锦绣实景，加快把杭州建成世界一流的社会主义现代化国际大都市。

27 日 ER YUE

●● 省长、2022年第19届亚运会组委会和第4届亚残运会组委会主席王浩到亚运会组委会机关，实地调研展示中心，看望慰问工作人员，并主持召开亚运会组委会（亚残运会组委会）工作会议。

陈金彪、刘捷、高兴夫、成岳冲、王文序、刘忻、杨戍标、柯吉欣、黄海峰、戚哮虎、缪承潮、陈卫强、丁狄刚等出席。

王浩强调，杭州亚运会、亚残运会筹备工作逐渐从场馆建设转入到制定完善各项办赛方案、做好场馆全要素压力测试和运营、理顺各项赛事活动组织机制的新阶段，每一项工作、每一场活动、每一个环节、每一个事项必须按照中央和省委部署，对标北京冬奥会，精心谋划、精准实施，高质量高标准高效率推进，齐心协力办好一届精彩圆满的杭州亚运会、亚残运会，向习近平总书记、党中央和全省、全国人民交出一份高分答卷。要进一步理顺工作机制，做到科学、高效、协同。杭州市及协办城市要承担好属地责任，明确的事项要立即办、迅速办。要以数字化改革推动智慧筹备、智慧办赛，开发上线"亚运在线"，为亚运会、亚残运会顺利进行提供坚实支撑。

28
日
ER YUE

●● 省委召开全省数字化改革推进大会。省委书记、省数字化改革领导小组组长袁家军出席并讲话。省委副书记、省长王浩主持会议。省政协主席黄莉新、省委副书记黄建发等副省级以上领导干部出席。

刘捷、刘忻、李火林、马卫光等市四套班子领导在杭州分会场或各区县（市）分会场出席。

袁家军强调，要深入学习贯彻习近平总书记关于全面深化改革和数字中国的重要论述精神，紧扣高质量发展、竞争力提升、现代化先行和共同富裕示范，着力一体推动数字化改革、全面深化改革、共同富裕示范区重大改革；着力打造重大改革标志性成果，积极运用整体智治、量化闭环的理念、思路、方法、手段破解改革难题，勇闯深水区，敢啃硬骨头；着力激发经济竞争力、全社会活力，提升企业、群众获得感和认同感；着力加快建设变革型组织，提升干部队伍塑造变革能力，提升法治和制度优势，推进省域治理体系和治理能力现代化。

王浩要求各级各部门认真贯彻落实本次大会精神，保持定力，巩固成果，把改革中探索形成的成熟经验、成功做法，通过制度化形式固化下来，转化为治理新能力、服务新规范，更好地推动高质量发展、竞争力提升、现代化先行和共同富裕示范区建设。要统筹衔接、综合集成，要数字赋能、提高实效，要担当尽责、汇聚合力，营造共同为改革想招、一起为改革出力的浓厚氛围，齐心协力实现"两年大变样"的改革目标。

● ● 市人大常委会党组召开（扩大）会议，传达学习市第十三次党代会精神，研究部署贯彻落实工作。市人大常委会党组书记、主任李火林主持并讲话。郑荣胜、陈红英、戴建平、罗卫红、卢春强、徐小林发言。

会议强调，要以高度的政治自觉及时抓好传达学习，要以主动的使命担当立足人大职能抓好贯彻落实，要以唯实惟先、善作善成的作风抓好当前重点工作，筹备好市十四届人大一次会议，激发调动人大代表、全市人民的积极性、主动性、创造性，为完成市党代会明确的目标任务凝聚起磅礴力量。

● ● 市政协召开党组扩大会议，传达学习贯彻市第十三次党代会精神。市政协党组书记、主席马卫光主持并讲话。许明、毛溪浩、陈新华、王立华、周智林、冯仁强、陈国妹、滕勇参加。

会议强调，要坚持以习近平新时代中国特色社会主义思想为指导，要发挥统一战线组织功能，要压紧压实全面从严治党政治责任，不断强化数字赋能政协工作，精心筹备市政协十二届一次会议，推进政协工作高质量发展。

● ● 浙江省重大产业项目、有"小华三"之称的云尖信息总部暨新型基础设施智造基地在湘湖未来产业社区开工，项目占地面积4.55公顷，总投资20亿元，项目建成后年产值将达到70亿元。云尖信息总部项目是萧山滨江两区签订一体化协议以来第一个开工的省重大产业项目。

云尖信息总部基地将用于新一代信息技术及产品研发制造，包括超5万平方米智慧工厂、3.5万平方米研发中心等，将入驻研发人员2000多人，形成年产主板250万片、服务器&存储产品60万台、网络及其他产品180万台的产能。

1 日

SAN YUE

●● 全省"大综合一体化"行政执法改革推进大会在杭州召开。省委书记袁家军出席会议并讲话。省委副书记、省长王浩主持。刘捷、李火林、马卫光等市四套班子领导在杭州分会场或各区县（市）分会场出席。

袁家军强调，要深入学习贯彻习近平总书记关于行政执法的重要论述和重要指示精神，锚定建设共同富裕示范区、法治中国示范区和更高水平推进省域治理现代化目标，以数字化改革为引领，以构建高效协同的事中事后监管执法体系为重点，整体推进"大综合一体化"行政执法改革，着力打造"大综合一体化"执法监管数字应用，构建完善职责清晰、队伍精简、协同高效、机制健全、行为规范、监督有效的行政执法体制机制，加快打造法治浙江建设亮丽"金名片"，为全国行政执法改革提供浙江方案、贡献浙江智慧。

王浩强调，各级各部门要认真学习贯彻大会精神，紧扣总体要求和阶段性目标任务，蹄疾步稳抓好落实，确保试点工作开好局、起好步，达到预期目标。要坚持问题导向抓改革，要突出社会有感抓改革，要强化多跨协同抓改革，推动形成改革整体合力。

●● 市委常委会召开会议，听取市人大常委会党组、市政府党组、市政协党组、市法院党组、市检察院党组工作和履行全面从严治党主体责任情况汇报，并讨论市人大常委会、市法院、市检察院提交市十四届人大一次会议的工作报告和市政协常委会提交市政协十二届一次会议的工作报告。

省委常委、市委书记刘捷主持会议并讲话。

会议指出，市委常委会会议专门听取5个党组的工作汇报，这是贯彻落实中央关于加强党的领导，发挥党总揽全局、协调各方作用的一项重大制度安排。市人大常委会党组、市政府党组、市政协党组、市法院党组、市检察院党组要坚持以习近平新时代中国特色社会主义思想为指导，深入学习贯彻中央和省委、市委决策部署，奋进新时代、建设新天堂，为建设世界一流的社会主义现代化国际大都市做出新的更大贡献，以优异成绩迎接党的二十大胜利召开。

会议强调，2022年是党的二十大召开之年，是亚运会举办之年，做好各项工作至关重要。市人大常委会党组要坚持党的全面领导，围绕中心履职尽责，践行全过程人民民主，加强人大机关自身建设，推动全市人大工作高质量发展。市政府党组要围绕中心服务大局，全面贯彻市党代会做出的决策部署，高水平起草和落实《政府工作报告》，全力做好亚运筹办各项工作，推动经济高质量发展，持续保障改善民生，切实加强政府自身建设。市政协党组要牢牢把握政协专门协商机构性质定位，坚持发扬民主和增进团结相互贯通、建言资政和凝聚共识双向发力，发挥优势作用，深化创新实践，更加精准有效地服务中心工作。市法院党组、市检察院党组要加强政治建设，坚持人民至上，切实履行好审判和检察职能，着力提升司法公信力，不断强化经济社会发展的司法保障。

●●《杭州市西湖龙井茶保护管理条例》施行。

该条例的最大亮点就是明确提出对西湖龙井茶防伪溯源专用标识的管理。专用标识，相当于西湖龙井茶的一张"身份证"，上面包含使用主体、年份、规格、编号、防伪信息等内容。通过这一标识，可以实现西湖龙井茶鲜叶来源地、茶树品种和鲜叶采摘、加工等过程的追溯管理。

该条例明确西湖龙井茶产区范围，即杭州市西湖区东起虎跑、茅家埠，西至杨府庙、龙门坎、何家村，南起社井、浮山，北至老东岳、金鱼井范围之内。

3—11日 SAN YUE

●●杭州市开展全市重点场所控烟联动执法检查。由市控烟办牵头，市文化广电旅游局、市市场监管局、市公安局等14个控烟执法部门兵分三路，到娱乐场所、经营性住宿、餐饮、洗浴等重点场所，进行联动执法检查。

2022年1月1日起，根据新修订的《杭州市公共场所控制吸烟条例》，杭州进入"全面无烟"时代，室内公共场所、室内工作场所、公共交通工具内，包括娱乐场所、经营性住宿和餐饮等限制吸烟场所，都禁止吸烟。杭州也是国内第一个将电子烟纳入禁烟范畴的城市。

据市控烟办统计，2021年，杭州市居民吸烟率为17.62%，低于全省平均水平。

2

日

SAN YUE

● ● 全市新型冠状病毒疫情防控工作推进会召开。省委常委、市委书记刘捷出席会议并讲话。市委副书记、市长刘忻主持，柯吉欣、马小秋、朱华、刘颖、陈瑾、王敏、胡伟、丁狄刚、罗杰等在主会场或分会场出席。

刘捷强调，要深入学习贯彻习近平总书记关于新冠疫情防控工作的重要讲话和重要指示精神，坚决落实"动态清零"总方针，按照"七大机制"的部署要求，统筹推进疫情防控和经济社会发展，全面做好"外防输入、内防反弹"各项工作，坚决克服麻痹思想、厌战情绪、侥幸心理、松懈心态，持续巩固来之不易的疫情防控成果，为全国两会顺利召开和亚运会圆满举办创造良好环境。

● ● 省委常委、市委书记刘捷主持召开全市党委（党组）书记抓基层党建和人才工作述职评议会。马小秋、唐春所、胥伟华、朱华、刘颖、王敏等出席。

刘捷指出，开展基层党建和人才工作述职评议，是落实坚持党要管党、全面从严治党主体责任的一项重要制度安排。各级党委（党组）要坚持把政治建设摆在首位，要坚持大抓基层的鲜明导向，要坚持新时期好干部标准，努力锻造高素质的干部队伍。要深入学习贯彻习近平总书记关于党的建设和人才工作的重要论述，认真落实全省述职评议会精神，紧紧围绕市党代会确定的目标任务，坚持"问题发现靠党建、问题发生查党建、问题解决看党建"，以"七张问题清单"为牵引，着力构建党建统领、整体智治、唯实惟先的工作新格局，实现以高质量党建推动高质量发展。要坚持把人才资源开发放在最优先位置，要深化人才体制机制改革，为人才创新创业营造最优生态。

● ● 市人大常委会召开座谈会，向13个区县（市）人大常委会负责人和部分市人大代表征求对市人大常委会工作报告稿和工作要点稿的意见。市人大常委会主任李火林主持并讲话，郑荣胜参加。

李火林强调，2022年是党的二十大召开之年、杭州亚（残）运会举办之年。要认真贯彻市第十三次党代会精神，要认真完成市委交办的城市环境品质提升督促检查等具体工作任务，要深入研究高质量发展建设共同富裕示范区的法治需求，要以全过程人民民主理念检视、提升人大工作，要加强调查研究，要加强代表培训工作，为奋进新时代、建设新天堂汇聚磅礴力量。

●● 市政协主席马卫光到余杭区调研指导"美丽杭州迎亚运"城市环境品质提升行动推进工作。刘颖参加。

马卫光指出，举办一届成功的亚运会是习近平总书记和党中央赋予杭州的重大政治任务，也是杭州城市发展面临的重大历史机遇。要学习贯彻习近平总书记关于办好杭州亚运会的重要论述，要坚持"办好一个会、提升一座城"理念，要倒排时间进度，要加强组织领导，营造"人人当好东道主、服务亚运做奉献"的浓厚氛围。

3 日 SAN YUE

●● 省委常委、市委书记刘捷到上城区小营巷和上羊市街社区调研，并宣讲市第十三次党代会精神。马小秋、朱华参加。

刘捷强调，要深入学习贯彻习近平总书记对杭州工作的重要指示批示精神，按照市第十三次党代会部署，牢记殷殷嘱托，扛起责任担当，投入"奋进新时代、建设新天堂"的火热实践，坚定不移做"两个确立"忠诚拥护者、"两个维护"示范引领者，以优异成绩迎接党的二十大胜利召开。

●● 杭州高新区（滨江）萧山特别合作园揭牌。省委常委、市委书记刘捷，市委副书记、市长刘忻出席揭牌仪式，柯吉欣主持，朱华、王敏参加。

揭牌仪式上，滨江、萧山两区签订杭州高新区（滨江）萧山特别合作园合作协议，首批入园项目集中签约，萧山区、滨江区、市发改委主要负责人做表态发言，市领导为特别合作园揭牌。特别合作园依托三江创智新城、未来产业社区、湖头陈产业园及紫橙、蓝橙产业园三大产业区块，重点发展信息通信技术及应用创新产业、生物医药及大健康产业、先进制造业和现代服务业。

●● 市政府召开座谈会，征求各民主党派、工商联和无党派人士对2022年《政府工作报告》的意见。市长刘忻主持并讲话。

刘忻强调，市政府要深入学习贯彻习近平总书记对杭州工作的重要指示批示精神，忠实践行"八八战略"、奋力打造"重要窗口"，聚焦市第十三次党代会提出的目标任务，奋进新时代、建设新天堂，以亚运会筹办为契机全面提升城市能级，以创新强市为首位战略推进高水平科技自立自强，以共同富裕为目标牵引推动公共服务优质均衡，以宋韵文化传承创新为核心抓手促进文化繁荣兴盛，以现代版"富春山居图"为美好图景建设新时代美丽杭州，加快把杭州打造成为一座卓越城市、梦想城市、窗口城市。

● ● 市人大常委会主任李火林到西湖区、余杭区和临平区调研人大代表联络站建设工作，宣讲市第十三次党代会精神。郑荣胜参加。

李火林强调，党代会高举习近平新时代中国特色社会主义思想伟大旗帜，贯彻习近平总书记对杭州工作的重要指示批示精神，吹响"奋进新时代、建设新天堂"的行动号角，科学擘画杭州未来五年的发展蓝图。全市各级人大要在市委的坚强领导下，立足人大职能、主动担当作为，推动党代会各项决策部署落地落实。要围绕全市中心大局，找准人大履职的着力点、切入点、结合点，聚焦"亚运攻坚、共富示范"等重点工作，充分发挥人大代表作用，助力办一届精彩成功的亚运会、建设共享幸福的新天堂。要不折不扣落实好市党代会明确部署给人大的工作任务，不断丰富街道居民议事会议制度、人大代表联络站等载体，积极参与高标准建好国家宪法宣传教育馆，在建设法治中国示范城市、打造全过程人民民主市域典范中彰显人大作为，为奋力打造世界一流的社会主义现代化国际大都市贡献力量。

● ● 杭州市专门召开动员部署会，全面启动"窗口树形象 服务展风采"窗口行业文明服务专项行动，拉开亚运城市文明提升五大专项行动的序幕。本次专项行动贯穿2022年一整年，并结合文明城市测评，常态化开展窗口行业文明服务督查，及时

发现存在的问题，督促有关单位限期整改。

专项行动以优化服务环境、增强服务意识、规范服务行为、提高服务效率为目标，在交通场站、出入境办证大厅、政务大厅、景区、旅行社、宾馆饭店、商场、超市、医院、银行、公交、地铁、出租车、营业厅等全市各窗口单位，实施优美环境提质行动、优良秩序营造行动、优质服务提升行动。

●● 省委常委、市委书记刘捷到市疫情防控指挥部检查指导疫情防控工作。副省长成岳冲，市委副书记、市长刘忻，市领导朱华、陈瑾、罗杰参加。

刘捷强调，要深入学习贯彻习近平总书记关于新冠疫情防控工作的重要讲话和重要指示精神，毫不动摇坚持"外防输入、内防反弹"总策略和"动态清零"总方针，认真落实省委、省政府的决策部署，按照"七大机制"的要求，争分夺秒、全力以赴、事不过夜、以快制快、与时间赛跑、同病毒较量，以最小代价、最快速度把疫情控制在最小范围，维护好经济社会发展大局，为全国两会胜利召开和北京冬残奥会顺利举办创造良好环境。

●● 市长刘忻主持召开座谈会，就2022年《政府工作报告》征求各区县（市）意见。

刘忻强调，做好2022年政府工作，要深入学习贯彻习近平总书记对杭州工作的重要指示批示精神，把总书记留给杭州的宝贵精神财富转化为"奋进新时代、建设新天堂"的强大动力，心怀感恩、牢记嘱托、接续奋斗，奋力交出经济社会发展高分报表，决不辜负总书记的关心厚爱、中央和省委的信任重托、全市人民的殷殷期盼。要对标对表"四个杭州、四个一流"要求，要牢固树立"大杭州"意识，要不断加强政府自身建设，着力打造整体智治、唯实惟先、善作善成的现代政府，推动杭州各项事业劈波斩浪、一往无前。

●● "亚运青年V站"形象发布。

"亚运青年V站"是由杭州团市委牵头统筹，在场馆周边及全市重要交通枢纽、景区景点、文博场馆、医疗机构、广场街区等重点区域设立的青年志愿服务阵地。"V"取自英文"志愿者"的首字母，表明其以志愿服务为主体功能。"V"还是英文"胜利"的首字母,代表对杭州亚运会、亚残运会及其参赛国家和嘉宾的美好祝愿。"V"与中国青年志愿者心手标志造型相似,寓意青年志愿者奉献一份爱心,伸出友爱之手,展现杭州亚运风采。本次发布的杭州市"亚运青年V站"形象包含"V站"标识系统和志愿者服装,均出自中国美术学院团队。全市将打造200多个"亚运青年V站"站点,招募近1万名青年志愿者参与"V站"志愿服务。

● ● 省委常委、市委书记刘捷到市疫情防控指挥部检查指导疫情防控工作。市委副书记、市长刘忻,市领导朱华、陈瑾、罗杰参加。

刘捷强调,要深入学习贯彻习近平总书记关于新冠疫情防控工作的重要讲话和重要指示精神,认真落实省委、省政府的决策部署,按照"七大机制"的要求,克服侥幸心理、麻痹思想、厌战情绪,把情况考虑得更复杂一些,把工作准备得更充分一些,从严从紧、从实从细抓好各项防控工作,把疫情防控的篱笆扎得更密更牢,坚决防止疫情扩散,尽最大努力在最短时间扑灭这场疫情。

● ● 2022年亚运会和亚残运会杭州市运行保障指挥部召开第四次会议。省委常委、市委书记刘捷主持并讲话。刘忻、马小秋、黄海峰、朱华、戴建平、卢春强、缪承潮、胡伟、陈卫强、罗杰、孙旭东、许明等出席。

刘捷强调,要深入学习贯彻习近平总书记关于办好杭州亚运会的重要论述,全面落实省领导小组第二次例会的各项部署,按照"五精(经)""五高"要求,完善指挥体系,压紧压实责任,高标准高水平做好亚运筹办各项工作。

● ● 省委常委、市委书记刘捷到市疫情防控指挥部检查指导疫情防控工作。市委副书记、市长刘忻,市领导朱华、陈瑾、胡伟、罗杰参加。

刘捷强调，要深入学习贯彻习近平总书记关于新冠疫情防控工作的重要讲话和重要指示精神，坚持"外防输入、内防反弹"总策略和"动态清零"总方针，认真落实省委、省政府的决策部署，咬紧牙关、连续作战，加强人物同溯、同防、同查，确保防控工作跑在病毒前头，以更加科学精准、快速有效的措施坚决打赢疫情防控硬仗。疫情防控是对干部能力素质的重要检验。要充分发挥各级党组织和广大党员干部战斗堡垒作用和先锋模范作用，在疫情防控中诠释担当奉献，用疫情防控的扎实成效体现对党的赤胆忠诚，坚决守护好人民群众的生命安全和身体健康。

●○ 市人大常委会与市政府召开联席会议。市长刘忻、市人大常委会主任李火林分别介绍2021年工作情况和2022年重点工作安排。市人大常委会副主任和党组成员、市政府副市长和党组成员参加。会议听取《政府工作报告》起草工作情况汇报，市人大常委会领导对《政府工作报告》修改提出意见和建议。

刘忻指出，2022年，市政府将始终牢记习近平总书记殷殷嘱托，紧紧围绕市第十三次党代会决策部署，全力举办一届成功精彩经典的亚运会，加快建设具有全球影响力的创新策源地，大力推动经济质量变革效率变革动力变革，精心传承弘扬别样精彩的千年文脉，高水平描绘现代版"富春山居图"，扎实推进共同富裕改革探索迈出新步伐，确保杭州向着世界一流的社会主义现代化国际大都市阔步前进，以优异成绩向党的二十大献礼。

李火林说，2022年，希望市政府对推进国家宪法宣传教育馆建设、人大数字化改革、落实宪法宣誓制度等工作给予关注和支持。2022年，市人大常委会将在市委坚强领导下，认真贯彻落实中央人大工作会议精神和市党代会精神，聚焦"亚运攻坚、共富示范"，推进优化营商环境、乡村建设等立法工作，开展亚运筹办工作专项监督，对持续放大亚运效应等做出决定，围绕发展全过程人民民主出台相关文件和配套制度，为打造世界一流的社会主义现代化国际大都市贡献力量，以实际行动迎接党的二十大胜利召开。

●● 市十三届人大常委会召开第四十三次会议。市人大常委会主任李火林，郑荣胜、陈红英、卢春强、徐小林出席。市政府、市监委、市法院、市检察院有关负责人列席会议。

会议听取审议柯吉欣受市政府委托提交的关于提请审议《2021年政府重大投资项目计划执行情况和2022年第一批政府重大投资项目计划（草案）》的议案。会议听取审议关于市十四届人大一次会议筹备工作情况的报告。

会议表决通过《杭州市社会信用条例》《杭州市国有土地上房屋征收与补偿条例》，将报省人大常委会批准后公布施行；表决通过关于市政府《2022年第一批政府重大投资项目计划（草案）》的审议意见；表决通过关于杭州市第十四届人民代表大会代表资格的审查报告；原则通过市十四届人大一次会议议程和有关名单（草案）、市人大常委会工作报告稿；表决通过有关人事事项。

李火林强调，市第十三次党代会明确新时代杭州的历史使命，吹响"奋进新时代、建设新天堂"的行动号角。全市各级人大和人大代表要以高度的政治自觉，切实把思想行动统一到学习贯彻市党代会精神上来，推动市党代会决策部署落地见效。要坚持深学细悟，要坚持实干奋进，要坚持守正创新，以唯实惟先、善作善成的作风抓好重点工作，开好市十四届人大一次会议，以实际行动迎接党的二十大胜利召开。

●● 浙江华是科技股份有限公司（股票代码：301218）在深圳证券交易所创业板上市，成为余杭2022年首个深交所创业板上市企业。至此，余杭区上市企业数量达到23个。

该公司位于余杭区闲林街道，成立于1998年，是一个专业从事智慧城市综合服务的国家级高新技术企业，为智慧政务、智慧民生、智慧建筑等智慧城市细分领域客户提供项目设计、信息系统开发、软硬件采购、系统集成及运维服务的一站式综合解决方案。华是科技首次公开发行新股数量1900.67万股，每股发行价格33.18元，募集资金净额5.43亿元。资金主要用于智慧城市服务业务能力提升建设、研发中心建设、数据中心建设等项目。

8
日
SAN YUE

●● 市长刘忻到萧山区，就2022年《政府工作报告》征求意见。王敏参加。

刘忻强调，要深入学习贯彻习近平总书记对杭州工作的重要指示批示精神，锚定市第十三次党代会确定的目标任务，凝聚共识、集聚智慧、汇聚合力，科学编制好新一年政府工作"任务书"和"施工图"，为建设世界一流的社会主义现代化国际大都市而努力奋斗。

●● 2021年杭州市精神文明建设十件大事揭晓。它们是：聚焦常态长效管理，率先修改杭州市文明行为促进条例；打造"慢一点礼让斑马线，快一点救在身边"新时代文明实践志愿服务金名片；临安区打造"天目少年思政学院"，构建"四位一体"育人新格局；富阳区打造新劳动教育全国样板地；西湖区运用"城市大脑"理念打造"文明大脑"综合数字平台；匠心打造全国首个劳模工匠文化公园；打造"红色城管驿站"，共建杭城"温暖家园"；小莲清风廉运助力党史学习教育走心走深走实；杭州地铁"有爱无碍"无障碍设施全面提升；挖掘双西红色禀赋，打响西湖西溪红色品牌。

●● "金融支持杭州共同富裕示范区城市范例建设对接会"召开。

会上，工商银行杭州分行等6个银行与市发改委签订"共富同心圆"战略合作协议；国家开发银行浙江省分行等6个银行分别与在杭企业和项目代表签订"共富携手圈"合作协议。根据协议，"十四五"期间，工商银行将提供不低于2000亿元的融资额度，支持共同富裕、重大工程、重大建设；农业银行将设立"重要窗口"和共同富裕示范区建设专项融资总额2000亿元；杭州银行将在未来的4年里，为杭州提供不少于6000亿元的综合性融资支持。为助推杭州争当浙江高质量发展建设共同富裕示范区城市范例，各金融机构将以杭州"十四五"规划为主轴，结合杭州经济特点、产业特色、企业特点、财政扶持政策等情况，有针对性地研发科技金融产品和创新服务模式，打造有杭州特色的全生命周期科技金融生态，建设具有国际竞争力的现代产业体系，率先探索实现高质量发展的有效路径。

9
日 SAN YUE

●● 杭州市争当浙江高质量发展建设共同富裕示范区城市范例领导小组会议召开。省委常委、市委书记主持会议并讲话。刘忻、胥伟华、黄海峰、朱华、刘颖、王敏、胡伟、丁狄刚、罗杰、刘嫔珺、孙旭东等出席。

刘捷强调，要深入学习贯彻习近平总书记关于共同富裕的重要论述，认真落实中央和省委部署要求，上跑道、抓重点、创特色，在"七个先行示范"上争先进位，推进机制创新和改革探索，打造更多具有杭州辨识度的标志性成果。

●● 省委常委、市委书记刘捷检查城区环境、道路整治和有关亚运场馆建设运营情况。朱华、卢春强、缪承潮、许明参加。

刘捷强调，要学习贯彻习近平总书记重要指示精神，践行以人民为中心的发展思想，按照"五精（经）"目标和"五高"要求，发扬精益求精的工匠精神，全面提升工程质量和环境品质，让人民群众共享更多亚运成果。亚运会不仅是体育运动的赛事，更是文化交流的盛会、人民群众的盛事。要以绣花功夫推进基础设施、人居环境、慢行交通网络及国际化标识系统建设，承接人文脉络、协调周边环境、凸显独特风格，建成乐享乐游的城市公园，为人民群众创造更美环境、更好生活。

●● 省委常委、市委书记刘捷到市疫情防控指挥部检查指导疫情防控工作。市委副书记、市长刘忻，朱华、陈瑾、胡伟、罗杰参加。

刘捷强调，要深入学习贯彻习近平总书记关于新冠疫情防控工作的重要讲话和重要指示精神，坚持人民至上、生命至上，坚决贯彻"外防输入、内防反弹"总策略和"动态清零"总方针，落实"七大机制"的要求，毫不松懈抓好疫情防控，切实扎紧人物同防的篱笆，确保人民身体健康和城市安全有序运行。要严防严守"外防输入"关口，要坚持"人物同防"，要加强机场国内航班、铁路、高速公路、长途汽车站等省际、市际交通卡口管控工作，要充分发挥社区在疫情防控中的主阵地作用，加强外来人员健康码、测温等查验，强化内部人员健康监测，进一步夯实疫情防控的基层基础。

●● 市长刘忻主持召开市政府常务会议，审议《2022年政府工作报告》《杭州市2021年国民经济和社会发展计划执行情况与2022年国民经济和社会发展计划草案的报告》《杭州市及市本级2021年财政预算执行情况和2022年财政预算草案的报告》等，研究2022年市政府民生实事候选项目征集遴选等事项。

会议指出，《2022年政府工作报告》是指导政府新一年工作的权威性纲领性文件，是推动各地各部门抓执行、抓落实的"路线图""作战图"。要深学彻悟笃行习近平总书记对杭州工作的重要指示批示精神，全面落实省委、省政府部署要求，聚焦聚力市第十三次党代会提出的目标任务，坚持人民至上、实干至上，清单化、项目化、工程化做好任务分解和工作安排，力求使报告更符合杭州实际、体现杭州水平、彰显杭州担当，为"奋进新时代、建设新天堂"提供科学行动指南。

会议强调，全市各地各部门要认真对照政府工作"行动纲领"，紧密结合地方和部门工作实际，立足新发展阶段、贯彻新发展理念、服务新发展格局，坚持以高质量发展统揽全局，全力以赴做好亚运会筹办、扩投资稳增长、推进科技创新、构建现代产业体系、深化关键领域改革、促进城乡区域协调发展、打造共同富裕标志性成果等重点工作，推动杭州建设世界一流的社会主义现代化国际大都市迈出坚实步伐，努力在新的赶考之路上交出高分答卷，开创干在实处、走在前列、勇立潮头的新境界。

●● 省委常委、市委书记刘捷以视频连线的方式指挥调度全市疫情防控工作。市委副书记、市长刘忻，朱华、刘颖、陈瑾、胡伟、丁狄刚、孙旭东等参加。

刘捷强调，要深入学习贯彻习近平总书记关于新冠疫情防控工作的重要讲话和重要指示精神，按照"快检测、快流调、快编组、快转运、快隔离"的要求，坚持人防物防"两手抓"，争分夺秒、紧急行动，动员各方力量、落实各项措施，以高度的政治责任感和工作紧迫感，全力以赴抓好外防输入、内防反弹各项工作，坚决防止疫情扩散外溢。

●● 市委宣传部（市文明办）在奥体博览中心举行"我的亚运我的城 城市志愿'益'起来"亚运城市志愿者招募活动启动仪式，启动亚运城市志愿者招募。此次招募通过"线上+线下"相结合的方式进行。

杭州亚运会和亚残运会志愿服务分赛会志愿服务和城市志愿服务。其中，赛会志愿者主要为亚运会和亚残运会开闭幕式、各项竞赛及活动提供志愿服务。此次启动的城市志愿者招募，主要为亚运会和亚残运会顺利举办营造良好氛围，协助保障城市运行、平安和谐、通行有序，并为广大市民游客及服务点位提供志愿服务。

●● 市长刘忻连续主持召开3场座谈会，就2022年《政府工作报告》征求经济、城

建、社会等条线部门的意见。

刘忻强调，要认真学习贯彻习近平总书记重要讲话重要指示精神，精准落实市党代会决策部署，大力实施创新强市、人才强市首位战略，加快构建具有国际竞争力的现代产业体系，打造创新创业、产业兴盛的新天堂。要深刻领会习近平总书记关于城市工作的重要论述，以"绣花功夫"做好城市规划建设管理，努力把杭州建成历史与现实交汇、自然与人文辉映的典范城市。要准确把握习近平总书记对共同富裕的重要论述，一切为了人民、一切依靠人民，全力打造具有杭州辨识度的幸福示范标杆城市。

● ● 全省疫情防控和经济运行视频调度会召开。省长、省新型冠状病毒肺炎疫情防控工作领导小组组长王浩出席会议并讲话。会后，王浩到余杭区仁和街道永胜村调研疫情防控工作，并召开会议调度疫情处置工作。陈金彪、高兴夫、卢山、王成国、刘忻、汤飞帆、刘颖、陈瑾、王宏、胡伟参加会议或调研。

王浩强调，全省疫情形势严峻复杂，特别是杭州余杭的这一轮疫情，波及范围广、牵涉面大、传播链条长、外溢风险高，各地各部门一定要深入学习贯彻习近平总书记有关重要指示精神，全面落实党中央、国务院和省委决策要求，以最坚决态度、最强有力措施、最快速度实现社区清零，坚决打赢这一轮疫情防控遭遇战、阻击战、歼灭战。

● ● 省委常委、市委书记刘捷到余杭区仁和街道检查指导疫情防控工作。市委副书记、市长刘忻，朱华、刘颖、陈瑾、王宏、胡伟、丁狄刚等参加。

刘捷强调，要深入学习贯彻习近平总书记关于新冠疫情防控工作的重要讲话和重要指示精神，按照省委、省政府决策部署，坚决落实"人物同防"要求，时刻保持头脑清醒，杜绝麻痹松懈思想，坚决堵住一切可能导致疫情反弹的窟窿和漏洞，尽最大努力在最短时间扑灭这场疫情。要健全统一高效的指挥体系，要用好数字化的有力武器，要坚持实事求是、公开透明。基层党组织和广大党员干部要切实发挥战斗堡垒和先锋模范作用，织密织牢无缝隙、无死角的疫情防控网络。

●● 杭州与哥伦比亚卡塔赫纳市举办首次线上交流会。杭州市代表建议通过校际交流、建立友好图书馆、电商培训和双向旅游推介等形式，在教育、文旅和跨境电商等领域深入交流。双方代表商讨筹备签订友好合作备忘录等事宜。

●● 首届全球数字贸易博览会在杭州举行。

展会围绕数字贸易全产业链，聚焦数字产业、数字金融、数字物流和数字监管等重点领域，系统展示全球数字贸易发展趋势和中国数字贸易发展成就，以及浙江省在数字贸易产业体系、平台体系、生态体系、制度体系和监管体系等方面的实践探索。博览会按照"会展与产业一体化发展"运营思路，创新采用实体和数字会展融合方式，共策划"一会、一馆、一展、一平台、一系列体验活动"五大内容。

●● 省委书记、省新型冠状病毒肺炎疫情防控工作领导小组第一组长袁家军到杭州市余杭区，检查指导疫情防控工作。省领导陈金彪、刘捷、陈奕君、成岳冲、王成国，杭州市领导刘忻、陈一行、朱华、刘颖、陈瑾、胡伟等参加汇报会或检查指导。

袁家军强调，要深入学习贯彻习近平总书记关于疫情防控的重要指示精神，全面落实党中央和国务院决策部署，胸怀"国之大者"，坚持"外防输入、内防反弹"总策略和"动态清零"总方针，正视问题不足、查找漏洞死角，按照疫情防控"七大机制"的具体要求，以精准有力举措做好疫情防控各项工作，确保各项举措落细落实落到位，用最短的时间控制住本轮疫情，尽快实现社区清零。要加强组织指挥，要把复杂任务进一步分解，要全面压实疫情防控主体责任。要有效做好居民健康监测和流调排查工作，各方共同努力、齐心协力尽快打赢这场疫情防控硬仗。

●● 省委常委、市委书记刘捷到余杭区检查指导疫情防控工作。市委副书记、市长刘忻，马小秋、陈一行、黄海峰、朱华、刘颖、陈瑾、王敏、王宏、胡伟、陈卫强、丁狄刚、孙旭东等参加。

刘捷强调，要深入学习贯彻习近平总书记关于新冠疫情防控工作的重要讲话和重要指示精神，坚持"外防输入、内防反弹"总策略、"动态清零"总方针不动摇，坚决落实省委、省政府决策部署，把"严""实"挺在前面，强化问题导向，及时查漏补缺，以更强烈的责任心、更果断的措施、更有力的督导，扭转局面、掌握主动，用最短时间实现社区清零。

●● 由市文明办、市教育局、团市委共同组织开展的杭州市2022年"扣好人生第一粒扣子"主题教育实践暨小志愿者亚运志愿服务活动在杭州青少年活动中心启动。

由杭城百名小志愿者组成的"亚运宣传""文明交通引导""文明劝导""环境清洁""平安守护""旅游咨询""语言服务"和"特色礼仪"等8支亚运小志愿服务队授旗成立。

杭州市2022年"扣好人生第一粒扣子"主题教育实践活动包括"童心向党"教育实践、"美德少年（新时代好少年）"选树宣传、"传承红色基因"系列教育、中华优秀传统文化传承、学雷锋志愿服务、"劳动美"社会实践、"阳光成长"心理健康教育7个方面内容。

13 日 SAN YUE

●● 省委书记、省新型冠状病毒肺炎疫情防控工作领导小组第一组长袁家军，省委副书记、省长、省新型冠状病毒肺炎疫情防控工作领导小组组长王浩到杭州市上城区疫情防控指挥部检查指导疫情防控工作。省领导刘捷、陈奕君、王成国，杭州市领导刘忻、马小秋、陈一行、朱华、罗杰等参加会议。

袁家军强调，要深入学习贯彻习近平总书记关于疫情防控的重要指示精神，坚决贯彻党中央、国务院决策部署，全面落实全国疫情防控工作电视电话会议精神，坚定信心决心，保持定力恒心，准确把握疫情防控工作的大逻辑，进一步建强指挥体系，完善工作机制，精准有效打好疫情防控大仗硬仗科学仗，用最短的时间、最快的速度、最小的代价把疫情控制住。要充分认识当前疫情防控形势的严峻性复杂性，要循环落实"快检测、快流调、快编组、快转运、快隔离"，要明确各级疫情防控指挥部的工作重心，要做好复杂工作的任务分解，确保每天的防疫工作闭环到位。

王浩强调，杭州市、上城区及各有关部门务必高度重视，充分认识本轮疫情的复杂性、严峻性、危险性，以最坚决的态度、最强有力的措施遏制疫情扩散蔓延，全力守护人民群众生命安全和身体健康。要科学精准划定"三区"范围，要深入细致开展流调溯源，要加强核酸检测。各地各部门要切实紧起来、严起来，全面压实"四方责任"，按照"四早"特别是早发现要求，从严落实常态化疫情防控机制；要加强"四不两直"专项督查检查，确保各项防控措施不折不扣落到实处。

●● 省委常委、市委书记刘捷到上城区、余杭区、市公安局流调排查指挥部检查指导疫情防控工作。市委副书记、市长刘忻，马小秋、陈一行、黄海峰、朱华、刘颖、陈瑾、王宏、胡伟、丁狄刚、罗杰、孙旭东、陈新华等分别参加。

刘捷强调，要深入学习贯彻习近平总书记关于新冠疫情防控工作的重要讲话和重要指示精神，坚决落实国务院联防联控机制要求和省委、省政府决策部署，采取果断措施，尽快见底清零，夯实筑牢"人物同防"坚固防线，迅速斩断疫情扩散途径和传播链条，用最短时间控制住本轮疫情，切实守护好人民群众生命安全和身体健康。要根据疫情"多点散发"态势，从快从严从紧落实疫情防控各项措施，确保疫情防控力持续大于病毒传播力，坚决打赢这一轮疫情防控遭遇战阻击战歼灭战。要全力抓流调排查，要全力抓核酸筛查，要全力抓社会面管控，要保持指挥体系"快响激活"，确保做到日清日结、逐个销号、事不过夜。

14
日 SAN YUE

●● 省委常委、市委书记刘捷到上城区、余杭区检查指导疫情防控工作。市委副书记、市长刘忻，马小秋、陈一行、黄海峰、朱华、刘颖、陈瑾、王敏、王宏、胡伟、丁狄刚、罗杰、孙旭东、陈新华等分别参加。

刘捷强调，要坚持"外防输入、内防反弹"总策略、"动态清零"总方针不放松、不动摇，按照省委、省政府决策部署，落实"五快"要求，进一步压实防控责任、完善防控举措、堵塞防控漏洞，坚决防止疫情反弹和外部输入，切实守护好人民生命安全和身体健康。要全面开展"无疫单元"创建活动，要紧盯风险点、放大器，要加强集中隔离场所管理和服务保障，要严格社会面管控，切实降低疫情传播风险。要做好心理疏导、人文关怀和宣传引导工作，照顾好居民特别是老人、儿童、孕产妇等特殊群体的生活，努力满足市民群众需要，以公开透明、认真细致的工作争取群众的配合、理解和支持，让全市人民精诚团结、同向而行。要持续关心关爱抗疫一线人员，及时科学调配力量，让他们以良好状态投入战疫。

●● 市人大常委会党组召开（扩大）会议，传达学习习近平总书记在全国两会期间的重要讲话精神、在中央党校（国家行政学院）中青年干部培训班开班式上的重要讲话精神，传达学习省委领导干部会议精神，研究部署贯彻落实工作。市人大常委会党组书记李火林主持并讲话，党组副书记郑荣胜和党组成员戚哮虎、陈红英、戴建平、卢春强、徐小林、张如勇，市人大常委会副主任罗卫红交流发言。

会议强调，要把学习贯彻习近平总书记在全国两会期间的重要讲话精神作为一项重要政治任务，按照省委领导干部会议提出的"四个深刻把握，四个深刻领悟"的要求，不断提高政治判断力、政治领悟力、政治执行力，切实把思想和行动统一到以习近平同志为核心的党中央重大决策部署上来。要高质量完成市十四届人大一次会议各项筹备工作，着手做好新一届市人大常委会会议和主任会议的相关准备工作等，进一步完善聚焦聚力"亚运攻坚、共富示范"主题年的人大工作方案，加强人大代表和机关干部队伍建设，以实际行动迎接党的二十大胜利召开。

●● 市政协召开十一届二十七次常委会会议，协商通过市政协十二届一次会议有关草案和事项。市政协主席马卫光讲话，张仲灿、叶鉴铭、谢双成、许明、毛溪浩、王立华、周智林、冯仁强、陈国妹、滕勇参加。

会议听取市政府关于市政协十一届五次会议以来提案、建议案办理情况的通报；审议通过市政协十二届一次会议召开决定、议程（草案）和日程（草案）；审议通过十一届市政协常委会工作报告（草案）、提案工作情况报告（草案）；协商决定政协第十二届杭州市委员会委员名单；审议通过市政协十二届一次会议大会分组办法（草案）、分组名单（草案）、小组召集人名单（草案）；审议通过市政协十二届一次会议大会选举办法（草案）；审议通过市政协十二届一次会议提案审查委员会名单（草案）；审议通过市政协十二届一次会议候选建议案；审议通过有关人事事项。会议授权市政协主席会议审议市政协十一届二十七次常委会会议未尽事宜。

会议强调，要深入学习贯彻全国两会、省"两会"和市第十三次党代会精神，提高政治站位，强化责任担当，聚焦聚力中心大局，认真做好思想引导、汇聚力量、议政建言、服务大局各项工作，深入践行全过程人民民主，充分发挥政协专门协商机构作用，为杭州奋进新时代、建设新天堂、打造世界一流的社会主义现代化国际大都市凝聚共识、资政建言、担当作为，以实际行动迎接党的二十大胜利召开。要全面落实市委关于开好"两会"的部署要求，精益求精做好市政协十二届一次会议各项筹备工作，紧扣"六个城市之窗""七个新天堂"和举办亚运会、建设大都市、共同富裕等目标任务，认真组织好大会发言、联组会议、分组审议等各项活动，着力提高协商建言质量。要压紧压实责任，强化统筹协调，落细落实会议服务保障各项工作，严肃会风会纪，严格落实疫情防控各项措施，确保会议安全有序、风清气正、凝心聚力、务实高效。

15 日

SAN YUE

●● 省委常委、市委书记刘捷到上城区、余杭区指挥调度疫情防控工作。市委副书记、市长刘忻，马小秋、陈一行、黄海峰、朱华、刘颖、陈瑾、王敏、王宏、胡伟、丁狄刚、罗杰、孙旭东、陈新华等分别参加。

刘捷强调，要深入学习贯彻习近平总书记关于新冠疫情防控工作的重要讲话和重要指示精神，按照省委、省政府决策部署，深化落实"七大机制"，聚力推进"五快"循环提速提效，以坚决有力措施确保应调尽调、应检尽检、应转尽转、应隔尽隔，扎紧防控笼子，决胜社区清零，尽快扑灭本轮疫情。各级各部门要全面贯彻"外防输入、内防反弹"总策略和"动态清零"总方针，要大力推进"无疫单元"创建，要进一步加大"外防输入"工作力度，要不断提升流调溯源精准性，要着力强化硬核隔离，要严格落实社会面管控措施，要不断夯实疫情防控基层基础，形成联防联控、群防群控的强大合力。

当天，市人大常委会主任李火林对联系督导疫情防控工作进行部署，市政协主席马卫光带队到上城区联系督导疫情防控工作。

●● 省委副书记黄建发到桐庐县调研。市领导刘嫔珺等参加调研。

黄建发强调，要深入学习贯彻落实习近平总书记重要指示精神和党中央、国务院决策部署，胸怀"国之大者"，坚决把疫情控制住、把影响降到最低，全力以赴做好杭州亚运会、亚残运会各项筹办工作，抓紧抓实春耕备耕，千方百计拓宽农民增收渠道，大力营造和谐稳定社会环境，为高质量发展建设共同富裕示范区贡献桐庐力量。

●● 杭州国际友好城市——英国利兹市举办线上研讨会，围绕植树及其在气候紧急状态中的作用与杭州市开展交流。

会上，中国杭州、英国利兹、法国里昂、葡萄牙波尔图、捷克布尔诺和瑞典马尔默等地的代表阐述各自城市的绿化目标和具体实施路径，并围绕共同面临的挑战展开讨论。

●● 杭州北景园生态公园内的杭州亚运会电竞馆通电、首次亮灯。电竞馆的亮灯，实现了杭州亚运会13座特、一级以上场馆全部通电。

杭州亚运会首次将电竞项目纳入比赛。杭州亚运会电竞馆总建筑面积8.2万平方米，是全国首座亚运会赛事标准的专业电子竞技场馆，也是接入杭州亚运会总指挥室监控系统的四大重点场馆之一，于2020年9月开工。在杭州亚运会期间将举办包含《英雄联盟》《王者荣耀》等多个电竞竞赛及示范表演项目。赛时，场馆内部设置将升降四面斗形屏，采用"声光电"一级标准，外部由阳极氧化铝板与透明LED玻璃幕墙组合而成，将动态屏、大型电子互动装置等一系列多媒体设备有机融合，是赛事的一大亮点。

16 日 SAN YUE

●● 市委召开领导干部会议，传达学习全国两会精神，对全市贯彻落实工作做出部署。

省委常委、市委书记刘捷主持会议并讲话。刘忻、李火林、马卫光等出席。会议以视频形式召开。副市级以上领导干部和老同志，市直单位主要负责人，市各民主党派主要负责人等参加会议。会议传达中央领导同志讲话精神和十三届全国人大五次会议精神、全国政协十三届五次会议精神。

刘捷强调,要深刻领悟"两个确立"决定性意义,切实用以武装头脑、指导实践、推动工作,确保习近平总书记重要讲话精神在杭州落地生根、开花结果。要毫不松懈抓好疫情防控,要全力以赴做好亚运筹办工作,要扎实推进共同富裕示范区城市范例建设,要充分发挥人大制度作为全过程人民民主的重要制度载体作用,要坚持全面从严治党,加快推进清廉杭州建设,着力营造风清气正的政治生态。

● ● 省委常委、市委书记刘捷主持召开全市疫情防控工作调度会。市委副书记、市长刘忻,陈一行、黄海峰、朱华、刘颖、陈瑾、王敏、王宏、胡伟、丁狄刚、孙旭东、陈新华等在主会场或分会场出席。

刘捷强调,要坚决贯彻"外防输入、内防反弹"总策略和"动态清零"总方针,全面落实"七大机制"和"五快"要求,时刻绷紧疫情防控这根弦,杜绝麻痹思想、厌战情绪、侥幸心理、松劲心态,严实作风、担当作为、狠抓落实,坚决堵住一切可能导致疫情反弹和输入的窟窿和漏洞,以防控工作的确定性有效应对疫情的不确定性。要牢记"针尖大的窟窿能漏过斗大的风"的谆谆教诲,要全面开展无疫机关、无疫社区、无疫学校、无疫企业等"无疫单元"创建,要坚持"人、物、环境"同防,要从严从紧做好隔离点和医院管理,要加强研判分析,切实做到"解封不解防",确保城市安全平稳运行。

● ● 《政府工作报告》征求市政协意见座谈会召开。市长刘忻、市政协主席马卫光出席并讲话。柯吉欣、丁狄刚、张仲灿、叶鉴铭、谢双成、许明、毛溪浩、王立华、周智林、冯仁强、陈国妹、滕勇参加。

刘忻指出,2022年是杭州亚运会举办之年,是城市改革发展进程中具有特殊重要性的一年。市政府将深入学习贯彻习近平总书记对杭州工作的重要指示批示精神,坚决落实中央和省委、市委决策部署,坚持稳中求进工作总基调,统筹推进疫情防控和经济社会发展,举全市之力办好亚运会,着力推动经济稳进提质,勠力推进关键领域改革,不断增强创新策源力,持续提升城市综合能级,努力创造共同富裕美好生活,确保在新的赶考之路上交出高分答卷,以优异成绩迎接党的二十大胜利召开。

马卫光指出,2022年,市政协将深入学习贯彻习近平总书记关于加强和改进人民政协工作的重要思想,围绕中心大局,突出双向发力,充分发挥专门协商机构作用，为杭州办好亚运会、建设大都市、推进共同富裕凝聚共识汇聚力量。

17
SAN YUE
日

● ● 省委常委、市委书记刘捷主持召开全市疫情防控工作调度会。市委副书记、市长刘忻，马小秋、陈一行、黄海峰、朱华、刘颖、陈瑾、王敏、王宏、胡伟、丁狄刚、罗杰、孙旭东、陈新华等在主会场或分会场出席。

刘捷强调，要深入学习贯彻习近平总书记关于新冠疫情防控工作的重要讲话重要指示精神，坚持"外防输入、内防反弹"总策略和"动态清零"总方针不动摇，认真落实省委、省政府部署要求，慎终如始抓好各项措施落地落实，推进补短板、堵漏洞、强弱项，进一步提升疫情防控水平和平战转换能力，切实保障人民生命健康和城市有序运行。要深入推进"无疫单元"创建，要密切关注国内外疫情变化，要持续提升疫情防控体系效能，要充分运用数字化改革成果，要立足当前、着眼长远，统筹疫情防控和经济社会发展，落实常态化疫情防控各项举措，抓好经济社会发展各项工作，确保一季度"开门红"，为全国全省大局做出更大贡献。

● ● 市人大常委会主任李火林，副主任郑荣胜、陈红英、徐小林，分别到萧山区、临平区、上城区、富阳区联系督导疫情防控工作。秘书长张如勇参加。

李火林指出，要进一步提高政治站位、深化思想认识，要进一步压实责任、查找漏洞，要进一步夯实基层基础、落实举措，要进一步总结经验、完善机制，筑牢疫情防控安全防线，切实维护人民群众生命安全和身体健康。街道和相关单位负责人要从严从紧抓好疫情防控工作，加强集中隔离点人员人文关怀，做好场所工作人员个人防护，努力做到依法防控、科学防控、精准防控、群防群控，为打赢疫情防控阻击战贡献力量。

● ● 杭州市向全体市民发出参与"无疫单元"创建的倡议书，倡议广大市民投身无疫商场、无疫市场等系列"无疫单元"创建，实现最小单元防控，"守好自身关，共护你我他"。

● ● 杭州市与德国海德堡市就推动杭州图书馆与海德堡市图书馆结好进行交流。

杭州图书馆目前与15个国外图书馆保持友好交往，并与美国、英国、日本等国家的9个图书馆签订友好协议。2016年，杭州与海德堡签订友好交流合作备忘录。新冠疫情突如其来，两座城市守望相助，在"云端"持续开展多种形式的交流交往。图书馆是城市文化的窗口，推动两地图书馆结好，进一步深化杭州与海德堡市的友好关系，为两地市民搭建彼此了解的文化桥梁。

●● 省委常委、市委书记刘捷到市疫情防控指挥部、西湖区检查指导疫情防控工作。市委副书记、市长刘忻，朱华、陈瑾、罗杰参加。

刘捷强调，要深入学习贯彻习近平总书记在中央政治局常委会会议上的重要讲话精神，按照全省新型冠状病毒疫情防控工作会议部署要求，坚持科学精准、动态清零，压实"四方"责任，落实"四早"要求，紧紧把握"黄金24小时"窗口期，以时不我待的精神抓实抓细疫情防控各项工作。

●● 2022年亚运会和亚残运会杭州市运行保障指挥部召开第五次会议。

省委常委、市委书记刘捷主持并讲话。刘忻、李火林、马卫光等市四套班子领导，杨戌标等省综合办有关负责人出席。

刘捷强调，要深入贯彻落实中央和省委部署要求，学习借鉴北京冬奥会的有益经验，把"简约、安全、精彩"理念贯彻到筹办全过程，坚持城市侧和赛事侧一体推进、组织架构和运行体系融合互促，高水平做好亚运筹办各项工作。要紧盯时间节点，要展现独特韵味，要彰显别样精彩，要突出整体智治，构建亚运数字化指挥体系。

21日 SAN YUE

●● 全市疫情防控工作会议召开。省委常委、市委书记刘捷出席会议并讲话。市委副书记、市长刘忻主持，陈一行、黄海峰、刘颖、陈瑾、王敏、胡伟、丁狄刚等在主会场或分会场出席。

刘捷强调，要深入学习贯彻习近平总书记在中央政治局常委会会议上的重要讲话精神，全面落实中央和省委、省政府决策部署，牢固树立"坚持就是胜利"的意识，坚决克服麻痹思想、厌战情绪、侥幸心理、松劲心态，坚持"外防输入、内防反弹"总策略和"动态清零"总方针不动摇，压紧压实"四方责任"，全面落实"七大机制"和"五快"要求，不断提升疫情监测预警和应急反应能力，切实提高科学精准防控水平，巩固好来之不易的防控成果，为全市经济社会高质量发展创造良好环境。要把外防输入作为疫情防控工作的重中之重，要加强人物同防，要抓实基本单元，要全面查漏补缺，切实提高防疫能力，坚决守护好人民生命安全和身体健康。

●● 市人大常委会主任李火林到萧山区联系督导"美丽杭州迎亚运"城市环境品质提升行动。

李火林强调，要紧扣时间节点，要坚持"简约、安全、精彩"理念，要落实工作责任，要以绣花功夫推进市政路网建设，要坚持人民至上、生命至上，精准摸清管控人员情况，细致用心做好服务保障，全力守护好人民群众生命安全和身体健康。

●● 市政协主席马卫光到临安区调研，并宣讲市第十三次党代会精神。

马卫光指出，市第十三次党代会坚持以习近平新时代中国特色社会主义思想为指导，深入学习贯彻习近平总书记对杭州工作的重要指示批示精神，吹响"奋进新时代、建设新天堂"的行动号角，绘就奋力打造世界一流的社会主义现代化国际大都市的宏伟蓝图。全市政协组织和广大政协委员要持续深入学习宣传贯彻市党代会精神，全面对标对表党代会决策部署，聚焦"六个城市之窗""七个新天堂"，紧扣"亚运攻坚、共富示范"，着眼创新驱动、深化改革、扩大开放、产业发展、城市建设、民生福祉等领域的重点难点，找准政协履职的着力点结合点，坚持双向发力，主动担当作为，努力以高质量履职服务杭州高质量发展。要充分发挥政协联系广泛的优势，深入开展富有特色的宣传宣讲活动，把市党代会精神更好地传递到联系的各界群众，画出最大同心圆，广泛凝聚正能量，努力为把新天堂美好图景转化为锦绣实景，加快建设世界一流的社会主义现代化国际大都市汇聚智慧力量。

●● 杭州亚运会亚运宣传工作第一次现场推进会召开。

会议指出，要从全局高度充分认识做好亚运宣传工作的重要意义，坚持"简约、安全、精彩"的理念，提高政治站位，强化使命担当，突出重点、打造亮点，奋力交出亚运宣传工作的高分答卷。

会议强调，要全面对标北京冬奥会宣传推广和氛围营造的好经验好做法，突出创新创意、彰显文化内涵，高质高效推进亚运宣传工作。要进一步构建完善扁平化一体化工作体系，要精心策划重要节点和重点活动宣传，要持续造浓全民亚运良好氛围，要着力提升国际传播能力，要切实增强风险防范能力，为办成一届彰显"中国特色、浙江风采、杭州韵味、精彩纷呈"的体育文化盛会提供积极向上的舆论环境。

22 日 SAN YUE

●● 市委常委会召开会议，传达学习习近平总书记在中央政治局常务委员会会议上的重要讲话精神，研究部署全市贯彻落实工作。

省委常委、市委书记刘捷主持会议并讲话。

会议指出，在全国疫情防控的关键时期，习近平总书记主持召开中央政治局常委会会议，分析疫情形势，部署从严抓好疫情防控工作，充分体现运筹帷幄、指挥若定的战略定力，充分体现洞察全局、科学精准的驾驭能力，充分体现人民至上、生命至上的为民情怀，为杭州进一步做好疫情防控工作提供根本遵循。全市各级各部门要深入学习贯彻习近平总书记重要讲话精神，坚决贯彻"外防输入、内防反弹"总策略和"动态清零"总方针，把思想和行动统一到党中央重大决策部署上来，切实扛起疫情防控政治责任，从严从实抓好疫情防控各项工作，努力以最小代价实现最优防控效果，最大限度减少疫情对经济社会发展的影响。

会议强调，要深刻认识疫情防控的复杂性、艰巨性、反复性，做好应对严峻复杂局面的思想准备和工作准备，始终以临战状态、高压态势做好常态化疫情防控，持续巩固来之不易的防控成果，全力守护好人民群众生命安全和身体健康。要不断提高科学精准防控水平，筑牢"外防输入、内防反弹"的坚固防线。坚持平战结合、统筹化推动与扁平化管理相结合，完善疫情防控指挥体系，健全分级分类应急响应机制，优化精密智控数据平台功能。深入推进"无疫单元"创建，严格落实重点场所防疫措施，引导市民群众主动做好个人防护，实现最小单元防控。加强流调溯源、核酸检测、区域协查、转运隔离等软硬件储备和队伍建设，压紧压实"四方责任"，严肃查处失职失责问题。

会议指出，要统筹疫情防控和经济社会发展，努力实现"开门红""开门好"。坚持稳字当头、稳中求进，扎实做好"六稳""六保"工作，紧盯经济发展主要目标和关键环节，加强组织调度，狠抓重大项目建设，认真落实各级各类惠企惠民政策，激发市场主体活力，稳住外贸外资，抓好春耕备耕，制定出台更具精准性、针对性、操作性的措施，确保一季度良好开局、各项既定目标如期实现，奋力夺取疫情防控和经济社会发展双胜利。

● ● 市委全面依法治市委员会召开会议，学习贯彻省委全面依法治省委员会会议和有关文件精神，研究全市全面依法治市工作。

省委常委、市委书记刘捷主持会议并讲话。刘忻、李火林、马卫光等市四套班子领导出席。会议审议并原则通过《2021年法治杭州建设工作情况和2022年工作思路》《2022年法治杭州建设重点工作清单》《杭州市人民政府2022年立法计划》《关于持续深入推进依法行政全面建设法治政府的实施意见》。

刘捷强调，要坚持把深入学习宣传贯彻习近平法治思想特别是习近平总书记对杭州法治工作的重要指示批示精神作为推进法治杭州建设的首要政治任务，坚持把党的领导贯穿法治杭州建设全过程各方面，坚持把宪法作为根本的活动准则，坚持以人民为中心，牢牢把握法治杭州建设的正确方向。要紧紧围绕中心服务大局，要持续深化法治领域改革，要强化组织领导，要抓住领导干部这个"关键少数"，为法治杭州建设提供坚实人才保障。

● ● 市十三届人大常委会召开第四十四次会议。市人大常委会主任李火林，副主任郑荣胜、陈红英、罗卫红、卢春强、徐小林出席。

副市长刘嫔珺受刘忻市长委托提交人事任免议案并做说明。

会议表决通过市十三届人大常委会代表资格审查委员会关于个别代表的代表资格审查报告，表决通过有关人事任免事项。

新任命人员进行宪法宣誓。

●● 杭州市滨江区被认定为国家知识产权服务出口基地。

滨江区是浙江省首个国家知识产权服务业集聚发展示范区，在全国率先开展知识产权"一件事"集成改革。滨江区将国家知识产权服务出口基地与知识产权服务业集聚区建设有效对接，充分利用自贸试验区、服务贸易创新发展试点等各类开放平台创新体制机制，加快促进知识产权服务出口资源整合集聚，满足创新主体、市场主体获取各类国际化知识产权服务需求，实现"一站式"知识产权服务。

●● 杭州召开全市"亚运攻坚"专项巡察动员部署会，对十三届市委第一轮"亚运攻坚"专项巡察进行动员部署。

●● 省委常委、市委书记刘捷专题调研亚运场馆建设情况。朱华、王敏、卢春强、陈卫强参加。

刘捷强调，要深入贯彻落实中央和省委部署要求，全面落实"简约、安全、精彩"的办赛要求，对照总任务书，按照既定时间节点，明确领导责任、完善工作闭环、加强督促检查，全力推进场馆竣工验收，紧锣密鼓抓好测试赛筹备工作，确保按期保质完成场馆建设。要严格按要求开展测试赛，通过测试赛查找不足、补齐短板。要抓好场馆周边设施配套、沿线道路绿化和环境综合整治，进一步提高城市环境品质。要谋划好场馆设施赛后可持续利用，营造良好体育文化氛围，不断满足广大人民群众日益增长的体育健身需求。

●● 市政府党组书记、市长刘忻主持召开市政府党组（扩大）会议，传达学习习近平总书记在中共中央政治局常务委员会会议上的重要讲话精神和全国两会精神，研究部署市政府贯彻落实举措。

会议强调，要认真学习贯彻全国两会精神，自觉把杭州工作放到全国全省大局中思考谋划推动，加快建设世界一流的社会主义现代化国际大都市，全力打造全体人民共同富裕共享幸福的新天堂。要举全市之力办好亚运会，要聚焦聚力推动经济高质量发展，要进一步增强城市创新策源力，要深化共同富裕体制创新和改革探索，扎实推进"扩中提低"专项行动，办实办好民生"关键小事"，确保共同富裕美好社会建设迈出坚实步伐。

●● 市委、市政府印发《关于完整准确全面贯彻新发展理念做好碳达峰碳中和工作的实施意见》，为全市高质量实现碳达峰碳中和明确顶层制度设计。

该意见提出3个阶段的主要目标——到2025年，碳达峰、碳中和政策体系基本建立，经济社会发展全面绿色低碳转型取得明显进展，科技创新和制度创新取得显著成效，碳达峰基础得到夯实；到2030年，高质量实现碳达峰，碳达峰、碳中和数智治理体系基本建成，产业结构和能源结构优化取得阶段性成果，绿色低碳技术取得关键突破，能源利用效率、二氧化碳排放水平处于全国前列；到2060年，率先建成零碳城市，相匹配的城市治理体系全面建立。

25 日 SAN YUE

●● 省委常委、市委书记刘捷会见出席市政协十二届一次会议的港澳委员、列席人员，与大家畅叙乡情友谊，共话发展愿景。

市委副书记、市长刘忻，市政协主席马卫光，朱建明、朱华参加，王立华主持。

刘捷说，过去五年，杭州在全省的龙头地位不断巩固，在全国的战略地位日益提高，在国际上的知名度和影响力持续提升。成绩来之不易，是以习近平同志为核心的党中央英明领导的结果，是省委坚强领导的结果，是全市上下奋力拼搏的结果，也凝聚着广大港澳委员、代表的努力和贡献。

刘捷说，未来五年是杭州举办亚运会、建设大都市、推进现代化的重要窗口期，机遇前所未有、挑战前所未有。各位委员、代表是杭州的宝贵资源，也是推进杭州发展的重要力量。希望大家切实履行政协委员职责，帮助杭州把各项事业不断推向前进。要厚植家国情怀，要提升履职效能，要发挥自身优势，与杭州携手发展、共同成长，在把事业做得越来越大的同时，把家乡建设得越来越好。市委将一如既往为大家履行职能、发挥作用创造良好条件，为大家回馈家乡、投资兴业、创新创业营造良好环境。

●● 余杭区发布全省首个规模2亿元的区级文艺发展基金，以创作扶持、揭榜挂帅、配套扶持3种形式，对符合导向的区内重点文化项目给予最高1000万元扶持资金。

●● 中国人民政治协商会议第十二届杭州市委员会第一次会议召开。

马卫光代表十一届市政协常务委员会，向大会做工作报告。

冯仁强代表市政协第十一届常务委员会做提案工作情况的报告。五年来，共收到各类提案3006件，经审查，立案2722件，立案率为90.55%，其中党派、团体、界别小组、专委会、委员工作站集体提案514件，占18.88%；委员个人或联名提案2208件，占81.02%。截至2021年12月底，所有提案均已办复。

会议通过政协第十二届杭州市委员会第一次会议决议；通过政协第十二届杭州市委员会第一次会议建议案；通过政协第十二届杭州市委员会提案委员会关于十二届一次会议提案审查情况的报告。

中共浙江省委常委、杭州市委书记刘捷在闭幕式上讲话。

26
日 SAN YUE

●● 西溪花朝节开幕，活动持续至5月8日。

2022年花朝节主场地在绿堤的1.5万平方米展示区域内，除经典主题花卉外还引进多种新颖植物，观赏植物种类达到300多种，为历届花朝节之最。花朝节期间景区特别设置"与亚运同框"打卡赢花籽盲盒活动。让市民游客在赏花踏青的同时记录西溪湿地的亚运元素。

26—30
日 SAN YUE

●● 杭州市第十四届人民代表大会第一次会议召开。

市长刘忻做政府工作报告。

会议审查杭州市2021年国民经济和社会发展计划执行情况与2022年国民经济和社会发展计划草案的报告，审查了杭州市及市本级2021年预算执行情况和2022年预算草案的报告。

会议采用无记名投票方式，依法选举李火林为市十四届人大常委会主任，选举刘忻为市人民政府市长，选举陈一行为市监察委员会主任，选举张宏伟为市中级人民法院院长，选举叶伟忠为市人民检察院检察长（须报经省人民检察院检察长提请省人大常委会批准），选举张如勇为市十四届人大常委会秘书长。

会议依法选举戚哮虎、戴建平、罗卫红、卢春强、徐小林为市十四届人大常委会副主任；选举柯吉欣、陈瑾、胡伟、陈卫强、丁狄刚、罗杰、刘嫔珺、孙旭东为市人民政府副市长；选举王剑瑛等47人为市十四届人大常委会委员；票决产生市人民政府2022年度民生实事项目。

新当选的市人大常委会主任李火林、市人民政府市长刘忻、市监察委员会主任陈一行、市中级人民法院院长张宏伟在会议主会场进行宪法宣誓。

会议通过市十四届人大各专门委员会组成人员名单，通过关于政府工作报告、杭州市2021年国民经济和社会发展计划执行情况与2022年国民经济和社会发展计划、杭州市及市本级2021年预算执行情况和2022年预算的决议，通过关于市人大常委会工作报告、市中级人民法院工作报告、市人民检察院工作报告的决议，通过关于开展"奋进新时代、建设新天堂，人大有担当、代表作示范"活动的决议。

省委常委、市委书记刘捷在闭幕式上讲话。

29 日

●● 市长刘忻到市人民来访接待中心接待群众来访。

刘忻强调，要深入学习贯彻习近平总书记关于加强和改进人民信访工作的重要思想，坚持以人民为中心，真正把百姓呼声诉求作为第一信号，努力办实办好每一个信访件，全力解决好群众急难愁盼问题，更好地满足人民对美好生活的向往。信访工作是党和政府联系群众的桥梁纽带，是感知群众安危冷暖的重要渠道，也是衡量各级各部门为政得失的一面镜子。要进一步增强做好信访工作的思想自觉、政治自觉、行动自觉，要坚持以数字化改革为牵引，要深化信访积案化解清零攻坚，要落实领导干部带头下访、领衔包案制度，以制度化成果保障信访工作水平长效提升、整体跃升。

30 日

●● 市十四届人大常委会召开第一次会议。市人大常委会主任李火林主持并讲话，副主任戚哮虎、戴建平、罗卫红、卢春强、徐小林出席。各专门委员会委员列席会议。

会议学习贯彻习近平法治思想、习近平总书记对地方人大及其常委会工作做出的重要指示精神，省委党校教授褚国建作相关辅导讲座。

会议审议通过市人大常委会2022年工作要点。

李火林强调，要坚定政治立场，要增强大局意识，要坚持人民至上，要把准角色定位，要深化作风建设，为奋进新时代、建设新天堂，打造世界一流的社会主义现代化国际大都市贡献人大智慧和力量。

31 日 SAN YUE

●● 省委常委、市委书记刘捷到杭州城市大脑运营指挥中心调研，并主持召开座谈会。柯吉欣、朱华参加。

刘捷强调，要深入贯彻习近平总书记对杭州城市大脑的重要指示精神，全面落实省委数字化改革决策部署，坚持平时好用、战时管用，全力推进城市大脑迭代升级，着力构建特大城市数字治理系统解决方案，不断提升城市治理体系和治理现代化水平，为奋力打造世界一流的社会主义现代化国际大都市提供有力支撑。要完善城市大脑指挥运营机制，要充分调动各类主体参与的积极性，把城市大脑建设不断向纵深推进，让人民群众有更多获得感幸福感安全感。

●● 市长刘忻主持召开新一届市政府第一次常务会议，就《杭州市人民政府工作规则》修订、《政府工作报告》任务分解、国家重大工程涉杭项目谋划推进等事项进行研究部署。

会议强调，要深入学习贯彻习近平总书记对杭州工作的重要指示批示精神，认真落实市党代会决策部署和市"两会"精神，坚决扛起"重要窗口"头雁使命担当，按照"国际排位、全国站位、全省地位、人民首位"要求，不折不扣把政府重点工作抓实抓细抓到位，全力以赴把"施工图"变为"竣工图"，为构筑大都市、建设新天堂做出更大贡献。要始终牢记习近平总书记殷殷嘱托，切实把人民放在心中最高位置，对标"四个杭州、四个一流"要求，对照《政府工作报告》这张"施工图"，科学做好重点工作任务分解，坚持系统化设计、清单化管理、工程化实施、项目化推进，进一步激发政治动能、创新动能、制度动能，高质高效推进亚运筹办，全力打造全球创新策源地，大力推动数字经济与制造业高质量融合发展，不断擦亮数字化改革"金名片"，持续提升城市规划建设管理水平，精彩呈现深厚历史

文化底蕴，精心描绘现代版"富春山居图"，扎实办好民生大事和"关键小事"，确保以实招硬招打造标志性成果、以实干有为交出高分答卷，决不辜负中央和省委、市委的重托，决不辜负全市人民的期望。

●● 省政协副主席裘东耀一行到杭州调研政协文化文史工作。市政协主席马卫光，副主席陈新华参加。马卫光向调研组介绍市政协文化文史工作下一步思路和重点。

裘东耀强调，征编出版《浙江城市名片》是2022年省政协的一项重点履职工作，是全省政协奋力当好新时代加强和改进人民政协工作排头兵，更好地服务助力浙江打造"重要窗口"、建设新时代文化高地的重要举措。要充分认识这项工作的重要意义，要倒排时间，要精心打磨、精雕细琢，努力把《浙江城市名片》编撰为高品质之作，充分展现浙江城市品牌形象和文化内涵。

●● 市政协主席马卫光到临平区调研政协工作并走访政协委员。

马卫光指出，要深入学习贯彻习近平总书记关于加强和改进人民政协工作的重要思想，认真贯彻市第十三次党代会和市"两会"精神，在围绕中心、服务大局上更加担当作为，找准党委政府所想、人民群众所盼、政协组织所能的切入点着力点，积极资政建言，广泛凝聚共识，发挥专门协商机构作用，不断推动政协工作提质增效，努力以高质量履职服务助推高质量发展，为奋力打造世界一流的社会主义现代化国际大都市贡献更多智慧和力量，展现新区新政协的新样子。市区政协要强化协同联动履职，聚合各方优势力量，着力构建有事共商、履职共推、资源共享、成果共用、品牌共建的工作格局体系，不断提升全市政协工作的整体质效。

●● 中国人民银行召开数字人民币研发试点工作座谈会。会上宣布，在现有试点地区基础上增加天津市、重庆市、广东省广州市、福建省福州市和厦门市、浙江省承办亚运会的6个城市作为试点地区。

●● 绍兴棒（垒）球体育文化中心、绍兴柯桥羊山攀岩基地先后通过赛事功能验收。至此，历时近5年建设，杭州2022年亚运会、亚残运会56个竞赛场馆全面竣工并通过赛事功能验收。

杭州亚运会、亚残运会共有56个竞赛场馆，以"杭州为主，全省共享"的原则，分布在杭州、宁波、温州、湖州、绍兴、金华各地。其中，新建场馆12个、改造场馆26个、续建场馆9个、临建场馆9个。另有31个训练场馆、1个亚运村和4个亚运分村（运动员分村）。

●● 2022年"杭州青年说"青年宣讲活动在位于上城区思鑫坊的杭州青年运动史馆

启动。

活动由中共杭州市委宣传部、共青团杭州市委主办，在2021年基础上创新方式方法，以"喜迎二十大 奋进新时代 建设新天堂"为主题，紧扣"建团百年""共同富裕""服务亚运"等关键词，通过举办宣讲大赛、全年分阶段学习、群众性宣讲等形式，讲好新时代奋进故事，全面展现近年来杭州取得的辉煌成就和发生的可喜变化、个人的奋斗历程和美好生活。

"杭州青年说"青年宣讲活动自2021年启动以来，共有市及各区县（市）和直属团组织的2800多名青年宣讲员走入田间地头、厂矿企业、中小学校开展党史、党的十九届六中全会精神、"六讲六做"宣讲活动500多场次，覆盖团员青少年326.32万人次，同时还通过"线下+线上"形式开展，网络浏览量达到6280.5万次。

● ● 在长三角湿地保护一体化论坛上，西湖西溪管委会牵手德清县政府，联合开展西溪湿地朱鹮回归试验项目。

朱鹮系东亚特有鸟类，是世界上最濒危的鸟类之一，为国家一级重点保护动物，有"东方宝石""吉祥鸟"的美誉，平均寿命20～30岁。

结合各项条件，省林业局将西溪湿地选为开展朱鹮野化放归试验点。经过近8个月的精心筹备，2021年11月和2022年2月，西溪湿地举办"结亲"仪式，分两次放飞来自德清的10只朱鹮。

四月

●● 省委常委、市委书记刘捷调研杭州市防汛工程建设及城市防汛排涝工作。朱华、刘颖、刘嫔珺参加。

刘捷强调，要深入学习贯彻习近平总书记关于防汛工作的重要指示精神，树立底线思维，保持高度警觉，以对人民极端负责的精神，抓早抓小抓实防汛各项准备工作，加强重大水利工程建设，持续提升城市防洪排涝能力，确保江河安澜、人民安全、社会安定。要高标准高质量推进西险大塘达标加固工程建设，要加强人力物力财力保障，要加强科学调度，确保在防汛抗洪中发挥出更大作用。要充分认识加强水利工程建设的重要性和紧迫性，要加强重大水利基础设施建设，要加大内涝积水隐患排查治理力度，要坚持综合治水、系统治水，要压紧压实防汛责任，确保有备无患、万无一失。

●● 亚运气象台开始实体化运行，这标志着杭州亚运会气象保障工作从前期筹备阶段转向全面实战阶段。

亚运气象台设在杭州市气象局，同时在协办城市宁波、温州、湖州、绍兴、金华市气象局也设立分赛区气象台。

●● 全省建设平安浙江工作会议在杭州召开。省委书记、省委建设平安浙江领导小组组长袁家军出席会议并讲话。省委副书记、省长、省委建设平安浙江领导小组副组长王浩主持会议，黄莉新、陈金彪、刘捷、王成、陈奕君、梁黎明、赵光君、王成国、李占国出席。

刘忻、李火林、马卫光、柯吉欣、马小秋、黄海峰、王敏、罗杰、冯仁强在杭州分会场或各区县（市）分会场参加，刘颖等在主会场参加。

袁家军强调，要深入学习贯彻习近平总书记关于平安建设的重要论述精神，大力推进"除险保安"，迭代完善风险闭环管控的大平安机制，形成全范围、全领域、全过程抓平安的强力态势，筑牢防风险、护平安的铜墙铁壁，为党的二十大、省第十五次党代会胜利召开和杭州亚运会亚残运会圆满举办营造安全稳定的政治社会环境。

王浩强调，要学深悟透习近平总书记关于平安建设的重要论述精神，聚焦平安护航党的二十大、省第十五次党代会、杭州亚运会亚残运会，突出重点、除险保安，迭代完善风险闭环管控大平安机制，确保社会安定、人民安宁。要把抓基层打基础作为长远之计和固本之策，要紧绷疫情防控这根弦，坚决守住不发生规模性反弹的底线。

● ● 2022年亚运会和亚残运会杭州市运行保障指挥部召开第六次会议。省委常委、市委书记刘捷主持会议并讲话。刘忻等市四套班子领导，杨戍标等省综合办负责人出席。

刘捷强调，要深入学习贯彻习近平总书记关于办好杭州亚运会的重要论述，按照亚组委（亚残组委）第二次工作会议部署要求，进一步增强紧迫感和责任感，把全市工作重心全面转移到亚运筹办上来，对标对表冬奥会，高标准、严要求，抓具体、抓深入，推动各项工作全面落实落细。

● ● 杭州市召开疫情防控工作视频调度会。省委常委、市委书记刘捷出席会议并讲话。市委副书记、市长刘忻主持，黄海峰、陈瑾、王敏、胡伟、丁狄刚、罗杰在主会场或分会场出席。

刘捷强调，要深入学习贯彻习近平总书记在中央政治局常委会会议上的重要讲话精神，坚持"外防输入、内防反弹"总策略和"动态清零"总方针不动摇，全面落实"七大机制"和"五快"要求，迅速果断、科学精准落实防控举措，坚决堵住一切可能导致疫情反弹的漏洞，全力守护人民安康、城市安全。

● ● 杭州市召开审管系统服务亚运联动攻坚项目签约仪式暨"窗口树形象 服务展风采"文明服务专项行动动员部署会。

现场，杭州市审管系统与上城、拱墅、滨江、萧山、富阳、桐庐等地协同合作，发布7个服务亚运联动攻坚项目。内容包括全市政务服务数字化监测系统建设、特色交易通用模块建设、服务大厅现场管理标准化建设、延伸政务服务"一网通办"等。还启动全市审管系统"窗口树形象 服务展风采"文明服务专项行动。

●● 市人大常委会主任李火林到杭报集团、杭州文广集团调研人大新闻宣传工作。

李火林强调，2022年是党的二十大的召开之年，是杭州亚运会、亚残运会的举办之年，也是市十四届人大及其常委会依法履职的开局之年。要站在坚定制度自信的政治高度，进一步重视人大新闻宣传，要聚焦推动中央和省委、市委决策部署的落地落实，进一步加强人大工作宣传，要坚持以人民为中心的发展思想，进一步加强人大代表宣传，生动讲好杭州人大故事，为坚持好、完善好、发展好人民代表大会制度做出积极贡献。

●● 市长刘忻以"四不两直"方式直插一线、直奔现场，督导检查疫情防控工作。

刘忻强调，要深入学习贯彻习近平总书记关于新冠疫情防控工作的重要讲话和重要指示精神，按照省委、省政府和市委部署要求，始终绷紧疫情防控这根弦，把"外防输入"工作摆在更加突出位置，严之又严把好入城门户关口，夯实筑牢"人物同防"严密防线，堵塞一切可能导致疫情反弹的漏洞，牢牢守住来之不易的疫情防控成果。

●● 市长刘忻专题调研亚运村服务保障工作。

刘忻强调，要深刻领悟习近平总书记对办好杭州亚运会的殷切期望，全面落实中央和省委、市委决策部署，把工作重心进一步转移到亚运筹办上来，把亚运村作为展示"中国新时代、杭州新亚运"的重要窗口，坚持以运动员为中心，坚决守牢安全保障底线，多措并举提升服务质效，高水平打造温馨舒适、宾至如归的居住生活空间，为举办一届成功、精彩、经典的亚运会提供坚强保障。

5 日

●● 省长、省新型冠状病毒肺炎疫情防控工作领导小组组长王浩主持召开省疫情防控研判会议，并到杭州市余杭区督导检查疫情处置各项工作。刘捷、成岳冲、王成国、刘忻、朱华、刘颖、陈瑾、胡伟参加会议或检查。

王浩强调，全省疫情防控形势依然严峻复杂，部分地区处于抗击疫情的关键阶段，决不能有丝毫懈怠。要坚决贯彻习近平总书记重要指示精神，全面落实党中央、国务院和省委决策部署，聚焦重点环节重点人群严格防控措施，强化区域协同联防联控，精细化做好风险摸排、综合研判，加大精准管控力度，确保不出漏洞、不留盲点，坚决打赢这场疫情防控硬仗。

●● 省委常委、市委书记刘捷到余杭区检查指导疫情防控工作。市委副书记、市长刘忻，朱华、刘颖、陈瑾、胡伟、丁狄刚、罗杰参加。

刘捷强调，要坚决贯彻习近平总书记重要讲话和指示批示精神，坚持"外防输入、内防反弹"总策略和"动态清零"总方针不动摇、不放松，全面落实"七大机制"和"五快"要求，坚持以快制快，采取有力措施，从严从紧、从细从实落实好疫情防控各项举措，以最短时间、最小代价迅速扑灭疫情，坚决守住不发生规模性反弹的底线。

6 日

●● 市人大机关召开重点工作推进会，对2022年度重点工作和作风建设做出部署。市人大常委会党组书记、主任李火林讲话，戚哮虎主持，戴建平、罗卫红、卢春强、徐小林参加。

李火林强调，2022年是党的二十大召开之年、亚运会亚残运会举办之年，是建设世界一流社会主义现代化国际大都市加快推进之年，也是市十四届人大及其常委会开局之年。要牢记殷殷嘱托，坚决贯彻习近平总书记的重要指示精神，认真落实中央和省委、市委的重大决策部署，以时不我待的紧迫感、只争朝夕的使命感、实干担当的责任感，发挥人大优势，汇聚代表力量，积极投身"亚运攻坚、共富示范"，为全市中心大局做出人大应有贡献。

7日 SI YUE

●● 全市领导干部"学全会精神、提履职能力"专题班开班暨2022年春季学期开学典礼举行。省委常委、市委书记刘捷做开班动员暨主题报告。市委副书记、市长刘忻主持。市委常委，专题班学员，各区县（市）四套班子主要负责人、党委班子成员，市直属有关单位、市属国企主要负责人出席。

刘捷强调，要深入学习贯彻习近平新时代中国特色社会主义思想和党的十九届六中全会精神，对党绝对忠诚，练就过硬本领，争当新时代新征程的弄潮儿，以更好状态、更优作风推动市第十三次党代会各项部署落地落实，为建设世界一流的社会主义现代化国际大都市做出更大贡献。要练就过硬忠诚力，要练就过硬组织力，要练就过硬创新力，要练就过硬执行力，要练就过硬管控力，要练就过硬免疫力，坚决做到干净干事，筑牢拒腐防变防线。

●● 省委常委、市委书记刘捷到萧山区检查亚运村建设工作。朱华、王敏、陈卫强、孙旭东、许明参加。

刘捷强调，要深入学习贯彻习近平总书记关于办好杭州亚运会的重要论述，按照省委、省政府部署要求，落实"简约、安全、精彩"理念，坚持以运动员为中心，发扬东道主精神，持续提高亚运村的精细化管理和服务水平，匠心营造宾至如归的运动员之家，充分体现杭州人民的待客之道。要快马加鞭、精益求精做好装修扫尾工作，健全完善功能，开展环保检测，逐项检查水、电、气等设施，做好设施调试各项工作，确保各项设施安全稳定运行。

●● 市长刘忻到市委党校，为全市领导干部"学全会精神、提履职能力"专题班做辅导报告。马小秋主持报告会。

刘忻强调，要深学笃行习近平总书记对杭州工作的重要指示批示精神，认真落实市党代会决策部署和市"两会"精神,坚决做到"四个位",持续激发"三大动能",用"八个倒逼"推动变革性实践,努力在产业提质、城市提能、亚运攻坚、共富示范、数字化改革等方面打造更多标志性成果,创造无愧于历史、无愧于时代的一流业绩,加快把杭州建成人民幸福的新天堂。要着力增强"三大动能",不断厚植放大杭州发展的独特优势。要实施"万千百亿"工程,加快构建现代产业体系。要坚持目标导向、问题导向和结果导向,同心协力走稳赶考路、勇闯领跑路,以优异成绩迎接党的二十大胜利召开。

●● 市人大常委会主任李火林到萧山区联系督导"美丽杭州迎亚运"城市环境品质提升行动。部分市人大代表参加。

李火林强调,要全面提升城市洁化、绿化、序化、亮化、美化水平,要突出赏心悦目、简约大气,形成具有地域辨识度的特色景观,展示全域美丽风貌。要强化基础设施建设,完善慢行交通网络,打造国际化标识标牌,提高人居环境品质,让"最后一公里"成为"最美一公里"。要统筹考虑亚运设施赛后利用,强化体育场馆的公益属性与市场化运营的有机结合,更好地满足群众多样化的体育文化需求。要建成适合全民观赛的空间,丰富群众亚运体验,营造美好亚运氛围,激发市民"主人翁"精神,形成"人人都是东道主、人人都要做贡献"的良好局面。

●● "科技助力对口支援·塘塘携手乡村振兴"钱塘理塘云上科技帮扶对接会在杭州钱塘区和四川甘孜理塘县两地举行。

活动现场,7名乡村振兴领域专家结合理塘企业的实际需求,与理塘县7个企业代表视频连线,进行"一对一"云上结对帮扶。杭州市科协与钱塘驻理塘工作分队签署《塘塘科技帮扶协议》,发布塘塘云上科技帮扶平台,启动塘塘科技帮扶工作。

7—8日 SI YUE

●● 省人大常委会副主任姒健敏带队到杭州开展义务教育"双减"专项调研。市人大常委会主任李火林,陈瑾、罗卫红参加汇报会或调研。

姒健敏指出,开展"双减"工作专项审议,是2022年省人大常委会的重要监督题目,也是人大服务助推共同富裕示范区建设的重要举措。要提高思想认识,要坚持需求导向，要健全长效机制，不断提升教育改革效果，为全省义务教育"双减"做示范。

李火林指出，市人大常委会将在市委坚强领导下，落实好省人大常委会的要求，依法履行职责，进一步推动"双减"政策平稳有序落地落实，为办好人民满意的美好教育发挥人大作用。

● ● 市委常委会召开会议，传达学习习近平总书记在参加首都义务植树活动时的重要讲话精神，习近平总书记关于安全生产重要指示批示和中共中央政治局常务委员会会议、全国全省安全生产电视电话会议精神，研究全市贯彻落实意见。

省委常委、市委书记刘捷主持会议并讲话。

会议指出，要深刻领会习近平生态文明思想的核心要义，牢记习近平总书记赋予杭州"生态文明之都"的城市定位和"努力成为美丽中国建设的样本"的殷殷嘱托，加快形成节约资源和保护环境的空间格局、产业结构、生产方式、生活方式，全力推进新时代美丽杭州建设。要高水平建设"湿地水城"，要有力有序推进碳达峰碳中和，要持续完善生态环境治理体系，大力推进城市公园、郊野公园、社区公园建设和美丽乡村、美丽城镇建设，精心绘就现代版"富春山居图"。

会议强调，要深入学习贯彻习近平总书记的重要讲话和全国全省安全生产电视电话会议精神，坚持人民至上、生命至上，坚持统筹发展和安全，切实增强风险意识、责任意识，坚决守住安全底线，建设更高水平的平安杭州。要始终保持如临深渊、如履薄冰的高度警觉，要聚焦重点打好攻坚战，要严格落实"党政同责、一岗双责、齐抓共管、失职追责"和"管行业必须管安全、管业务必须管安全、管生产经营必须管安全"要求，常态化开展安全生产大检查，坚决防范和遏制重特大安全生产事故发生，为杭州经济社会发展提供安全保障。

● ● 全市疫情防控工作视频调度会召开，分析研判全市疫情防控形势，部署落实重点防控举措。市长刘忻出席会议并讲话。陈瑾、胡伟、丁狄刚、罗杰出席。

刘忻强调，要深入学习贯彻习近平总书记关于新冠疫情防控工作的重要指示批示精神，严格落实中央和省委、市委决策部署，持续深化"七大机制"和"五快"循环，以雷霆手段、果断措施阻止疫情扩散蔓延，确保疫情防控力持续大于病毒传播力，坚决打赢疫情防控大仗硬仗。

●● 全市城市环境品质提升首场现场会在临平区召开。

现场会通过观摩方式进行，让各个城区的建设者都参与其中，以典型引路，亮成绩、晒经验、找差距、寻路径。市城管局牵头各个城区，依托杭州城市的自然禀赋和文化底蕴，挖掘展示历史文化名城的特色亮点元素，注重以点带面，补齐短板不足。

●● "韵味杭州"2022年全国空手道锦标系列赛（第一站）在临平体育中心体育馆举行。

临平体育中心是杭州亚运会足球、男排、空手道等项目的比赛场馆，这是临平体育中心的首场测试比赛，有246名运动员参赛。

●● 市长刘忻到部分防疫物资生产企业调研。

刘忻强调，要深入学习贯彻习近平总书记关于新冠疫情防控工作的重要指示批示精神，紧紧围绕中央和省委、市委决策部署，坚持有为政府和有效市场同向发力，充分激发市场主体创新活力，持续增强防疫物资保供能力，在降成本、提时效、扩产能、广覆盖等方面取得更多突破性进展，为打好打赢疫情防控攻坚战提供坚强保障。

11
日 SI YUE

●● 省委书记袁家军到杭州考察亚运会亚残运会场馆建设及赛事保障工作。省、市领导刘捷、陈奕君、高兴夫、刘忻、朱华、陈卫强、许明参加调研或会议。

袁家军强调，要学深悟透习近平总书记在北京冬奥会冬残奥会总结表彰大会上的重要讲话精神，明确方向、埋头苦干，进一步聚焦办会环节，明晰顶层设计，做好任务分解，实现各项工作细化量化闭环，全方位做好杭州亚运会亚残运会各项筹备工作。习近平总书记在北京冬奥会冬残奥会总结表彰大会上的重要讲话，为传承发扬北京冬奥会冬残奥会宝贵经验、办好杭州亚运会亚残运会提供根本遵循。大家要深刻学习领会北京冬奥会冬残奥会成功举办的重大意义和重大成果，深刻学习领会胸怀大局、自信开放、迎难而上、追求卓越、共创未来的北京冬奥精神，深刻学习领会北京冬奥会冬残奥会收获的丰富精神财富和弥足珍贵的经验，深刻学习领会体育事业发展的目标要求，全面贯彻落实到杭州亚运会亚残运会筹办的全过程各领域。要进一步提高认识，要明晰顶层设计，要充分发挥各个系统板块的作用，做到方便、管用、实战实效。

●● 市政协主席马卫光到西湖风景名胜区调研政协协商向基层延伸工作和西湖龙井茶文化、茶产业、茶科技发展情况。

马卫光强调，推动政协协商向基层延伸，是更好地发挥政协专门协商机构作用、深入践行全过程人民民主的重要举措。要按照"不建机构建机制"的要求，加强协商体系化建设，健全工作机制，规范有序运行，因地制宜，积极探索，完善平台，延伸触角，扩大协商的覆盖面和参与度，推动政协协商向基层延伸、政协协商与基层协商相衔接，进一步释放专门协商机构的潜能效能。要发挥政协委员主体作用，强化区域与界别委员履职联动，聚焦针对性强的议题深入协商议政、有效凝聚共识，及时了解反映社情民意，推动政协更好地走进基层、委员更好地服务群众，充分发挥人民政协的制度优势和治理效能。

12 日 SI YUE

●● 省疫情防控指挥部召开专题会议，分析研判疫情形势，对进一步做好当前疫情防控工作进行再部署、再落实。

省长、省新型冠状病毒疫情防控工作领导小组组长王浩出席会议并讲话。陈金彪、刘捷、彭佳学、高兴夫、成岳冲、刘忻、汤飞帆、朱华、刘颖、陈瑾、丁狄刚、罗杰出席相关会议。

会议强调，要坚定信心、加大力度，把"外防输入、内防反弹"各项措施落实、落细、落到位。要进一步排查漏洞，要进一步强化流调溯源工作，要进一步强化排查和管控，要进一步加强重点场所管理，要进一步加强重点群体管理，要进一步扩大和加密重点区域筛查力度，要进一步做好驰援上海工作。各地要切实加强组织领导，确保应急指挥体系和响应机制始终保持激活状态。要用心用情做好群众生活服务保障，关心关爱防疫人员，消除他们后顾之忧。要在抗击疫情过程中不断加强能力建设，以强有力措施筑牢疫情防控严密防线，为经济社会平稳健康发展创造良好条件。

●● 全市疫情防控视频调度会议召开。省委常委、市委书记刘捷与各区县（市）视频连线，分析形势和存在问题，研究部署工作。市委副书记、市长刘忻，朱华、刘颖、陈瑾、丁狄刚、罗杰在主会场或分会场参加。

刘捷强调，要坚定"外防输入、内防反弹"总策略和"动态清零"总方针不动摇，坚持"四早"原则不放松，认真落实全省疫情防控视频调度会精神，按照"七大机制"和"五快"要求，做好打持久战的准备，把困难估计得更严重一些，把准备做得更充分一些，迅速控制疫情、扑灭疫情，全力守护好人民群众生命安全和身体健康。领导干部要带头下沉一线、靠前指挥，加强卫健、疾控、公安等专业力量能力储备，提升网格化管理水平，织密织牢防控网络。要坚持"三情"联动，加强宣传引导，及时回应关切，严厉打击涉疫谣言，引导市民群众同心抗疫，支持配合各项防疫措施落地落实。

●● 市政协主席马卫光带领部分市政协委员到余杭区联系督导"美丽杭州迎亚运"

城市环境品质提升行动推进工作。

马卫光强调，要严守安全质量底线，紧盯时间节点，全力攻坚推进，确保按期保质完成建设任务。要充分发挥亚运会综合带动效应，借势借力重大项目建设，进一步完善城市功能，提升城市综合能级。要按照亚运组织保障要求，全面推进城市环境治理和服务保障提升工作，不断提升"洁化、序化、绿化、亮化、美化"水平。要坚持整体规划、点面结合，强化精品意识，注重细节打造，展现特色韵味，着力构建景观式生活体验空间，打造靓丽城市风景线。要严格落实省委、市委疫情防控工作部署，进一步压紧压实责任、落细落实举措，构建全社会共同防控体系，坚决筑牢疫情防控防线，守护好人民生命安全和身体健康。

● ● 2022年杭州国际音乐节开幕式音乐会——亚运专场在线上举行。

2022年杭州国际音乐节由中共杭州市委宣传部、杭州文化广播电视集团主办，杭州演艺集团、杭州爱乐乐团承办，2022年第19届亚运会组委会大型活动部提供指导。

作为亚运专场的开幕音乐会，演出不仅凸显杭州亚运精神，还突破交响音乐会模式，实现音乐与体育在舞台上的创新融合。2022年杭州国际音乐节历时19天，推出35场演出及音乐普及推广活动，用音乐助力亚运，以艺术点亮城市。

● ● "同心共筑亚运 打造硅谷天堂——杭州市统一战线暨高新区（滨江）社会各界助力服务亚运主题活动"在杭州亚运会主会场"大莲花"举行，杭州市统一战线暨高新区（滨江）亚运海外宣传活动也随之启动。

活动由杭州市委统战部、共青团杭州市委、杭州高新区（滨江）党委、政府共同主办，杭州高新区（滨江）党委统战部、工商联承办。以本次活动为契机，杭州市统一战线将广泛联动社会各界积极宣传亚运、服务亚运和贡献亚运，进一步激发社会组织参与助力亚运的活力，增强统一战线凝聚同心的辐射力和集聚力，助力形成全民亚运的浓厚氛围，为杭州办成一届简约、安全、精彩的体育文化盛会贡献统战力量。

13 日

SI YUE

●●● 省委书记袁家军到杭州调研保畅通保供应和产业链供应链稳定等工作。省、市领导刘捷、陈奕君、高兴夫、朱华参加调研。

袁家军强调，全省各级要深入学习贯彻习近平总书记关于统筹疫情防控和经济社会发展重要论述精神，坚决贯彻落实国务院联防联控机制部署要求，把防疫保畅作为当前工作的重中之重，在从严从实做好疫情防控的前提下，深入开展"三服务"活动，针对企业反映的产业链联动难、物流运输难、保外贸订单难等最紧迫、最现实的问题，把有为政府和有效市场更好地结合起来，措施更加精准，协调更加有力，确保产业链供应链安全稳定，确保生活必需品生产供应，确保群众正常生产生活平稳有序，以物流和供应链之稳促经济稳进提质，为全国大局多做贡献。要加快建立防疫服务站，要压实政府、行业、企业、个人四方责任，要关心关爱大货车司机，要抓好省际协调，要加大对小企业帮扶力度，要坚持疫情、舆情、社情"三情"联动，形成齐心协力、共克时艰的良好氛围。

●●● 省长王浩到富阳区调研。刘忻参加调研和座谈。

王浩强调，要深入贯彻习近平总书记重要指示精神，全面落实党中央、国务院和省委、省政府决策部署，正视和果断应对新挑战，更好地统筹疫情防控和经济社会发展，坚持稳字当头、稳中求进，扎实做好"六稳""六保"工作，加快推进"5+4"稳进提质政策体系落地见效，千方百计把各类市场主体保护好发展好，特别是让中小企业发展动能更加充沛、活力更加迸发，更大力度推动全省经济平稳健康发展。企业家是浙江经济发展最为宝贵的财富，浙商是浙江的一张金名片。省委、省政府坚定不移支持包括中小企业在内的各类市场主体发展壮大。大家要坚定信心、鼓足干劲，化危为机、迎难而上，一手抓防疫抓安全，一手抓订单抓生产，坚守实业，创新创业，履行责任，回报社会，共同把浙江建设得更加美好。

●●● 杭州市企业家活动日暨市工业经济联合会、市企业联合会、市企业家协会"三会"六届三次会员大会召开。省委常委、市委书记刘捷出席并讲话。朱华出席，孙旭东主持，省、市"三会"有关负责人参加。会议表彰第十七届杭州市优秀企业家、2021年杭州市企业管理创新成果、2021年优秀会员单位。优秀企业家代表在会上发言。

刘捷强调，要深入学习贯彻习近平总书记关于实体经济发展的重要指示精神，坚持稳字当头、稳中求进，推动实体经济高质量发展，加快构建具有国际竞争力的现代产业体系，共同奏响新时代杭州发展最强音，以优异成绩迎接党的二十大胜利召开。

●● 市人大常委会主任李火林到萧山区联系督导"美丽杭州迎亚运"城市环境品质提升行动。部分市人大代表参加。

李火林强调，未来社区是打造共同富裕现代化的基本单元，要按照省、市部署要求，聚焦百姓需求、基层治理等热点，突出亚运元素，注重数字赋能，优化公共服务配套，打造智慧、人文、绿色、共享的幸福美好家园，更好地展示杭州城市形象。航民村要更好地发挥典型示范、引领带动作用，努力绘就生态美、产业兴、百姓富的美丽乡村新图景，让"美丽杭州迎亚运"的底色更加靓丽。

●● 市政协主席马卫光到钱塘区调研政协工作。

马卫光强调，要深入学习贯彻习近平总书记关于加强和改进人民政协工作的重要思想和中央政协工作会议精神，扎实推进专门协商机构建设，建好用好协商平台，深入协商积极建言，为高质量发展集聚众智、汇聚众力，在服务中心大局上更显担当。要充分发挥政协特色优势，要拉高工作标杆，不断推动政协工作提质增效、争先创优，在努力当好新时代加强和改进政协工作排头兵上更显担当。

14 日 SI YUE

●● 省委书记袁家军到杭州调研服务业发展情况，并主持召开座谈会研究部署全省服务业下一步纾困和发展工作。省、市领导刘捷、陈奕君、朱华、刘颖，省直有关部门负责人参加调研和座谈。

袁家军强调，全省各级要深入学习贯彻习近平总书记关于统筹疫情防控和经济社会发展重要论述精神，坚定不移落实疫情防控"动态清零"总方针，坚定信心、正视困难、主动作为、以变求变，以更加坚决的态度、更加有效的举措，全力稳定市场主体，综合施策释放消费潜力，促进服务业稳进提质，确保经济运行在合理区间，努力在危机中育先机，于变局中开新局。要坚定不移做好疫情防控，要加快落实服务业纾困系列政策，要加快出台提振消费举措，要加快谋划服务业发展，要加快推进服务业模式创新，要以最大力度、最快速度出台相关政策，同时加大宣传，让更多企业知晓和参与，提振信心，共同努力，共渡难关。

●● 省委常委、市委书记刘捷到拱墅区、钱塘区调研垃圾处置和集中隔离点建设工作。朱华、丁狄刚参加。

刘捷强调，要深入学习贯彻习近平生态文明思想和习近平总书记关于疫情防控的重要指示精神，坚持以人民为中心的发展思想，高水平打好垃圾治理攻坚战，高质量建设集中隔离点，不断提升人民群众获得感幸福感安全感。要坚持问题导向，要加快补齐生活垃圾处理设施短板，要抓实抓细源头减量和末端处理工作，要把涉疫垃圾处理作为疫情防控工作的重要组成部分，要在保证施工安全的前提下，高质量完成建设任务。要严格落实集中隔离点建设规范标准要求，确保满足疫情防控需要。要提前做好隔离点医护人员、防疫物资和生活物资储备，全面提高疫情防控应急处置能力。

●● 市政协主席马卫光到桐庐县调研政协工作和联乡结村帮扶工作。

马卫光强调，市县政协主要工作是协商、主要工作方式是搭台、工作主旨是双向发力。要坚持发扬民主和增进团结相互贯通、建言资政和凝聚共识双向发力，紧扣党政所想、群众所盼、政协所能，找准履职切入点和着力点，坚持协商于民、协商为民，推动政协协商与基层协商相衔接，促进协商议事、凝聚共识、民情收集、委员履职等功能更好地融合，持续提升"请你来协商""民生议事堂"等平台建设水平和成效，更好地发挥专门协商机构作用，进一步把协商民主制度优势转化为治理效能，以高质量履职服务助力高质量发展。

●● "当好主人翁 亚运立新功"服务保障杭州亚运会劳动和技能竞赛在奥体中心主体育场启动。

竞赛活动重点围绕杭州亚运会场馆建设、环境整治、竞赛组织、后勤保障、文化活动、志愿服务、安全保障、医疗卫生等关键领域，以广大参赛职工群众为主体，开展"八比八赛"活动。

15 日

SI YUE

●● 市委常委会召开会议，传达学习习近平总书记在北京冬奥会、冬残奥会总结表彰大会上的重要讲话精神，研究部署全市贯彻落实工作。

省委常委、市委书记刘捷主持会议并讲话。

会议指出，习近平总书记在北京冬奥会、冬残奥会总结表彰大会上的重要讲话，充分肯定北京冬奥会、冬残奥会的巨大成绩，全面回顾7年筹办备赛的不平凡历程，深入总结筹办举办的宝贵经验，深刻阐述北京冬奥精神，对运用好冬奥遗产、推动高质量发展提出明确要求。习近平总书记的重要讲话具有很强的政治性、思想性、指导性，为杭州亚运筹办举办工作指明方向、提供遵循。要深入学习贯彻习近平总书记的重要讲话精神，把北京冬奥的成功经验转化为成功举办杭州亚运的榜样力量，鼓舞和激励全市上下牢记殷殷嘱托、扛起使命担当，按照"简约、安全、精彩"的办赛要求，办一届"中国特色、浙江风采、杭州韵味、精彩纷呈"的体育文化盛会。

会议强调，要从北京冬奥的巨大成绩中汲取力量，要学习借鉴北京冬奥的成功经验，要组织力量系统研究，要聚焦赛事筹办重点环节，加快推进场馆测试赛、亚运在线开发、开闭幕式、火炬传递、亚运村运行、贵宾接待等各项工作。要通过筹办举办亚运会带动各方面建设，持续深化亚运城市行动，统筹考虑赛前、赛中、赛后的设施功能衔接，通过提升公共服务水平改善人民生活品质，推动体育产业发展和全民健身活动。

会议指出，要发扬北京冬奥精神，激发和凝聚亚运筹办的强大合力。组织开展北京冬奥精神学习宣传，营造全民亚运的浓厚氛围，特别是教育引导全体亚运参与者心怀"国之大者"，以强烈的责任感、使命感、荣誉感，保持知重负重、直面挑战的昂扬斗志，以"一刻也不能停，一步也不能错，一天也误不起"的最高标准和最严要求，追求卓越、不负众望，全力做好亚运筹办各项工作，以优异成绩迎接党的二十大胜利召开。

●● 市委理论学习中心组召开专题学习会，深入学习《信访工作条例》，推动条例在全市全面贯彻落实。

省委常委、市委书记刘捷主持会议并讲话。李火林、马卫光和市委理论学习中心组其他成员出席。刘颖等做交流发言。

刘捷强调，要切实增强做好人民信访工作的思想自觉、政治自觉和行动自觉，准确把握信访工作对保持党和政府同人民群众血肉联系的纽带作用，坚持和加强党对信访工作的领导，进一步加强和改进新时代信访工作，确保信访工作的政治性和人民性。要用好条例的重大制度创新成果，推动信访工作制度化规范化法治化发展。特别是充分利用实施条例这一重大契机，紧紧围绕"迎接二十大、保障亚运会"，大力推进信访积案清零攻坚行动，有效破解信访工作的难点痛点堵点，加快信访突出问题销号清零，全力营造安全稳定的社会环境。

●● 新一届市政府召开第一次全体（扩大）会议，围绕《政府工作报告》明确的各项目标任务，分析一季度经济形势，部署后三季度工作。

刘忻强调，要深入贯彻习近平总书记对杭州工作的重要指示批示精神，全面落实省委、省政府决策部署和市第十三次党代会要求，以"三个导向"统筹各项工作，以"四个重大"打开工作全局，以"九条路径"加快项目生成落地，以十大领域隐患整治和"九条底线"强化城市治理，锚定目标展现新班子新气象新作为，坚定信心打好新天堂建设第一仗。

●● 杭州与C40城市气候领导联盟召开视频会议，交流2022年度合作项目与方向。

2018年，杭州加入C40，与其他会员城市在绿色出行、城市规划、低碳发展等领域开展交流。其中，杭州"小红车"受到C40关注，并成为双方重点交流项目之一。2021年，杭州与法国巴黎、丹麦哥本哈根、阿根廷布宜诺斯艾利斯和美国波特兰共同入选C40评选的全球最佳实践骑行城市全球范例。

●● "韵味杭州"马拉松、竞走项目世锦赛暨亚运会选拔赛举行。赛事采取闭环办赛模式，全国23支省、市代表队和个人名义参赛的100多名运动员参加。赛事设男子两项、女子两项。

17 日 SI YUE

●● 由市委人才办主办的"走进春天 杭向未来"2022"人才山乡荟"活动在临安开幕。第三届全球农创客大赛项目征集启动,并举行"春泥说"乡村振兴人才圆桌分享,邀请扎根基层的不同行业代表畅谈心得体会,以人才振兴引领乡村振兴,助力共同富裕示范区建设,推进全域统筹协调发展。

18 日 SI YUE

●● 全市推进林长制(河湖长制)、创建国际湿地城市暨重大水利项目建设工作会议召开。省委常委、市委书记刘捷出席会议并讲话,市委副书记、市长刘忻主持,其他副市级以上领导出席。会议书面审议市级林长制机构编成及5项林长制配套制度,市林水局负责人汇报有关工作情况,上城区、余杭区、钱塘区、淳安县负责人做交流发言。

刘捷强调,要深入学习贯彻习近平生态文明思想,认真落实中央、省委的决策部署,扛起使命担当,传承世代匠心,全面推进林长制(河湖长制),高水平创建国际湿地城市,扎实推进重大水利项目建设,不断擦亮生态文明之都金名片。要充分发挥林长制(河湖长制)的牵引作用,让绿色成为杭州发展最动人的色彩。推动林长制全面落地,推动河湖长制走深走实。要高水平创建国际湿地城市,要扎实推进重大水利项目建设,要压紧压实各方责任,确保各项工作协同推进、取得实效。

●● 全市机关党的工作暨"双建争先 奉献亚运"推进会召开。会议明确包括"喜迎二十大、奉献亚运会、奋进共富路"主题活动等内容,为杭州亚运会筹办、经济社会发展激活红色能量。

●● 位于萧山机场高速沿线的杭州首座绿色出行驿站启用。

驿站位于机场高速路口,由国家电网打造,隶属钱江供电所充电桩网点。从萧山机场出发，沿机场高速一路向西即可抵达；也可提前将车停在驿站，乘坐地铁7号线往返机场，方便快捷。

● ● 省政协组织三级政协委员围绕"杭州亚运会亚残运会重大场馆和重点配套工程建设"到杭州开展委员视察。省政协主席黄莉新参加主持召开座谈会，听取有关情况介绍。省、市领导刘捷、马光明、马卫光、陈卫强、许明，杨戍标等省综合办有关负责人参加有关活动。

黄莉新强调，办好杭州亚运会亚残运会，是习近平总书记和党中央交给浙江的重大政治任务，要牢记殷殷嘱托，按照"安全、简约、精彩"的办会要求，全力办好杭州亚运盛会。要认真落实省委、省政府决策部署，坚持精益求精，突出问题导向，聚焦高标准、进一步提升场馆特色品质，立足高质量、进一步加快场馆建设进度，对标高水平、进一步做好场馆运行管理，突出高效能、进一步强化场馆服务保障，把杭州亚运会亚残运会重大场馆和重点配套工程建成优质精品工程，向世界彰显浙江高质量发展建设共同富裕示范区和"重要窗口"的标志性成果。全省政协组织和政协委员要把用心用情助力办好杭州亚运会亚残运会作为重要履职任务，深入建言献策，广泛凝聚共识，多献"金点子"，共谱"协奏曲"，画大"同心圆"，为办好亚运盛会贡献智慧和力量。

● ● 省人大常委会党组书记、副主任梁黎明带队到杭州调研人大工作。市人大常委会主任李火林，王敏、戚哮虎、徐小林参加调研或座谈。

梁黎明指出，要深入学习领会习近平总书记关于坚持和完善人民代表大会制度的重要思想，贯彻落实中央人大工作会议精神，创造性地做好新时代人大工作。要深刻认识和把握全过程人民民主的重大理念，要紧跟党中央和省委、市委重大决策，要加大数字化改革力度，要按照中央和省委、市委有关文件要求，要开展好"六访六促"等代表主题活动，要以"四个机关"建设为抓手，为高质量发展建设共同富裕示范区做出人大贡献。

李火林指出，市人大常委会将在市委坚强领导下，按照省人大常委会部署要求，高质量做好立法、监督、决定等工作，打造代表联络站升级版，深化全过程人民民主的杭州实践，助力打造践行全过程人民民主省域典范。

●● 省委常委、市委书记刘捷到拱墅区检查指导疫情防控工作。市委副书记、市长刘忻，朱华、陈瑾参加。

刘捷强调，要坚决贯彻习近平总书记重要讲话和指示批示精神，按照"七大机制"和"五快"要求，刻不容缓、分秒必争，即查即转、日清日结，采取更坚决态度、更彻底措施、更迅速行动，用最短时间控制局面，以最高效率消除风险。要毫不松懈抓好严防疫情输入工作，要强化社区防控，要从严落实"三区"管理要求，要持续提高科学精准防控本领，要多措并举保障群众基本生活和就医用药需求，要充分发挥基层党组织战斗堡垒和党员先锋模范作用，以自己的辛苦指数换取群众的健康指数、幸福指数，筑牢联防联控、群防群治的坚固防线。

●● 市政协主席马卫光到建德市和淳安县调研政协工作。

马卫光强调，要深入学习贯彻习近平总书记关于共同富裕的重要论述和对杭州工作的重要指示批示精神，完整准确全面贯彻新发展理念，突出生态优先、绿色发展，立足资源禀赋，挖掘潜力特色，努力把生态优势转化为产业优势、发展优势，推动经济社会高质量发展，为杭州争当浙江高质量发展建设共同富裕示范区城市范例贡献更多力量。政协要把服务助力共同富裕示范区建设作为履职靶心，发挥专门协商机构作用，画好共建共富最大同心圆，在共同富裕示范区建设中更好地展现担当作为。

●● "打造首届碳中和亚运会、亚残运会"新闻发布会暨"人人1千克 助力亚运碳中和"活动启动仪式举行。活动由杭州亚组委联合浙江省发展改革委、浙江省生态环境厅、浙江省林业局、浙江省能源局、杭州市生态环境局、蚂蚁集团等单位联合举办。

"绿色"是杭州亚运会的重要办赛理念之一，也是亚运会的"主色调"。通过该活动，发动企事业单位和个人捐赠林业碳汇、碳信用、碳配额、碳普惠等方式实现碳中和，努力打造亚运会、亚残运会历史上首届碳中和赛事，培育更具浙江辨识度的碳中和标志性成果。

●● 浙江省"千万职工迎亚运"活动暨杭州市第十届职工运动会在杭州开幕。此次开幕式采取网上直播的形式举行。

杭州市第十届职工运动会在4—11月之间举办六大比赛项目，其中包括：智能跳绳比赛、街排舞比赛、羽毛球比赛、中国象棋比赛、公路自行车赛、电子竞技比赛等。

●● 市人大常委会主任李火林到拱墅区、上城区、萧山区调研人大代表联络站建设工作。徐小林参加。

李火林强调，全市各级人大要深入学习贯彻习近平总书记在中央人大工作会议上的重要讲话和会议精神，着眼做强代表联络站作为践行全过程人民民主基层单元的功能，努力打造代表联络站"升级版"。要始终坚守初心使命，要因地制宜、因站施策，要充分运用数字化技术，要不断拓展代表联络站功能，要发挥好代表联络站的桥梁纽带作用，不断凝聚起奋力打造建设世界一流的社会主义现代化国际大都市的磅礴力量。

21
日 SI YUE

● ● 市委常委会召开会议，研究分析全市一季度经济形势，部署下阶段工作。

省委常委、市委书记刘捷主持会议并讲话。

会议指出，2022年以来，全市上下坚决落实中央和省委决策部署，积极应对不断变化的内外部环境，统筹推进疫情防控和经济社会发展，经济运行总体平稳。同时也要清醒认识到，全市发展还存在许多问题，经济下行压力持续加大，一些市场主体经营出现困难。要科学研判发展态势，理性辩证看待经济社会发展面临的机遇和挑战，既坚定信心、保持定力，又强化忧患意识、树立底线思维，把问题考虑得更深入一些，把困难估计得更大一些，把措施准备得更充分一些，确保经济运行在合理区间。

会议强调，2022年下半年将举办杭州亚运会、召开党的二十大，保持经济社会平稳运行至关重要。各地各部门要牢牢把握稳中求进工作总基调，要不失时机转动能，要主动作为强担当，要真抓实干惠民生，全面推进共同富裕，着力做好城乡居民稳岗增收工作，除险保安守住底线，切实维护社会大局稳定。

● ● 省委常委、市委书记刘捷到拱墅区检查指导疫情防控工作。市委副书记、市长刘忻，朱华、陈瑾参加。

刘捷强调，要坚决贯彻习近平总书记重要讲话和指示批示精神，坚持"外防输入、内防反弹"总策略和"动态清零"总方针不动摇、不放松，按照省委、省政府部署要求，保持清醒头脑和高度警惕，坚持快字当头、日清日结，落实更加科学精准、有力有效的举措，坚决果断扑灭疫情。要加强一线防疫人员关心关爱力度，落实好生活保障、轮休调休、精神关怀等政策，使他们始终保持良好的精神状态。要用心用情做好群众工作，扎实开展政策宣讲、知识科普等工作，引导市民群众自觉遵守防疫规定，凝聚共同抗疫合力。要聚焦风险点和放大器，要针对性地推动快检测、快流调、快编组、快转运、快隔离顺畅运行，要规范严密做好集中隔离点管理，要坚持人、物、环境同防，要加强社会面管控，严防发生聚集性疫情。

● ● 全市平安创建暨亚运安保风险隐患和信访积案化解清零攻坚大会召开。省委常委、市委书记刘捷出席会议并讲话。市委副书记、市长刘忻主持，李火林、马卫光、柯吉欣、马小秋、唐春所、黄海峰、朱华、刘颖、王敏、罗杰等在主会场或分会场出席。会议表彰2021年度平安考核优秀单位、"平安杭州"创建先进集体和先进个人、平安示范单位，临平区、市交通运输局、萧山区、市公安局负责人先后做交流表态发言。

刘捷强调，要深入学习贯彻习近平总书记关于平安建设的重要论述，全面落实省委"六严防、六确保"工作要求，大力推进"除险保安"，迭代完善风险闭环管控"大平安"机制，筑牢防风险、护平安的铜墙铁壁，高水平打造平安中国示范城市，为杭州亚运会成功举办、党的二十大胜利召开营造安全稳定的社会环境。要锚定目标、集中攻坚，加快推进信访积案化解清零。全面深化领导干部大接访行动，紧盯重点落实化解管控各项举措，切实将矛盾风险隐患发现在早、防范在先、处置在小。要强化担当、完善机制，数字赋能、提升能力，建强队伍、改进作风，凝聚高水平打造平安中国示范城市的强大合力。

22 日 SI YUE

● ● 省委常委、市委书记刘捷到市疫情防控指挥部检查指导疫情防控工作。市委副书记、市长刘忻，朱华、陈瑾、王敏在主会场或分会场参加。

刘捷强调，要深入贯彻习近平总书记重要讲话和指示批示精神，坚持"外防输入、内防反弹"总策略和"动态清零"总方针不动摇，落实省疫情防控研判会议要求，统一认识、坚定信心，高效协同、以快制快，争分夺秒快流调、快检测、快编组、快转运、快隔离，毫不松懈抓紧抓实抓严疫情防控各项工作，坚决防止疫情扩散蔓延。

● ● 以"激发两湖活力、共筑美好未来"为主题的2022年第十四届"西湖·日月潭"两湖论坛，以线上联动方式在浙江杭州和台湾南投同时举行。杭州市市长刘忻、南投县县长林明溱出席开幕式并致辞。杭州市领导徐小林、孙旭东、林革参加相关活动。

刘忻指出，"两湖论坛"自2009年创办以来，始终坚持"九二共识"，促融合、谋发展、惠民生，不仅成为两岸城市交流的典范，更是两岸同胞交往交心交融的重要平台。新冠疫情虽然阻隔了线下面对面交流，但阻碍不了两岸同胞心连心、杭州南投亲上亲。相信杭州亚运这场体育文化盛会必将为两岸同胞深化交流交往提供强大助力。真诚欢迎南投的台胞朋友们以各种形式参与亚运活动，共襄盛会、共享荣光。希望以本届论坛为契机，与南投的台胞朋友们一起，加强抗疫互助协作，在促进两地百姓生活富裕富足、精神自信自强、环境宜居宜业、社会和谐和睦的道路上，携手同行、并肩前行，一起向未来。

林明溱指出，2022年虽然仍因疫情阻碍继续采取两岸连线的方式举办第十四届"两湖论坛"，但南投县与杭州市的友谊未因病毒的影响而中断，而是透过"两湖论坛"的持续举办而更加深化。希冀两地间秉持两岸一家亲，互信交流、和平发展、共享繁荣，透过论坛平台全力推动杭州与南投教育、文化、艺术、农业、卫生等各领域的实质交流，进一步增进双方情谊，为获致双赢创造更多利基。

论坛开幕式后举行"全民健身让城市更有活力"主论坛，杭州、南投两地代表分别介绍全民体育健身的经验和做法。当天下午举行"社区产业发展""中华书法艺术传承"两个分论坛，两岸社区产业发展领军人物、文化界精英等一同分享心得和成果。

●● 市十四届人大常委会立法咨询委员会聘书颁发仪式暨基层立法联系点授牌仪式举行。市人大常委会主任李火林讲话，戚哮虎主持。

市十四届人大常委会聘任13名立法咨询委员会组成人员，其研究领域涉及宪法、行政法、民商法、经济法等。设立的26个基层立法联系点包括国家机关、企事业单位、行业协会、高校、基层组织等。

李火林强调，要进一步在践行全过程人民民主上下功夫。要进一步在提高立法质量上下功夫。要进一步在服务保障上下功夫。市人大常委会要不断完善立法咨询委员会参与立法工作机制，建立健全基层立法联系点群众意见的收集、整理、分析、运用和反馈机制，充分运用数字化改革应用场景推进"云上立法"，为合力推动全市立法工作高质量高水平发展做出新的更大贡献。

●● 全市数字人民币试点工作专题会议召开，专题研究推进试点工作，标志着杭州数字人民币试点工作的全面启动。会上，人民银行杭州中心支行介绍杭州数字人民币试点相关情况，市地方金融监管局、亚组委分别介绍数字人民币试点总体方案和亚运场景试点工作情况，与会单位做交流发言。

会议强调，各地各部门要在思想上凝聚共识，全力推动数字人民币在杭州的试点工作，努力形成可复制可推广的"杭州模式"。要把握总体要求，要紧盯时间节点，要积极探索创新，突出杭州特色，更好更快地推进全市试点工作，为国家数字人民币研发试点提供杭州实践。要制定计划，要突出重点，要强化保障，努力丰富数字人民币试点"杭州场景"。

●● 杭州地铁7号线莫邪塘站开通运营，标志着7号线全线开通。

地铁7号线工程起自上城区的吴山广场站、止于大江东的江东二路站，途经杭州奥体博览城、杭州萧山国际机场、江东新城等地，线路总长约48千米。

地铁7号线作为第一条从市中心出发直达杭州机场的地铁线，同时是客运交通骨干的保障体系，它串联起吴山广场、奥体板块、杭州机场，是一条"亚运线"。

23 日

●● 全省疫情防控研判会议召开，省长、省新型冠状病毒肺炎疫情防控工作领导小组组长王浩主持会议并讲话。省、市领导刘捷、成岳冲、王成国、刘忻、朱华、陈瑾出席。

会议指出，杭州市各级各部门要坚持人民至上、生命至上，坚持"外防输入、内防反弹"总策略和"动态清零"总方针不动摇，科学组织、全力以赴、尽锐出战，以最坚决的态度、最有力的措施、最快的速度、最小的代价，坚决打赢这场疫情防控遭遇战。要全面复盘、科学研判，要继续做好核酸检测"应检尽检"工作，全速做好隔离转运工作，要全力做好城市运行保障和保供工作，要做好疫情、舆情、社情"三情"联动。省疫情防控指挥部和全省各地要全力以赴支持杭州抗疫，尽快实现社会面"动态清零"。

●● 省委常委、市委书记刘捷到拱墅区检查指导疫情防控工作。市委副书记、市长刘忻，马小秋、朱华、陈瑾、王宏、丁狄刚、孙旭东参加会议或检查。

刘捷强调，要深入贯彻习近平总书记重要讲话和指示批示精神，坚持"外防输入、内防反弹"总策略和"动态清零"总方针不犹豫不动摇，按照省委、省政府的决策部署，果断行动、尽锐出战，迎难而上、担当作为，迅速有效斩断病毒传播链条，坚决彻底阻断疫情扩散蔓延，切实守护好人民群众健康安全。要坚持快字当头、以快制快，要全力以赴推进应检尽检、愿检尽检，要持续加强社会面管控，要抓好保通保畅工作，要加强民生物资供应保障和"三情"联动，维护好正常生产生活秩序。要坚决克服麻痹思想和松劲心态，严而又严、细而又细落实好"三区"管控措施，想方设法确保"四应四尽"。要带着感情、带着责任做好服务保障，打通社区防疫、民生物资配送"最后一公里""最后一百米"，着力保障好老年人、孕产妇、残疾人等特殊群体需求，用暖心周到的服务换来群众最大程度的支持配合。

● ● 省委常委、市委书记刘捷到拱墅区、上城区、临平区检查指导疫情防控工作。市委副书记、市长刘忻，马小秋、陈一行、黄海峰、朱华、陈瑾、王宏、胡伟、丁狄刚、罗杰、孙旭东参加。

刘捷强调，要深入贯彻习近平总书记重要讲话和指示批示精神，坚持"外防输入、内防反弹"总策略和"动态清零"总方针不犹豫不动摇，咬紧牙关、连续作战，不折不扣落实各项疫情防控措施，快速高效、坚决果断处置好本轮疫情，迅速阻断疫情传播链条。广大基层干部要做好个人防护，注意劳逸结合。各级机关干部要下沉基层一线，积极发挥作用。各地各部门要关心关爱、鼓励激励一线防疫人员，统筹好下沉干部、基层干部、社区工作者、志愿者等各方力量，科学合理安排工作和休息，加强工作和生活保障，让大家更好地投身疫情防控工作。要加大核酸检测力度，要严管快筛，要迅速有序做好隔离转运，要强化"三情"联动，要全力保障交通大动脉畅通、产业链供应链稳定，要强化督查检查，建立问题清单、任务清单、责任清单，打通抓落实的"最后一公里"。

25
日

SI YUE

●● 省委常委、市委书记刘捷到拱墅区检查指导疫情防控工作。刘捷与上城、余杭、临平视频连线，研判形势、分析问题，部署下一步工作。市委副书记、市长刘忻，马小秋、朱华、陈瑾、王宏、丁狄刚、孙旭东参加。

刘捷强调，要深入贯彻习近平总书记重要讲话和指示批示精神，坚持"外防输入、内防反弹"总策略和"动态清零"总方针不犹豫不动摇，落实"七大机制"和"五快"要求，强化底线思维，集中力量攻坚，持续查漏补缺，不厌战、不松懈、不畏难，不断提升疫情防控整体能力水平，慎终如始打好疫情防控阻击战歼灭战。要坚持"人、物、环境"同防，要严格社会面管控，要做好疫情应急处置准备，要守好社区"小门"，要加大流调和隔离力度，迅速切断传播链条，切实维护人民生命安全和身体健康。要继续抓好核酸检测、快速流调、隔离转运、精准管控、环境消杀等工作，要强化问题导向，聚焦重点区域、重点部位开展"回头看"，要扎实做好集中隔离点和"三区"稳供工作，要深入开展"无疫单元"创建，进一步细化优化检测布点安排、组织流程，切实推进应检尽检、愿检尽检。

●● 省委常委、市委书记刘捷专题调研保畅通保供应工作。朱华、王敏、丁狄刚参加。

刘捷强调，要深入学习贯彻习近平总书记重要讲话和重要指示精神，认真落实全国保障物流畅通促进产业链供应链稳定电视电话会议精神，按照省委、省政府的部署要求，在从严从细做好疫情防控的前提下，深入开展企业大走访活动，进一步精准施策、打通堵点、强化兜底，切实保障交通物流畅通和产业链供应链稳定，为统筹疫情防控和经济社会发展提供坚强支撑。

●● 市长刘忻主持召开会议，深入学习贯彻国务院、省政府廉政工作会议精神，部署落实市政府系统党风廉政建设工作。胥伟华、缪承潮、胡伟、陈卫强、刘嫔珺出席。

刘忻强调，要深学笃行习近平总书记在十九届中央纪委六次全会上的重要讲话精神，按照国务院、省政府部署要求，坚持严的主基调不动摇，以刀刃向内的坚强决心和坚定信念，全面落实党风廉政建设各项任务，坚决做到"六个切实"，全力营造政治生态的"绿水青山"。2022年是党的二十大和省第十五次党代会召开之年、杭州亚运会举办之年，也是新一届市政府开局之年，大事要事盛事叠加，抓紧抓实党风廉政建设意义十分重大。要切实加强政治建设，要切实推进数字化改革，要切实整治"十大隐患"，要切实加强制度建设，要切实深化作风建设，要切实履行党风廉政建设责任，努力让干部更清正、政府更清廉、政治更清明。

● ● 省、市人大常委会上下联动、调研视察亚运筹备工作。省人大常委会党组书记、副主任梁黎明带队，调研视察组踏看杭州亚运会亚残运会赛事运行指挥部、赛事信息技术指挥中心、奥体中心"最后一公里"体验区、江南大道提升改造工程点，到亚运杭州市运保指挥部观摩数字化应用演示，听取亚运筹备、"亚运在线"建设情况汇报。市人大常委会主任李火林，陈卫强、许明及部分省、市人大代表参加。

梁黎明指出，成功举办2022年杭州亚运会，是习近平总书记和党中央赋予浙江的重大政治任务，对于全省打造"重要窗口"和高质量发展建设共同富裕示范区，具有极其重要的意义。要进一步提高站位，准确理解和深刻把握亚运筹办工作的重大意义。要进一步谋深谋细，聚焦重点问题和薄弱环节统筹推进后续筹备工作。要进一步强化协同，全方位发挥人大职能作用助力亚运。各级人大要全心服务亚运，有效行使立法权、监督权、决定权，为亚运筹备提供有力的法治保障；全面参与亚运，组织代表积极履职行权、建言献策；主动借势亚运，推动形成高质量、全覆盖、均等化的全民健身公共服务体系，为建设体育强国和健康中国贡献浙江的智慧和人大的力量。

● ● 杭州2022年第19届亚运会淳安界首亚运中心场馆群由建设单位移交给场馆群运行团队进行管理，标志着淳安亚运分村进入试运营阶段。

淳安亚运分村作为杭州亚运会4个亚运分村之一，是唯一一个在非市区建设的亚运分村，位于千岛湖西南湖区的界首乡境内，主要包括1个场地自行车馆、5项室外赛事场地和运动员村、技术官员村、媒体村等，涉及自行车、铁人三项、公开水域游泳三大项赛事，共将产生25块金牌。届时，这里将迎接千余名来自亚洲各国和地区的运动员、教练员、技术官员及媒体记者。

26 日

SI YUE

●● 省委召开全省数字化改革推进会议。省委书记、省数字化改革领导小组组长袁家军出席并讲话。省委副书记、省长王浩主持会议。省政协主席黄莉新、省委副书记黄建发等副省级以上领导干部出席。

刘捷、刘忻、李火林、马卫光、金志等市四套班子领导在杭州分会场或各区县（市）分会场参加。

袁家军强调，要深入学习贯彻习近平总书记关于全面深化改革特别是数字化改革的重要论述精神，紧扣中心、服务大局，坚持重点突破和整体推进并重，以实战实用实效为导向，突出改革破题、系统重塑、形成能力，挺进改革的深水区，解决难啃的硬骨头，推动牵一发动全身重大改革落地见效，加快打造重大标志性成果，为治理体系和治理能力现代化提供有力支撑。要学深悟透习近平总书记关于全面深化改革特别是数字化改革的重要论述精神，更加深刻地认识到数字化改革的重大意义，充分认识数字化改革是迈向现代化的"船"和"桥"，是全面深化改革的总抓手，是塑造变革的核心载体和量化闭环的核心工具，是高质量发展建设共同富裕示范区的核心动力，是提升干部适应引领现代化能力的必答题，进一步增强责任感、使命感、荣誉感，把学习习近平总书记重要讲话精神转化为推进数字化改革的使命担当，以实实在在的工作交出改革高分报表。要把工作的重心转到改革突破、实战实效上来，要聚焦国家所需、浙江所能、群众所盼、未来所向，要在全面深入梳理"6+1"系统核心业务基础上，基本实现核心业务应用全覆盖。要系统重塑、形成新能力，聚焦重点领域分批推进"大脑"建设，要在改革中勇争先、不掉队，力争打造一批成果，进一步形成全社会共创共建共享良好态势。

王浩强调，要精准对标对表习近平总书记重要指示精神，提高政治站位，增强行动自觉，在学深悟透、知行合一上用真功、见实效，进一步巩固拓展数字化改革的先行优势。要坚持需求导向，突出实战实效，要强化多跨协同，促进高效共享，要注重迭代升级，打造硬核成果，打响"浙江创新、全国共享"的数字化改革品牌。

● ● 省委常委、市委书记刘捷检查指导疫情防控工作。市委副书记、市长刘忻，朱华、刘颖、陈瑾、王宏、丁狄刚、罗杰、孙旭东、陈新华分别参加。

刘捷强调，要深入贯彻习近平总书记重要讲话和指示批示精神，坚持"外防输入、内防反弹"总策略和"动态清零"总方针不犹豫不动摇，落实省委、省政府部署要求，锚定目标、克难攻坚，开展常态化核酸检测服务，深化"无疫单元"创建工作，做到防控速度快于病毒传播速度，坚决堵住一切可能导致疫情反弹的窟窿和漏洞，尽快实现见底清零，筑牢疫情防控坚强堡垒。要继续加大流调排查力度，要全面提升转运隔离效率，要严格"三区"管理，要强化社会面管控，要全力做好保畅通、保供应工作，确保物流畅通和供应链稳定。要增强"三情"联动针对性，要把疫情防控作为检验能力作风的重要战场，以更大力度推动各项防控措施落地见效。

● ● 杭州市举行庆祝"五一"国际劳动节暨劳模表彰大会。省委常委、市委书记刘捷出席会议并讲话。市领导柯吉欣、戴建平、冯仁强等出席。市模范集体代表、市劳动模范代表做交流发言，并宣读"当好主人翁、奋进新时代、建设新天堂"倡议书。

刘捷强调，全市各级工会组织和广大工会干部要坚持思想政治引领、服务群众、改革创新，忠诚履职、担当有为，不断开创新时代杭州工会工作新局面。各级党委要加强和改善对工会的领导，加大对工会工作的支持力度，做好劳模管理服务工作，更好地发挥劳模的榜样、示范、引领作用。

● ● 杭州亚组委以"世界知产日·法治护航亚运"为主题，举办杭州亚运会知识产权保护系列成果发布会。

作为亚运知识产权保护的重要成果，《杭州亚运会标志保护指南》发布。该指南结合相关法律法规规定，采用图文相结合的形式，系统全面地介绍包括会徽、吉祥物、口号、火炬等在内的杭州亚运会有关标志的保护要求和使用规范，旨在引导社会公众规范使用亚运会标志、营造良好亚运知识产权保护氛围。

当天还发布《2022年第19届亚运会组委会知识产权保护典型案例（2021年度）》。在亚运筹办工作推进过程中，杭州亚组委共对171起涉嫌侵犯亚运知识产权的行为开展调查处置工作，妥善处置102起亚运会知识产权侵权及隐性营销案件。

● ● 杭州召开"4·26"世界知识产权日新闻发布会，发布杭州2021年知识产权十件事和杭州法院2021年知识产权司法保护十大案例。

2022年，杭州知识产权保护成果显著，中国（杭州）知识产权保护中心通过国家验收，"西湖龙井"成功获批全国首批地理标志产品保护示范区，中国（杭州）知识产权·国际商事调解云平台入选国务院服务贸易创新发展试点"最佳实践案例"等。

●● 杭州友城南非开普敦市与杭州开展线上交流，向杭州推介当地的亚特兰蒂斯工业园。亚特兰蒂斯工业园依山傍海，距离开普敦市中央商务区约40千米，邻近贸易港口、干线公路和重要市场。园区聚焦绿色科技制造业，可为该类企业提供70块设施齐全的场地。目前该园区已全面运营，并有部分企业入驻。

27
日

SI YUE

●● 省委副书记黄建发到浙江农林大学和杭州市临安区调研。市有关领导陪同调研。

黄建发强调，要深入学习贯彻习近平总书记关于共同富裕和"三农"工作的重要论述，以缩小城乡区域发展差距为主攻方向，切实发挥教育在共同富裕示范区建设中的基础性先导性作用，着力加强农村农民发展能力建设，奋力开创农民农村共同富裕新局面。要发挥人才、科技与学科优势，要深化校地融合、产教融合，要鼓励科研工作者把论文写在田间地头、写在群众心坎上。各地各有关部门要加强协同，通过政策倾斜、金融支持、职称评定等举措，保护好、激发好乡土人才振兴乡村、助力共富的积极性，为推动农村共同富裕提供坚实的人才支撑。要不断深化农业农村数字化改革，要不断推进农文旅融合发展，要优化农村基本公共服务供给，全力保障农民收入，不断增强农民群众的获得感、幸福感、安全感和认同感。

●● 省委常委、市委书记刘捷到上城区检查指导疫情防控工作。市委副书记、市长刘忻，朱华、陈瑾、陈新华参加。

刘捷强调，要深入学习贯彻习近平总书记重要讲话和指示批示精神，坚持"外防输入、内防反弹"总策略和"动态清零"总方针不犹豫不动摇，认真落实"七大机制"和"五快"要求，以最快速度、最高效率、最硬举措抓好疫情防控各项工作，高质量组织好核酸筛查，坚决做到"四应四尽"，加快实现社会面清零目标，奋力夺取本轮疫情防控遭遇战歼灭战胜利。要全力推进"三区"全员核酸检测，要进一步加大流调溯源力度，要加快推进转运隔离，要持续防范疫情输入风险，努力实现"管得牢、保畅通、服务好"的最优平衡。

28
日
SI YUE

●● 市委常委会召开会议，传达学习习近平总书记在听取海南省委和省政府工作汇报时的重要讲话精神，研究部署全市贯彻落实工作。省委常委、市委书记刘捷主持会议并讲话。

会议指出，习近平总书记在听取海南省委和省政府工作汇报时的重要讲话立意高远、思想深刻、内涵丰富，具有很强的思想性、政治性、指导性。要深入学习领会习近平总书记重要讲话精神，紧密联系杭州实际，进一步解放思想，以高质量发展统揽全局，奋力打造世界一流的社会主义现代化国际大都市，在共同富裕示范区建设中充分展现省会城市的担当作为。

会议强调，要全面深化改革开放，努力打造服务构建新发展格局的战略枢纽。胸怀"国之大者"、融入国家战略、借鉴海南经验，充分发挥杭州数字经济、民营经济的先发优势，扎实推进浙江自贸区杭州片区和跨境电商综试区建设，积极开展国家服务贸易创新发展试点、数字人民币试点和国家首批营商环境创新试点城市建设，着力打造"数字丝绸之路"枢纽和全球数字贸易中心，以更深层次改革和更高水平开放，努力打造国内大循环的强劲动力源和国内国际双循环的强大链接点。要坚持创新驱动发展，努力推进高水平科技自立自强。坚定不移推进创新强市、人才强市首位战略，充分发挥国家自主创新示范区作用，举全市之力推进城西科创大走廊建设，面向基础研究、应用基础研究和"卡脖子"关键技术领域，以更大手笔、更大魄力、更大担当实施推动科技创新和人才引育政策，奋力打造全球创新策源地、全球人才蓄水池和科技成果转移转化首选地。要坚持生态优先、绿色发展，积极探索"共富示范"的"两山"转化通道。大力推进新时代美丽杭州建设，加快形成节约资源和保护环境的空间格局、产业结构、生产方式、生活方式，有效探索生态价值实现路径，率先走出一条生态优先、绿色富民的"两山"转化通道，努力成为美丽中国建设的样本。

● ● 省委常委、市委书记刘捷到上城区检查指导疫情防控工作，听取工作进展情况汇报，并与各区县（市）视频连线，协调解决有关问题。市委副书记、市长刘忻，朱华、刘颖、陈瑾、王敏、王宏、孙旭东、陈新华参加。

刘捷强调，要深入贯彻落实习近平总书记重要指示精神，坚持"动态清零"总方针不犹豫不动摇，全面落实"七大机制"和"五快"要求，慎终如始抓好常态化疫情防控，坚决打赢本轮疫情防控阻击战，确保人民生命健康和城市安全运行。要精心谋划防控方案，强化机场、火车站、客运站等入杭场站疫情防控措施落实，全力做好中高风险地区到杭返杭人员管理，严格执行分级分类管理，加强市际交通管控，压实行业主体责任，做到全链条全流程严丝合缝，扎紧扎实外防输入的篱笆。要落实各项应急处置机制，加强值班值守，确保人民群众过一个平安健康的节日。

● ● 2022年庆祝"五一"国际劳动节暨全国五一劳动奖和全国工人先锋号表彰大会在北京举行。杭州良渚遗址管理区管理委员会获得"2022年全国五一劳动奖状"荣誉；杭州市燃气集团有限公司天目运行站站长钟奇、杭州市公安局治安支队七大队大队长王剑、浙江西子富沃德电机有限公司研发工程师辛懋、圣奥科技股份有限公司董事长倪良正、桐庐大众出租车有限公司驾驶员朱祖德获得"2022年全国五一劳动奖章"荣誉；三替集团有限公司搬家事业部班组、杭州老板电器股份有限公司电子商务本部、杭州市西郊监狱指挥中心获得"2022年全国工人先锋号"称号。

● ● 2022年杭州市农业职业技能大赛茶叶加工竞赛在龙坞茶镇举行。

大赛的每个赛项包含理论知识和操作技能两部分。每个赛项获得前3名的选手，由市人力社保局授予"杭州市技术能手"称号；获得第4～8名的选手，经市总工会核准授予"杭州市职工经济技术创新能手"称号。

29
日
SI YUE

● ● 市长刘忻主持召开视频调度会，就抓好防汛防台、安全生产、疫情防控工作进行具体部署。柯吉欣、陈瑾、丁狄刚、刘嫔珺出席。

刘忻强调，要深入学习贯彻习近平总书记重要讲话和指示批示精神，坚持人民至上、生命至上，坚持"三个不怕""四个宁可"，坚持"外防输入、内防反弹"，以强烈责任担当和严实防御举措抓好除险保安各项工作，为守护城市安澜、社会安宁、人民安康筑牢坚固屏障。要紧紧围绕"不死人、少伤人、少损失"目标，以绝对忠诚的政治品格抓好防汛防台工作。　要保持如履薄冰、如临深渊的警醒，以坚决有力措施抓实抓细安全生产各项工作。聚焦重点排查安全隐患，盯紧盯牢道路交通、地下空间、群租房、危化品等事故易发多发领域，拉出隐患清单、逐个整改销号。加强安全生产监管执法，以"零容忍"的坚定决心和强硬举措惩治各类违法违规行为，防范遏制重特大安全事故发生。全面落实安全生产责任制，压紧压实属地政府、行业部门、企业主体等各方责任，拧紧责任链条、提升管控能力，推动安全生产形势持续稳定向好。要坚持"动态清零"总方针不犹豫不动摇，全力打赢疫情防控大仗硬仗。要高水平组织好常态化核酸检测，要科学严密做好"三区"管控，要织密扎牢"外防输入"防控网，确保疫情输入性风险早发现、早报告、早处置。

●● 市政协主席马卫光到余杭区联系督导"美丽杭州迎亚运"城市环境品质提升行动和疫情防控工作，并调研政协"民生议事堂"建设等工作。

马卫光强调，要始终树牢精品意识，坚持精益求精，紧盯时间节点，全力以赴推进，打造协调统一、爽心悦目的景观景致，增强入城口"到达感"，充分彰显城市美丽。要严格落实疫情防控各项部署要求，坚决守好"大门"，筑牢第一道安全防线。要坚决落实省委、市委决策部署，扎实推进"无疫单元"创建，强化党建引领，充分发动群众，细化防疫最小颗粒度，切实做到严守"小门"不松懈，全力守护好群众健康安全。要始终牢记习近平总书记嘱托，深入践行全过程人民民主，进一步突出党建引领，拓展协商平台，丰富协商形式，做到协商于民、协商为民，更好地发挥民主协商在基层社会治理中的重要作用，助力绘就美丽富裕乡村新画卷。要大力做好径山茶文章，深入挖掘茶历史文化，持续打响茶品牌、丰富产业链、提升附加值，推动径山茶产业提质增效，使其成为促进农民群众增收、乡村共同富裕的"金叶子"。

●● 浙里来消费·开门焕新消费季、2022年杭州数智新消费暨文三数字生活嘉年华在文三数字生活街区启动。

2022年杭州数智消费嘉年华活动，以"1+5+14+N"为基础框架，"1"是指启动活动；"5"是指贯穿全年的五大主题消费季；"14"是指联动全市13个区县（市）及"双西管委会"推出"一区一主题"系列促消费活动；"N"是指N场"主题鲜

明 亮点频出"的特色活动。

促消费活动突出亚运会、元宇宙元素，聚焦"家、夜、潮、她、年"五大消费场景，推出朝气阳春、缤纷仲夏、欢乐金秋、活力暖冬、跨年迎新五大消费季，打造贯穿全年、覆盖全域、惠及全民的最新最潮最炫的数智消费嘉年华。

● ● 省委书记袁家军，省委副书记、省长王浩在杭州检查"五一"假期相关工作，看望慰问抗疫前线的坚守者、建设一线的奋斗者，代表省委、省政府向全省医护人员、公安干警、基层一线工作人员、志愿者以及奋战在各条战线上的全省广大劳动者致以节日的问候。省、市领导刘捷、陈奕君、王成国、刘忻、朱华、罗杰参加有关活动。

袁家军强调，全省各级各地要深入学习贯彻习近平总书记在4月29日中央政治局会议上的重要讲话精神，以"时时放心不下"的责任感，以"百姓过节、干部过关"的使命感，牢牢绷紧安全这根弦，以除险保安的要求、高效协同的理念、精准管控的举措、务实过硬的作风，抓实抓细抓好疫情防控、安全生产、节日社会治安等各项工作，切实做到"疫情要防住、经济要稳住、发展要安全"，确保人民群众生命和财产安全，确保全省社会大局平稳有序、和谐稳定，确保全省老百姓度过一个健康平安祥和的假期。

● ● 市长刘忻到滨江区走访服务企业。

刘忻强调，要深入学习贯彻习近平总书记重要讲话和指示批示精神，认真落实省委、省政府和市委决策部署，坚持以高质量发展统揽全局，把激发市场主体活力作为重要着力点，推动稳企助企惠企政策精准落地，聚焦补链延链强链做优产业生态，有效应对内外部环境各种超预期变化，确保经济稳进提质、健康发展，为实现"半年红""全年红"打下坚实基础。

下旬 SI YUE

●● 省、市人大常委会到杭州开展就业促进法执法检查。省人大常委会党组书记、副主任梁黎明带队，市人大常委会主任李火林，部分省、市人大代表参加。柯吉欣、刘颖陪同检查。

梁黎明指出，要紧扣中央和省委部署，切实担负起促进就业的政治责任，进一步促进和保障经济发展与扩大就业相协调、就业局势持续稳定、更高质量更充分就业。要坚持问题导向，深入研究解决当前重点问题，加快落实减负稳岗扩就业政策，推进高校毕业生就业工作，加大困难群体就业帮扶力度，提升技能培训精准性，推动创业带动就业。要增强法治意识，全面提升法律实施的综合效果，相关单位要进一步提高运用法治思维和法治方式解决问题的能力，做到认识到位、保障到位、投入到位、督查到位，确保各项法律规定和政策措施落到实处；人大要通过执法检查，自上而下、统筹推进中央、省委"稳就业"政策和就业促进法等法律法规的贯彻执行，助推浙江省加快形成更高质量更充分就业体系。

李火林指出，就业是最大的民生，是"国之大者"。要把稳就业、保就业放在突出位置来抓，运用好数字化工具，加强就业情况监测。要坚持以创业带就业，营造良好营商环境，加大对服务业、中小微企业的支持力度。要坚持把开发和提升普惠性的人力资源作为共富示范的重要工作来抓，突出重点群体，促进更加充分就业。市人大常委会要按照省人大部署要求，发挥好执法检查"法律巡视"监督利剑作用，推动就业促进法有效实施。

五
月

HANGZHOU JISHI

2—3日 WU YUE

●● 市长刘忻先后到拱墅区、上城区调研指导，就本轮疫情防控工作进行总结复盘。在疫情防控工作复盘座谈会上，刘忻与两区相关部门、街道、社区负责人深入交流，针对病例处置、社区封控、流调溯源、隔离转运、核酸检测等关键流程，一个环节一个环节梳理，一个步骤一个步骤回溯，共同查找短板和不足，一起总结好经验和好做法。

刘忻强调，要坚持以治理体系和治理能力现代化为目标不动摇，把每一场"战疫"作为对城市治理水平和韧性的"压力测试"，在实战中持续健全平战转换机制、指挥调度机制、社会动员机制、最小单元落实机制等，有效提升整座城市的组织力、凝聚力、战斗力。要坚持以数字化改革为牵引不动摇，把流调溯源、隔离转运、"三区"管控等疫情防控的关键环节作为多跨协同的重要场景，推动精密智控平台迭代升级，线上线下一体联动，数据资源即时共享，不断提升各环节的自动化、智能化、无人化水平。要坚持党建引领不动摇，充分发挥基层党组织战斗堡垒作用和党员先锋模范作用，统筹调度区、街镇、村社等各层级力量，培优建强"平战一体"的机动队、突击队，确保在疫情发生时拉得出、冲得上、打得赢。要坚持疫情防控和社会活力激发并重不动摇，聚焦社区这个疫情防控的基本单元，广泛动员社工、物业、志愿者、居民等各方力量，在增强"自组织"能力上下更大功夫，共同打好疫情防控"人民战争"。要坚持能力建设不动摇，全面加强检测设备、隔离用房、医疗救治、物资保供等方面能力储备，真正做到以防控能力的确定性应对疫情形势的不确定性。

3日 WU YUE

●● "幸福走场馆，全民迎亚运"第二届杭州市民日主题活动在杭州奥体中心体育馆举行。活动由杭州市委宣传部、杭州2022年第19届亚运会组委会宣传部、场馆建设部主办，亚运场馆建设者、社会各界市民代表以及媒体记者在活动现场共庆节日，喜迎亚运。活动现场，市政协委员、亚运志愿者代表、教练员代表、亚运建设者代表和新闻工作者代表共同发出"心心相融 共迎亚运"倡议。随后，亚运场馆体验官们和市民代表走进杭州亚运会的各个场馆，体验亚运场馆的中国特色、浙江风采、杭州韵味。

●● 第二十六届"中国青年五四奖章"评选揭晓，之江实验室智能超算研究中心团队获集体奖章，浙江大学航空航天学院教授李铁风获"中国青年五四奖章"。之江实验室智能超算研究中心团队成立于2021年4月，35岁以下成员占比近九成。团队成立以来，年轻的科学家们始终围绕超算领域具有前沿性和基础性的重大问题开展研究，致力打造国际一流的智能超算创新中心。2021年11月，该团队勇闯智能超算"无人区"，在美国举行的全球超级计算大会上，获有着超算界诺贝尔奖之称的"戈登·贝尔奖"。

●● 市十四届人大常委会党组召开第二次（扩大）会议，学习习近平总书记近期重要讲话精神，研究部署贯彻落实工作。市人大常委会党组书记李火林主持并讲话，党组副书记戚哮虎，党组成员戴建平、卢春强、徐小林，市人大常委会副主任罗卫红做交流发言，党组成员张如勇出席。

会议强调，要深入学习贯彻习近平总书记在主持召开中央财经委员会第十一次会议上的重要讲话精神，进一步强化担当意识、发挥人大职能，推进亚运重大交通基础设施建设，推动杭州市基础设施建设从"量"上的"大"向"质"上的"强"转变。要围绕贯彻落实中央财经委员会会议有关决策部署，发挥人大财经综合监督的集成效益，全方位、多层次了解杭州市经济运行及相关政策执行情况，提出针对性意见和建议，为杭州高质量发展贡献人大力量。

会议传达学习市委有关文件精神和市委人才工作会议精神，研究提出贯彻落实意见。会议还研究杭州市人大常委会五年（2022—2026年）立法调研项目库和建立杭州市人大代表联络总站有关事宜。市人大常委会副秘书长、各部门负责人，市纪委市监委驻机关纪检监察组负责人列席会议。

●● 省委常委、市委书记刘捷主持召开数字化改革专题会议。市委副书记、市长刘忻，柯吉欣、朱华、丁狄刚出席。市委办公厅、市政府办公厅、市委宣传部、市委政法委、市委改革办、市发改委、市经信局、市数据资源局负责人分别汇报数字化改革进展情况和下步工作打算。会议还审议"信用杭州"应用建设、"浙里复议数智应用"杭州试点建设、"文物安全智慧监管"应用建设等重大应用建设方案。

刘捷强调，要按照"上跑道、创特色、争一流"要求，精心打造实用好用的应用场景，努力在破解交通拥堵、住房保障、社区服务"一老一小"等问题上取得实质性突破，着力增强城市治理效能和群众获得感。要建立应用场景统筹管理机制，完善应用场景综合评价指标体系，推动现有应用场景优胜劣汰。要推进深层次系统性制度重塑，充分调动资源，不断优化流程，推进多跨协同，着力提升变革化水平。要健全管理体制和工作机制，完善组织领导体系、指挥调度体系、研究开发体系，积极鼓励群众、市场、社会力量参与改革，探索"高校+研究院所+企业"的研发模式，形成全社会共创共建共享的良好态势。

●● 市人大常委会主任李火林到富阳区调研人大代表联络站建设、乡村振兴、"米袋子""菜篮子"保供和农民"钱袋子"增收情况。

李火林实地考察了常安镇人大代表联络站、湖源乡窈口片人大代表联络站，常安镇、湖源乡美丽乡村建设，和顺家庭农场、新二村元书纸基地等，并召开座谈会，听取富阳区人大、区政府有关情况汇报。参加座谈的人大代表围绕拓展代表联络站功能、提升代表履职能力，搭建农产品供需对接平台、推动农业产业融合发展等提出建议。

李火林充分肯定富阳区代表联络站建设成效后强调，要深入学习贯彻习近平总书记关于"三农"工作的重要论述，胸怀"国之大者"，站在保障国家粮食安全的战略高度，围绕中心、服务大局，实行正确监督、有效监督、依法监督，推动中央和省委、市委决策部署落地落实。要聚焦实施"强村富民"集成改革、拓宽"两山"转化通道、做大做强特色优势产业、促进公共服务优质共享、完善乡村治理体系等，认真研究提出意见和建议，助力全国乡村振兴示范市建设，为杭州市争当浙江高质量发展建设共同富裕示范区城市范例贡献力量。

●● 全省以省、市、县、乡四级视频会议形式召开《信访工作条例》集中宣传月启动仪式，杭州市在市民中心设分会场，全市各区县（市）和乡镇（街道）设分会场。集中宣传月活动以"法治信访、以民为本"为主题，集中部署开展"十个一"配套活动。启动仪式上，省级部门代表、地市"12345"热线代表、区（县、市）代表、基层派出所代表及社区群众代表陆续发表倡议。

启动仪式结束后，市、县两级领导及有关直属部门负责人集中开展了接待群众来访、接听市民来电等活动，以公开接访接电、主动约访等形式，扎实推动信访问题的调处化解，并同步开展网上信访咨询答疑等活动。

7
日
WU YUE

●● 省委常委、市委书记刘捷到桐庐县调研。他强调，要深入践行"绿水青山就是金山银山"理念，认真落实省委的决策部署，持续擦亮"潇洒桐庐郡、中国最美县"品牌，走出一条具有桐庐特色的高质量发展路子。朱华、王宏参加。

在芦茨村，刘捷边走边看，深入了解乡村共同富裕样板建设推进情况，叮嘱镇村干部要进一步打通绿水青山向金山银山转化的通道，把乡土风貌、特色文化与现代旅游需求有机结合起来，帮助老百姓实现长远可持续性增收致富，把共同富裕的每个单元做精做优。在浙富水电设备股份有限公司，刘捷了解企业生产经营况，希望企业充分发挥龙头引领作用，聚焦主责主业，加大研发投入，不断厚植核心竞争力。在桐庐县行政执法局执法管理中心，刘捷强调，要坚持以数字化改革为引领，完善执法队伍管理模式，增强行政执法力量保障，真正实现"一支队伍管执法"。在考察大洲畈粮油基地时，刘捷指出，要深入实施全域土地综合整治，坚决守住耕地保护红线，推进高标准农田建设，加快乡村有机更新，同时要充分发挥综合效益，提升农业和农产品内在价值，促进农业高质高效、乡村宜居宜业、农民富裕富足。刘捷还考察桐庐亚运马术中心及亚运马术马匹隔离场，要求高标准开展测试赛，进一步积累经验、查漏补缺，着力做好"马"的文章，努力打造"马"产业链。其间，刘捷出席桐庐县与吉利科技集团年产能12GWh动力电池项目签约活动。

●● 市长刘忻主持召开会议，认真学习贯彻国家和省自建房安全专项整治电视电话会议精神，部署推进杭州市自建房安全专项整治、食药品安全生产以及"大安全"管理相关工作。他指出，要认真贯彻落实习近平总书记"四个最严"重要指示精神，清醒看到当前食品药品安全工作面临的问题和挑战，聚焦农副食品、保健品、疫苗等风险隐患集中的重点领域，严格落实企业主体责任，持续完善生产、流通、储存、运输、销售等全链条全周期闭环管理机制，依法严厉打击食品药品安全违法犯罪行为，切实保障好人民群众"舌尖上的安全"和身心健康安全。

刘忻强调，要牢固树立"大安全"意识，不断强化底线思维，坚决扛起除险保安工作责任，慎终如始筑牢疫情防控屏障，扎实有力做好防汛防台准备，全面抓好消防、危化品、矿山、粉尘、建筑施工、交通运输、地下空间、特种设备、高层建筑等重点领域安全隐患排查整治，真正把问题解决在未发之时、成灾之前，牢牢守住安全生产底线红线。

●● 市人大常委会召开2022年市政府民生实事项目专项监督部署会。市人大常委会主任李火林出席并讲话，徐小林主持。会上，通报了2022年市政府民生实事项目专项监督工作安排，监督小组、协助单位代表做表态发言。市人大常委会将组建10个市人大代表监督小组，分别由市人大机关各部门牵头，各区县（市）人大常委会组织市人大代表参加，以市、县两级人大联动、线上线下监督相结合方式，助推民生实事项目实施。

李火林强调要进一步提高思想认识，切实增强做好专项监督工作的责任感、使命感、荣誉感。深入学习贯彻习近平总书记关于保障和改善民生的重要论述，在市委的坚强领导下，用心用情用力开展专项监督工作，推动解决群众操心事、烦心事、揪心事，让改革发展成果更多更公平惠及广大人民群众。要进一步明确监督重点，切实增强做好专项监督工作的系统性、针对性、实效性。坚持目标导向、问题导向、结果导向，紧扣进度与质量，完善监督方式，突出数字赋能，健全问题清单，着眼常态长效，健全评价机制，确保民生实事项目如期高质量完成。要进一步强化统筹协调，切实增强做好专项监督工作的领导力、执行力、协同力。压实各方责任，发挥代表作用，弘扬优良作风，形成工作合力，共同谱写奋进新时代、建设新天堂的崭新篇章，以优异成绩向党的二十大献礼。

●● 市政协主席马卫光到萧山区调研政协工作。王敏参加。马卫光一行实地踏看瓜沥镇七彩未来社区的公共服务中心、智慧治理中心、邻里共享中心等场景，听取有关介绍。随后，他来到宁围街道，详细了解民生议事堂的组织架构、议事制度、运行机制等情况。萧山南宋官窑艺术馆是中国第一座专业展示南宋官窑文化艺术的民营艺术馆。马卫光与中国陶瓷工艺美术大师叶国珍教授及该馆馆长、市政协委员叶佳星深入交流。

调研座谈中，马卫光充分肯定萧山区经济社会发展和政协工作成绩。他指出，要扎实开展中央和省委、市委政协工作会议精神贯彻情况"回头看"工作，持续深化专门协商机构建设，进一步拉高工作标杆、推进创新实践、打造特色品牌，拓展政协协商民主的广度深度效度，努力争当新时代区县政协工作的领头雁、排头兵、先行者。要紧扣中心大局，聚焦民生向往，提升建言资政和凝聚共识双向发力质效，在奋进新征程、建功新时代中交出出色政协答卷。

9 日 WU YUE

●● 省委常委、市委书记刘捷到市法院、市检察院调研。

在市法院，刘捷考察诉讼服务中心、执行事务中心、律师调解室、法治文化长廊，了解审判执行、共享法庭、法治文化建设等工作。他指出，要始终坚持司法为民，加大涉民生案件执行力度，提升审判质效，完善非诉讼纠纷解决机制，高水平推进共享法庭建设，让更多矛盾纠纷化解在基层、消除在萌芽状态，有力护航社会公平正义。要加强党的领导，扎实推进制度化规范化法治化建设，打造一支党和人民信得过、靠得住、能放心的法院干警铁军，确保法院工作始终保持正确的政治方向。要加强法制宣传教育，加大以案释法力度，切实维护社会和谐稳定。

在市检察院，刘捷考察检察侦查办案区、司法鉴定实验室、检察数智技术中心等，了解日常办案、科技强检、数智检察、文化建设等工作。他指出，全市检察机关要加强企业案件民事检察监督，加快建立跨部门知识产权执法司法协作联动机制，统筹推进办案和化解风险、追赃挽损、维护稳定各项工作，切实保护企业和企业家的合法权益和合理诉求。要切实履行新时代检察机关在刑事、民事、行政、公益诉讼四大领域的法律监督主责主业，提高监督效果和监督公信力。要加强党的领导，持之以恒推进检察队伍革命化、正规化、专业化、职业化建设，着力打造检察铁军，努力开创检察事业发展新局面。

● ● 在全国、全省新冠疫情防控工作电视电话会议结束后，杭州市立即召开续会，部署落实相关工作。市长刘忻在会上强调，要深入学习贯彻习近平总书记重要讲话和指示批示精神，深刻、完整、全面认识党中央确定的疫情防控方针政策，毫不动摇坚持"外防输入、内防反弹"总策略和"动态清零"总方针，持续深化落实"七大机制"和"五快"要求，以时不我待的精神、分秒必争的行动抓实抓细疫情防控各项工作，全力保障人民健康安全和城市有序运行。

当天上午，刘忻专程到桐庐检查指导疫情防控工作。他强调，要坚持快字当头、以快制快，聚力推动"五快"循环提速提效，第一时间落实重点风险人员转运隔离，加速推进"三区"全员核酸检测，全面摸排锁定风险点和放大器，坚决做到"四应四尽"，有效阻断疫情传播链条，以最快速度、最小代价扑灭桐庐疫情。陈瑾、王宏、胡伟、丁狄刚、罗杰、孙旭东参加会议或检查。

10
日 WU YUE

● ● 杭州市公共关系协会发布"2021年杭州市十大公共关系事件"。

2021年杭州市十大公共关系事件分别是：杭州连续第15年荣获"中国最具幸福感城市"称号；以数字化改革为引领，杭州在全国率先进入"一码通城"时代；"西湖龙井"茶列入全国首批国家地理标志产品保护示范区名单；建成中国（杭州）知识产权保护中心，打造知识产权杭州样板；杭州消费者满意度列全国第一位，全面打响"放心消费在杭州"品牌；中国人工智能城市排行榜杭州居第二位，力建"中国视谷"经济新地标；全国首个"直播电商数字治理平台"在杭州上线运行，建设"绿色直播间"；宋城、清河坊入选首批国家级夜间文旅消费集聚区，构建宋韵文化传承展示中心；国务院设立中国（杭州）跨境电子商务综合试验区入选《中国共产党一百年大事记》；杭州亚运会国际文明礼仪大赛成功举行，成为亚运筹办历史上的新举措。

●● 市人大常委会主任李火林带队开展节约能源"一法一办法"执法检查。戴建平参加。前期，市人大常委会运用执法检查数字化改革应用场景，开展了线上征求意见、召开座谈会、现场抽查访谈、查看审计报告、开展专题调研等工作，市政府相关部门对照法律法规开展了自查。

执法检查组听取市发改委等9个部门"一法一办法"贯彻执行情况汇报，开展了节约能源法律知识测试，并到中恒电器有限公司、万向聚能城、恒逸石化、东南新材料有限公司、杭州医药港小镇加速器能源综合供应中心等地，实地检查节约能源工作。

执法检查组指出，近年来，市政府及相关部门深入践行"绿水青山就是金山银山"理念，认真贯彻执行节约能源"一法一办法"，思想认识自觉、态度坚决，依法依规担当尽责，改革创新狠抓落实，杭州市节约能源工作走在全省前列。

●● 省委常委、市委书记刘捷到淳安县调研，并出席杭州市第一区县协作组第三轮第一次联席会议。刘捷先后深入淳安文昌、临岐、千岛湖等乡镇，了解共同富裕、美丽乡村建设和产业振兴等情况。在随后召开的区县协作组联席会议上，西湖、淳安负责人汇报有关工作情况，上城、西湖、钱塘与淳安交接协作资金。刘捷指出，深化区县（市）协作是扎实推进共同富裕的题中之义，是践行"绿水青山就是金山银山"理念的重要举措，是增强杭州整体竞争力和发展后劲的内在要求。要充分认识深化区县（市）协作的重要意义，坚定不移把这项工作继续推向前进。聚焦产业发展，协同配置协作区县间的产业资源和空间布局，推动更多生态绿色产业跨区域落地。聚焦群众期盼，加强城区与西部区县（市）在教育、医疗、文化、养老服务等方面的合作，加快开展推进基础设施提升和数字化改造方面协作，补齐民生事业短板，助力西部区县（市）推进扩中提低改革。聚焦环境保护，建立健全生态产品价值实现机制，筑牢生态安全屏障。要切实加强领导，强化统筹协调，密切协同配合，发挥市场作用，形成推进区县（市）协作的强大合力。

●● 市政协在富阳区龙门镇启动"迎亚运、促共富"市、区两级政协"六送"服务基层和群众活动。市政协主席马卫光出席启动仪式并讲话，冯仁强、宦金元参加。活动聚焦"迎亚运、促共富"主题，向全市乡镇、村推出30多场次丰富多彩的服务活动。

活动现场，市政协相关专委会和界别、富阳区政协和市农科院、市供销社等单位向龙门镇赠送农用物资、文史教育图书和体育器材；杭州求是教育集团求是（竞舟）小学与龙门镇中心小学签订城乡学校互助协议。农技人员为当地农户作农作物栽培技术辅导，解答农作物种植有关问题；医卫界委员和专家向村民提供义诊和健康咨询服务，并赠送防疫物品；律师委员现场开展法律咨询和法律公益宣传；文艺界委员和文化工作者送上文艺节目。

●● 市委召开教育系统党的建设领导小组第一次全体会议，审议通过市委教育系统党的建设领导小组工作规则和领导小组2022年工作要点，研究部署下一阶段工作任务。

会议强调，教育系统党的建设工作涉及面广、专业性强、层级较多，需要通盘考虑、各方协作、统筹推进。要抓实政治建设，用好"红色根脉"的深厚底蕴和数字化改革的先发优势，着力构建"大思政"工作格局，坚决打好意识形态工作主动仗，从严抓好教育领域风险防范化解和疫情防控工作，维护教育系统和谐稳定。要抓实组织建设，体系化、规范化做好教育系统基层党组织建设、阵地管理、党员教育等工作，提升党建联盟、组团式对口服务等品牌效应，不断建强基层基础。要抓实作风建设，加快整治师德师风乱象，优化干部队伍结构，创新人才引育机制，构建良好教育生态。要抓好职能融合，进一步健全协调会商、实践调研、部门协同、督考联动机制，以党建工作高质量发展推动杭州教育事业整体跃升。

11、13日 WU YUE

●● 市政协主席马卫光分别到富阳、拱墅区调研。

马卫光到富阳区龙门镇民生议事堂，详细了解平台运行和活动开展情况。在富阳区东梓关村，马卫光一行考察历史文化村落保护和杭派民居建设。在秦望"城市眼"项目展厅，他与有关负责人深入交谈。在拱墅区运河体育公园，马卫光实地踏看曲棍球、乒乓球等场馆和公园功能配套、环境品质等情况。在小河街道"民生议事堂·红茶议事会"，马卫光仔细询问平台议事、数字化应用等情况，与现场"红茶议事"的议事员和居民互动。他强调，人民政协作为专门协商机构，要紧扣党政中心大局和群众急难愁盼资政建言、凝聚共识，在服务高质量发展中展现担当作为，把协商民主优势转化为治理效能。要高质量建好各类协商聚识平台，完善工作机制，增强平台活力，擦亮特色品牌，更好地释放专门协商机构潜能效能。

12日 WU YUE

●● 杭州市学习习近平总书记在庆祝中国共产主义青年团成立100周年大会上重要讲话精神座谈会召开。省委常委、市委书记刘捷代表市委、市政府向全市青年致以亲切问候，向获得"中国青年五四奖章"等各类荣誉的优秀青年和青年集体表示衷心祝贺。他强调，杭州共青团要深入学习贯彻习近平总书记关于共青团工作的重要思想，聚焦"政治学校、先锋力量、桥梁纽带、先进组织"的定位，坚持对党绝对忠诚、担当负责有为、密切联系青年、锐意改革创新、全面从严治团，更好地引领凝聚青年、组织动员青年、联系服务青年。广大团干部要筑牢政治品格，践行群众路线，发扬务实作风，涵养道德修为，为党做好朝气蓬勃、面向未来的青年工作。会前，刘捷沿"红色寻访路线"参观杭州高级中学贡院校区，重温杭州青年运动史，并与青年代表合影。

大会由朱华主持。卢春强、冯仁强出席。青年技能人才代表钟奇、青年科学家代表李月华、数字化应用创业青年代表刘威、共同富裕返乡创业青年代表尉子怡、快递小哥代表叶阳辉、大学生志愿者代表殷沁雅、社区青年工作者代表楼昊、青年教师代表寿婷尔做交流发言。

●● 市政府与市总工会召开第二十三次联席会议。会上，市总工会通报2021年主要工作和第二十二次联席会议确定事项的推进落实情况。市级有关部门就做好新就业形态劳动者权益保障、开展服务保障亚运会立功竞赛活动、开展"春风化雨·共同富裕"主题活动等议题做了发言。

市长刘忻充分肯定，过去一年，市总工会紧紧围绕市委、市政府中心工作，团结带领广大职工群众艰苦奋斗、实干笃行，政治引领有高度，助力大局有担当，服务职工有亮点，自身建设有创新，有力助推了杭州经济社会平稳健康发展。

他强调，市委、市政府对市总工会各项工作高度重视、寄予厚望。希望市总工会要切实加强思想政治引领，进一步聚焦聚力市委、市政府中心工作，在共同富裕示范区建设、亚运会筹办、现代产业体系打造等方面务实有为，凝聚起职工群众的强大合力。要用心用情做好职工服务保障，坚持以职工为中心，做实做优"春风行动"、帮扶送温暖、职工医疗互助等工作，让职工群众真切感受到工会大家庭的温暖。要积极助力建设一流营商环境，主动探索新形势下更好地发挥工会作用的新方法、新机制、新模式，培育造就知识型、技能型、创新型的新时代产业工人。戴建平、胡伟、丁狄刚出席。

●● 全市人大代表联络站建设工作交流会召开。市人大常委会主任李火林出席并讲话，徐小林参加。会前，与会人员现场考察临平区南苑、东湖街道两家代表中心联络站。会上，临平区委主要负责人致辞，上城区等6个区人大常委会和滨江西兴街道新州代表联络站等6个代表联络站负责人做交流发言。

李火林指出，迭代升级人大代表联络站、打造全过程人民民主基层单元，是深入践行全过程人民民主重大理念的有力举措，是更好地推动人大制度优势转化为发展优势和治理效能的必然要求，是充分发挥人大代表主体作用的现实需要。要以更高站位、更大力度、更实举措，自觉用全过程人民民主重大理念检视、提升和引领代表联络站工作，进一步迭代创新理念举措，系统推进架构完善、制度重塑、功能升级，着力打造全过程人民民主基层单元标杆。

●● 市政协主席马卫光到市民中心市民之家接待来访群众，现场协调化解包案信访事项。两批约访群众代表分别反映了因开发单位破产、历史遗留等原因，导致业主无法办理房屋权证和安置等问题。接访前，马卫光专门听取市信访局等部门和相关城区的情况汇报，相关部门和城区做了深入细致的前期调研和协调工作。接访现场，马卫光认真倾听群众诉求，与参加接访的相关城区和市相关部门负责人一起梳理问题症结所在，会商解决问题的方案和办法，要求相关部门和城区本着对人民群众高度负责的态度，尊重历史、实事求是、依法依规，用心用情做好办理工作，维护群众合法权益。

● ● 市委理论学习中心组举行专题学习会，围绕"依法规范和引导我国资本健康发展"开展学习研讨，抓好贯彻落实。省委常委、市委书记刘捷主持会议并讲话。刘忻、李火林、马卫光和市委理论学习中心组其他成员出席。胥伟华、朱华做交流发言。

刘捷指出，习近平总书记在中央政治局第三十八次集体学习时的重要讲话立意高远、思想深刻、内涵丰富，为在社会主义市场经济条件下规范和引导资本发展提供了根本遵循。要深入学习领会习近平总书记重要讲话精神，进一步深化对新的时代条件下中国各类资本及其作用的认识，着眼全国大局、立足杭州实际，坚定不移坚持和完善社会主义基本经济制度，依法规范和引导资本健康发展，为各类资本健康发展营造良好的市场环境和法治环境，为杭州经济社会高质量发展注入强劲动力。

● ● 省委常委、市委书记刘捷到萧山区开展"企业大走访"活动。刘捷察看浙江杭可科技股份有限公司的智能工厂生产线、杭州杰牌传动科技公司的智能传动未来工厂生产线，考察荣盛控股集团浙江盛元化纤有限公司的智能化车间。

调研中，刘捷强调，全市各级各部门要抓好助企纾困政策落地落实，完善具体配套措施、实施细则，加强宣传解读，把各项政策用好用足。要认真落实各级领导联系企业、项目制度，面对面听取企业意见和建议，全力帮助企业解决操心事、烦心事、揪心事，让企业心无旁骛谋发展，推动更多企业在杭州做大做强。要强化精准施策，大力发展优质均衡的公共服务，在教育、医疗、养老、幼托和住房等方面出台创新性举措，为企业引进留住人才、实现更好发展创造良好环境。要大兴求真务实之风，主动作为、善于作为，在服务企业、推动发展中锤炼过硬本领、展现实干担当。

●● 市长刘忻主持召开市政府常务会议，就突发事件应急处置、食品安全保障、电动自行车综合治理等事项进行研究部署。会议审议《杭州市突发事件总体应急预案》（修订）、《杭州市食品安全事故应急预案》（修订）、《杭州市关于加强电动自行车综合治理的工作方案》。

会前，市政府党组召开扩大会议，认真学习了习近平总书记在近期中央政治局常委会会议上、在中央政治局第三十八次集体学习时、在中央深改委第二十五次会议上的重要讲话精神等，集体学习了《中华人民共和国行政处罚法》。

●● 杭州市庆祝第32次全国助残日主题活动暨"双美"表彰颁奖典礼举行。市领导卢春强、冯仁强出席活动，并为第四届"最美杭州人——十佳残疾人"和第五届"最美助残人"颁奖。活动中，亚残吉祥物设计师李洁向新成立的杭州市残疾人体育俱乐部代表捐赠亚残运吉祥物设计手稿。现场还连线上城区小营街道小营红巷残疾人之家、杨绫子学校代表和备战亚残运会的杭州籍运动员，共同庆祝第32个全国助残日的到来。

●● 市妇联、市教育局、市文明办在钱塘区共同启动全市家庭教育宣传周"百万家庭共成长——送法进万家"活动。活动现场，浙江省家庭教育指导中心主任深度解读《中华人民共和国家庭教育促进法》，就各部门的职责与定位进行阐述，帮助明晰家庭教育工作。来自市文明办、市教育局、钱塘区妇联、杭州市家庭教育学会、钱塘区家庭教育社会组织的相关人士和家长代表，结合各自职业背景和研究方向，就《家庭教育促进法》的具体内容，探讨家庭教育的内涵、当前重视家庭教育的迫切性以及如何付诸行动等话题。现场还举行家庭教育读本的赠书仪式，进一步助力普及"依法带娃"的科学育儿理念。

●● 农工党杭州市委会启动助力共同富裕系列活动，首批成立5支服务团，授牌3个服务基地，并在杭州东站挂牌首个"农工党浙江省委员会社会服务基地"。

助力共同富裕的医疗健康、生态科技、法律公益、文化教育和产业帮扶5支服务团队由农工党全市各级组织中专业特长突出、实践经验丰富、热心党派工作的各领域代表专家志愿者组成。助力共同富裕社会服务基地采用"1+N"品牌模式，因地制宜分设各特色服务站，在医疗健康、文化教育、生态环境、产业发展等方面精准施策牌。首批三个共同富裕社会服务基地包括富阳区基层委医疗健康服务站、余杭区基层委文化教育服务站和临安区委会生态科技服务站。

●●杭州城西紫金港科技城220千伏架空线上改下工程现场，在特制滑轮及输送机械的带动下，长1715米的电缆完成敷设，标志着国内最长单段220千伏陆地电缆在杭州敷设成功。建成后将主要服务城西科创大走廊，为西湖大学、西湖科技经济园、云谷小镇等创新科技产业示范区块提供源源不断的能源供应。

●●浙江省及杭州市2022年"国际博物馆日"主场活动暨杭州市临平博物馆开馆（中国江南水乡文化博物馆）暨"诗画浙江宝藏游"系列活动启动仪式在杭州举行。

启动仪式上，浙江省文物局公布浙江省乡村博物馆第一批认定名单并授牌，杭州有4个博物馆入选，分别是：萧山区葛云飞故居纪念馆、临平区杭州江楠糕版艺术馆、桐庐县畲山畲族馆、建德市浙江大学西迁建德办学旧址。杭州发布20条"宋韵精品研学线路"，"我身边的乡村博物馆"有奖荐馆活动也启动。

●●"西湖风貌和文化保护"民意恳谈会召开。市委副书记、市长刘忻主持，陈一行、黄海峰、朱华、丁狄刚出席。会上，文史专家王其煌、杭州西湖世界文化遗产监测管理中心原主任杨小茹、浙江农林大学风景园林与建筑学院名誉院长包志毅、浙江广电集团新闻评论员舒中胜、澎湃新闻副总编胡宏伟、浙江省网络作家协会副主席陆琪以及民情观察员顾雅娟、田思宁就如何进一步做好西湖风貌和文化保护工作先后发言，并受聘成为西湖风貌和文化保护督导顾问。

省委常委、市委书记刘捷认真听取大家的意见和建议，代表市委、市政府对大家多年来对杭州工作的关心支持表示感谢，也为西湖沿湖部分柳树移栽事件的发生表示歉意。他说，西湖是杭州的文化名片，是杭州区别于其他城市的独特标识，也是所有杭州人心中的精神家园。西湖沿湖部分柳树移栽，破坏了城市自然生态环境和历史文化风貌，伤害了人民群众对杭州的美好记忆和深厚感情，教训十分深刻。要认真反思、提高认识，更加深刻认识到做好西湖风貌和文化保护是检验政治担当、政治能力的重要试金石，是高水平建设历史文化名城的必然要求，是实现人民共建共享美好生活空间的重要举措，不断增强西湖风貌和文化保护的思想自觉和行动自觉。要本着敬畏历史、敬畏文化、敬畏生态的态度，更加坚定地扛起保护西湖的使命担当，进一步健全机制、完善方法、落实责任，凝心聚力、共建共享。

●● 市十四届人大常委会党组召开第三次（扩大）会议，学习习近平总书记近期重要讲话和重要文章精神，研究部署贯彻落实工作。市人大常委会党组书记李火林主持并讲话，党组副书记戚哮虎，党组成员戴建平、卢春强、徐小林，市人大常委会副主任罗卫红做交流发言，党组成员张如勇出席。

会议要求，市人大常委会及机关要坚持理论联系实际，切实增强学懂弄通做实党的创新理论的思想自觉、行动自觉，持续发力、久久为功。要以习近平总书记系列重要讲话精神为根本遵循和行动指南，进一步澄清模糊认识、廓清思想迷雾，切实把思想和行动统一到党中央决策部署上来，忠诚拥护"两个确立"、坚决做到"两个维护"。要在全面学习、系统掌握习近平新时代中国特色社会主义思想的理论体系上下功夫，深化规律性认识，实现系统性把握。要善于在习近平新时代中国特色社会主义思想中找方法、寻方向，不断提高理论水平、工作能力，推动杭州人大各项工作高质量发展。

会议讨论通过市人大常委会2022年数字化改革工作方案。会议还研究了其他事项。市人大常委会副秘书长、各部门负责人，市纪委市监委驻机关纪检监察组负责人列席会议。

●● 市政协主席马卫光到西湖区开展"企业大走访"活动，实地走访杰华特微电子股份有限公司、永创智能设备股份有限公司等企业。走访中，马卫光对企业扎根杭州、创新发展，为杭州经济社会发展做出的贡献表示感谢。他指出，企业是高质量发展的主体，为企业提供优质服务是各级各部门的职责所在。要深入贯彻落实中央和省委、市委决策部署，加大助企纾困力度，落实落细各级各项惠企政策，持续优化创新创业营商环境，助力企业统筹做好生产经营和疫情防控工作，进一步激发市场主体活力，增强经济发展的动力活力。要想企业所想、急企业所急、解企业所困，强化责任担当，主动靠前服务，汇聚纾困合力，及时研究解决企业关切的问题，努力为企业提供更加优质、精准、高效的服务，为企业更好地发展保驾护航。

●● 杭州市儿童友好城市建设工作领导小组办公室制定《2022年杭州儿童友好10条》，具体包括：强化亚运场馆母婴设施建设；推广学生"求知专线"；加强校园周边交通安全护卫；推进儿童友好公园建设；推进婴幼儿普惠托育服务；推进儿童心理健康服务；深化残疾儿童康复服务；推出儿童友好社区试点；拓展儿童校外实践基地；支持儿童参与城市建设和社会发展。

17
日 WU YUE

●● 市人大常委会主任李火林带队调研《杭州市西湖龙井茶保护管理条例》实施情况，戚哮虎、刘嫔珺和部分市人大代表参加。

调研组实地调研西湖龙井保护特设共享法庭，正浩茶叶、龙坞茶镇茶叶等公司，并召开座谈会，听取市政府、西湖风景名胜区、西湖区及有关单位情况汇报，人大代表和茶叶协会、茶企、茶农代表就品牌保护宣传、设施设备支持、市场规范管理、数据安全保护等提出建议。调研组指出，西湖龙井茶历史悠久、文化灿烂，是杭州的一张"金名片"。市政府及相关单位认真抓好条例贯彻实施，组织领导有方，法规宣传有效，加强监管有力，部门协作有为，依法推进西湖龙井茶保护管理，取得了阶段性成效。

●● 党外代表人士全链条管理服务应用第一批子场景在杭州试运行，以数智力量赋能党外代表人士队伍建设。人选推荐、双走访、教育培训、换届管理、履职管理等8个子场景中，有6个建成，总体框架和基本内容初步成型。对照数字化改革"需求、场景、改革"三张清单，梳理党外人才队伍建设的核心需求和实际工作中的堵点难点，找准突破口，通过子场景统一数据、业务、流程和评价标准，推动党外人才队伍建设模式重构、制度重塑。

同日，杭州数智统战建设专班召开工作会议，研究审议数智统战重点应用场景清单，交流工作开展情况和下一步思路。

● ● 市房地产市场平稳健康发展领导小组办公室发布《关于进一步促进房地产市场平稳健康发展的通知》。通知从优化二手住房交易政策、完善税收调节、更好地满足三孩家庭购房需求等方面进一步完善房地产市场调控。

● ● 上城区博物馆联盟成立，"风华宋韵"博物馆文创作品展在杭州海塘遗址博物馆开展，并推出"寻宋·上城宋韵"和"杭州市宋韵迹忆"两条研学路线。上城区博物馆联盟首批成员共有15个博物馆（纪念馆、名人故居等）。

● ● 杭州农副物流中心市场党建联盟成立。该联盟将通过"组织联建、党员联管、活动联办、资源联用、服务联做"，带动抓好市场区域内组织覆盖，全面构建市场基层治理、疫情防控、综合管理党建共同体。该党建联盟中，除了团结起市场主体的力量外，还有余杭区委组织部、市公安局余杭区分局（交警大队）党委、余杭区交通运输局党委、余杭区农业农村局党委等赋能单位的助力。在联盟作用下，各赋能单位将充分承担起党建联盟"关键连接点"作用，主动了解市场需求，积极认领服务项目，形成工作覆盖"一张网"、部门联动"一盘棋"、服务市场"一家亲"的党建联盟赋能新格局。

18
日 WU YUE

● ● 杭州城西科创大走廊高质量融合发展打造创新策源地推进会召开。省委常委、市委书记刘捷在会上强调，要深入学习贯彻习近平总书记关于科技创新的重要论述，认真落实省委、省政府关于建设城西科创大走廊的重大战略部署，进一步统一思想、坚定信心、凝聚共识，举全市之力推动城西科创大走廊高质量融合发展，打造面向世界、引领未来、服务全国、带动全省的创新策源地。市委副书记、市长刘忻主持，柯吉欣、马小秋、胥伟华、朱华、刘颖、孙旭东出席。

会上发布《关于加快推进杭州城西科创大走廊高质量融合发展打造创新策源地的实施意见》、城西科创大走廊发展战略规划以及产业、人才、科技专项政策。城西科创大走廊与临平区、富阳区签订联动发展合作协议，城西科创大走廊、余杭区、西湖区、临安区负责人做表态发言。

19 日

WU YUE

● ● 杭州市争当浙江高质量发展建设共同富裕示范区城市范例领导小组会议召开。省委常委、市委书记刘捷在会上指出，要深入实施缩小城乡差距专项行动，加大对西部区县（市）基础设施建设、富民产业发展、社会民生保障、公共服务配套的投入力度，支持西部区县（市）依托资源禀赋实现差异化发展。完善现代农业产业体系，推动产业融合发展。大力推进农村集成改革，确保农民专业合作社高效运行，推动农民家庭和农村集体增收。

刘忻、柯吉欣、胥伟华、黄海峰、朱华、刘颖、陈瑾、王敏、丁狄刚、罗杰、刘嫔珺、孙旭东出席。会议听取2022年以来共同富裕相关工作、嵌入式体育设施规划建设和加快建设育儿友好型社会、促进人口长期均衡发展相关政策举措的制定情况汇报，审议并通过缩小城乡差距专项行动有关方案，余杭区、萧山区、拱墅区、市商旅集团负责人先后做交流发言。

● ● 市人大常委会召开全市人大数字化改革工作视频推进会，研究部署2022年人大数字化改革工作。市人大常委会主任李火林讲话，戚哮虎主持，戴建平、卢春强、徐小林参加。市人大机关设主会场，13个区县（市）设分会场。市人大常委会办公厅介绍市人大常委会2022年数字化改革工作方案，上城区、萧山区、西湖区、富阳区人大常委会分别介绍街道人大履职、代表联络站应用场景建设情况。

李火林强调，全市各级人大要准确把握"1512"新体系架构，加强目标衔接，找准改革跑道，更加主动创造性地推进各项任务。要扎实推进重点应用场景迭代升级，探索构建综合评价指标体系，突出实战实效，加大应用推广，确保2022年改革任务落实落地。要加快推进数据贯通集成，推进数据全量全要素归集、共享共用，探索建设人大相关领域"大脑"，推动人大工作更加智慧高效。要积极打造全过程人民民主基层单元，通过数字化改革，擦亮代表联络站"金名片"，打造乡镇（街道）人大工作"新名片"。要强化统筹协调，加强组织领导，健全工作机制，提升专业能力，注重研究宣传，以数字化改革引领杭州市人大工作创新发展、迭代升级。

●● 根据国家发展改革委相关文件要求，杭州市与安徽宿州市共谋共商，印发《杭州市宿州市结对合作帮扶工作方案》和《2022年杭州市宿州市结对合作帮扶工作计划》，并明确区县市结对关系。帮扶工作方案坚持优势互补、合作共赢，围绕产业、技术、人才、资本、市场等方面，明确园区共建、产业共链，资本共设、产业共推，农业互链、农品共销，人才互培、资源共享，文旅互融、市场共拓，民生共兴、成果共享，改革共促、经验共享，干部挂职、互鉴互学等八项重点合作帮扶工作任务，并提出以下工作目标：到2025年，构建多领域、多方位、多层次、开放式的合作体系，到2030年，形成全面深度的合作帮扶工作格局，一体化和高质量发展得到明显提升。

根据方案，两地明确区县（市）结对关系。其中，上城区与埇桥区结对，拱墅区与萧县结对，西湖区与砀山县结对，滨江区与泗县结对，萧山区与宿马园区结对，余杭区与宿州高新区结对，临平区与灵璧县结对，钱塘区与宿州经开区结对。

●● 全市基层党建工作会议暨"争星晋位·全域建强"行动推进会召开。会议以视频形式召开，各区县（市）设分会场。省委常委、市委书记刘捷在会上讲话。李火林、马卫光、柯吉欣、马小秋、唐春所、陈一行、朱华、陈瑾、王敏在主会场或分会场出席。西湖区、淳安县枫树岭镇、上城区小营街道小营巷社区、余杭区径山镇小古城村、传化集团负责人做交流发言，临平区塘栖镇塘栖村负责人宣读行动倡议。

刘捷强调，要以"争星晋位·全域建强"行动为牵引，全面提升基层治理社会化、法治化、智能化、专业化水平。聚焦"领航带动班子好"，强化政治引领，完善运行机制，选优领导班子，建强社工队伍，增强基层党组织政治功能和组织功能。聚焦"共富示范发展好"，打造共富基本单元，以全域党建联盟推动产业协作，引育共富人才队伍，进一步拓宽强村富民、强社惠民路径。聚焦"除险保安治理好"，着力破解融合型大社区大单元和城郊接合部村社治理难题，扎实推进党建统领网格智治，拓宽区域多元共治路径，全面开展"无疫单元"创建，构建平战一体的组织体系。聚焦"连心共进服务好"，坚持和完善常态化联系服务群众机制，完善基层公共服务体系，增强社会组织服务功能，着力破解群众急难愁盼问题。聚焦"文明和谐风气好"，推进"清廉村居"建设，搭建群众共治桥梁，培育守望相助的文化认同，以优良党风引领淳正社风民风。要抓好两新、机关、行业等各领域党建，推动"全域建强、全面过硬"。要切实加强组织领导，压紧压实党建主体责任，建立健全工作推进机制，全面提升数字赋能水平，积极营造争先创优氛围，确保"争星晋位·全域建强"行动取得实效。

21日

● ● 市政协召开提案办理协商工作推进会。市政协主席马卫光讲话。许明、毛溪浩、陈新华、冯仁强、陈国妹、林革参加。会上，市政府办公厅、市发改委、市建委、市教育局和市政协相关专委会负责人，市政协委员郭青岭、朱智慧、唐彩斌做交流发言。

马卫光强调，要深入贯彻习近平总书记关于加强和改进人民政协工作的重要思想，认真落实习近平总书记关于提高提案质量和提案办理协商质量的重要指示精神，进一步提高政治站位，深化思想认识，强化责任担当，增强做好提案办理协商工作的自觉性主动性。要创新工作理念，注重问题导向、关注"政有所需、民有所呼"，注重精准导向、聚焦"小切口""微课题"，注重适时导向、把握"时间窗口""最佳时机"，注重协商导向、做到"增进共识""集思广益"，注重结果导向、确保"成果转化""落地见效"，扎实推进提案办理协商创新实践，更好地服务助力高质量发展。要抓实关键环节，优化工作机制，推动提案办理由"重点督办"向"全面督办"、委员"阶段性参与"向"全过程参与""一次办理"向"持续办理""点式离散"向"链状闭环"转变，推进提案办理协商提质增效。要加强组织领导，强化统筹联动，深化多方协同，广泛深入宣传，更好地形成推动提案工作高质量发展的合力。

● ● 2022年浙江省暨杭州市科技活动周在钱江新城启动。活动周以"走进科技 你我同行"为主题，在5月21—30日期间举行。

活动期间，杭州市以打造科普走廊、联动"全国科技工作者日"活动、集中宣讲科技政策法律、开展各具特色主题活动等为载体，加快推进科技规划政策落地，广泛宣传重大标志性科研成果，进一步营造浓厚的科技创新氛围。

●● 位于钱塘区大创小镇的杭州钱塘元宇宙新天地产业园开园。产业园占地7.67公顷，将围绕数字孪生、人工智能等元宇宙核心底层技术，以及游戏、社交、教育等元宇宙新型应用场景，引进培育一批创新型中小企业。

开园仪式上，中国科学院院士崔铁军、中国工程院院士邬江兴、中国工程院院士陈文兴、中国移动通信联合会执行会长倪健中、中国移动研究院首席科学家刘光毅5位专家被聘为元宇宙产业顾问。成立元宇宙协同应用创新实验室、钱塘区元宇宙产学研联盟两大创新平台，一批元宇宙项目和金融合作项目顺利签约。

●● 余杭第二十一届中国茶圣节在径山镇陆羽文化街区开幕。茶圣节特别恢复径山传统非物质文化遗产的活动设置，更加突出"茶乡径山"的"宋韵文化"底蕴。5月21—22日，陆羽文化街区设置径山茶俗、民俗、非遗、美食等本地特色亲民乡俗内容，将传统茶元素与宋代游乐商业集市完美结合，同时引入沉浸式体验的概念。游客可以换上精致的古装，在活动入口处免费领取《茶经宝典》，猜茶谜、逛古街，"穿越"回宋代繁华集市。而喜欢非遗古韵的市民游客，还可以在这里看到茶扎染、油纸伞、茶筅制作等传统技艺的展示，欣赏宋代民间杂耍、古代戏曲表演，参与投壶、射箭等宋代街景游乐内容。茶圣节活动持续至年末。

23 日 WU YUE

●● 市长刘忻在市人民来访接待中心主持召开信访积案化解现场办公会，协调解决一批信访积案。现场办公会上，5位代访人先后陈述小区立面抹灰层脱落、自来水管道未按期改造、自建房遗留旧房应拆未拆、房屋施工引发安全隐患、村民呼吁恢复公交站台等信访积案的具体情况。针对每一件信访积案，刘忻都认真了解其前因后果和来龙去脉，深入剖析其产生存续的社会原因和政策原因，并与市级部门、属地政府、相关企业负责人协商解决办法，明晰责任归属，明确整改方案。

刘忻指出，信访积案既突出反映了人民群众最关心、最直接、最现实的利益问题，也突出反映了各级各部门工作中长期存在的问题、短板和不足。要进一步增强做好信访积案化解工作的责任感、使命感、紧迫感，坚决扛起为民解难、为党分忧的政治责任，站稳人民立场、树牢群众观点、走好群众路线，努力在推进信访积案化解攻坚中提升人民群众获得感、幸福感、安全感。要对症下药破解难点堵点，深刻分析和把握信访积案形成的原因、根源、机理，坚持"一案一策一专班"，综合运用政策、法律、经济、行政等手段和教育、协商、调解、疏导等办法，切实解决好群众合理合法诉求，确保信访积案化解取得扎实成效。要举一反三健全长效机制，坚持运用新时代"枫桥经验"，进一步畅通和规范群众诉求表达、利益协调、权益保障渠道，不断完善社会矛盾纠纷多元调处化解机制，抓早抓小抓苗头，坚决防止小事拖大、大事拖炸，推动信访工作形势持续向好，为迎接党的二十大和省第十五次党代会胜利召开营造安全稳定和谐的社会环境。

● ● 市十四届人大常委会第三次主任会议专题研究部署深入扎实助推争当浙江高质量发展建设共同富裕示范区城市范例工作。市人大常委会主任李火林，副主任戚哮虎、戴建平、卢春强、徐小林参加。

市人大常委会将聚焦省委、市委确定的"七个先行示范"、五项"重大改革任务"，立足法定职能，围绕缩小"三大差距"，突出争当城市范例的法治保障、决策部署落实、民心民力凝聚，组织开展法规需求梳理、助推经济高质量发展、助推收入分配制度改革、助推公共服务优质共享、助推城乡区域协调发展、助推社会主义先进文化发展、助推生态文明建设、助推社会治理、代表助力城市范例建设主题活动等9个系列的专项工作，为杭州市争当浙江高质量发展建设共同富裕示范区城市范例做出人大贡献。

● ● 市政协主席马卫光到高新区（滨江）专题调研数字经济发展。毛溪浩参加。马卫光一行来到杭州安恒信息技术股份有限公司的安全创新体验中心，了解企业发展历程、产品研发、数据安全应用场景等情况，并与高新区（滨江）和企业负责人座谈交流，听取数字经济高质量发展的意见和建议。新华三集团是数字化解决方案的龙头企业，业务覆盖"芯—云—网—边—端"全产业链，一站式数字化解决方案广泛应用于100多个国家和地区。在企业展厅，马卫光认真听取介绍，了解企业发展、数字前沿技术、企业产品研发、市场应用、人才培养等情况，与企业负责人深入交流。

调研中，马卫光指出，发展数字经济是国家战略，深入实施数字经济"一号工程"，是省委、省政府做出的重大决策部署。要深入学习贯彻习近平总书记关于数字经济发展的重要论述，进一步提高政治站位，强化创新驱动，持续强化创新服务功能、优化一流发展环境、激发市场主体活力，不断壮大数字经济产业集群，塑造数字经济发展新优势，更好地推动数字产业化、产业数字化，促进数字经济与实体经济深度融合，为杭州经济社会高质量发展注入"数字动能"。

● ● 由市委宣传部、市文化广电旅游局联合主办的2022年"西湖之春"艺术节暨新剧（节）目会演启幕，开幕大戏是由余杭小百花越剧艺术中心精心创排的新编历史故事剧《却金亭》。艺术节持续至6月21日，会演分别在杭州艺苑剧场、淳安剧院、浙音大剧院、萧山剧院以及桐庐剧院等地陆续上演。来自杭州的10个文艺表演团体、近1000名演职人员，通过连台好戏、集中赛演的方式向市民联袂献上《却金亭》《梅妻鹤子》《结发缘》《茶山村的故事》《春潮》《秋之白华》《我那"疯"的娘》《南堡壮歌》《清清白白》等9部杭州市新近创排的优秀舞台艺术代表剧目。为了进一步扩大本次艺术节影响力，艺术节组委会还专门邀请《钱塘里》《特洛伊女人》2部优秀剧目助兴展演，让更多市民有机会近距离感受艺术之美，品味大家之作。

24 日 WU YUE

● ● 省政协主席黄莉新率队在杭州围绕加强历史文化遗产保护利用开展专题调研。省、市领导裘东耀、马卫光、刘颖、陈新华参加。

黄莉新一行先后考察大运河文化遗产、良渚古城遗址、西湖文化景观3个世界文化遗产，走进相关博物馆，详细了解文物古迹保护、历史文化传承等情况。调研中，黄莉新对杭州市委、市政府及相关部门大力推进历史文化遗产保护利用工作予以肯定。她强调，要深入学习贯彻习近平总书记关于加强历史文化遗产保护的重要论述和重要指示批示精神，忠实践行"八八战略"，奋力打造"重要窗口"，按照省委、省政府部署要求，加强文化遗产保护，挖掘历史文化资源，提升世界遗产品牌影响，放大世界遗产突出价值，进一步擦亮浙江文化金名片。人民政协要充分发挥专门协商机构作用，助力历史文化遗产保护利用，为加快打造新时代文化高地贡献智慧力量。

● ● 市委常委会召开会议，传达学习习近平总书记在庆祝中国共产主义青年团成立100周年大会、中央财经委员会第十一次会议上的重要讲话精神和国务院稳增长稳市场主体保就业视频座谈会精神，研究部署杭州市贯彻落实举措。省委常委、市委书记刘捷主持会议并讲话。

会议指出，要全面落实中央和省委、省政府重大决策部署，针对突出问题释放政策潜力，千方百计稳增长稳市场主体保就业，确保经济运行在合理区间。要从快落实各项政策举措，持续推进消费恢复，进一步稳预期、提信心，推动制造业、服务业高质量发展。要深入开展企业大走访活动，精准施招稳定市场主体，切实为企业解难题送温暖，畅通生产要素供需渠道，确保产业链供应链稳定有序。要加大政策兑现和金融支持力度，扎实推进重大产业项目建设，千方百计抓招商引资和招才引智，打好稳岗就业组合拳，以超常规力度和举措推动经济企稳回升、稳进提质。要高效统筹疫情防控和经济社会发展，坚决筑牢"外防输入、内防反弹"的坚固防线，把"疫情要防住、经济要稳住、发展要安全"的要求落到实处。

● ● 省委常委、市委书记刘捷到浙江大学走访对接有关工作。刘捷实地踏看浙大科技创新馆，详细了解学校创新发展情况。随后，刘捷与浙江大学党委书记任少波、校长吴朝晖等，就进一步深化市校战略合作进行座谈交流。

刘捷对浙江大学取得的发展成就表示祝贺，向浙江大学对杭州发展给予的大力支持表示感谢。他说，杭州与浙大自开展战略合作以来，取得了互利共赢的显著成效。建设世界名城和世界名校，承载着习近平总书记的殷切期望，是我们市校双方的政治责任、历史使命。希望双方在打造全球创新策源地上继续深化合作，围绕打造综合性国家科学中心这一目标，在提升城西科创大走廊创新策源能级上强化协同。在高水平建设人才高地上继续深化合作，鼓励毕业生留杭创业就业，完善市校合作协同育人机制。在探索特大城市治理现代化新路上继续深化合作，积极助力共同富裕、长三角一体化、碳达峰碳中和、数字化改革等重大决策部署的实施。在推动杭州高等教育跨越式发展上继续深化合作，助力杭州、浙江培育更多更优质的高水平大学。市委、市政府将以新一轮战略合作为契机，竭尽所能服务浙大发展。

● ● 市长刘忻到上城区开展"企业大走访"活动。刘忻首先来到浙江中烟工业有限公司走访调研。公司近年来坚持以市场为导向、以创新为动力，大力抓生产、促销售、强品牌，业绩保持良好增长态势。刘忻与企业负责人深入座谈交流，详细了解企业常态化疫情防控、生产原料保供、产销计划执行等情况，关切询问需要政府协调解决的事项。巨星控股集团近年来通过深耕实业、做精主业，逐步成长为杭州制造业龙头企业集团。刘忻与企业负责人面对面交谈，全面了解集团旗下工具、叉车、轮胎等主要业务板块发展情况，询问企业在技术研发、市场拓展、项目落地等方面有哪些困难和诉求。

刘忻在走访服务中强调，各级各部门要切实抓好国家和省助企纾困政策兑现落实，简化兑现流程，提升兑现时效，能快则快、能早则早、能多则多，真正做到直达快享。要深入分析、准确把握经济形势动态变化，因时因势完善市、区援企稳岗政策体系，多做雪中送炭、雨中打伞的事，为中小微企业和困难行业渡过难关、恢复发展提供强大助力。要持之以恒打造国际一流营商环境，坚持以数字化改革牵引撬动各领域改革，加快取得更多实质性、突破性、系统性成果，以政府有为促进市场有效、激发企业活力。

25 日 WU YUE

●● 市文明委全体（扩大）会议召开。省委常委、市委书记、市文明委主任刘捷在会上强调，要深入学习贯彻习近平总书记关于社会主义精神文明建设的重要论述，认真落实全国文明办主任会议和浙江省文明委会议精神，持续以文培元、以文润心、以文兴业、以文惠民，扎实推进"浙江有礼·最美杭州"市域文明新实践，推动杭州市精神文明建设再上新台阶，在共同富裕中实现精神富有，为"奋进新时代、建设新天堂"提供丰厚的精神滋养。

市委副书记、市长、市文明委第一副主任刘忻主持，柯吉欣、马小秋、陈一行、黄海峰、朱华、刘颖、陈瑾、丁狄刚、罗杰、陈新华出席。会议听取2021年全市精神文明建设工作情况和2022年工作思路汇报。

刘捷在肯定杭州市精神文明建设工作取得的成绩后指出，要高举思想旗帜，坚持不懈用习近平新时代中国特色社会主义思想武装头脑、指导实践、教育人民，更加注重学深悟透，引导广大党员干部群众坚定不移做"两个确立"忠诚拥护者、"两个维护"示范引领者；更加注重宣传宣讲，创新话语体系和传播手段，增强理论宣传穿透力、感染力；更加注重学以致用，在文明实践养成、全域文明创建、家风家教弘扬等方面推出系列创新举措。要服务发展大局，聚焦主题主线，围绕迎接宣传贯彻党的二十大精神，持续壮大积极向上的主流舆论，深入实施亚运城市文明提升行动，深化城市文化国际传播，深度挖掘杭州市干事创业、忘我奉献的典型事迹，充分发挥精神文明建设凝心聚力的作用。

●● 在全国、全省稳住经济大盘电视电话会议结束后，杭州市立即召开续会，部署安排贯彻落实工作。市长刘忻在会上强调，要认真学习贯彻习近平总书记重要讲话精神，坚决落实党中央、国务院、省委、省政府决策部署，认清形势、统一思想，果断应对、主动作为，积极谋划出台一揽子稳增长稳市场主体保就业政策措施，以超常规力度和举措推动经济企稳回升稳进提质，全力做到应出尽出、应兑尽兑、应享尽享，确保杭州经济在高质量发展轨道上行稳致远。柯吉欣、胥伟华、陈瑾、缪承潮、王宏、胡伟、陈卫强、丁狄刚、刘嫔珺、孙旭东出席。

刘忻指出，2022年以来，国际国内宏观环境出现一些超预期变化，经济运行中的不确定性有所上升，给杭州市经济平稳健康发展带来一系列新问题新挑战。全市上下要切实把思想和行动统一到以习近平同志为核心的党中央关于经济工作的重大决策部署上来，牢牢把握经济工作主动权，统筹抓好稳就业、稳金融、稳外贸、稳外资、稳投资、稳预期等各项工作，确保经济运行在合理区间。

●● 根据市委统一部署，市人大常委会主任李火林到萧山区开展"企业大走访"活动。王敏参加。杭州华澜微电子股份有限公司专业从事数据存储、计算机接口和信息安全的核心技术研究，提供全球存储业界先进的控制器芯片及解决方案。李火林与企业负责人面对面交谈，详细了解企业在存储领域的产品布局、自主知识产权技术研发成果及经营状况，仔细询问需要协调解决的事项。浙江恒逸集团始终坚守石油化工与化纤原料生产主业，实现炼化、石化、化纤上下游一体化产业布局。旗下杭州逸暻化纤有限公司主要从事化纤原料生产。李火林深入制造车间，实地查看化纤生产储运和销售情况，与企业相关负责人深入座谈交流，关切询问并会商研究企业在项目推进、审批事项等方面的困难和诉求。

李火林在走访服务中强调，各相关部门要深入学习领会习近平总书记重要讲话和指示批示精神，认真贯彻"疫情要防住、经济要稳住、发展要安全"的明确要求，按照中央和省委、市委部署，全力推动助企惠企政策尽快落地、兑现到位，确保各项政策理得清、送得准、落得实，千方百计做好稳增长稳市场主体保就业工作。要认真分析研究企业在发展中遇到的困难和堵点，精准高效帮助企业解决影响发展的突出问题。要主动服务，在聚才留才、设施配套、公共服务等方面加强要素保障与支持，为企业高质量发展营造良好环境。

●● 省委常委、市委书记刘捷到西湖区接访并召开信访积案清零工作专题会议。刘捷来到西湖区社会矛盾纠纷调处化解中心，接待了两批约访群众，并听取双浦镇拆迁信访问题化解情况汇报。来访群众反映了拆迁安置房办证等问题。刘捷认真听取他们的诉求和意见，并与西湖区及相关单位负责人商量解决办法，明确办理时限和工作重点，逐一给予政策解释和答复。他还要求加强跟踪督查，及时化解到位，用实实在在的成效赢得群众满意。

在随后召开的信访积案清零工作专题会议上，刘捷听取全市信访积案攻坚化解情况汇报。他指出，信访工作是党的群众工作的重要组成部分，是了解社情民意的重要窗口。要提高站位，强化做好积案清零工作的思想自觉和行动自觉，以"信访无小事"的使命感和责任感，扎实做好积案清零工作。要狠抓领导包案，严格落实领导干部领衔包案制度和包案工作主要领导负责制，全面深化领导干部接访下访活动，压实属地和部门责任，加大办理化解力度，真包案、真接访、真化解，带着感情、沉下心来逐案研究化解信访积案。要完善举措，以事实为基础，以政策法律为准绳，以人民利益为中心，坚决落实"三到位一处理"，扎实推进《信访工作条例》学习培训和宣传解读工作，适当运用信访终结程序，推动老百姓急难愁盼的民生实事落地落实，持续提升积案清零工作质效。要关口前移，坚持和发展新时代"枫桥经验"，以基层党建统领基层治理，完善"党建+信访"工作体系，进一步织密基层信访工作网络，实现服务群众、排查化解矛盾"零距离"，努力从源头上减少信访积案。要坚持全市"一盘棋"，各区县（市）和有关部门要加强统筹协调，各级领导干部要担当作为，形成齐抓共管的工作合力。要建立信访积案成因档案和重大信访问题化解档案，使积案化解经得起历史和人民的检验。

●● 市人大常委会主任李火林到桐庐调研，并出席杭州市第三区县协作组第三轮第一次联席会议。胥伟华、孙旭东参加会议。李火林考察陇西村农旅合作样板区和美丽乡村建设，母岭村电商产业发展和数字乡村建设，并走访千芝雅全球研发中心及智能制造产业基地、艺福堂茶叶有限公司，了解协作项目推进及发展经营状况。在区县协作组联席会议上，桐庐、拱墅、滨江、富阳负责人汇报有关情况，交接协作资金。

李火林强调，要坚持产业共兴，加大市域统筹，强化数字赋能，发挥资源优势，更加注重协作方式创新、造血功能培育、创新成果转化，进一步做强特色产业链条。要坚持生态共保，在"两山"转化上先行先试，加强小城镇环境综合整治、美丽乡村建设等方面的密切协作，共抓大保护，探索共富路，进一步筑牢绿色安全屏障。要坚持发展共享，把着力点放在提高生活水平、公共服务资源配套、基础设施建设上，做好优质共享和兜底保障文章，进一步补齐民生事业短板。要坚持协同共推，加强组织领导，深化协作配合，激发市场活力，进一步形成政府、市场、社会协同推进的合力，以优异成绩迎接党的二十大胜利召开。其间，李火林还走访部分市人大代表。

● ● 市政协召开全市政协系统"民生议事堂"建设"双百"首发仪式暨工作推进会，发布"民生议事堂"2021年度100件优秀协商案例、2022年度100个重点协商项目，通报2021年度20件精品协商案例，总结交流经验，部署推进工作。市政协主席马卫光讲话，许明、毛溪浩、陈新华、陈国妹、林革参加。西湖、萧山、富阳区政协和采荷街道、小河街道、戈山乡、西兴街道缤纷社区、径山镇小古城村做交流发言。

马卫光指出，当前"民生议事堂"建设从全面铺开进入巩固深化阶段。要坚持党建引领，形成政协党组把方向、履职小组唱主角、党员委员当先锋、界别群众广参与的良好局面。紧扣民生主题，搭好党政部门、政协委员、界别群众等沟通交流平台，丰富众人的事情由众人商量制度化实践。突出双向发力，推进"民生议事堂"、委员工作室、社情民意信息联系点"三位一体"建设，打造常态运转数字履职空间，拓展"民生议事堂"联系群众、反映民意、凝心聚力功能。注重方式方法，精选议题，深入协商，推动协商成果转化。坚持量质并举，拉高标杆，补齐短板，因地制宜推动平台延伸。完善制度机制，建强履职队伍，坚持比学赶超，强化协同创新，进一步把"民生议事堂"履职金名片擦得更亮，为深入践行全过程人民民主、打造世界一流的社会主义现代化国际大都市贡献政协智慧力量。

●● 市政协主席马卫光到联系的特色小镇西湖区龙坞茶镇调研。马卫光一行来到龙坞茶镇梅龙草堂公司，该企业负责人、西湖区政协委员鲁华芳多年来致力于茶文化的传承传播，并创立"石榴籽家园"公益民族馆，以茶为媒开展活动，促进民族团结。随后，他走进杭州葛航茶文化发展有限公司的生产车间，了解生产工艺、市场推广等情况。马卫光一行还实地察看九街茶文化产业街区，并到浙江大茗堂生物科技有限公司调研。

调研中，马卫光指出，西湖龙井茶是杭州的一张"金名片"，龙坞茶镇因茶而名。要始终坚持规划引领，突出生态美丽底色，优化基础设施建设，提升全域管理水平，高水平推进龙坞茶镇建设。要做精做足做好茶文章，持续厚植茶文化内涵，提升茶科技水平，丰富茶旅业态，强化产业集聚，推动茶产业高质量发展，带动更多群众增收致富，为杭州进一步打响"茶为国饮、杭为茶都"品牌、争当浙江高质量发展建设共同富裕示范区城市范例贡献力量。

●● 杭州新时代劳动教育研究联盟在浙大城市学院成立。新时代劳动教育研究联盟在浙大城市学院新时代劳动教育研究中心的基础上成立，由全国总工会、浙江省以及杭州市开展劳动教育研究的相关单位，杭州的高校和中小学，省、市劳动教育相关研究会、协会，富有社会责任感的企业和劳模工匠代表组成，整合杭州全社会资源系统推进大中小学劳动教育。劳动教育研究联盟的成立旨在通过跨界融合，开展多方面、多形式、多领域的合作交流，实现各方资源的互通互用、共建共享，力求将联盟发展为服务全市、辐射全省、影响全国的相互协作、资源整合的综合性联盟团体。

●● 杭州市举行首届执法司法咨询专家聘任仪式。执法司法咨询专家由市委政法委通过定向邀请和组织推荐的方式进行选聘，每三年聘任一次。受聘专家在市委政法委统一领导下，可通过明察暗访、社会调查、工作面谈等多种方式参与全市执法检查和案件评查，提出的咨询意见将作为党委政法委执法监督工作的重要参考。首批受聘的32名专家分别来自政法部门、律师界和高校。

27
日

WU YUE

●●● 全市民营经济发展大会召开。省委常委、市委书记刘捷强调，广大民营企业家要大力弘扬新时代企业家精神，始终保持弄潮儿向涛头立的奋进姿态。要听党话、跟党走，坚定不移做"两个确立"忠诚拥护者、"两个维护"示范引领者，努力办好爱党爱国的一流卓越民营企业。要勇创新、谋发展，以数字化改革赋能转型升级，扎根杭州、心系桑梓，结出更多新成果、形成更多新亮点。要讲诚信、守法律，积极参与信用杭州建设，带动形成依法经营、公平竞争的社会风气。要担责任、促共富，积极助力社会建设、投身公益事业，在共同富裕道路上发挥更大作用。

会议以视频形式召开，各区县（市）设分会场。市委副书记、市长刘忻主持，李火林、马卫光、朱建明、胥伟华、朱华、刘颖、王敏、刘嫔珺、孙旭东、冯仁强在主会场或分会场出席。会上发布杭州市优秀民营企业榜单、推进民营经济高质量发展有关政策。娃哈哈集团、传化集团、万向集团、贝达药业股份有限公司和市发改委负责人做交流发言。

刘捷代表市委、市政府向广大民营企业家表示敬意。他指出，民营经济是杭州的金名片，民营企业和民营企业家是杭州经济的中流砥柱。奋进新时代、建设新天堂，民营经济大有可为、民营企业家大有作为。当前，民营经济和民营企业家正面临政策"窗口期"、建设共同富裕示范区、推进高水平科技自立自强、数字经济和实体经济融合发展、城市综合能级提升等前所未有的战略机遇。希望广大民营企业家坚定信心、保持定力，精准把握危中有机、危中见机、化危为机的关键点，把眼前难迈的"坎"变成向上攀登的"梯"，在搏击风浪中创造新的传奇。

●●● 全省共同富裕现代化基本单元建设工作推进会召开，公布浙江省首批共同富裕现代化基本单元名单，其中包括浙江省首批28个未来社区、36个未来乡村、17个城乡风貌样板区。杭州有11个未来社区、5个未来乡村、3个城乡风貌样板区上榜，未来社区、城乡风貌样板区单项上榜数及上榜总数居全省首位。全市累计推动建设未来社区118个、未来乡村85个、城乡风貌样板区37个。

●● 杭州市召开残疾人事业发展大会，深入学习贯彻全国、全省残疾人事业发展大会精神，总结过去5年工作成效，对今后一段时期全市残疾人工作进行部署。卢春强、冯仁强参加。省残联领导到会致辞。会议表彰各级残疾人工作先进集体和个人，市卫生健康委、上城区及助残志愿者、助残先进企业和优秀残疾人运动员代表做交流发言。12个企事业单位现场签约杭州市社会协同助残共富行动。

●● 市长刘忻到淳安县调研，并在下姜村主持召开乡村振兴和共同富裕工作座谈会。他强调，要深入学习贯彻习近平总书记关于乡村振兴和共同富裕的重要论述精神，认真落实中央和省委、市委决策部署，发扬基层首创精神，激发创富内生动力，完善利益联结机制，持续深化大下姜乡村联合体共富模式探索创新，协同推进美丽乡村、数字乡村、未来乡村等建设实践，加快打造更多具有杭州辨识度的标志性成果，努力把乡村建成人民群众共同富裕、共享幸福的新天堂。

在27日晚召开的座谈会上，淳安县、大下姜乡村振兴联合体负责人分别汇报工作情况，相关村、企业代表就发挥先富"龙头"作用、承接"大下姜"辐射带动、打造"共享酒厂"、发展艾草种植产业等主题先后发言。刘忻指出，高质量发展建设共同富裕示范区推进一年来，淳安上下找准跑道、狠抓落实、开拓创新，在工作谋划上思路清晰重点突出，在改革探索上举措扎实成效初显，在氛围营造上活力迸发亮点纷呈，实现了稳健开局、良好起步。同时也要清醒看到，淳安县及"大下姜"推进乡村共同富裕还存在市场机制作用发挥不够、村集体经济相对薄弱、村民增收路子不多等问题和短板，要聚焦聚力加以解决，高水平打造共富示范样板。28日上午，刘忻到安阳乡山下村考察"稻蛭共养"等共富项目。

28 日 WU YUE

●● 区县（市）协作第二协作组联席会议在建德召开。市长刘忻在会上强调，要深入学习贯彻习近平总书记重要讲话和指示批示精神，认真落实中央和省委、市委决策部署，在共同富裕大场景下推进区县（市）协作向更高水平、更深层次、更广领域迈进，做大发展增量，激活创新变量，汇聚各方力量，真正实现同频共振，不断缩小"三大差距"，让共同富裕看得见、摸得着、体会得到。黄海峰、王敏、王宏出席。

会上，与会人员观看了区县（市）协作工作回顾专题片，萧山区、建德市分别汇报协作工作进展情况，萧山区、临平区、西湖风景名胜区管委会与建德市交接2022年度协作资金。

刘忻指出，区县（市）协作是杭州推进区域协调发展的重要制度创新，是忠实践行"八八战略"、奋力打造"重要窗口"的有力工作抓手。区县（市）协作实施12年来，在兄弟区县的高度重视和鼎力支持下，建德市发展动能持续增强，城乡面貌显著改善，人民生活更加美好，为推进共同富裕奠定了坚实基础。

30 日 WU YUE

●● 市十四届人大常委会召开第二次会议。市人大常委会主任李火林主持，戚哮虎、戴建平、卢春强、徐小林出席。市长刘忻做关于人事议案的说明。拟任职人员代表作拟任职发言。经分组审议，会议表决通过《杭州市人大常委会关于废止〈杭州市邮政通信管理条例〉的决定》，将报省人大常委会批准后公布施行。表决通过市第十四届人大常委会代表资格审查委员会组成人员名单和有关人事事项。决定任命新一届市政府秘书长和各工作部门主要负责人。丁狄刚，市监委、市法院、市检察院有关负责人列席会议。

新任命人员进行宪法宣誓。会后举行市人大常委会组成人员依法履职专题培训，内容包括宪法、地方组织法、人大常委会的组织制度和议事规则等。

● ● 2022年全国科技工作者日杭州市主场活动暨杭州市首届"最美科技工作者"发布仪式在中国杭州低碳科技馆举行。

活动现场发布并表彰杭州市首届"最美科技工作者"。他们分别是：建德市农业技术推广中心研究员孔樟良，杭州种业集团有限公司董事长孙利祥，浙江钱塘机器人及智能装备研究有限公司董事长李正刚，杭州市疾病预防控制中心卫生检验中心主任汪皓秋，杭州学军中学技术教研组组长沈晓恬，浙江东南网架股份有限公司总工程师周观根，杭州鲁尔物联科技有限公司创始人胡辉，杭州城市大脑技术与服务有限公司研发总监曹伟，西湖大学工学院讲席教授崔维成，杭氧集团股份有限公司总工程师韩一松。

● ● 杭州市"我们的节日·端午"主题活动举行，活动以"传端午文化 扬中华文明"为主题，在进行相关仪式环节的同时，贯穿喜庆热闹、富有宋韵文化特色的节目表演，以及非遗文化体验等内容，弘扬端午文化。活动由杭州市委宣传部（市文明办）主办。"宋韵小使者"们宣读了传承文化倡议书，并带来了非遗表演"宋代点茶"，端午文化介绍、宋韵学苑揭牌、"浙风十礼 最美杭州 上城尚礼"展示等环节，以别致韵雅的文明风貌诠释端午的内涵和意义。包粽子、做香囊、分享艾草菖蒲、制作3D龙舟、雄黄酒画额、投壶、套圈，现场7个体验点都聚集了体验者们，在古典宋韵和现代文明的氛围中共同传承端午习俗。

● ● 全省首个共有产权保障住房项目——临平新城项目举行开工仪式。该项目位于乔司街道，地处东湖高架路西侧，友爱路以东、月牙二路以北，地块面积20799平方米，容积率1.8，距地铁9号线乔司南站约800米，规划7幢高层住宅，楼层为13至14层不等，提供356套房源，建设标准为5000元/平方米，预计2024年竣工验收。区块周边配套设施齐全，不仅有丰收湖、龙湖天街（在建）、宜家等大型综合体，还有幼儿园、小学、中学等优质教育资源配备，九乔绿道、吉他公园等公建配套也在不断完善中。

项目参照共有产权保障住房以中小套型为主、套型设计功能布局合理、有效满足居住需求的标准，设计为两梯四户，有108平方米的边套和89平方米的中间套两种户型可选，均为三房两厅一厨两卫，得房率在79%以上。

30—
31日 WU YUE

●● 市审管办联合市委宣传部、市文明办组织全市政务服务窗口人员开展"迎亚运，心服务，展风采"亚运城市国际化"浙江有礼·文明服务"能力提升培训活动，全市近100名窗口骨干人员参加培训。

培训设置丰富多样的课程内容，不仅有窗口文明礼仪、汉语口语表达及沟通技巧、窗口外语服务培训、亚运英语通识，还有现场媒体应对、场景模拟演练等。

31日 WU YUE

●● 全市经济稳进提质攻坚行动推进会暨制造业高质量发展大会召开。省委常委、市委书记刘捷在会上强调，要深入学习贯彻习近平总书记关于当前经济工作和制造业发展的重要论述，认真落实全省稳进提质攻坚大会精神，按照"疫情要防住、经济要稳住、发展要安全"的要求，坚定信心、攻坚克难，全面实施稳进提质攻坚行动，推动制造业高质量发展，着力建设全球先进制造业基地，铸就实体经济的铁柱钢梁，加快实现经济企稳回升向好。

会议以视频形式召开，各区县（市）设分会场。市委副书记、市长刘忻主持，李火林、马卫光、柯吉欣、马小秋、朱华、刘颖、王敏、孙旭东在主会场或分会场出席。会上举行重大项目签约活动，通报表彰优秀企业和先进单位，发布《杭州市贯彻落实国务院、浙江省扎实稳住经济一揽子政策措施实施方案》和推进制造业高质量发展专项政策。市经信局、新华三、安旭生物负责人做表态发言。

●● 杭州市第四区县（市）协作组第三轮第一次联席会议在临安召开。市政协主席马卫光讲话，刘颖主持会议，卢春强、缪承潮出席。马卫光一行考察青山湖科技城人才公寓建设，实地了解区县（市）协作帮促经济社会发展、推动共同富裕的情况。

会上，与会人员观看第四区县（市）协作组工作回顾专题片，余杭区、市钱江新城管委会、临安区负责人汇报有关情况，并交接2022年度协作资金。

马卫光在充分肯定第四协作组前期工作后指出，要突出发展思路谋划，充分发挥各自优势，统筹各方资源，探索新路径，找准结合点，坚持优势互补，深化协作机制，拓展协作渠道，丰富协作内涵，创新协作方式，更好地做到精准对接、协同发力。要突出产业共推共兴，依托各自区域特色和产业基础，深化产业链创新链协同，促进资金、信息、技术、人才等要素全方位对接，积极推进共建设施、携手招商、共育人才、共建园区、联动发展，在新一轮协作中更好地促进共建共融共赢。要突出乡村共富、民生共享，深化交通、教育、医疗、文化、体育、旅游等领域协作，补齐民生短板，推动公共服务优质均衡发展，不断提升群众获得感幸福感。

●● 杭州高新区（滨江）"网络文学IP直通车"二周年暨"国际范·高新味·滨江韵"迎亚运数字文化嘉年华主论坛在中国网络作家村·天马苑举行。"文化产业产学研用战略合作"签约并举行"中国网络作家村孵化园区·摘星园"授牌仪式，首批入驻企业和重点项目进行签约；杭州高新区（滨江）数字文化知识产权促进会揭牌。中国网络作家村成立"摘星园"产业大楼，总投入面积1.8万平方米。产业大楼将用更多的物理空间承载更多的数字内容企业，以形成中国网络作家村数字内容生产、数字产品转化、数字产权保护、数字资产金融等现代文化产业体系。

六月

HANGZHOU JISHI

1 日 LIU YUE

●● 市委常委会召开会议，传达学习全国稳住经济大盘电视电话会议精神，研究杭州市贯彻落实工作。省委常委、市委书记刘捷主持会议并讲话。

会议强调，要坚定不移稳定市场主体。加大市场主体招引培育力度，包容审慎完善市场监管，对市场主体进行信用分级分类监管。加强融资供需精准对接，强化能源精准管控，精准土地供应，以更大力度保障生产要素。要全力以赴稳就业保民生。优化就业服务，加大民生保障兜底，统筹做好失业人员、就业困难人员、农民工等各类重点群体就业工作，鼓励和吸引高校毕业生留杭来杭就业创业。促进房地产市场平稳健康发展。要全力推进全省经济稳进提质八大攻坚行动，各区县（市）党政主要负责同志要坚决扛起稳经济的重大政治责任，狠抓工作落实，推动经济稳进提质。要周密做好防汛调度工作，加强基础设施养护检查，强化值班值守，确保人民群众生命财产安全和城市平稳有序运行。

●● 市长刘忻走访部分学校，与小朋友们共庆节日，代表市委、市政府向全市少年儿童致以美好祝愿，向全市广大辛勤耕耘、默默奉献的教育工作者表示诚挚感谢。陈瑾参加。刘忻首先来到省教育科学研究院附属实验学校，观看手工艺品展示、文艺演出和足球比赛，祝孩子们节日快乐、健康成长。他还看校园设施、了解学校教学特色、课程体系、师资力量等情况。

刘忻先后走进杭州市艮山路学校的美工教室、烹饪教室，观看印染、烘焙等兴趣课程，与孩子们交流，向他们送上真挚的节日祝福。刘忻说，特殊少年儿童需要我们特别的关心关爱，需要我们想方设法为他们健康快乐成长创造良好环境。教育部门和相关学校要积极整合政府、社会、市场等优质资源，进一步拓展普惠性教育服务渠道，探索可持续特殊教育模式，建立与特殊少年儿童融入社会、自食其力需求相匹配的课程体系。

●● 市政协召开"请你来协商·助推杭州数字经济高质量发展"专题协商会。市长刘忻到会听取意见并讲话，市政协主席马卫光主持。许明、毛溪浩、陈新华、冯仁强、陈国妹、郭清晔出席。会前，市政协组织相关党派、工商联、界别和区县

（市）政协成立课题组，深入部门和基层开展调研，形成22份调研报告，并组织政协委员通过数字政协平台开展"码上协商"，积极建言献策，广泛凝聚共识。

会议以网络视频会议形式召开，设市民中心主会场和各区县（市）政协分会场，并通过智慧履职平台同步向全体市政协委员直播。会上，市政协经济委做主旨发言，12位政协委员、区县（市）政协和业内专家、企业代表分别做交流发言。236名委员在线参与网络议政，提出410多条建议。

●●《杭州西溪国家湿地公园保护管理条例》施行。修订后的条例共6章、63条，明确湿地公园的具体范围、保护管理原则、管理体制、建设要求、生态保护、管理利用等内容。一是界定区位，明确法规适用范围。条例对湿地公园的具体区位予以明确，增加了湿地公园的四至范围，规定湿地公园东起紫金港路，西至绕城公路，南起沿山河，北至文二西路，其具体范围以及湿地公园外围保护地带、周边景观控制区范围由《杭州西溪国家湿地公园总体规划》确定。二是体制调整，推进湿地公园一体化保护。

●●《杭州市大型群众性活动安全管理规定》施行。规定共25条，不分章节，对大型群众性活动的安全管理原则、部门职责分工、安全等级管理、安全工作方案、安全许可、临时设施管理、安全检查、应急处置、法律责任以及自发聚集活动的安全管理等内容做了规定。

●● 省委常委、市委书记刘捷专题调研新时代美丽杭州建设工作。朱华、胡伟参加。刘捷考察临平净水厂的展厅和水文化休闲公园，要求加快推进污水处理设施建设和清洁化改造，进一步提高城市污水收集处置能力，不断提升综合效益。

随后，刘捷主持召开会议，听取市生态环境局、市建委、市城管局有关工作情况汇报。刘捷在肯定美丽杭州建设取得的成绩后指出，2022年是新时代美丽杭州建设本轮三年行动计划的收官之年。要提高认识、直面问题，使"绿水青山就是金山银山"的理念通过杭州这一"美丽之窗"更加充分地展现出来。要坚持全市"一盘棋"，统一思想、深化认识、创新方法、落实举措，确保高质量完成目标任务。要彰显生态底色，统筹推进山水林田湖草系统治理，加快建设湿地公园群落，切实维护自然秀丽环境。要充分运用数字化改革成果，加快构建一张图总揽全局、一平台研判指挥、一套机制协同管控的生态智治系统。

● ● 市长刘忻在市应急指挥中心主持召开视频调度会，就抓好防汛工作进行具体部署。他强调，要认真学习贯彻习近平总书记关于防汛抗旱和防灾减灾救灾工作的重要指示精神，坚持"一个目标、三个不怕、四个宁可"，切实把人民群众生命安全放在第一位，进一步紧张起来、动员起来、行动起来，加快把各项防汛防灾措施落实落细落到位，坚决筑牢防汛防灾的坚固堤坝，确保江河安澜、城市安全、百姓无恙。刘嫔珺参加。

会上，市应急管理局、市气象局、市林业水利局、市城管局等负责人先后发言，就防汛工作整体进展情况、天气动态研判、水利设施运行调度、城市内涝预防处置等做汇报。

● ● 全省首个水质自动监测超级站项目在千岛湖启动建设。项目建成投用后，作为全市、全省人民最重要的饮用水源地。启动建设的千岛湖浙皖交界水质自动监测超级站，除了能完整覆盖一般监测项目外，还新增包括63种重金属、900余项持久性有机污染物和新污染物质以及多级生物预警等1000余项事关饮用水安全的指标。它是全省首个启动建设的水质自动监测超级站，同时也将是迄今为止全国范围内监测项目最多的自动监测站之一。

在"共护一江水 同筑共富路"——浙江淳安与安徽歙县庆祝2022年"六五环境日"暨浙皖交界水质自动监测超级站启动仪式上，淳安、歙县两县还签订"共护一江水，同筑共富路"战略合作框架协议，约定通过党建联盟、业务联通、人才联动，汇集双方力量，建成合作平台，实现双方互惠互利和共同发展。

● ● 中长期青年发展规划实施工作部际联席会议办公室对外公布全国青年发展型城市建设试点和青年发展型县域试点名单，杭州入选试点城市名单。规划期限为2022年5月至2024年5月。《杭州市青年发展型城市建设试点实施方案》于9月1日印发。

建设目标是到2023年5月，建立完善青年发展型城市评价体系和青年发展监测评估等工作机制，出台体系化、普惠性的城市青年发展政策，将更多青年发展项目纳入市、县两级政府民生实事项目，推动青年优先发展理念得到社会广泛认同。到2024年5月，形成成熟、可持续的青年发展工作机制，城市空间布局更加友好、优质教育供给更加均衡、就业创业条件更加普惠、成长发展环境更加卓越，杭州对国内外青年的吸引力、感召力和影响力明显增强，充分彰显青年友好共生的现代化国际大都市形象。

●●《关于促进杭州市新电商高质量发展的若干意见》发布，聚焦壮大新电商产业生态、构建新型产业链体系、打造全方位要素保障体系等方面出台22条举措。

在构建新型产业链体系上，杭州对进入天猫商城和"京东""抖音""快手"或其他电商平台销售排行榜前十位的符合条件的新电商企业，给予100万元的一次性奖励。鼓励创建电商新品牌，对围绕国风国潮Z世代创建的本土电商新品牌，销售额1000万元，且近2年平均增速在20%以上（含）的，给予50万元的一次性奖励。对能够整合设计、生产、服务、管理、营销全流程，并形成特色品牌产品的供应链（选品中心）项目，按其实际投资额的20%给予补助，最高不超过300万元。

在打造全方位要素保障体系上，杭州计划通过市级引导基金支持新电商发展，鼓励社会各类风险投资等基金支持新电商产业发展；将新电商人才纳入全市高层次人才分类认定；鼓励新电商企业积极开展技术研发，提升数字消费体验；支持新电商企业针对选品、营销等环节开发软件服务系统，对自行研发相关服务平台、系统并取得相关认证的项目，按其研发实际投入额的20%给予研发企业不超过200万元的奖励。

6 日 LIU YUE

●● 天目山实验室（航空浙江省实验室）挂牌成立，为实现航空领域核心技术创新，构建全球航空领域的创新源头和人才高地，提供高能级科研平台支撑。

天目山实验室是第三批省级实验室之一，下设4个研究中心、5个公共研究平台，由首席科学家负责实验室科研方向和项目规划制定。根据实验室建设方案，天目山实验室将在"超声速绿色民机智能设计、绿色民用航空发动机一体化设计、高性能航空材料与先进制造、智能飞行管理与高效机载能量综合"四大方向开展前沿基础研究和应用基础研究，打造领先创新基地、重大瓶颈攻关基地、高端人才引育基地、学科交叉试验基地、重大成果转化基地。

7
日 LIU YUE

●● 省委常委、市委书记刘捷，市委副书记、市长刘忻会见广汽集团党委书记、董事长曾庆洪一行。柯吉欣、朱华参加。刘捷对曾庆洪一行来杭州表示欢迎。他说，杭州正在全面实施稳进提质攻坚行动，推动制造业高质量发展。希望广汽集团加大在杭投资布局力度，积极支持在杭项目生产扩能、研发创新，助力杭州高端装备制造产业发展。杭州将全力为企业排忧解难，提供优质高效服务。曾庆洪对杭州的营商环境给予高度评价，表示将与杭州在产业链上下游发展、人才引育等方面加强深度合作，共享机遇、互利共赢。

●● 市长刘忻主持召开市政府常务会议，就稳住经济大盘、创建全国文明城市、推行田长制等议题进行研究部署。会上，各位副市长交流贯彻全国全省稳住经济大盘会议精神以及实施稳进提质八大攻坚行动进展情况。会议强调，全市上下要把稳住经济大盘、促进经济稳进提质作为当前工作的重中之重，凝心聚力、克难攻坚，努力以最小代价、最人性化方式实现最大疫情防控效果，全力提升增值税留抵退税等政策兑现时效，切实帮助企业解决用电等要素成本偏高问题，扎实推进产业链稳链固链畅链工作，加快推动条件成熟项目应上尽上、应上快上，有力保障重点外贸企业稳出口、拓市场，进一步加强资金、土地、能源等要素保障，全面抓好就业服务、保供稳价、防汛防灾等民生工作，为稳住经济大盘贡献更多杭州力量。

会议听取杭州市创建全国文明城市的情况汇报。会议审议《关于落实最严格的耕地保护制度全面推行田长制的实施意见》，研究卫片执法及违法用地整改有关工作。会前，市政府党组召开扩大会议，学习习近平总书记在近期中央政治局会议上、在中央政治局第三十九次集体学习时的重要讲话精神，集体学习《党政主要领导干部和国有企业领导人员经济责任审计规定》等。

●● 市人大常委会主任李火林走访看望他所联系的市人大代表，了解他们的履职及工作生活情况，听取意见和建议。

李火林首先来到杭州雅正口腔门诊部看望市人大代表曹志毅，对他认真履行代表职责表示肯定，希望他继续做履职为民的有心人。李火林为市人大代表鲍海淞坚持健康第一的教育理念、回归教育初心的做法点赞，希望她在本职岗位继续当好"领头雁"，同时积极参与闭会期间活动，做好对群众的宣传、引导、服务工作。李火林来到杭州申昊科技股份有限公司，走访市人大代表陈如申，勉励他继续坚持创新驱动，发挥代表作用，关注企业发展中的共性问题，为高质量发展献计出力。

●● 市政协主席马卫光到西湖区开展"企业大走访"活动。走访服务中，马卫光强调，各级各相关部门要深入学习贯彻习近平总书记关于当前经济工作的重要论述，认真贯彻落实中央、省委、市委各项决策部署和政策措施，强化责任担当，增强服务意识，满腔热情服务企业，推动各项惠企纾困政策落实落地，为企业创新发展营造良好条件。要突出问题导向，认真梳理研究企业发展中的困难和问题，细化政策举措，集成纾困合力，在人才引进、公共服务等方面加大支持保障，更好地把服务精准送达企业最需要处，不断激发企业创新发展的动力活力，为杭州经济稳进提质高质量发展蓄势添能。

●● 白马湖实验室（能源与碳中和浙江省实验室）在高新区（滨江）揭牌。作为第三批省级实验室，该实验室是浙江省唯一一个由省属国企牵头、高校共建和各创新主体相互协同的能源领域高能级科创平台。白马湖实验室由浙江省能源集团牵头，联合浙江大学、西湖大学共建，地方政府及国资国企支持，民资民企参与。一期实验室总部基地落实土地8.93公顷，位于白马湖畔，于2022年底动工；规划在萧山、长兴等地建设分中心，五年初步预计投入85亿元。按照"一总部、多基地"的空间布局，白马湖实验室将以杭州为中心，向外辐射，建设起集基础研究、技术研发和成果孵化为一体的创新型产业集群。

7—9日

●● "韵味杭州" 2022年桐庐马术三项赛邀请赛在桐庐马术中心举行。

邀请赛全程贯穿"简约、安全、精彩"总体要求和"绿色、智能、节俭、文明"的办赛理念，邀请国家级行业协会、省和市相关部门、亚组委相关业务领域及各亚运场馆团队、本地观众现场观摩，参赛观赛人数共计约1600人。其中，本地观众代表包括参与抗疫工作的医疗人员，本地教师代表等。比赛共有参赛选手9名、参赛马匹9匹，设置盛装舞步、场地障碍赛和三项赛（团体赛越野赛，团体、个人场地障碍赛）3个比赛项目。

● ● 省委常委、市委书记刘捷到西湖大学考察并对接工作。他实地踏看西湖大学云谷校区，并主持召开座谈会，听取西湖大学办学情况汇报。

刘捷指出，西湖大学是全市乃至全省重大改革创新的探路先锋，是教育科技领域改革的特区，是推动创新创业的引擎，地位十分特殊、前景令人期待。希望西湖大学在推进高水平科技自立自强上更好地发挥尖兵作用，坚定创新自信，瞄准世界科技前沿，切实发挥学科优势，主动对接国家战略需求，加强基础研究和"卡脖子"关键核心技术领域科技攻关。要在创新高等教育体制机制上更好地发挥探路作用，在人才培养、科研创新、学术评价、成果转化、社会服务、治理结构等方面探索更多可复制的经验，争当高校办学模式探索的先行者。要在加强高校党的建设上更好地发挥导向作用，坚持和加强党对学校的全面领导，不断增强"四个意识"、坚定"四个自信"、做到"两个维护"，让举旗定向与使命引领深度融合、学校党建与事业发展相得益彰。

● ● 市人大常委会主任李火林带队到余杭区开展《中华人民共和国乡村振兴促进法》《浙江省乡村振兴促进条例》执法检查。刘颖陪同检查。戚哮虎和部分市人大代表参加。刘嫔珺陪同检查并做有关情况报告。

执法检查组到永安村、麻车头村、径山书院、小古城村、余杭农业博览馆进行实地检查，并召开座谈会，听取杭州市、余杭区政府及市财政局等部门有关情况汇报。执法检查组对杭州市、余杭区政府认真贯彻实施"一法一条例"，全面实施乡村振兴战略，创新推进乡村发展、乡村建设、乡村治理重点工作的做法和成效给予肯定，就进一步加强"一法一条例"学习宣传贯彻、因地制宜发展乡村产业、加强乡村振兴人才队伍建设等提出意见和建议。

9

日 LIU YUE

●● 省委书记袁家军在杭州到企业车间、街道社区等，调研经济稳进提质和数字化改革工作，强调要深入学习贯彻习近平总书记关于当前经济工作重要讲话精神，切实担负起稳定经济大盘的政治责任，认真落实全省经济稳进提质攻坚行动工作推进会精神，更加注重精准解决企业急难愁盼问题，充分发挥市场主体在经济稳进提质中的重要作用，更加注重强化创新驱动，让科技创新成为经济稳进提质的关键支撑，成为制胜未来的硬核力量，成为推动浙江共同富裕示范和现代化先行的强大动力源。

调研期间，袁家军考察一批先进制造业企业，深入车间、实验室、研发中心等，了解企业保供固链稳增长、创新项目进展、助企政策落实、开拓国内外市场等情况。袁家军听取浙江省集成电路创新平台建设情况介绍，考察集成电路洁净室，了解省级首批技术创新中心建设推进及争创国家级重大项目平台情况。袁家军考察拱墅区潮鸣街道就业服务中心、潮鸣街道数字驾驶舱，了解数字赋能促就业增收情况。

省、市领导刘捷、陈奕君、卢山、朱华、王敏参加调研，任少波、吴朝晖在浙江省集成电路创新平台陪同调研。

●● 市政协主席马卫光到临平区调研政协"民生议事堂"建设工作。陈国妹参加。马卫光强调，要把牢政协专门协商机构定位，践行全过程人民民主，坚持履职为民要求，深入贯彻省、市政协系统"民生议事堂"建设工作推进会精神，聚焦民生主题，积极探索创新，持续深化拓展，高质量建好用好"民生议事堂"。要融合推进"民生议事堂"与委员工作室、社情民意联系点"三位一体"建设，强化双向发力、协同联动，更好地发挥平台的集成综合效应。要立足地方特色，突出质效导向，充分发挥委员特长优势和带动作用，持续深化"民生议事堂"在不同区域、不同场景的实践探索，聚焦"小切口""微课题"，更好地协商于民、协商为民，推动"民生议事堂"与基层治理相衔接、与基层协商相结合。

●● 2022年城地组织亚太区执行局会议召开之际，"一带一路"地方合作委员会

2022年度会议暨"城市低碳发展故事"专题会议举行。市园文局、市交通集团、市公交集团和杭州相关企业代表在线参加会议，分享低碳发展经验。

与会代表在线讲述各自城市的绿色发展故事。芬兰奥卢市代表分享奥卢大学关于氢能源、太阳能应用和无碳炼钢等研究进展。武汉市代表介绍武汉在全国率先实施湿地自然保护区生态补偿、为建设有湿地花城特色的公园城市做的不懈努力。来自英国利兹市的代表在交流中表示，利兹获评"森林城市"，致力让所有市民从绿化工程中受惠，打造可持续、包容化的城市。瑞士卢加诺市代表从绿色出行、绿色能源和绿色社区三个角度，介绍当地低碳发展经验。马尔代夫马累市的代表和C40城市集团的嘉宾也分别做出发言。

● ● 2022年中国大运河非遗旅游大会文化和自然遗产日（拱墅主场）系列活动开幕。活动采用线上线下融合交互的模式开展。在拱宸桥畔的启动仪式上，不仅展现大运河沿线8个省、市风光，还发布大运河文化传承生态保护创建区标识和文化标识。

在线上页面里有直播、线上展、市集店铺等选项。线上大运河非遗花伞市集汇集大运河沿线100多个非遗商家淘宝店铺，精选超过1万件非遗商品，打造云上非遗旅游商店，激发非遗国潮的市场活力，促进文旅消费。

杭州首个数字藏品交易国资平台"杭数交"还上线首发杭州非遗数字藏品。线下展览在中国京杭大运河博物馆持续展出至6月19日，大运河非遗花伞市集在线上持续至6月30日。

● ● 杭州临平区望梅路588号杭州湾建材市场内发生一起火灾。两名消防员在此次火灾扑救中不幸牺牲。6月9日10时，杭州市消防救援支队接到报警：杭州市临平区东湖街道望梅路588号杭州湾建材装饰城18幢2楼杭州互动冰雪文化旅游发展有限公司发生火灾。接警后，杭州市消防救援支队先后调派15个消防站2个专职消防队52辆消防车237人赶赴现场处置。12时许，杭州市消防救援支队在组织力量深入搜救被困群众时，现场突发意外，导致特勤大队一站班长毛景荣和钱江消防救援站战斗员刘泽军等2名同志受伤，后被救出送医。共营救被困人员18人。6月10日8时23分、9时46分，刘泽军、毛景荣分别经抢救无效壮烈牺牲。

10 日 LIU YUE

●● 市政府与中国林业集团战略合作签约暨双碳平台揭牌仪式举行。国务院国资委党委委员、副主任翁杰明，省委常委、常务副省长陈金彪，省委常委、市委书记刘捷，中国林业集团党委书记、董事长余红辉，中国国新控股有限责任公司董事长周渝波，市委副书记、市长刘忻，市领导朱华、胡伟，国务院国资委相关部门负责人出席。

根据协议，双方将在落实国家重点战略、推动中林优质资源集聚、打造两大"双碳"平台、开展生态领域合作、科技创新研发协作等方面携手共进、实现共赢。仪式现场，杭州市国有资本投资运营有限公司与国林双碳管理（杭州）有限公司签订投资意向协议，省、市领导与中国林业集团、国新控股负责人共同为"国林双碳管理（杭州）有限公司"揭牌。

●● 市推进长三角一体化发展工作领导小组会议召开。省委常委、市委书记刘捷、市委副书记、市长刘忻，市领导柯吉欣、朱华出席。市发改委负责人汇报全市长三角一体化发展2021年工作进展情况和2022年工作思路，市经信局、市科技局、市人力社保局、临平区负责人分别做汇报。

刘捷在肯定过去一年全市长三角一体化工作取得的成绩后指出，要深刻认识长三角一体化发展"率先形成新发展格局、勇当中国科技和产业创新的开路先锋、加快打造改革开放新高地"的重大战略意义，加快形成一批有影响力的标志性成果，协同推进科创产业融通发展，加强产业链关键核心技术互补合作和协同创新，提升科技创新策源能力和产业链协同水平；推进人流、物流、资金流等要素资源加速流动，共建长三角统一开放大市场；推进生态环境共治和绿色低碳发展，创造条件率先建立碳汇收储交易平台；推进疫情防控和稳企保供，全力保障长三角产业链供应链的循环畅通和安全稳定；推进亚运筹办工作，共享亚运红利。要大力推动节点城市协同发展，主动接轨上海，加快推进杭州都市圈建设，着力唱好杭甬"双城记"，扎实做好杭州与宿州结对帮扶工作。要以"点"的突破带动"面"上发展，挖掘推广一批显示度高、复制意义大的实践成果，推动城西科创大走廊争创综合性科学中心，推进人工智能、集成电路、生物医药产业发展，打造国际性综合交通枢纽城市，着力扩大杭州历史文化名城影响力，推动文化和旅游深度融合高质量发展。

●● 市人大常委会召开《浙江省综合行政执法条例》执法检查工作领导小组第一次会议暨动员部署会。市人大常委会主任李火林出席并讲话。戚哮虎、卢春强、徐小林参加。戴建平主持。丁狄刚讲话。

会上，市人大常委会监察司法工委通报执法检查工作实施方案，市综合行政执法指导办公室、桐庐县政府分别汇报条例实施及"大综合一体化"行政执法改革工作情况，现场进行法规知识考试。

根据省人大常委会统一部署，执法检查省、市、县三级人大联动开展，采取明察暗访、会议座谈、查阅资料、问卷调查、法规知识测试等方式，充分运用法治政府建设监督应用场景等开展监督。

●● 杭州地铁3号线后通段于10时开通。开通的后通段连接潮王路，沿西湖文化广场、武林广场，往黄龙体育中心，在西溪湿地南附近分为两道岔路，一条通往文一西路，另一条通往闲林区片的小和山、石马方向。

11 日 LIU YUE

●● 在收听收看全省消防安全大排查大整治暨安全生产工作视频会议后，市长刘忻立即主持召开续会，部署杭州市贯彻落实举措。他指出，临平区"6·9"火灾事故，直接暴露消防安全领域的重大风险和突出短板，直接反映相关部门和属地存在的监管不到位、工作不落实问题，事故所造成的人员伤亡令人十分痛心、教训极为深刻。全市上下要立刻警醒起来，全面行动起来，迅速坚决彻底推进消防安全及其他重点领域风险隐患大排查大整治，纵向到底、横向到边，不留死角、不留盲区，全力把风险隐患消除在萌芽之时、成灾之前。

当天下午，刘忻直奔一线、直插现场检查督导安全生产工作。在丽晶国际公寓，他强调要采用敲门扫楼方式排查消防安全隐患，摸清业主和住户底数，加强"二房东"管理，严禁违规分隔改建，确保消防设施齐备可用，确保逃生通道绝对畅通。在机场轨道快线御道站和杭海路864号商业用房等在建项目现场，刘忻要求强化工地围挡、临建设施、材料堆放等规范管理，抓好施工人员安全教育培训，严格执行安全施工管理制度，坚决守牢安全施工底线。在九天环北服装城市场和恒大陶瓷建材交易市场，刘忻指出要"一场一策"完善安全管理方案，全面加强专业市场人流、车流、物流闭环管理，严禁无证照经营、超范围经营，有效防范化解安全风险。

● ● 为开好"请你来协商·推进托育机构发展，建设育儿友好型社会"月度协商会，市政协主席马卫光带队到拱墅区调研0～3岁幼儿托育机构建设情况。宦金元参加。

调研组一行先后来到杭州初本幼儿园托育园、京杭银墅托育园、京都实验幼儿园托育园等实地考察，详细了解托育机构设施配备、师资队伍、办园特色、运营管理等情况，与有关部门、托育机构负责人深入交流，听取意见和建议。

调研组指出，要科学制定托育服务发展规划，强化托育的公共服务属性，整合配置托育服务资源，优化托育机构发展布局，加快托幼一体化等多种模式托育机构发展，加大政策扶持和激励力度，积极支持引导社会力量多形式多渠道提供托育服务，形成多元化、多样化、覆盖城乡的托育服务供给。要加大托育服务专业人才的培养培训力度，健全专业人才评价和激励机制，进一步打通托育职业发展通道，提升托育职业的荣誉感和吸引力。要坚持问题导向，树牢底线意识，完善服务设施，细化规范标准，加强服务监管，切实保障婴幼儿人身安全和健康，推动托育服务行业健康有序发展。

● ● 世遗杭州·应运而"声"——杭州市2022年文化和自然遗产日"世遗之夜"主题晚会在大运河音乐公园举行。主题晚会分为"水之韵·西湖""水之魂·运河""水之源·良渚"三大篇章，通过穿越古今的情景演绎《何以西湖》、情景短剧《运河往事》、情景舞蹈《文明圣地》以及中外对话推动文明互学互鉴的环节，展现杭州深厚的历史底蕴和开放包容的文化态度。作为杭州市世界遗产文化特使团的领衔特使，国家一级导演、杭州歌剧舞剧院院长崔巍，中国大运河·杭州形象大使、著名钢琴家郎朗亮相，崔巍与加拿大学者布兰登·麦克布瑞德（Brendan McBride），在郎朗美妙的云伴奏下，以诗为媒，动情讲述杭州的世界遗产之美。

12 日 LIU YUE

●● 10时，莫干山路提升改造工程主线高架开通试运行，原先从城北沿莫干山路地面道路进城，开车至少需要半个小时，现在缩短到5分钟，标志着良渚片区绕城内的居民进入南北向双高架通车时代。

莫干山路高架主线南起留石高架"T"型互通，北至绕城北线104国道收费站前落地，全长5.5千米，设计为双向6车道城市快速路，时速80千米，沿线设置四对半匝道。

13 日 LIU YUE

●● 省委常委、市委书记刘捷会见由青海省海西州委常委、德令哈市委书记、市长眭晓波率领的德令哈市党政代表团一行。杭州市领导柯吉欣、朱华，德令哈市有关领导参加。

刘捷说，十多年来，杭州与德令哈结下携手共进的深厚情谊。杭州将深入学习贯彻习近平总书记关于对口支援工作的重要论述，加大产业支援力度，因地制宜支持当地发展壮大特色产业，帮助提升内生发展动力、增强"造血"功能，强化人才、企业对接匹配，携手推动对口支援工作取得更大进展。

眭晓波对杭州长期以来给予德令哈市的关心支持表示感谢，表示将努力为杭州市援青干部人才充分发挥作用创造更好条件。

●● "时代楷模"钱海军先进事迹巡回报告会在杭州举行。会前，省委常委、市委书记刘捷接见"时代楷模"钱海军先进事迹报告团成员，黄海峰、朱华参加。

钱海军是国网浙江慈溪市供电公司客服中心社区经理、国家电网浙江电力（慈溪）红船共产党员服务队队长、钱海军志愿服务中心理事长。从事电力服务工作30年，他被群众亲切地称为"万能电工""电力110"，被100多位孤寡老人当成"亲儿子",由他发起的"千户万灯"活动,足迹遍布浙、藏、吉、黔、川五省(区)。5月6日,中共中央宣传部授予钱海军"时代楷模"称号。

报告会现场,钱海军的事迹被一个个影像资料还原,他的同事、社区干部以及采访过他的记者述说他提着工具箱走进千家万户的感人故事。

●● 省技术创新中心揭牌成立仪式举行,省CMOS集成电路成套工艺与设计技术创新中心和省智能感知技术创新中心落地杭州、揭牌成立。市委副书记、市长刘忻,中国科学院院士、浙江大学校长吴朝晖出席并讲话。中国工程院院士吴汉明、市领导胥伟华等参加。

刘忻指出,以习近平同志为核心的党中央把科技创新摆在国家发展全局的核心位置,做出一系列战略谋划和系统部署。习近平总书记强调,要集合科技力量,聚焦集成电路、生物医药、人工智能等重点领域和关键环节,尽早取得突破。近年来,杭州深入贯彻习近平总书记重要指示精神和党中央决策部署,认真落实人才强省、创新强省首位战略,以争创综合性国家科学中心为目标,加快建设国家实验室杭州基地群和大科学装置,在全国全省科技创新大局中勇当先锋主力。下一步,杭州将以两家省技术创新中心揭牌成立为新的契机,大力支持浙江大学杭州国际科创中心、海康威视等牵头单位整合创新资源,强化技术攻关,推进成果转化,构建完善产业链、创新链、价值链、服务链一体贯通的科创平台和创新生态,加快形成一批重大标志性成果,为实现高水平科技自立自强扛起杭州担当、展现杭州作为、贡献杭州力量。

●● 市人大常委会召开咨询专家座谈会。市人大常委会主任李火林讲话,戚哮虎主持,戴建平、卢春强、徐小林参加。座谈会上,通报市人大常委会有关工作情况,并向咨询专家颁发聘书,5位专家代表发言。主任会议成员还与各专家组进行分组座谈。

李火林代表市人大常委会党组向咨询专家表示感谢。他强调,市人大常委会各部门要牢固树立服务意识,加强与专家的常态化联系沟通,建立健全合作互动的长效机制,充分调动全体专家的积极性和参与热情,用心用情做好服务保障工作,做到联系更加紧密、咨询常态开展、意见闭环落实,把专家智慧充分吸收到人大履职实践中来,努力开创新时代杭州人大工作新局面。

市十四届人大常委会咨询专家库聘任75名咨询专家,设9个专家组。

●● 根据市委统一部署,市人大常委会主任李火林到西湖区开展走访服务业企业活动。他详细了解浙江六和律师事务所的发展历程、业务布局及经营状况，认真听取有关加强现代服务业立法、律师人才认定等建议。在杭州微拍堂文化创意有限公司，李火林关切询问企业的经营发展情况和诉求。

李火林在走访服务中强调，各相关部门要深入学习贯彻习近平总书记关于当前经济工作的重要论述精神，认真贯彻落实中央和省委、市委关于经济稳进提质的决策部署，强化责任担当，增强服务意识，积极主动助企纾困解难，千方百计稳住市场主体，为杭州经济社会发展蓄势赋能。要充分发挥市场主体在经济稳进提质中的重要作用，着力在推动服务质效提升、改革突破政策创新上下功夫，与企业同向发力，克难攻坚，用心用情帮助企业提质增效、跨越发展，为杭州经济稳进提质、争当高质量发展建设共同富裕示范区城市范例提供重要支撑。

● ● 市现代社区建设领导小组第一次会议召开，深入学习贯彻习近平总书记关于加强城乡社区建设的重要论述，落实省、市相关会议精神要求，部署推进杭州市现代社区建设工作。根据省委、市委部署要求，市现代社区建设领导小组研究谋划杭州市现代社区建设"1+6"框架体系，制定"上统下分、强街优社"、社区公共服务优化提升、强村富民集成改革、社区应急体系建设、"五社联动"提质增效和社区除险保安护航六大攻坚行动方案及《杭州市党建统领网格智治规范指引》20条举措。会议听取市现代社区建设领导小组办公室前期工作汇报，并审议通过六大攻坚行动具体方案。

13—17日 LIU YUE

● ● 杭州市和新疆阿克苏市两地最美人物交流活动在杭州举行。

两地最美人物围绕"最美相融·携手追梦"主题宣讲最美风尚，考察文明城市创建和新时代文明实践中心建设等工作。座谈会上，杭州最美人物陈立群、史文斌、徐川子以及来自东哥东姐义警队、杭州地铁集团安全督查队的代表们，与阿克苏最美人物一行共同讲述最美故事。

8
日 LIU YUE

●● 省委常委、市委书记刘捷到富阳区督查防汛防台工作。朱华、刘嫔珺参加。刘捷来到富阳北支江综合整治工程现场，踏看工程上游水闸船闸项目、水闸控制中心，了解北支江综合整治实施及防汛工作情况。他强调，要加强对局部强降雨、台风、山洪、泥石流等预警预测，强化超警、超保重要河段和洪水过程、洪峰流量、洪峰水位出现时间等关键要素的监测预报。要严防小流域山洪灾害，充分利用监测预警平台和群测群防体系，确保预警信息到岗到户到人。要严格落实风险隐患巡查排查制度，加强钱塘江流域、茗溪流域沿岸堤防的巡查排摸，对山塘水库、地质灾害隐患点等重点领域、重点部位进行全面排查，确保不漏一处风险、不留一处隐患。

在富阳期间，刘捷还考察黄公望村农家乐特色街区、两岸文创产业基地，了解民宿经济及美丽经济产业复苏情况。

●● 市长刘忻到上城区检查指导防汛工作。他首先来到三堡排灌站，认真听取水位监测、泵站运行、智慧化改造等情况介绍。刘忻实地踏看塘工局路杭海路口的雨水井分布、排涝设施改造、周边道路整治等情况。

刘忻在检查中强调，全市上下要深刻认识防汛形势的复杂性严峻性，坚持"一个目标、三个不怕、四个宁可"，牢牢把控防汛工作主动权。要深入推进防汛安全隐患大排查大整治，聚焦重要河道、重要水库、重要堤坝、重要山体等开展拉网式大排查，全面摸排城市建筑工地、地下空间、桥涵隧洞等重点部位风险隐患，确保隐患排查全覆盖、隐患整治无遗漏。要层层压实防汛工作责任，完善雨情汛情分级响应机制和应急处置机制，在发生较大雨情汛情时严格落实领导带班制和24小时值班制，确保人员到位、责任到位、措施到位。

●● 湘湖实验室（现代农学与生物制造浙江省实验室）在萧山成立。实验室核心基地位于萧山科技城，总面积6.7万平方米。其中，7000平方米的大楼用于实验室启动，将按照"一核+创新网络+任务协同制"的模式架构，内设生物技术、种质资源、生物互作和生物制造4个研究院，建设种质资源评价挖掘、分子设计数字育种、生物互作与农业生态、农投品与农产品质量安全、技术集成与成果孵化等5个研究共享服务平台。同时实行开放灵活的用人机制，建立"首席科学家—高级项目负责人—项目负责人—科研骨干"的实验室团队结构，通过"留鸟型""候鸟型"和"双栖型"的方式汇聚科研骨干。

●●　第十一届中华环境奖评选结果揭晓，淳安县政府获第十一届中华环境奖，获奖类别为城镇环境类。中华环境奖于2000年设立，是中国生态环境保护领域最高的社会公益性奖励，每两年评选一次，设"城镇环境""环境管理""企业环保""生态保护""环保宣教"五类奖。其中，城镇环境类奖项主要奖励在城镇（区、县、乡）的建设中，高度重视生态环境保护工作，贯彻落实生态文明建设，积极落实地方政府生态环境保护责任，其环境质量一直在全国（或全省、自治区、直辖市）名列前茅，或其环境改善成果特别显著，落实生态环境保护与经济增长协调发展工作具有典型示范意义的城镇（区、县、乡）。每类奖评选不超过五位获奖者，其中设不超过一个中华环境奖，其余为中华环境优秀奖。

15 日 LIU YUE

●●　全市稳进提质攻坚行动推进会召开。会上，市发改委、市经信局、市疫情防控办、市商务局、市投资促进局、市人力社保局、市住保房管局等单位汇报稳进提质攻坚行动相关工作进展情况，西湖区、滨江区、萧山区作典型发言。

　　市长刘忻在会上指出，全省经济稳进提质攻坚行动部署开展以来，各地各部门结合杭州市实施方案和各自工作实际，迅速组建工作专班，抓紧落实政策举措，用心用力助企纾困，全力以赴打好稳进提质组合拳，稳住经济大盘显现初步成效。

　　刘忻强调，要深入学习贯彻习近平总书记关于当前经济工作的重要论述精神和党中央、国务院关于稳住经济大盘的重大决策部署，对标对表全省经济稳进提质八大攻坚行动目标任务，以钉钉子精神狠抓执行落实，快字当头、助企活链、实干争先、比学赶超、奋力领跑，在大战大考中扛起杭州担当、展现头雁风采，推动经济加快企稳回升向好，为全国全省大局多做贡献。柯吉欣、陈瑾、胡伟出席。

●●　市政协主席马卫光到市农科院、中国农业科学院茶叶研究所等地调研。郭清晔参加。

在市农科院科研试验基地，马卫光走进育种大棚，察看甜樱桃、三叶青、杂交兰等新品种培育，与院负责人和科研人员深入交流，详细了解新品种选育、市场推广和科研试验基地、人才队伍建设等情况。在市农科院茶叶研究所，马卫光实地考察茶园，询问西湖龙井茶种质资源保护、品质提升等科研攻关情况。马卫光对市农科院的工作给予充分肯定。他指出，农科院是服务现代农业发展、提高农业科技水平的重要阵地，担负着科技兴农富农的重要使命。要聚焦农业技术创新能力提升和自主创新体系建设等，积极打造农业科研新高地，持续加强农业科技创新，大力开展"卡脖子"技术攻关，做精杭州特色优势农产品的种源保护和品种开发，不断推动农业品种培优、品质提升、品牌打造。要深入做好科技成果转化这篇文章，推动产学研用深度融合，紧密结合市场需求，加强应用性研究，开发多元化产品，发展精细农业精准农业，更好地服务农业增效农民增收，以科技赋能乡村振兴、共同富裕。他鼓励科研人员勇攀科研高峰，扎根田间地头，为农业现代化做出更多贡献。

●● 浙江省土地储备工作现场会在杭州召开。

杭州土地储备凭借市级强统筹、规划强引领、资金强保障、数智强赋能等方面的工作亮点，获省自然资源厅负责人肯定。在会议环节，省自然资源厅相关负责人综合考察情况指出，在当下进入存量规划的背景下，城市发展的目光要向内挖潜，这也是未来浙江省土地储备工作应当坚持的方向。

●● "2022文旅市集·宋韵杭州奇妙夜暨文旅消费季"举行。市领导胥伟华、黄海峰、陈瑾、徐小林、陈新华等出席启动仪式。活动期间，每天的15时—21时，主会场活动在钱王祠—涌金公园—西湖博物馆总馆景区沿线展开，设置"宋·十二时辰""月下轻食纪""宋画里看杭州"等15个板块。整个杭州文旅消费季一直持续至11月，集中推出300多项文旅消费季惠民活动（产品），并发放杭州文旅消费券，提振文旅市场消费动力。

●● 在市对口支援局、市邮政管理局和杭州援藏工作组的积极对接下，杭州市机关事务管理局公物仓首批资产捐赠仪式在西藏自治区那曲市色尼区举行。捐赠活动是杭州市和西藏、新疆、青海等地对口支援和山海协议承诺的实践，在解决上述地区教育医疗系统及部分单位办公设备紧缺问题的同时，也是杭州市公物仓资产循环利用处置方式的一次有益创新。

●● 省政协主席黄莉新率队在杭州围绕推进科技创新开展专题调研。市政协主席马卫光参加。在西湖大学，黄莉新实地考察人工光合作用与太阳能燃料中心、冷冻电镜平台，听取学校建设、人才引培、科学研究、成果转化等情况介绍。在杭州数梦工场科技有限公司，她详细了解企业一体化智能化数据平台、行业智能应用等情况。

调研中，黄莉新对杭州市以高水平科技创新引领高质量发展取得的成绩表示肯定。她强调，要深入学习贯彻习近平总书记关于科技创新的重要论述精神，在忠实践行"八八战略"、奋力打造"重要窗口"进程中，推进高水平科技自立自强，面向国家所需、浙江所能、未来所向，秉持敢为人先勇立潮头的创新精神，积极打造新型创新载体，加快"卡脖子"技术攻关，推动科技创新与产业发展深度融合，不断提升战略谋划、创新科技、人才集聚、产业化链接能力，努力形成更多支撑全省高质量发展的新增长极。政协要充分发挥人才荟萃、智力密集优势，助推科技创新加力提速，为浙江建设高水平创新型省份和科技强省、高质量发展建设共同富裕示范区贡献更多智慧和力量。

●● 市委理论学习中心组（扩大）举行学习会，专题学习《干在实处 勇立潮头——习近平浙江足迹》，重温习近平总书记在浙江领导改革发展的探索与实践，深刻把握习近平新时代中国特色社会主义思想在浙江的生动实践，更好地用党的创新理论武装头脑、指导实践、推动工作。

省委常委、市委书记刘捷主持会议并讲话。刘忻、马卫光和市委理论学习中心组其他成员出席会议，马小秋、黄海峰做交流发言。相关市直单位负责人参加会议。

刘捷指出，《习近平浙江足迹》一书翔实记述习近平总书记在浙江工作期间，擘画作为浙江省域治理总纲领和总方略的"八八战略"，为浙江改革发展奠定坚实基础的过程，蕴含着深刻的思想印迹、厚重的实践印迹、真挚的为民印迹、深沉的精神印迹，字里行间浸润着奋进的力量。要以大历史观深入学习党的创新理论"活教材"，更加深刻领悟"两个确立"的决定性意义，更加深刻领悟习近平新时代中国特色社会主义思想的理论与实践品格，更加深刻领悟习近平总书记对杭州的关心关怀，进一步增强深化"八八战略"在杭州具体实践的思想自觉和行动自觉。

●● 省委常委、市委书记、市委统战工作领导小组组长刘捷主持召开市委统战工作领导小组全体（扩大）会议。他强调，要深入学习贯彻习近平总书记关于加强和改进统战工作的重要思想，积极打造"六个城市之窗"，深入实施"六大工程"，全面强化"三项保障"，努力推动新时代杭州统战工作高质量发展，为奋进新时代、建设新天堂广泛凝聚力量。柯吉欣、朱建明、朱华出席。

会议听取2021年度全市统战工作情况和今后五年工作思路及相关文件起草情况汇报，审议并通过《关于认真贯彻落实〈中国共产党统一战线工作条例〉及省委〈实施细则〉精神的通知》《杭州市打造彰显中国新型政党制度优势城市之窗的实施方案》《杭州市打造民营经济"两个健康"发展城市之窗的实施方案》《杭州市打造新的社会阶层人士统战工作创新实践城市之窗的实施方案》《杭州市打造铸牢中华民族共同体意识城市之窗的实施方案》《杭州市打造宗教中国化和宗教事务治理现代化城市之窗的实施方案》《杭州市打造新侨创新创业城市之窗的实施方案》《关于加强和改进自由职业人员统战工作的实施意见》等。

●● 市规划委员会主任会议召开，研究《关于进一步加强国土空间规划统筹管理的规定》，审议《杭州市大运河核心监控区国土空间管控细则》《良渚遗址周边地区景观控制规划》。

省委常委、市委书记、市规划委员会主任刘捷主持会议并讲话。市委副书记、市长刘忻，市领导柯吉欣、朱华、刘颖、王敏、丁狄刚出席。

会议指出，要深刻认识做好国土空间规划的重要意义，增强规划的前瞻性、科学性，维护规划的权威性、严肃性，坚持做优主城、做强副城、集聚县城、培育重镇，形成更多兼具国际范与江南风的高品质空间，为奋力打造世界一流的社会主义现代化国际大都市提供坚强保障。要坚持"一张底图"编规划、"一个平台"管审批，严格规划调整修编约束机制和规范路径，以高质量规划引领市域一体化发展。要加快形成科学可行的规划体系，充分调动各地各部门积极性，广泛听取专家和群众意见，使规划更加符合专业标准、贴合杭州发展实际。要抓好规划评估体检，推动规划不折不扣取得实效，强化刚性约束，以高质量规划着力破解"大城市病"。

●● 全市基层治理系统建设推进会召开，深入学习贯彻习近平总书记关于基层治理的重要论述精神和全省基层治理系统建设相关会议精神，部署杭州市基层治理系统建设工作。

会议指出，基层治理系统是实现数字化改革"162"体系与基层治理"141"体系衔接贯通的一项标志性、抓手性工程。要提高政治站位，深刻认识推进基层治理系统建设是贯彻中央、省委关于基层治理决策部署的必然要求，是提升城市治理能级、提高基层治理能力现代化水平的有效途径，是展现省会城市担当、提高杭州辨识度的重要抓手，切实增强政治自觉思想自觉行动自觉。要把握基层治理系统的定义内涵、目标要求和架构设置，抓住关键点，找准突破口，高标准推动基层治理系统建设走深走实。

会上，上城区闸弄口街道红梅社区、拱墅区小河街道、西湖区分别演示基层治理应用场景，市委办公厅、市委政法委、市数据资源局做汇报发言。

17 日 LIU YUE

●● 杭州市全过程人民民主基层单元建设推进会召开，"萧山实践"在会上做重点介绍。萧山区人大常委会2022年建成上线的人大代表联络站应用场景，为推动人大代表联络站迭代升级，打造全过程人民民主基层单元提供生动素材。会上，市人大常委会《关于迭代升级人大代表联络站 打造全过程人民民主基层单元的意见》印发，人事代表工委通报全市全过程人民民主基层单元建设推进工作方案。

●● 浙江省暨杭州市首届邻里节在拱墅区启动。启动仪式上，杭州市社区工作者、社会组织、社会工作者、社区志愿者和公益慈善组织代表向社会发出"五社联动"助力现代社区建设共同倡议，共同营建城乡社区美好家园。现场还公布2021年度浙江省"最美社区工作者"、2022年度浙江省"社区工作领军人才"。

●● 市农业农村局（市乡村振兴局）上线"杭州市闲置农房信息发布平台"。有农村用房需求的，可以通过杭州产权交易所平台或"杭州农业农村"微信公众号的"闲置农房招商"频道，查看各区县（市）的闲置农房资源。对某个闲置农房感兴趣，可与信息中的联系人（农交所业务联系人）联系，进而联系闲置农房所有权人并现场踏勘；达成交易意向的，按闲置农房属地有关规定完成交易流程。

●● "i杭州文旅服务中心"授牌仪式暨上城·桐庐携手共富路活动在上城区凯旋街道景芳社区举行。杭州首批7个社区（村）数智文旅场景建设试点单位授牌并启用，分别是上城区景芳社区、西湖区吉鸿社区、余杭区良渚文化村社区、富阳区黄公望村、桐庐县深澳村、淳安县下姜村、建德市山峰村。活动现场，景芳未来社区与深澳未来乡村进行文旅结对携手共富签约，"桐上共富"深澳游线首次发车。

●● 2022年"杭阿一家亲，同心创美好"杭州市和新疆阿克苏市两地最美家庭走亲交流活动在杭州启动，来自新疆阿克苏市的五户最美家庭应邀与杭州市的五户最美家庭结对相聚，交流互访共话民族团结情。

在活动现场，杭州市妇联、阿克苏市妇联共同签署关于促进共同富裕、加强民族团结对口支援工作的框架协议书，为阿克苏市与杭州市妇女工作的合作交流助力，推动两地妇女事业的发展进步。

21 日 LIU YUE

●● 袁家军同志以普通代表身份，参加杭州代表团审议省第十五次党代会报告。会上，代表们围绕报告主题，结合各自工作实际，各抒己见、畅所欲言。袁家军不时与代表们互动交流，回应他们的建议意见。随后，袁家军与大家交流学习报告的心得和体会。

袁家军指出，省第十四次党代会以来，杭州市坚持以习近平新时代中国特色社会主义思想为指导，认真落实中央和省委重大决策部署，高水平全面建成小康社会，在全省的龙头地位不断巩固、在全国的战略地位日益提高、在国际上的窗口地位逐渐显现，希望进一步发挥领跑、带头、龙头、示范作用，在全国大局中争先进位，打造国际化现代化大都市，带动全省实现"两个先行"功能作用持续增强。

●● 刘捷同志以普通代表身份参加省第十五次党代会杭州代表团审议时强调，杭州将认真学习贯彻省党代会报告精神和袁家军同志在杭州代表团的重要讲话要求，奋进新时代、建设新天堂，加快打造世界一流的社会主义现代化国际大都市，在"两个先行"中扛起头雁担当，以"城市之窗"展示"浙江风采"。

刘捷说，袁家军同志代表十四届省委向大会所做的报告，全面回顾总结过去五年浙江省各项事业发展取得的显著成就，立足"两个一百年"奋斗目标的大场景审视谋划全省发展新坐标，贯通推动浙江发展的历史逻辑、现实逻辑和理论逻辑，政治性、引领性、人民性、操作性特别强，是一个大气厚重、凝心聚力的好报告。

刘捷强调，五年发展关键看开局、看头年。杭州将坚持稳中求进工作总基调，按照省委决策部署，推动稳进提质八大攻坚行动落地见效，着力做好疫情防控和除险保安，全面排查整治各类风险隐患，深入推进信访积案动态清零，坚决守住政治安全、经济安全、意识形态安全、社会安全、生态安全底线，为党的二十大胜利召开营造和谐稳定的社会环境。

22 日 LIU YUE

●● 在大运河申遗成功八周年之际，由浙江省委宣传部、杭州市委宣传部指导，拱墅区委宣传部主办的"运河之声"新时代理论宣讲风采展示暨拱墅区大运河国际传播交流中心揭牌仪式在大运河畔举行。大运河国际传播交流中心依托大运河文化和城区特色，探索对外宣传新路径，将挖掘推广更多运河文化精品。交流中心着力打造海外社交媒体账号矩阵，构建优质内容生产平台，建立专家咨询联动机制。

会上，大运河国传中心海外社交媒体矩阵核心账号"@The Grand Canal（爱上大运河）"发布，将在海外社交平台持续推出运河文化精品视频、"媒眼看运河"优质图文等内容。

●● "世遗运河助力共同富裕"2022年浙东运河杭甬对话活动在杭州衙前和宁波慈城同步举行。活动延续第一届线上直播对话形式，杭甬两地专家及学生代表"云"聚一堂，通过线上交流对话、线下合作研学等活动，一同分享、探讨推动大运河世界文化遗产的保护、传承和利用。

为呼吁更多青春活力注入大运河文化遗产保护，杭甬两地文物行政主管部门向宁波外国语学校、宁波市江北区外国语艺术学校、宁波光华学校、杭州市衙前镇初级中学颁发"小河长联盟学校"匾额，向同学们颁发"小河长"证书。

23 日 LIU YUE

●● 市政协召开"杭州数字政协"综合应用建设推进会暨工作专班第二次会议。市政协主席马卫光主持并讲话，副主席许明、陈国妹和秘书长柴世民参加。

会议分别听取"协商在线""提案在线""委员履职在线""文史在线"4个综合应用专项工作组有关系统建设推进方案和项目建设推进情况的汇报，对"杭州数字政协"迭代升级三季度工作安排做研究部署。

会议对前阶段"杭州数字政协"迭代升级工作推进情况予以充分肯定，就进一步细化完善相关综合应用系统建设提出意见。

●● 杭州市召开2022年杭州市大运河文化保护传承利用暨国家文化公园建设工作领导小组会议，深入学习贯彻习近平总书记关于大运河文化保护传承利用的重要指示和在浙江、杭州考察时的重要讲话精神，全面落实省、市相关部署要求，进一步加强组织领导，强化政策保障，完善工作机制，加快推进杭州市大运河文化保护传承利用工作，加快推进大运河国家文化公园建设。

自开展大运河文化保护传承利用和国家文化公园建设工作以来，杭州市积极构建大运河文化一体化保护传承利用的体制机制，全面实施文化研究创作、遗产活态传承、展陈体系建设、文旅深度融合、公共空间提升和国际传播交流六大工程，在标志性项目建设方面，大运河亚运公园、小河公园完工，京杭大运河博物院、大运河未来艺术科技中心、大运河杭钢工业旧址综保项目、运河数字孪生平台、大运河滨水公共空间、运河历史十街区、大城北中央景观大道、京杭运河二通道等有序推进中。

●● 杭州召开全市共同富裕现代化基本单元建设工作推进会，贯彻落实省党代会精神和全省共同富裕现代化基本单元建设工作推进会要求，在高起点上为今后五年全市共同富裕现代化基本单元建设谋划清晰路径。会上宣布，杭州市城乡风貌"智汇通"平台启动上线。

杭州高度重视共同富裕现代化基本单元建设，按照"1352+N"集成改革系统架构，全力打造具有"整体大美、浙江气质、杭州意象"的样板示范。目前，全市累计推动建设未来社区152个、未来乡村85个、城乡风貌样板区37个，创建数量全省第一；其中，11个未来社区、5个未来乡村、3个城乡风貌样板区入选浙江省首批共同富裕现代化基本单元名单，建成总数全省首位。

●● 亚运场馆之一富阳水上运动中心对外开放。场馆建筑面积6.7万平方米，总投资10.7亿元，将承办亚运会赛艇、皮划艇（静水、激流回旋）项目，预计产生30枚金牌。场馆设计以山为形，以水为韵，用流畅的建筑线条体现"水"文化，用起伏的建筑形态表现山脉起伏，使之融于周边山水，成为现代版富春山居图中的新景。场馆顶部还有一个面积2.1万立方米的空中花园，与绿水青山和谐共生。

中旬 LIU YUE

●● 省委常委、市委书记刘捷到余杭、富阳开展"企业大走访"活动。在阿里巴巴集团，刘捷考察阿里量子实验室一期，观摩低温超导量子芯片设备与流程，了解企业在量子计算领域的最新进展与成果。在富春江通信集团，他听取企业经营发展、模式创新以及未来布局介绍，就企业提出的具体问题和建议做回应。浙江核新同花顺网络信息股份有限公司是一家主要从事互联网金融信息服务的高新技术企业。刘捷详细了解浙江核新同花顺网络信息股份有限公司的前沿技术产品及应用，现场协调和帮助企业解决当前面临的困难。他踏看菜鸟物流总部工地。

刘捷强调，要深入学习贯彻习近平总书记关于当前经济工作的重要论述，按照"疫情要防住、经济要稳住、发展要安全"的要求，全面实施经济稳进提质八大攻坚行动，深入走访企业、真情服务企业、精准帮扶企业，推动助企纾困政策措施落地见效，切实解决企业急难愁盼问题，充分激发各类市场主体的积极性和主动性，推动经济加快企稳回升向好。柯吉欣、朱华、刘颖、孙旭东分别参加。

●● 市人大常委会党组召开（扩大）会议，传达学习省第十五次党代会精神，按照市委要求，研究部署贯彻落实工作。市人大常委会党组书记、主任李火林传达会议精神并讲话，戚哮虎、戴建平、卢春强、徐小林发言。

会议强调，要切实把思想和行动统一到省党代会精神上来，深刻领会省委坚决做到"两个维护"的坚定政治立场、学思践悟总书记重要思想的最新理论成果、以"两个先行"为引领的战略目标体系、始终坚守人民至上的诚挚情怀，准确把握精神实质和实践要求，真抓实干、狠抓落实，努力推动"两个先行"宏伟蓝图不断成为美好现实。要迅速掀起学习宣传贯彻省党代会精神热潮，抓好统筹结合，通过各级党组织学习、进代表联络站等，把省党代会精神传达到每一名机关党员和人大代表、基层群众，凝聚起奋力推进"两个先行"的磅礴力量。

●● 市人大常委会主任李火林到市人民来访接待中心接待来访群众。接访中，三批来访群众分别反映小区西侧土地闲置、地铁施工导致房屋受损、康运桥路段交通拥堵等问题。李火林面对面倾听群众意见和诉求，详细了解事情原委始末，现场与相关部门、属地政府负责人梳理分析问题，会商解决办法，并逐一给予答复。他要求各相关部门要始终坚持以人民为中心的发展思想，切实扛起责任担当，合力推动问题化解，尽快解决好群众合理诉求和实际困难，以实实在在的成效取信于民。

24 日 LIU YUE

● ● 市委常委会（扩大）会议暨全市领导干部会议召开，传达学习省第十五次党代会精神，研究部署杭州市贯彻落实工作。省委常委、市委书记刘捷主持并讲话，刘忻、李火林、马卫光等市四套班子领导出席。会议传达省第十五次党代会精神，通报省第十五次党代会有关选举情况。

会议强调，要以高度政治自觉精心组织安排，迅速掀起学习宣传贯彻落实省党代会精神的热潮，层层抓好学习培训，精心组织宣讲阐释，形成闭环落实机制，抓好经济稳进提质、疫情防控和"除险保安"等重点工作，推动全市上下形成唯实惟先、实干争先的生动局面，为党的二十大胜利召开营造和谐稳定的社会环境。

会议以视频形式召开。副市级以上领导干部和老同志，市直各单位、各区县（市）主要负责人，市各民主党派主要负责人等参加会议。

● ● 全市推进现代服务业高质量发展大会召开。省委常委、市委书记刘捷在会上强调，要深入学习贯彻习近平总书记关于服务业发展的重要论述，全面落实省第十五次党代会精神，加快推进先进制造业与现代服务业深度融合，抢占制高点、实现新跨越，全力打响"杭州服务"品牌，在带动全省上扛起头雁担当，在服务全国上发挥更大作用。

会议以视频形式召开，各区县（市）设分会场。市委副书记、市长刘忻主持，李火林、马卫光、柯吉欣、马小秋、黄海峰、朱华、刘颖、王敏、胡伟、丁狄刚在主会场或分会场出席。会议举行重大项目签约活动，通报表彰优秀企业，发布现代服务业"1+N"政策体系，市发改委、市商务局、上城区及有关企业负责人做交流发言。

● ● 全国首个中国作家"深入生活、扎根人民"新时代文学实践点在临安设立。省委常委、宣传部部长王纲到临安看望参加授牌仪式的作家们，并座谈交流。黄海峰参加。

王纲在座谈交流时对中国作家"深入生活、扎根人民"新时代文学实践点率先在浙江设立表示欢迎。他希望广大作家扎根浙江，深入浙江人民的生活，用文学创作展现真实的浙江和浙江人民的幸福生活。浙江作协要抢抓机遇，用好新时代文学实践点载体，创作出更多有影响力的文学作品，进一步打响文化浙江品牌。

●● 市政府党组书记、市长刘忻主持召开市政府党组（扩大）会议，深入学习贯彻省第十五次党代会精神，结合政府工作谋举措抓落实。会议强调，要高举习近平新时代中国特色社会主义思想伟大旗帜，忠实践行"八八战略"，坚决做到"两个维护"，对标对表"8个高地、10个着力"等目标任务，谋深谋细谋实每项任务的工作抓手、政策措施、保障机制，清单化、项目化、体系化抓好省党代会精神贯彻落实，在"两个先行"新征程上敢当先锋、勇作表率，以优异成绩迎接党的二十大胜利召开。

●● 市政协召开党组扩大会议，传达学习省第十五次党代会和市委常委会扩大会议暨全市领导干部会议精神，研究部署贯彻落实意见。市政协党组书记、主席马卫光主持并讲话。许明、毛溪浩、冯仁强、陈国妹、郭清晔、宦金元、林革参加。

会议强调，要发挥政协统一战线组织优势，强化思想政治引领，围绕省党代会精神开展学习宣传教育，引导政协委员和社会各界深化对"5大战略指引、11方面重要遵循"的理解把握。要发挥政协专门协商机构作用，聚焦打造"8个高地""10个着力"，找准履职的着力点结合点，提升协商建言的前瞻性精准性。要推动社会主义协商民主广泛多层制度化发展，建好用好请你来协商、委员工作站、民生议事堂等平台，有效促进政协协商与基层协商相衔接、与社会治理相结合。要坚持党建引领，持续推进政协系统党的建设，不断提升履职能力水平，努力当好"两个先行"的参与者实践者推动者。

●● 在"杭州西湖日"，"世界文化遗产杭州西湖纪念币"全球首发仪式举行。面向全球发行的"西湖纪念币"面值1/4欧元，由联合国教科文组织授权、法国巴黎造币厂铸造，国内发行量20万枚。纪念币正面有：杭州西湖核心景观三潭印月、曲院风荷、玉带晴虹、集贤亭，以及杭州市花桂花图案，中、法双语"杭州西湖"字样。背面刻印联合国教科文组织标志、世界文化遗产铭文和地球仪图案。纪念币嵌入《印象西湖》珍藏册，与《最忆是杭州》限量版邮票、西湖玉带桥钢笔画作品明信片等一起，在印象西湖、西湖旅游、杭州邮政等线上线下平台发售。

●● 杭州市佛教协会第七次代表会议召开。会议选举产生市佛教协会第七届理事会和领导班子。礼请光泉为名誉会长，选举月真为会长，戒兴为常务副会长，智圆、戒清、念顺、演通、印旭、惟尘、圆诠、智光为副会长，胡胜军为秘书长。

会议强调，市佛教协会要以此次会议为新的起点，完整准确全面领会和贯彻新时代党的宗教工作理论和方针政策，拓宽"桥梁"，加固"纽带"，坚持走在前、当头雁，为推进"两个先行"凝心聚力，积极参与建设宗教中国化和宗教事务治理现代化城市之窗，团结引领全市佛教界为杭州打造世界一流的社会主义现代化国际大都市而努力奋斗。

●● 位于萧山区博奥路的浙江大学医学院附属第二医院博奥院区启用。

该院区规划床位500张，患者可以得到一站式、个性化、全周期的心脑血管疾病的解决方案，该院区与浙江大学医学院附属第二医院各综合院区深度联动，检查互通互认。

26 — 27 日 LIU YUE

●● 全国政协调研组到杭州，围绕"推动完善生态产品价值实现机制"进行专题调研。全国政协人口资源环境委员会主任李伟带队，全国政协常委杨卫，委员杨建平、何满潮等参加，省市政协领导周国辉、马卫光、许明陪同调研。

在杭州期间，调研组实地走访西溪湿地、余杭区大径山乡村公园、径山村等地，了解西溪湿地生态保护、生态产品转化机制，大径山山区生态保护和美丽大花园建设实践探索、径山村全域美丽乡村建设及农文旅融合发展等情况。

调研组对杭州市立足生态环境和资源禀赋，坚定不移走生态优先、绿色发展之路，探索生态产品价值实现路径，推动实现生态美、产业兴、百姓富有机统一的探索和成效给予高度评价。调研组指出，要充分认识建立健全生态产品价值实现机制的重大意义，完整、准确、全面贯彻新发展理念，紧紧围绕深入实施"碳达峰、碳中和"战略，坚持因地制宜，突出问题导向，发挥特色优势，深化探索创新，不断完善绿水青山转化为金山银山的多元实现途径和制度体系，培育生态产品价值实现业态，推动生态产品价值有效转化，促进绿色低碳高质量发展。要认真总结各地的成功模式经验，以点带面形成示范效应，让绿水青山更好地转化为经济效益、社会效益，扎实推动高质量发展建设共同富裕示范区。

●● 第六届万物生长大会在杭州国际博览中心举行。十三届全国政协副主席、民建中央常务副主席辜胜阻发表视频讲话，浙江省政协副主席、民建浙江省委会主委陈小平，市领导胥伟华等出席大会并致辞。

会上，中国投资发展促进会创投专委会、杭州市创业投资协会联合微链共同发布"2022杭州市独角兽（准独角兽）榜单"和中国未来独角兽榜单。39个"独角兽"企业和317个"准独角兽"企业榜上有名，分别比2021年增加2个和108个。

大会以"新数书九章——大风起兮云飞扬"为主题，通过颁奖盛典、闭门会议、定制路演等一系列活动，真正搭建起创业者、投资人、政府的无障碍交流平台。大会会期两天，主论坛的主旨演讲和圆桌对话、年度创业创新人物五大奖项评选的颁奖盛典和2022中国未来独角兽大会等活动举行。

28

日 LIU YUE

●● 市政府与国网浙江省电力有限公司战略合作协议签约活动举行。省委常委、市委书记刘捷出席并讲话，市委副书记、市长刘忻主持，市领导柯吉欣、丁狄刚、孙旭东，国网浙江省电力公司董事长尹积军、总经理黄晓尧参加。

刘捷代表市委、市政府向省市电力公司长期以来对杭州发展的大力支持表示感谢。他说，当前，杭州正深入学习贯彻习近平新时代中国特色社会主义思想和习近平总书记对杭州工作的重要指示批示精神，全面落实省第十五次党代会精神，加快建设世界一流的社会主义现代化国际大都市，奋力在经济稳进提质中扛起省会担当、在推进"两个先行"中展现头雁风采。在新征程上，高质量电力保障是高质量发展的重要基础和关键要素。希望双方以本次战略合作协议签约为契机，实现更深层次、更宽领域、更高水平的合作。

根据协议，双方将围绕亚运保电、新型电力系统建设、统筹城市与电网建设协调发展、提升获得电力水平、推广优质普惠电力服务、激发数字化变革动力等方面深化拓展合作。

●● 省委常委、市委书记刘捷出席杭州市老干部理论读书会，看望慰问老干部、老同志，并通报浙江省第十五次党代会精神及杭州经济社会发展情况。马小秋主持，朱华出席。

刘捷代表市委、市政府对老干部、老同志表示衷心感谢和崇高敬意。他说，老干部是党和国家的宝贵财富。我们将深入贯彻落实习近平总书记关于老干部工作的重要指示精神，扎实做好各方面工作，为老干部知政知情创造更好条件、发光发热提供更好平台、乐享生活营造更好环境，让老干部思想常新、有为可为、健康长寿。要聚焦理论武装，持续擦亮"银领"红色讲师团品牌，有力提升政治素养和理论水平。要坚持党建引领，抓好离退休干部党支部"对标规范"提升，为老干部发挥作用搭建平台。要坚持以社区"四就近"为抓手，全力提升老同志的居家养老和生活品质，不断增强获得感、幸福感、满意度。

●● 市长刘忻主持召开经济稳进提质攻坚行动专题会议。他强调，要坚决落实习近平总书记"疫情要防住、经济要稳住、发展要安全"的重要指示要求，认真学习贯彻省党代会精神，进一步强化"没有走在前列也是一种风险"的忧患意识，进一步增强"等不起、坐不住、慢不得"的紧迫感，精准破解政策兑现的难点、堵点、卡点，加快推动八大攻坚行动一揽子政策举措落实落细落到位，让市场主体和市民群众早受惠、多得益，有力巩固经济企稳回升向好势头，为全省"两个先行"实现开门红做出更大贡献。柯吉欣、丁狄刚、孙旭东参加。

会上，市级相关部门汇报政策集成落地综合指数完成情况、涉企政府补助政策及实施细则制定情况、涉企政府补助资金兑付进展情况。

●● 市长刘忻到西湖大学宣讲省第十五次党代会精神。宣讲中，刘忻梳理省党代会报告的主要内容，全面系统传达袁家军同志在参加杭州代表团审议时的讲话精神。他指出，省第十五次党代会是在迎接党的二十大关键节点召开的一次具有鲜明政治意义的大会。这次大会进一步凝聚感恩总书记、奋进新征程的高度政治共识，明确"两个先行"的思想指引和行动指南，选出坚强有力的新一届省委领导班子，对浙江未来发展具有重大而深远的影响。我们要深刻领会把握主题主线、核心要义、精神实质、实践要求，切实把思想和行动统一到省党代会精神上来，全力推动大会决策部署落地生根、结出硕果。

刘忻充分肯定西湖大学近年来的发展成绩，希望学校坚决扛起为中国高等教育改革创新探路的重大使命，立长久之志、用长久之功，不断开创教育改革创新之先河，努力成为教育大师辈出之摇篮，持续厚植世界一流学科之根脉。杭州市委、市政府将一如既往支持西湖大学改革发展，不求一时之利、夯实百年之基，有力推动名城名校共赢合作迈上新高度、开辟新境界。

●● 市十四届人大常委会第三次会议期间，市人大常委会主任李火林与列席会议的部分市人大代表进行座谈，强调人大代表要立足实际，发挥作用，更好地助力稳进提质攻坚行动。徐小林参加。

座谈中，8位来自企业界、金融界的市人大代表结合工作实际和履职实践，围绕助力企业纾困减负，推动经济加快企稳回升向好这一主题，介绍各自企业经营发展状况和助企纾困措施落实情况，并就加强政府与企业交流互动、出台推动文化产业发展专项政策、优化产业项目审批流程、扩大惠企政策覆盖面、鼓励多元化融资支持、降低企业生产经营及物流成本、稳就业促内销等提出意见和建议。

李火林认真记录，不时同大家交流。他说，各位代表立足本职，认真履职，精准建言，提出许多富有建设性和针对性的意见建议，市人大常委会相关部门要认真梳理研究，及时汇总交由政府及相关部门处理。

●● 杭州、宁波两地社会保障卡实现异地互办。具体规则是，杭甬人社部门选择两地不同的合作银行，由本地合作银行在异地的分行或支行办理社保卡业务。目前，有宁波银行杭州分行、杭州银行宁波分行、招商银行宁波分行三家银行可以办理。其中，宁波银行杭州分行在杭州开设宁波社保卡服务窗口，办理宁波社会保障卡补（换）业务。杭州则选定杭州银行宁波分行、招商银行宁波分行在宁波分别采用自助机和线上办理等方式开展杭州社会保障卡补（换）业务。

●● 市委宣传部（市文明办）举办新时代文明阵地签约和全民志愿服务行动授旗仪式，共同开启"浙风十礼'益'路同行，文明实践'志'敬最美"活动。活动现场，来自浙江省红十字会、浙江理工大学、市民政局、市发改委等34个省、市机关单位志愿服务队代表分别和34个文明实践中心（所）签署文明实践共建协议。

●● 第二十二届中国（杭州）美食节、第二十四届西湖国际博览会·第四届中国（杭州）国际美食博览会、中国国际预制菜品牌大会杭州峰会暨"浓情浙礼 共赴家宴"预制菜促消费系列活动开幕式及主论坛在杭州举行。活动推出一系列加快餐饮业复苏发展的举措。帮扶市场主体的同时，加快培育新型消费。首批杭州餐饮业"六名"工程名录宣布，同时开启2022年度评定工作。

28—29日 LIU YUE

●● 市十四届人大常委会召开第三次会议。市人大常委会主任李火林出席并讲话，戚哮虎、戴建平、卢春强、徐小林出席。会议将学习贯彻省第十五次党代会精神作为第一议题，进行分组学习讨论。大家表示，要切实把思想和行动统一到省党代会精神上来，把智慧和力量凝聚到省党代会各项决策部署上来，努力为实现"两个先行"贡献力量。

会议初次审议《杭州市非道路移动机械排气污染防治规定（草案）》，将根据审议意见作进一步修改。会议听取审议胥伟华代表市政府作的关于2021年度法治政府建设情况的报告，市建委、市城管局、市体育局主要负责人依法履职情况报告，审议其他33名政府工作部门主要负责人依法履职情况报告；听取审议市政府关于节约能源法和浙江省实施办法贯彻实施情况的报告，常委会执法检查组执法检查情况的报告。

会议表决通过关于促进杭州城西科创大走廊创新发展的决定、关于批准2022年杭州市本级收支预算调整方案的决议。胡伟，市监委、市法院、市检察院负责人列席会议。其间，召开列席会议市人大代表座谈会。会后，举行常委会组成人员履职专题培训。

●● 市委常委会召开会议，传达学习习近平总书记在中共中央政治局第四十次集体学习时的重要讲话精神，研究杭州市贯彻落实工作。省委常委、市委书记刘捷主持会议并讲话。

会议指出，习近平总书记在中共中央政治局第四十次集体学习时的重要讲话，系统总结了党的十八大以来反腐败斗争取得的显著成效、积累的宝贵经验，对提高一体推进不敢腐、不能腐、不想腐的能力和水平提出明确要求，为我们做好工作提供了思想引领和行动指南。全市上下要深入学习贯彻习近平总书记重要讲话精神，忠诚拥护"两个确立"，坚决做到"两个维护"，坚定不移推进全面从严治党向纵深发展。

●● 省委常委、市委书记刘捷来到杭州师范大学（以下简称"杭师大"），宣讲省第十五次党代会精神。黄海峰、朱华参加。

刘捷强调，杭师大是市属高校的"领头羊"，必须责无旁贷地肩负城市与大学相互赋能、共生共荣的光荣使命。希望杭师大广大师生坚持以习近平新时代中国特色社会主义思想为指导，认真贯彻省党代会精神，坚持培育特色优势、奋力攀登"双一流"高峰，树牢立德树人初心、服务全市全省经济社会大局，主动把个人理想、学校发展与祖国的繁荣、城市的进步紧密结合起来，加快培养一流人才，全力争创一流大学。杭师大学子要努力做理想信念的捍卫者、本领过硬的奋斗者、挑战极限的攀登者，奋力唱响"我在窗口写青春"最强音，在新时代新征程上书写自己灿烂多彩的人生篇章。市委、市政府将一如既往支持杭师大的建设发展和"创一流"工作,努力为杭师大早日建成一流大学创造良好条件。

● ● 市长刘忻走访慰问困难党员和老党员,以一名普通党员身份参加所在的市政府办公厅第四党支部专题学习活动。

刘忻首先来到上羊市街社区走访慰问困难党员和老党员。紧接着,刘忻来到上羊市街居委会,向社区党员群众宣讲省党代会精神。随后,刘忻参加所在支部专题学习会。会上,6位支部党员代表就学习省党代会精神的心得体会做交流发言。刘忻在认真听取后勉励大家,要切实学深悟透省党代会精神,从中不断汲取智慧和力量,指引推动办公厅工作更好地发挥"神经中枢""参谋助手""督查利剑"、服务保障等作用。要确保政治过硬,永葆对党绝对忠诚的鲜明政治本色;确保思想过硬,涵养敬业乐业勤业精业的精神品质;确保业务过硬,以生成性学习和创造性张力提升工作能力本领;确保作风过硬,带着感情设身处地为基层和群众纾困解难;争做"两个先行"的奉献者示范者,创造不负历史、不负时代、不负人民的新业绩。

● ● 市政协召开"请你来协商"月度协商座谈会,围绕"推进托育机构发展,建设育儿友好型社会"协商议政。市政协主席马卫光讲话。陈瑾到会听取意见,宦金元主持。

围绕协商课题,前期,市政协组建12个课题组,组织相关党派、界别、区政协和政府部门参与,深入开展调查研究,广泛听取意见和建议,撰写形成调研报告。

会议在市民中心设主会场,视频连线拱墅、滨江、临安区政协分会场,并通过智慧履职平台同步向政协委员直播。会上,市政协教科卫体委做主旨发言,12位委员、专家做交流发言,168名委员在线参与网络议政、提出266条建议。市卫生健康委就委员意见和建议做互动回应。

30 日 LIU YUE

● ● 市领导到嘉兴南湖瞻仰红船,感悟红色党史,汲取奋进力量。省委常委、市委书记刘捷强调,要深入学习贯彻习近平总书记南湖重要讲话精神,传承弘扬伟大建党精神和红船精神、浙江精神，按照省党代会决策部署，凝心聚力、砥砺前行，推动全市上下在稳进提质中扛起省会担当，在"两个先行"中展现头雁风采。

刘捷、刘忻、李火林、马卫光、柯吉欣、马小秋、朱建明、唐春所、胥伟华、陈一行、黄海峰、朱华、刘颖、陈瑾、王敏等市领导来到南湖湖心岛，听取党的一大情况和"红船精神"介绍。随后又来到南湖革命纪念馆，认真聆听讲解，追忆峥嵘岁月。纪念馆序厅内悬挂着中国共产党党旗。面对党旗，刘捷领誓，与其他市领导一起重温入党誓词。

当天还召开杭州—嘉兴工作交流会。刘捷指出，嘉兴守好"红色根脉"的政治担当、加快"融杭接沪"的开放胸怀、推进"城乡共富"的成功经验值得我们学习借鉴。希望双方以深入学习宣传贯彻省党代会精神为契机，以更大力度促进基础设施互联，以更高质量推动产业发展共兴，以更宽视野实现民生优质共享，推动"杭嘉同城"跑出加速度，共同做强做大杭州都市区。嘉兴市委书记张兵说，杭州是全省的头雁。希望与杭州进一步完善合作机制、促进交通互联、深化科教合作、强化产业协同，不断加速杭嘉一体化发展。嘉兴市领导李军、高玲慧、陈利众等参加。

●● 全市常态化扫黑除恶斗争推进会召开，传达学习中央和省关于推进常态化扫黑除恶斗争相关精神，全面贯彻实施《反有组织犯罪法》，部署推进重点行业领域整治，持续推动杭州市常态化扫黑除恶斗争走深走实，以实际行动迎接党的二十大胜利召开。

会议强调，要深刻认识扫黑除恶斗争面临的新形势新风险新问题，围绕中央明确的扫黑除恶斗争"十件实事"以及全国、全省扫黑办部署要求，以"常态化扫黑除恶永远在路上"的清醒认识和态度作风持续深入抓好打击整治工作。要压实各方责任，加强统一谋划、统一领导、统一督导，落细落实各级政法机关、各地各行业领域监管部门的主体责任和属地责任。要持续严打深挖，建立健全预测预警、线索核查、挂牌督办等工作机制，加强部门间联动联处。要深化行业整治，坚持问题导向、效果导向，落实"一案一整治"等有效措施，纵深推进教育、医疗、金融放贷、市场流通新四大行业领域规范整治。要坚持依法履职，用好《反有组织犯罪法》这一预防惩治黑恶犯罪的"法宝""利剑"，切实增强法治保障。

●● 由市委党史研究室（市志办）、市社科联（市社科院）、上城区委联合举办的"牢记新使命，奋进新时代，建设新天堂"学术研讨会在上城区小营街道召开。来自学术界、社科界及党史地方志相关的专家教授齐聚一堂，总结历史经验，汲取历史智慧，守住红色根脉，牢记初心使命，为杭州成功迈向第二个百年奋斗目标贡献力量。

研讨会回顾总结中国共产党在杭州的百年历程，加深了对近现代中国国情和中国社会发展规律的认识，有效推进党史学习教育常态化长效化。作为纪念活动之一，由市委宣传部、市直机关工委、市委党史研究室（市志办）联合主办的纪念中共杭州小组成立100周年文艺晚会举办。

●● 文一西路隧道开通试运行。历时22个月的文一西路（东西大道—荆长大道）提升改造工程全线通车。文一西路（东西大道—荆长大道）提升改造工程起点位于金星二路，终点至荆长大道以西约400米，全长7.28千米，全线由快速路系统和地面主干路系统两部分组成。其中，快速路系统采用"隧道+地面快速路"形式，长度为6.24千米，由西向东可与文一路隧道、德胜快速路相连接，串联起未来科技城与杭州主城区。

隧道地下空间设置双向6车道、时速80千米每小时及明显的导流线，隧道内的东西大道西隧道U形槽进出口、龙园路东向西出口匝道、绿汀路西向东进口匝道、创景路东向西出口匝道、文福路东2对进出口匝道，聚橙路东隧道U形槽进出口等匝道全部开通。

●● 淳安县"全民共享亚运红利"亚运场馆惠民行动启动，并发布界首体育中心惠民开放方案、场馆观光线路、赛事及活动安排、体育旅游消费券等内容。

作为杭州亚运会市域内唯一的亚运分村，淳安界首体育中心主要有1个场地自行车馆、5项室外赛事场地和运动员村、技术官员村、媒体村等场地及设施，涉及自行车、铁人三项、公开水域游泳等赛事。对外开放的范围包括两个部分：场地自行车馆、小轮车场地、山地自行车场地、公路自行车场地、铁人三项场地作为低免场地，通过低收费或免费的形式对外开放；运动员村（地中海酒店）、技术官员村（郝力克酒店）、游泳训练场地（千岛湖秀水广场湖区）以及格林7号乐园作为经营场地对外开放。场馆开放后的主要用途包括全民健身、教育研学、专业训练、体育赛事、会议会展、体育旅游等。

七

月

1 日

QI YUE

●● 杭州市纪念中共杭州小组成立100周年暨"七一"表彰大会召开。省委常委、市委书记刘捷在会上强调，要深入学习贯彻习近平新时代中国特色社会主义思想，认真落实省第十五次党代会和全省第十次党史工作会议精神，铭记革命历史、赓续红色血脉，弘扬伟大建党精神，走好新的赶考之路，加快建设世界一流的社会主义现代化国际大都市，在稳进提质中扛起省会担当，在"两个先行"中展现头雁风采。市委副书记、市长刘忻主持，李火林、马卫光、柯吉欣、马小秋、胥伟华、陈一行、黄海峰、朱华出席。

会上表彰"担当作为好干部""担当作为好支书""新时代好党员"，市领导为获奖代表颁发荣誉证书。

刘捷指出，中共杭州小组的成立是党在杭州百年历史中的重大事件，标志着杭州人民革命斗争从此有了坚强的组织领导。党在杭州的百年历史，彰显了党的领导、卓越领袖、理想信念、改革创新、团结奋斗的伟大力量。

●● 市长刘忻主持召开市政府常务会议，就智能物联和集成电路产业发展、商事制度改革等议题进行研究部署。会议审议《杭州市促进智能物联产业高质量发展的若干意见（2022—2025年）》《关于促进集成电路产业高质量发展的实施意见》《杭州市市场主体住所（经营场所）登记申报承诺制实施办法》。

会议强调，要深刻学习领会习近平总书记重要指示精神，完整准确全面贯彻新发展理念，认真落实省第十五次党代会战略部署，突出创新制胜、强化变革重塑，聚力推动智能物联和集成电路产业高质量发展，加快实施市场主体住所登记申报承诺制，以增量政策供给持续提升数字经济硬核实力，以商事制度改革纵深推进激发市场主体活力，在稳进提质中扛起省会担当，在"两个先行"中展现头雁风采。

会前，市政府党组召开扩大会议，专题学习《干在实处 勇立潮头——习近平浙江足迹》，集体学习习近平总书记关于统计工作的重要指示精神等。

2日

省委常委、市委书记刘捷主持召开全市经济稳进提质工作调度会。刘忻、柯吉欣、朱华、刘颖、陈瑾、王敏、胡伟、丁狄刚、刘嫔珺、孙旭东出席。会上，各专班牵头市领导汇报专班推进情况、月度指标晾晒、存在问题及下一步工作计划，上城区、富阳区、拱墅区、建德市负责人做交流发言。

刘捷指出，2022年以来，全市上下高效统筹疫情防控和经济社会发展，生产生活秩序逐步恢复，各级政策效应全面释放。要提高认识、坚定信心、保持清醒，进一步增强推动经济稳进提质的责任感、使命感和紧迫感，巩固提升经济趋稳向好的态势。

刘捷强调，要深入学习贯彻习近平总书记关于当前经济工作的重要讲话精神和党中央、国务院关于稳住经济大盘的决策部署，全面落实省第十五次党代会和全省经济稳进提质攻坚行动工作推进会精神，自加压力、奋勇争先，不断激发积极性、主动性，牢牢把握经济工作主动权，为全省经济稳进提质贡献杭州力量。

2—3日

以"构建安全可信的数字世界"为主题的2022年西湖论剑·网络安全大会举行。大会在杭州、北京同步召开，设置开幕式及全体大会、2场主论坛、8场平行论坛以及2场网络安全展等。省委常委、宣传部部长王纲出席开幕式，黄海峰致辞。

会上，《数字城市网络安全评价指数白皮书（2022）》发布，首次提出"数字城市网络安全评价指标"这一概念及评价标准，从安全维度为数字城市发展评价指标体系的建立提供重要参考。大会还发布10本产业和技术白皮书，聚焦安全托管运营服务发展态势、个人信息隐私保护、数据安全治理、新一代数据要素市场建设、数字新基建网络安全建设、重大赛事网络安全保障、金融行业防御体系之蓝队能力建设等多个重要领域。2022年数据安全典型示范应用十大案例、网络安全未来十大趋势展望也在大会期间发布。

在全体大会上，相关政府单位、行业机构共同发起"构建安全可信的数字世界·西湖论剑十大共识"。

● ● 市长刘忻主持召开全市疫情防控、防汛抗旱和安全生产工作调度会。刘忻强调，安全生产工作事关群众生命财产安全，事关经济社会发展大局，容不得半点马虎大意和疏忽懈怠。各地各部门要以时时如履薄冰、如临深渊的心态抓实抓细安全生产各项工作，时刻警惕"针尖大的窟窿漏过斗大的风"，紧紧盯住危化品、建筑施工、道路交通、自建房、群租房、燃气、特种设备、非煤矿山等隐患集中领域，持续开展隐患排查整治攻坚行动，构建横向到边、纵向到底的安全监管体系，严格落实"党政同责、一岗双责、齐抓共管、失职追责"，对因玩忽职守、失职渎职造成人员伤亡的责任人严厉追责问责、决不姑息手软。

● ● 市长刘忻到亚组委机关走访慰问并召开工作座谈会。他强调，要始终牢记习近平总书记"杭州有能力举办一届成功的亚运会"殷殷嘱托，按照"工作不停、力度不减、标准不降、组织不散、机制不乱"要求，对标国际惯例、国际标准、国际规范，继续高质高效做好亚运筹办各项工作，持续释放亚运筹办红利，不断放大综合带动效应，为加快推进城市国际化现代化提供强劲动力，有力引领城市蝶变，全面展现魅力江南。胥伟华、陈瑾、缪承潮、王宏、陈卫强、罗杰、刘嫔珺、孙旭东、许明参加。

与会领导听取亚运筹办工作国际标准、规范和相关制度、经验、做法的汇报，观看亚运在线、亚运会赛事综合指挥平台运行演示。

● ● 市人大常委会主任李火林到浙大城市学院宣讲省第十五次党代会精神。宣讲中，李火林详细解读省党代会召开的重大意义、取得的重要成果和省党代会报告。他指出，深刻领会省党代会精神，要重点把握省党代会主题和"感恩奋进""牢记重托""两个先行""党建引领"四组关键词，时刻牢记习近平总书记和党中央赋予浙江的重大历史使命，深刻理解过去五年取得的9个方面历史性成就、"4个更加深刻"至深体会和8个方面的规律性认识，深刻把握"5大战略指引和11方面重要遵循"的内在联系，忠实践行"八八战略"，坚决拥护"两个确立"，坚决做到"两个维护"，锚定"8个高地"具体目标，坚持"五大导向"，聚焦"10个着力"主要任务，纵深推进全面从严治党，在推进"两个先行"新征程中感恩奋进建功立业。

李火林充分肯定近年来浙大城市学院的办学成果，希望浙大城市学院锚定一流应用型大学建设目标，充分发挥名城名校战略支持优势，坚持特色发展、创新制胜，推动学校高质量跨越式发展，以非常之举全力推进"全国百强大学"建设。

●● 市政协主席马卫光到杭州科技职业技术学院宣讲省第十五次党代会精神。

宣讲中，马卫光从准确把握新使命、新跨越、新征程上伟大思想指引和新目标、新任务、党的建设新要求等方面，全面系统阐释省党代会精神的核心要义，深入解读9个方面历史性成就和8个方面规律性认识，"5大战略指引、11方面重要遵循"和"两个先行"奋斗目标、"8个高地"具体目标、"五大工作导向"、"10个着力"主要任务等，传达袁家军同志参加杭州代表团审议时讲话精神。

马卫光充分肯定杭科院近年来的发展成绩，希望杭科院广大师生深入学习贯彻习近平总书记关于职业教育的重要论述和指示批示精神，按照省、市党代会部署要求，锚定建设国内一流的高等职业院校目标，坚持正确办学方向，坚持立德树人，瞄准技术变革和产业优化升级，推进产教融合、校企合作，深化育人方式、办学模式改革，培养更多高素质技术技能人才、能工巧匠、大国工匠。

会前，马卫光还考察学校建设发展情况。

●● 市政协主席马卫光以普通党员身份参加所在的市政协机关第三党支部专题学习活动。学习会上，马卫光作学习贯彻省第十五次党代会精神专题党课，支部党员结合思想和工作实际，畅谈交流学习体会和收获。马卫光与大家一起学习讨论、分享心得感悟。马卫光说，加强机关党的建设，提升机关工作水平，对推动新时代政协工作高质量发展至关重要。他希望支部党员同志要深入学习贯彻习近平新时代中国特色社会主义思想，学深悟透省党代会的丰富内涵、精神实质和实践要求，牢记嘱托、对党忠诚，感恩奋进、唯实惟先，切实把学习成果转化为助力"两个先行"的强大动力和实际行动。要强化服务"国之大者"的使命担当，主动立足全省、全市大局，对照头雁标准，强化一流意识，做深调查研究文章，提高分析问题、解决问题的对策建议质量，以高质量履职更好地服务中心大局。要落实"六型"政协机关建设要求，扎实推进支部各项建设，更好地发挥支部战斗堡垒作用和党员先锋模范作用，在服务"两个先行"新征程中展现人民政协新作为新风采。

● ● 省委常委、市委书记刘捷会见由四川省委常委、成都市委书记施小琳率领的成都市党政代表团一行。成都市领导谢瑞武、曹俊杰、张瑛、杜海波、鲜荣生，杭州市领导胥伟华、朱华参加。

刘捷说，杭州正深入学习贯彻习近平总书记对杭州工作的重要指示批示精神，加快打造世界一流的社会主义现代化国际大都市，努力在稳进提质中扛起省会担当，在"两个先行"中展现头雁风采。希望学习借鉴成都改革发展的宝贵经验，深化两地务实合作，实现优势互补、共同发展。

施小琳说，成都正认真贯彻习近平总书记来川视察重要指示精神，统筹推进疫情防控和经济社会发展。希望与杭州在智慧城市建设、科技创新、社区治理等方面加强互学互鉴，努力取得更多合作成果。

● ● 省人大常委会到杭州开展《浙江省综合行政执法条例》执法检查。省人大常委会副主任姒健敏带队，市人大常委会主任李火林参加。执法检查组首先召开座谈会，听取市政府、市有关部门和富阳区、桐庐县政府贯彻执行条例情况汇报，开展法规知识测试，随后到大源镇、场口镇实地考察行政执法工作情况，看望一线执法人员。

检查中，省、市人大代表围绕推进法治中国示范区及省域治理现代化建设、健全执法职责体系、数智赋能执法方式、执法规范化建设等方面提出了意见和建议。

姒健敏指出，省、市、县三级人大联动开展省综合行政执法条例执法检查是2022年省人大常委会监督计划的重点内容。条例出台以来，杭州市强化顶层设计，推进数智赋能，全面深入宣传，迅速有力落实，构建起全覆盖执法清单体系，促使"大综合一体化"行政执法改革显现阶段性成效，以实际行动彰显了责任担当和变革能力。李火林表示，市人大常委会将按照中央和省委、市委决策部署，充分发挥人大职能作用，依法推动条例落实落细，为杭州在"两个先行"中扛起头雁担当、以"城市之窗"展示"浙江风采"提供坚实法治保障。

●● 市政协主席马卫光分别到钱塘区、拱墅区和西湖区，就亚运会场馆建设和赛前利用工作进行调研。许明参加。马卫光一行实地走访钱塘轮滑中心场馆、杭州文汇学校草地掷球场、杭州电竞中心、浙江黄龙体育中心。他指出，要科学统筹亚运筹办、体育赛事、场馆开放等各项工作，坚持"一场馆一方案"，完善运营管理机制，优化全民健身供给，让群众更好地共享"亚运红利"，为亚运会赛事举办和赛后场馆利用积累经验，充分发挥亚运会综合带动效应，高水平实现"办好一个会、提升一座城"。

●● 省长王浩在湖州、杭州调研经济稳进提质工作。保市场主体是稳经济的关键。王浩先后来到长兴县、临安区，调研杭州谱育科技发展有限公司、浙江驰拓科技有限公司等企业，实地察看生产线，认真询问最近几个月的生产经营情况、存在的主要困难以及享受减税退税、援企稳岗等政策情况。

从太湖龙之梦乐园项目到青山湖科技城战略性新兴产业项目，王浩一路走一路看，问得最多的就是项目落地建设情况。在建德市梅城镇，王浩察看美丽城镇建设和古城保护运营、业态招引等情况。在新安江水电站，王浩走上坝顶，仔细察看水情水势，详细了解防汛应对准备情况，要求有关部门严格落实日常防灾和应急救灾工作责任，强化对工作落实情况督促检查，做到预案到位、物资到位、力量到位、演练到位。

刘忻参加杭州调研。

●● 杭州市民间信仰事务管理工作现场推进会在临平区召开。与会人员实地参观临平区南苑街道小城隍庙和星桥街道汤家新庙。会上，由市民宗局组织编撰的《民间信仰与乡风传承》首发暨赠书仪式举行。该书以"乡风文明培育""乡村文化转型""良善社区治理""家国情怀涵养"为主题汇编了全市民间信仰活动场所优秀故事。临平区、拱墅区、余杭区、萧山区和富阳区就民间信仰事务管理工作做了经验交流。

6 日 QI YUE

●● 在良渚古城遗址申遗成功三周年之际，省委常委、市委书记刘捷主持召开世界文化遗产保护传承利用座谈会。黄海峰、朱华、罗卫红、丁狄刚、陈新华出席。市园文局、西湖风景名胜区管委会、良渚遗址管理区管委会负责人分别汇报世界文化遗产保护利用情况。中国建筑设计研究院总规划师陈同滨、复旦大学国土与文化资源研究中心主任杜晓帆、国家大运河保护与申遗工作专家组成员张书恒结合各自研究领域，围绕深化阐释体系、宣传遗产价值、加强专业力量、提升城市国际影响力等提出意见和建议。

刘捷代表市委、市政府向各位遗产专家一直以来给予杭州发展特别是文化遗产保护和申遗工作的关心支持表示感谢。他指出，要深入学习领会习近平总书记重要讲话和重要指示精神，充分认识中华文明探源工程的原创性贡献、"三个有利于"科学论断的实践伟力、历史文化名城的独特魅力、人民群众日益增长的精神文化需求，从强化历史自觉坚定文化自信、中华优秀传统文化传承发展、提升城市文化软实力关键要素、以精神富有推进共同富裕的高度深刻把握世界文化遗产的宝贵价值，切实增强做好世界文化遗产保护、传承、利用工作的责任感和使命感。

●● 省委常委、市委书记刘捷到富阳区调研并宣讲省第十五次党代会精神。他强调，要深入学习贯彻省第十五次党代会精神，忠实践行"八八战略"、坚决做到"两个维护"，找准自身发展定位，勇于担当、自我加压，加快推动创新活力、都市田园、山水人文、幸福宜居相得益彰，奋力推进"两个先行"，绘好现代版富春山居图。朱华参加。

刘捷走进大源镇蒋家村的古宅，看保护、观业态、问机制，与当地干部群众探讨古村落保护利用、文化乡村建设的思路和举措。他来到秦望过江通道项目现场，通过智能监控数据管理平台，了解项目规划建设及过江盾构施工情况。刘捷考察了富阳水上运动中心及北支江沉浸式夜景。在村文化礼堂，他与春江街道八一村的村干部、村民、创业者代表以及市委办公厅第二党支部部分党员围坐在一起，宣讲省第十五次党代会精神。

● ● 省人大常委会副主任姒健敏带队在杭州开展《中华人民共和国乡村振兴促进法》《浙江省乡村振兴促进条例》执法检查。戚哮虎、刘嫔珺陪同检查或参加座谈。

执法检查组首先召开座谈会，听取市政府及相关部门、桐庐县政府贯彻执行法律法规情况汇报，随后到莪山乡西金坞村、钟山乡陇西村蓝莓智创园，实地考察美丽乡村建设、乡村基层治理、少数民族地区发展、乡村产业振兴等情况。座谈会上，省、市人大代表围绕村级集体经济发展、基本公共服务均等化、基础设施建设、农文旅融合、要素保障等方面提出了意见和建议。

在认真听取汇报后，姒健敏指出，杭州作为省会城市，要充分发挥区位、经济、人才等方面优势，在纵深推进乡村振兴中当好"排头兵""领头雁"，全力打造乡村振兴"杭州样板"。各相关部门要借助执法检查契机，边检查边改进、边落实边提升，扎实推进问题整改和成果巩固，以优异成绩迎接全国人大常委会执法检查。

● ● 市政协举行"杭州数字政协"迭代升级阶段性成果发布会。市政协主席马卫光讲话，许明、毛溪浩、陈国妹、郭清晔、宦金元、林革参加。

市政协认真贯彻省委、市委纵深推进数字化改革部署要求和"浙江数字政协"推进会精神，立足政协工作职能定位，加强顶层设计，强化系统集成，聚焦多跨应用，注重数字赋能，着力构建"'162'+H"数字政协迭代升级总体架构，建设面向党政机关、政协组织、政协委员和界别群众，融学习教育、履职活动、提案在线、团结联谊、信息反映、服务管理等为一体，涵盖六大综合应用以及"党建在线""文史在线""智库在线""宣传矩阵""协同办公"等体现杭州政协特色的多跨应用场景，努力形成"线上+网上+掌上"智慧履职新模式。其中，数字政协驾驶舱和"协商在线""提案在线""委员履职在线""文史在线"4个综合应用于会上上线试运行。

发布会后，还举行了全市政协委员数字政协应用场景和操作使用的专题培训。

● ● 全国首个民族乡村共同富裕指标体系在桐庐莪山畲族乡发布。该乡与桐庐县市场监督管理局携手，以《浙江高质量发展建设共同富裕示范区实施方案》第一阶段（2021—2025年）发展目标为依据，着眼新时代文化、社会环境、产业质效、居民收入、公共服务、美丽宜居等六大板块，赋分量化22项共同富裕二级指标。细化出76项共同富裕考核指标，使建设民族乡村共同富裕有标可依，也为其他民族乡村建设共同富裕提供标准化参考。

7

日 QI YUE

●● 市委理论学习中心组召开省第十五次党代会精神专题学习会，深入系统学习省第十五次党代会精神，研究贯彻落实举措。

省委常委、市委书记刘捷主持会议并讲话。省党代会精神省委宣讲团成员，省纪委常务副书记、省监委副主任陈擎苍作宣讲报告；李火林、马卫光、柯吉欣、马小秋、朱建明、胥伟华、陈一行、黄海峰、朱华、刘颖、陈瑾、王敏结合自身工作实际，畅谈了学习心得体会。市委理论学习中心组成员，市直相关单位负责人等出席。

刘捷强调，各地各部门要按照省委的决策部署，细致安排学习计划，深入开展阐释解读，扎实做好新闻宣传，引导广大党员干部学深悟透精神实质，在全社会迅速兴起学习贯彻省党代会精神的热潮，充分激发干事创业激情，不断开创各项工作新局面，以优异成绩迎接党的二十大胜利召开。

●● 省人大常委会副主任姒健敏带队到杭州督查中央人大工作会议和有关文件精神落实情况。市人大常委会主任李火林参加。督查组召开座谈会，听取市委、市人大常委会、市委有关部门以及上城区、余杭区人大常委会贯彻落实中央人大工作会议和有关文件精神情况汇报。

姒健敏在认真听取汇报后指出，杭州各级党委、人大深入学习贯彻中央人大工作会议精神，自觉践行习近平总书记关于坚持和完善人民代表大会制度的重要思想，始终把人大工作摆在重要位置，党的领导坚强有力，贯彻起点高，推进力度大，谋划举措实，工作成效值得肯定。

李火林表示，市人大常委会将以本次督查工作为契机，持续学习宣传贯彻中央人大工作会议、省第十五次党代会精神，精心协助筹备市委人大工作会议，积极助推争当城市范例，全力打造践行全过程人民民主实践高地，切实加强自身建设，为杭州在推进"两个先行"中展现"头雁风采"贡献人大力量。

8
日 QI YUE

●● 省委常委、市委书记刘捷专题调研文化建设工作。在德寿宫项目现场，他看望慰问冒暑工作的考古专家和工作人员，详细了解德寿宫历史沿革及项目进展等情况。刘捷走进西泠印社孤山社址，考察西泠印社和中国印学博物馆，了解西泠印社百年社史和社藏文物保护管理情况。

调研中，刘捷强调，要积极推进文物保护、原创展览、社会教育等探索创新，让收藏在博物馆里的文物、陈列在广阔大地上的遗产、书写在古籍里的文字都活起来，把典籍中的杭州、文物中的杭州、遗迹中的杭州、创意中的杭州全方位展示出来，让历史文化名城的金字招牌更加熠熠生辉。

●● 全省建设新时代美丽浙江推进大会暨生物多样性保护大会召开，杭州市以第一名的成绩获2021年度全省"五水共治"工作优秀市"大禹鼎"银鼎，这也是杭州第6年获该荣誉。上城区、萧山区、淳安县、建德市等4个县（市、区）在考核中获"大禹鼎"银鼎。

●● 杭州市第十一届残疾人运动会开幕。运动会设田径、游泳、乒乓球、羽毛球、围棋、象棋、飞镖7个大项、140个小项，来自全市各区县（市）的13个代表队341名运动员参赛。比赛分两个阶段。7月1日，第一阶段群体项目比赛完赛，来自全市13个区县（市）的99名运动员参与象棋、围棋、飞镖的角逐，共决出11枚金牌、11枚银牌和9枚铜牌；7月8—10日，第二阶段比赛举行，主要进行游泳、乒乓球、羽毛球、田径4个竞技体育项目，产生141枚金牌、107枚银牌、72枚铜牌。

●● 钱江路隧道延伸工程经过两年建设，与原建成段钱江路隧道一起实现全线贯通。钱江路隧道为城市主干路，全线为U形槽+隧道形式，双向4车道规模，设计时速50千米，左线全长约1930米、右线全长约1915米。工程在沪杭甬下方段还包含引水河改造工程，采用倒虹形式下穿钱江路隧道，共设3处倒虹井。项目于2020年5月22日开工建设，2022年1月20日完成隧道主体结构、5月20日完成项目竣工验收。

● ● 市长刘忻专程看望慰问坚守在战高温、战疫情一线的工作人员，感谢他们的辛勤付出和无私奉献。陈瑾、丁狄刚参加。

在上城区四季青派出所里，刘忻为公安干警们加油鼓劲。刘忻为市疫情防控特别机动队的工作人员送上慰问品和防暑降温用品。在机场疫情防控专班的驻地，刘忻与工作人员亲切握手交流，为他们执着坚守、连续作战的精神点赞。

● ● 杭州2022年第19届亚运会特许零售城市体验店开业。

体验店集零售、体验、宣传于一体，开设在杭州核心商业区（延安路240号），其营业面积近500平方米，备有12个产品大类的1000多款特许零售商品，配置互动打卡区、产品陈列区、活动区。作为首个低碳城市体验店，该店把绿色、低碳、可持续理念融入门店装修、经营等全过程和各领域。

● ● 市人大常委会先后召开两次就业促进法执法检查组全体会议。市人大常委会主任李火林出席并讲话，卢春强参加。会上，专家解读执法检查重点内容，11个市级单位汇报贯彻执行就业促进法有关情况，13个区县（市）人大常委会汇报就业促进法执法检查情况。与会的市人大代表就加强就业政策系统性、精准对接就业供需、加快完善新就业形态政策法规保障、有针对性开展职业教育培训、提升公共就业服务能力等提出建议。会上还开展就业促进法律法规知识考试。

李火林强调，要服务中心大局，把执法检查作为人大服务经济稳进提质、推动共同富裕先行的重要抓手，紧盯稳就业保就业，推动政策落实，保障改善民生。要坚持问题导向，紧扣法律规定、充分发扬民主、坚持科学精神，摸清底数、找准问题，提高市人大常委会会议审议、专题询问实效。要坚持实事求是、唯实惟先，精准建言督政，加强跟踪问效，督促整改落实，切实推进法律执行、政策落地、问题解决，更好地在法治轨道上促进就业工作、提升就业质量。

11 日

● ● 全省科技创新大会在省人民大会堂举行。浙江省委书记袁家军，省委副书记、省长王浩等领导出席。大会颁发2021年度浙江省科学技术奖306项。其中，在杭州的单位有192个牵头完成的重大科技成果获奖，占浙江获奖总数的63%。杭州市携手西湖区、滨江区、余杭区获全省科技工作的最高荣誉——"科技创新鼎"。大会确定杭州市等4个市、杭州市西湖区等22个县（市、区）为2021年度市县党政领导科技进步目标责任制考核优秀单位。

● ● 省委常委、市委书记刘捷会见由广元市委书记邹自景率领的广元市考察团一行。杭州市领导柯吉欣、朱华，广元市领导陈宗德、陈正永参加。

刘捷对广元市给予杭州发展的支持帮助和对援川干部人才的关心爱护表示感谢。他说，杭州将深入学习贯彻习近平总书记对深化东西部协作和定点帮扶工作的重要指示精神，提升与广元市在产业、教育、医疗、人才等各领域合作水平，在更好地服务国家战略中加快发展、携手共进。

邹自景表示，希望杭州在数字经济、营商环境、社会事业建设与发展等方面给予更多指导和帮助，广元将一如既往创造良好条件、提供有力保障。

● ● 在全国安全生产电视电话会议结束后，市长刘忻主持召开续会，部署杭州市安全生产有关工作。刘忻强调，要紧盯安全生产关键领域和薄弱环节，持续深化风险隐患排查整治攻坚行动，聚焦燃气、消防、化工、自建房、群租房、建筑工地、交通运输、特种设备、高层建筑、地下空间、学校医院、地质灾害、防汛防台等重点领域和重点区域，迭代完善风险闭环管控的大平安机制，实现纵深防御、关口前移、源头治理。要慎终如始抓好疫情防控，坚持"外防输入、内防反弹"总策略和"动态清零"总方针不动摇，落实"七大机制"，加强"五快"响应，全面筑牢疫情防控的杭州防线。

●● 市十四届人大常委会党组理论学习中心组（扩大）召开省第十五次党代会精神专题学习会，组织机关全体干部用1天时间开展座谈交流和集中自学。市人大常委会党组书记李火林主持并讲话，党组副书记戚哮虎，党组成员戴建平、卢春强、徐小林、张如勇，市人大常委会副主任罗卫红参加。

李火林指出，市人大常委会要把学习领会、贯彻落实省党代会精神作为当前和今后一个时期的重大政治任务，切实把思想和行动统一到省党代会精神上来，统一到省委、市委重大决策部署上来，更好地发挥人大职能作用，努力为杭州在稳进提质中扛起省会担当、在"两个先行"中展现头雁风采贡献人大力量。

●● 第十七届"振兴杯"全国青年职业技能大赛（学生组）主体赛决赛在杭州举行。大赛以"跟党走实学实干，练技能成才报国"为主题，设置主体赛（职业技能竞赛）、专项赛（创新创效竞赛）两项赛事。其中，主体赛决赛设置工业机器人系统操作员、计算机程序设计员（云计算平台运维与开发）、车工等3个竞赛职业（工种），全国29个省（自治区、直辖市）219名选手参赛。

作为选拔高技能人才的大赛，主办方也出台配套人才政策激励更多青年人才不断提升自身职业技能。对符合条件的获各职业（工种）前3名（组）的选手，并与杭州用人单位签订就业协议且工作满一年的，优先推荐"杭州工匠"称号，并给予奖金5万元；对符合条件的获各职业（工种）前5名（组）、与杭州用人单位签订就业协议且工作满一年的选手，授予杭州市"五一劳动奖章"；对专项赛中获全国决赛金奖选手，可根据具体条件在杭落户并授予"杭州市杰出青年岗位能手"称号。

12 日

●● 省委常委、市委书记刘捷到临安区调研并检查指导防汛防旱防台及乡村振兴工作。刘捷一行实地考察白牛村、杭州昌西公社农业科技有限公司、龙岗镇、岛石镇、杭州福斯特应用材料股份有限公司、临安博物馆等。

刘捷强调，要深入践行"绿水青山就是金山银山"理念，坚持因地制宜，找准自身优势，加快一二三产业融合发展，大力发展美丽经济，不断激发乡村振兴的内生动力，把绿水青山建得更美、把金山银山做得更大，推动西部山区奋力实现高质量跨越式发展。朱华、刘嫔珺参加。

●● 市人大常委会主任李火林到建德调研并宣讲省第十五次党代会精神。李火林了解莲花镇九仙石斛园的铁皮石斛种植和产业发展情况后说，要不断提升产品附加值，拓宽石斛产业链，带动农户和集体经济增收共富。在更楼街道"更有味"共同富裕合作社，李火林说，要继续深耕"合作+"文章，不断建强共富单元，持续为乡村振兴提供强大动能。在大同镇农创客中心，李火林与镇村干部、村民、创业者代表围坐在一起，宣讲省第十五次党代会精神。

在考察航头镇人大代表联络站时，李火林指出，人民代表大会制度是实现中国全过程人民民主的重要制度载体，要深入践行全过程人民民主重大理念，围绕代表更广更深参与人大工作、密切代表同人民群众的联系等重点，不断拓展功能，优化方式方法，运用数字化手段推动代表联络站迭代升级、提质增效，更好地发挥人大代表联络站的践行全过程人民民主基层单元作用。

其间，李火林调研了全国重点文物保护单位"建德人"遗址。他强调要进一步挖掘文物背后的历史文化内涵，精心做好文物保护和展示工作。

●● 市政协主席马卫光就杭州瓷文化及窑址遗存保护利用工作进行专题调研。陈新华参加。在天目窑遗址群现场，马卫光仔细了解项目保护和考古挖掘情况，向顶高温辛勤工作的考古人员表示敬意。在天目古窑陶瓷研发中心，他现场观摩瓷器制作过程，详细询问制作工艺。马卫光认真观看杭州南宋官窑博物馆的展陈文物，与现场专家深入交流。

调研中，马卫光强调，杭州历史底蕴深厚，文化资源富集。要深入学习贯彻习近平总书记关于社会主义文化建设的重要论述，准确把握保护与利用、传承与创新的关系，深入做好历史文化资源的保护挖掘传承利用工作，更好地守护历史文脉、传承文化基因，推动中华优秀传统文化创造性转化、创新性发展，持续擦亮历史文化名城金名片。

● ● 省政府新闻办举行中国（浙江）自由贸易试验区建设新闻发布会，杭州自贸片区5个举措入选浙江自贸试验区新一批"十大进展"，涉及空港枢纽能级提升、生物医药产业创新发展、数字人民币应用场景创新、高能级科创平台接连落地、项目招引力度加大等诸多方面。杭州自贸片区试点的浙里移民服务集成改革、数据知识产权制度改革、"专精特新"企业培育体系、企业外联App试点、生物医药产业园公募REITs试点、空港数字防疫智控体系、综保区一般纳税人资格试点精准化服务模式等7个成果入选浙江自贸试验区首批最佳制度创新案例。

● ● 第二届中国（杭州）苏东坡文化旅游节暨苏东坡文化论坛开幕。开幕式上，苏东坡及宋韵文化领域专家以线下文化论坛讲座的形式增进交流、授道解惑，解读苏东坡艺术作品中的美学思想、千古风雅中的人生哲学；同步举行的"东坡佳宴"，则以长桌形式展示东坡饮菊酿蟹黄等十二道创意菜肴。杭州、定州、眉山、常州、惠州、黄冈6个苏东坡品牌文化联盟城市联动，在线上开展主题推广。

13 日 QI YUE

● ● 市委常委会召开会议，传达学习《中国共产党政治协商工作条例》，研究杭州市贯彻落实意见。省委常委、市委书记刘捷主持会议并讲话。

会议指出，要结合打造彰显中国新型政党制度优势城市之窗目标，用好条例的重大制度创新成果，全链条规范政治协商各环节程序，在协商议题设置、成果转化运用方面下足功夫、务求实效，提升协商建言整体效能。要聚焦凝聚和增进共识，牢牢把握省委赋予的使命任务，进一步加大政治协商力度，拓宽民主监督广度，拓展参政议政深度，努力把党的主张和路线方针政策转化为社会各界的共同意志和自觉行动，助推全市经济社会高质量发展。

会议强调，要强化组织领导。各级党组（党委）要把学习贯彻条例作为一项重要政治任务，及时传达学习，并结合本地本部门实际，研究制定贯彻落实具体意见。要扎实推进条例学习培训和宣传解读工作，加强对条例执行落实的督导。要强化数智赋能，通过数字化手段加强政治协商部门和协商主体自身建设，放大"协商之治"和"数字之治"的叠加优势，加快形成杭州市社会主义民主政治蓬勃发展的生动局面。

●● 市委理论学习中心组举行召开学习会，集中学习研讨《论"三农"工作》《总体国家安全观学习纲要》，深入领会习近平总书记关于"三农"、总体国家安全观的重要论述，自觉以最新理论成果武装头脑、指导实践、推动工作，确保杭州市"三农"工作、国家安全工作不断取得新成效。

省委常委、市委书记刘捷主持会议并讲话，刘忻、李火林、马卫光和其他市委理论学习中心组成员出席。柯吉欣、朱华、刘颖、刘嫔珺分别做交流发言。

刘捷指出，《总体国家安全观学习纲要》是指导新时代国家安全实践的最新权威教材。要切实增强学习宣传贯彻纲要的思想自觉、政治自觉、行动自觉，扎实做好杭州市国家安全各项工作，努力构建高质量发展和高水平安全良性互动的大安全格局，为党的二十大胜利召开营造安全稳定的社会环境。要完整准确全面学习贯彻总体国家安全观，确保杭州市国家安全工作始终沿着正确的方向前进。要打好除险保安工作主动战，坚持把维护政治安全特别是政权安全、制度安全摆在首位，慎终如始抓好常态化疫情防控，坚决防范化解经济领域和社会领域各项风险，筑牢国家安全的杭州防线。要系统重塑杭州市国家安全体制机制，坚持党对国家安全工作的绝对领导，完善领导指挥体系、情报信息体系、数字化工作体系，不断提升做好新时代国家安全工作的能力水平。

14
日 QI YUE

●●●《杭州钱塘新区条例》立法工作领导小组召开第一次会议。市人大常委会主任、立法工作领导小组组长李火林出席并讲话，戴建平主持，孙旭东参加。会上，市人大常委会财经工委、钱塘区负责人分别汇报条例立法工作实施方案，及立法起草工作相关情况。领导小组顾问、成员和相关部门负责人围绕找准法规定位、处理好法规与政策边界、理顺管理体制机制、加强数字化改革引领、鼓励先行先试、强化要素支撑保障等提出建议。

李火林要求，要坚持党对立法工作的领导，按照"党委领导、人大主导、政府依托、各方参与"的要求，领导小组要充分发挥牵头抓总作用，严格执行重要立法事项向市委报告制度，及时研究解决立法中遇到的问题；市人大常委会相关工委、市政府各相关部门要强化责任担当，放大工作格局，合力完成条例立法，为钱塘新区打造高能级战略平台提供法治保障。

●● 市政协主席马卫光到市政协工会、共青团青联、妇联界别走访调研，看望政协委员，听取意见和建议。许明参加。马卫光实地考察市总工会职工文化中心、服务中心，并与工会界别委员座谈交流。在实地考察市青少年发展中心后，马卫光与共青团青联界别委员深入交流。在妇联界别，马卫光考察妇女活动中心，座谈会上，政协委员畅谈了履职收获和感受。

马卫光强调，界别是人民政协组织的显著特色，是政协履行职能、发挥作用的基本依托。要突出界别特色优势，打造具有鲜明标识度的履职平台载体，建好委员工作站等阵地，找准履职"小切口""微课题"，引导委员深入联系群众，做好调查研究、反映民意、协商建言、团结引领、凝聚共识工作，画好最大同心圆，增强工作针对性实效性。政协委员要增强界别意识，强化责任担当，在政协工作中唱主角、本职岗位上作表率、界别群众中当示范，展现新时代政协委员新风采。

●● 以"数智杭州、众智创新"为主题的2022年WDD全球数据资源开发者大赛暨浙江数据开放创新应用大赛杭州分赛区启动。杭州分赛区按照改革突破、实战实效要求，聚焦共同富裕扩中提低、高质量就业创业、强村富农、公共卫生、绿色低碳发展、社会保障等规定赛道，以及城市大脑2.0、数字工会、动态人口建库等分赛区特色赛道，挖掘培育一批"更便捷、更智能、更舒适、更有温度"的重大应用。

15
日 QI YUE

●● 香港特别行政区政府驻浙江联络处举办庆祝活动。省、市领导李卫宁、孙旭东及香港特区政府驻沪办负责人出席并致辞。李卫宁说，香港站在新的历史起点上，正迎来再续新篇、再创辉煌的大好时机。多年来，浙港交流合作得到了全方位拓展和深化，两地在贯彻国家战略布局上遥相呼应。希望浙港优势互补，进一步深化经贸金融领域合作，抓好粤港澳大湾区建设等重大机遇，推动港商港企深入参与浙江建设，实现合作共赢。希望加快协作，开创科研、人才、三大科创高地合作新空间，积极开展协同创新，助力两地高质量发展。希望搭建平台，进一步拓展人文、青少年等领域合作交流，增强香港青年的国家意识和民族认同，拓展浙江青年的国际视野，帮助更多香港青年在浙学习创业。

嘉宾们还参观了"砥砺25载，携手谱新篇"香港回归·浙港合作回顾展。

●● 市长刘忻主持召开市政府常务会议，传达学习李克强总理在东南沿海省份政府主要负责人经济形势座谈会上的重要讲话精神，专题研究上半年全市经济运行情况。会议强调，要深入贯彻习近平总书记关于当前经济工作的重要论述精神，全面落实党中央、国务院、省委、省政府和市委决策部署，鼓足信心、迎难而上、聚力攻坚，抢抓窗口期奋战三季度，全力推动稳进提质政策举措落地见效，不断巩固经济企稳回升向好势头，以杭州的稳和进为全国全省大局多做贡献。

会议听取市发改委、市统计局、市经信局、市财政局等8个部门对上半年经济运行情况的分析汇报。会议指出，2022年上半年极不容易、极不平凡，百年变局和世纪疫情的交织叠加、持续演进，给全市经济运行带来严峻挑战。在此背景下，各级各部门坚决贯彻"疫情要防住、经济要稳住、发展要安全"重要要求，深化落实稳进提质8大攻坚行动，加快释放政策效应，在危机中育先机、于变局中开新局，推动经济稳健运行、稳中向好。

会后，市政府党组召开扩大会议，认真学习习近平总书记在中央政治局第四十次集体学习时的重要讲话精神，汇报交流了"一岗双责"履行情况。

●● 杭州市召开"宋韵文化"专题提案办理协商会，并围绕如何把宋韵文化打造成为"重要窗口"独特韵味的文化金名片进行座谈交流。会上，市委宣传部相关负责人就"宋韵文化"专题提案办理情况做介绍，各会办单位针对委员们提出的意见和建议做回应。与会市政协委员针对宋韵文化的研究挖掘、保护传承、传播利用等，进一步提出意见和建议。

会议指出，深入实施宋韵文化传世工程，重在"转化"，贵在"活化"。要从有助于提升杭州国际影响力、老百姓幸福感自豪感和治理发展水平多个维度，找准"转化""活化"的着力点。要坚持高起点、高标准、高质量，防止复古化、庸俗化、狭义化，打造一批考古保护、理论研究、主流价值、文化文艺、文旅融合、中外交流、文创产业和生活方式等方面的标志性成果。要进一步强化组织领导，整合研究力量，加快跨界融合，完善政策机制，形成实施宋韵文化传世工程的强大合力，在打造宋韵文化传世工程中展示头雁风采、打造杭州样板。

● ● 全市民营经济发展联席会议召开，会上首次发布《杭州市民营经济发展白皮书（2021）》。

白皮书由杭州市工商联与浙大城市学院联合编制，就2021年度杭州市民营经济发展总体概况、杭州民营经济发展的主要特色、民营经济发展面临的机遇与挑战及民营经济发展的重点和方向4个方面展开研究。坚持理论与实践相结合，强调权威性、全面性、系统性，突出杭州特色、杭州经验和杭州方案，体现杭州民营经济的首位度、贡献度、参与度与满意度。

● ● 杭州会展业（福州）推介会在福州举行。杭州市代表团组织杭州会展场馆、会展企业、行业社团代表开展宣传推介。杭州市商务局对杭州会展营商环境做整体推介。杭州市会展旅业有限公司介绍杭州大会展中心。杭报集团华媒控股、杭州会展集团分别推介杭州品牌会展项目未来生活节及ADM展。会上，杭州市会议展览业协会与福州市会展行业协会签署了战略合作协议。双方将在杭州亚运会、数字贸易博览会、福州数字中国峰会等重大项目合作方面实现资源共享、信息互通。

● ● 第三届杭州市农创客大赛决赛暨颁奖典礼在桐庐闭幕。大赛由市委人才办、市委农办、市农业农村局（市乡村振兴局）、团市委、桐庐县主办。大赛收到139个农业领域的创业创新项目报名参加。其中，市外项目82个，涵盖农业信息化、数字化、绿色循环、农旅融合等领域。经过项目初审、初赛、云上复赛等筛选，12个项目进入决赛。艺福堂数字化龙井茶三产融合项目获得一等奖，耘管家—智慧农业精准服务的SaaS平台、幼龄反刍动物母乳替代产品的研发与产业化获得二等奖，数溪科技、Dr. 土壤医生、未来牧场、木亚文旅乡村民宿行业全产业链服务项目获得三等奖，林深见鹿、一盒故乡、未来茶乡村、畲味莪山、町言农品等项目获得优胜奖。

15—19日 QI YUE

●● 由淳安联合浙西各区县（市）以及江西景德镇、安徽歙县等三省、四市、九县共同参与举办的2022年首届浙西（千岛湖）创意生活周举行。

生活周除了在主会场举办文创展览，以及区县市特色文化推介会、淳安特色文化演出之外，还举行"文化赋能·共同富裕"高峰论坛、淳安县与西泠印社集团举行西泠书房签约、千岛湖城市动漫IP专属形象——"湖包包"发布的活动。

18日 QI YUE

●● 省委常委、市委书记刘捷率领杭州市党政代表团到宁波考察学习，对接落实"双城记"工作。其间，两地举行联席会议，省委常委、宁波市委书记彭佳学讲话，杭州市人大常委会主任李火林、市政协主席马卫光，宁波市人大常委会主任张平、市政协主席徐宇宁出席。会上通报了两市重点领域共建和协同推进惠民利企事项情况，两市签订了科技合作协议。

在宁波期间，杭州市党政代表团考察了镇海新材料特色小镇、中科院宁波材料所、天一阁博物院、宁波永新光学股份有限公司、宁波舟山港集团等地。杭州市领导柯吉欣、朱华、刘颖、王敏，宁波市领导华伟、沈敏、张文杰、林坚、潘银浩、朱欢、林雅莲参加相关活动。

●● 在浙江省"十链百场万企"系列对接活动之智能计算产业链专场活动上，中国（浙江）智能计算产业创新园揭牌。创新园先导区块位于未来科技城核心区块的人工智能小镇，建筑面积约22万平方米；规划区块则位于南湖畔，将依托同样位于南湖科学中心的之江实验室开展计算科学前沿探索、多种技术融合研究等。

在创新园揭牌当天，浙江"脑机"交叉研究院项目、京东方产业基金项目、石原子科技总部项目、之科云启科技总部项目等数个智能计算战略合作项目也落地未来科技城。

●● 市各民主党派、工商联领导干部和无党派人士座谈会暨读书班开班式召开。中共浙江省委常委、杭州市委书记刘捷在会上强调，要深入学习贯彻习近平总书记关于新型政党制度的重要论述，在助力"两个先行"中发挥多党合作制度效能，找到最大公约数，画好最大同心圆，发挥最大正能量，共同谱写杭州市统一战线和多党合作事业发展新篇章，为奋力打造世界一流的社会主义现代化国际大都市做出新的更大贡献。

朱建明主持。民革市委会主委林革，民盟市委会主委宦金元，民建市委会主委郭清晔，民进市委会主委楼秀华，农工党市委会主委於卫国，致公党省委会主委、市委会主委胡伟，九三学社市委会主委罗卫红，市工商联主席冯仁强，无党派人士代表徐剑锋围绕深入贯彻省第十五次党代会精神做交流发言，并向中共杭州市委提出意见和建议。

●● 经有关方面协商一致，并经亚奥理事会执委会批准，杭州2022年第19届亚运会将于2023年9月23日至10月8日举行。杭州亚组委将在亚奥理事会和中国奥委会的指导下，与有关各方共同努力，按照确定的举办日期全面做好筹办工作，呈现一届"中国特色、浙江风采、杭州韵味、精彩纷呈"的体育文化盛会。

●● 省委常委、市委书记刘捷调研之江文化产业带建设工作，并看望慰问一线工作者。他强调，要深入学习贯彻习近平总书记关于文化建设的重要论述，认真落实省第十五次党代会和省委文化工作会议精神，高水平推进之江文化产业带等新时代文化地标建设，创新完善公共文化服务供给，加快推动文化产业高质量发展，在构建

公共文化服务体系上不断取得新突破，更好地满足人民群众精神文化需求。黄海峰、陈瑾、王敏参加。

刘捷来到之江文化中心的施工现场，察看建设进展，看望慰问一线作业的建筑工人，感谢大家为城市建设维护做出的贡献，叮嘱大家注意防暑降温。刘捷详细了解浙江中南卡通股份有限公司的发展情况，勉励企业坚定文化自信、做强文化产业，加强文化国际传播能力建设，拓展延伸产业链条。他看望入驻中国网络作家村的网络作家，了解作家村网络文学创作情况。刘捷来到跨湖桥遗址博物馆，了解跨湖桥文化发掘和保护工作。

● ● 省委常委、市委书记刘捷会见由恩施州委书记胡超文率领的恩施州考察团一行。杭州市领导柯吉欣、卢春强、刘嫔珺、陈国妹，恩施州领导尹达、柯东海、吴建清等参加。

刘捷感谢恩施州长期以来对杭州发展的支持帮助、对杭州干部人才的关心爱护。他说，杭州和恩施在共同圆满完成东西部协作任务之后，开启革命老区重点城市对口合作。我们将坚决扛起政治责任，巩固协作成果、深化对口合作，在共同富裕新征程上共续山海情、携手谱新篇。胡超文表示，要学习借鉴杭州的先进经验，进一步加强产业、文旅等多领域多层次互惠互利，共同推动对口合作结出更加丰硕的成果。

● ● 市政协主席马卫光到桐庐县莪山乡调研。刘嫔珺参加。调研座谈会上，桐庐县、莪山乡分别汇报了创建民族乡村共富标杆工作情况。马卫光强调，乡村要振兴，产业是关键。要深入贯彻习近平总书记关于共同富裕、乡村振兴的重要论述，认真落实省、市党代会精神，坚持生态优先、绿色发展，立足资源禀赋，集成特色特质，持续做足做精"畲乡韵味"文章，努力打造民族乡村共富标杆。要坚持规划引领，明晰产业定位，优化产业布局，统筹建设时序，深度做好特色产业发展这篇文章，让民族文化和美丽生态资源成为畲乡发展和农民致富的源头活水。要坚持项目带动，聚焦农村人居环境改善、农民增收、民生改善等，完善基础设施配套，提升公共服务水平，调动群众参与积极性，实现生态美、产业兴、百姓富有机统一。

21 日 QI YUE

● ● 市政协召开专委会分党组工作推进会，深入贯彻中央和省委、市委关于加强新时代人民政协党的建设部署要求，交流工作经验，部署新一届政协专委会分党组工作。市政协党组书记、主席马卫光讲话，许明、毛溪浩、陈新华、陈国妹参加。会上，市政协专委会分党组负责人、履职临时党支部书记、党员委员代表做交流发言。

马卫光强调，专委会分党组建设是加强政协党的建设的重要内容。要健全落实专委会分党组运行机制、党员委员经常性作用发挥机制，落实落细工作要求，提升规范化建设水平，高质量推进"两个全覆盖"。要把握政协党建特点规律，突出质效导向，坚持守正创新，强化数字赋能，用好平台载体，打造党建品牌，更好地推动党建与履职融合互促，发挥党员委员先锋模范作用，提升专委会党建工作活力实效。要压紧压实党建责任，巩固深化各方协同发力谋党建、抓党建、强党建的良好工作格局，不断开创杭州市政协党建工作新局面。

● ● 2022年数字安全与法治高峰论坛在余杭举行。活动当天，全省首个"数字安全产业基地"在余杭揭牌并落地杭州未来科技城，包括之江奇安科技有限公司在内，共有5个数字安全领域的企业签约入驻。余杭网络安全联盟同日成立。

该基地的"五年计划"同步推出，主要包括未来五年内计划培育数字安全上市企业3个，引培数字安全产业相关企业500个，扶持技术攻关和场景应用项目500个等。在具体的举措中，对于符合条件的优质人才和企业，未来科技城将给予不同层次的政策支持。如：未来科技城将对"顶尖人才项目"最高给予1亿元支持；分层次给予梯队人才奖励，给予"一人一策"最高1300万元奖励等。

22
日 QI YUE

●● 由全国政协副秘书长、机关党组成员高波带队的调研组一行到杭州调研数字政协建设。省、市领导周国辉、马卫光参加。调研座谈会上，杭州市政协、余杭区政协分别汇报演示数字政协建设及成果运用情况，调研组就数字政协建设运行相关问题与当地政协开展了深入交流。

调研组充分肯定杭州市政协、余杭区政协数字政协建设探索和成效。高波指出，杭州市政协高度重视数字政协建设，坚持以数字化理念推进政协工作系统重塑，注重系统谋划、机制创新和实际应用，政协工作信息化水平和委员履职参与度大大提升，工作亮点纷呈、富有成效，走在了全国、全省前列。他强调，要持续推动贯彻落实中央政协工作会议精神走深走实，认真总结提炼政协数字化建设经验成果，更好地赋能新时代政协工作高质量发展。他希望杭州市政协持续深化探索创新，打造更多标识性、标志性的成果，提供更多可借鉴、可推广的鲜活经验。

●● 市委全面深化改革委员会第二次会议暨数字化改革领导小组会议召开。省委常委、市委书记、市委全面深化改革委员会主任刘捷主持会议并讲话。他强调，要深入贯彻中央深改委和省委深改委会议精神、全省数字化改革推进会精神，自觉扛起探路先锋的使命担当，塑造变革性实践，实现突破性进展，打造更多具有杭州辨识度的改革金名片，奋力在"两个先行"中展现头雁风采。柯吉欣、马小秋、胥伟华、陈一行、黄海峰、朱华、陈瑾、戚哮虎、胡伟、丁狄刚、罗杰、刘嫔珺、许明出席。

会议听取党委（党组）书记数字化改革工作述职，听取2022年以来全面深化改革推进落实情况及下一步工作打算、城市信用体系建设、老年友好型社会集成改革和普惠托育体系集成改革、城市住房保障体系建设和"大综合一体化"行政执法改革情况汇报，审议并通过《关于深化集中财力办大事预算绩效管理改革的实施意见》《杭州市深化科技体制改革实施方案》《杭州市全面加强和改进新时代学校体育工作实施意见》《杭州市全面加强和改进新时代学校美育工作实施意见》《杭州市全面加强新时代学校劳动教育工作实施意见》《杭州市产业园区"规划环评+项目环评"改革实施方案》《杭州市完善重要民生商品价格调控机制的实施方案》《贯彻落实〈关于有效发挥统计监督职能作用的意见〉的通知》。

● ● 中国国家版本馆举行落成典礼。中共中央政治局委员、中共中央宣传部部长黄坤明在北京出席并讲话。中国国家版本馆是国家版本资源总库和中华文化种子基因库,由中央总馆文瀚阁、西安分馆文济阁、杭州分馆文润阁、广州分馆文沁阁组成,历时三年建设均竣工,开馆后将全面履行国家版本资源保藏传承职责。

典礼以视频连线方式举行,主会场设在北京中央总馆,西安、杭州、广州三地分馆设分会场。中共中央政治局委员、广东省委书记李希在广州分馆出席典礼。浙江省领导袁家军、王浩、刘捷、陈奕君、王纲,杭州市领导刘忻、黄海峰、朱华、刘颖在杭州分馆出席。

● ● 杭州国家版本馆落成。杭州国家版本馆选址良渚,以宋韵江南园林为建筑风格,总建筑面积10.31万平方米,其核心功能为保藏、展示、研究和交流,是集图书馆、博物馆、美术馆、档案馆、展览馆等多种场馆功能于一体的综合性场馆,同时也是中央总馆异地灾备库、江南特色版本库,及华东地区版本资源集聚中心。场馆系列建筑沿中轴线,由南向北层叠展开:依次为南门、南书房、主书房、主馆二区、主馆三区、主馆四区、四区西侧为主馆五区,东侧为山体库房。

● ● 市委常委会召开会议,传达学习全国、全省安全生产工作会议和省委常委会会议精神,研究杭州市贯彻落实工作。省委常委、市委书记刘捷主持会议并讲话。

会议强调,要加大监管执法问责力度,正确认识安全监管执法和经济提质增效的关系,严字当头,下决心纠正执法宽松软问题,深入推进全领域、全环节、全要素安全监管。要高频率开展监管执法，提高执法精准性，及时发现处置违法行为，以"零容忍"的态度保持打击非法违法行为的高压态势。要严格落实生产安全事故"三必查"制度和安全生产"一票否决"制，坚决防范遏制重特大事故发生。

● ● 市领导刘捷、刘忻、李火林、马卫光、唐春所、朱华、陈瑾到省军区、省武警总队，与省军区夏俊友，省武警总队卢斌、许定平等部队领导进行座谈交流。刘捷对部队建设发展所取得的成绩表示祝贺，对官兵们为驻地执勤安保、抢险救灾、维护社会稳定等方面做出的贡献表示感谢并致以敬意。他说，杭州改革发展稳定的良好局面，离不开驻杭部队的支持和保障。推进"两个先行"在杭州的生动实践，需要全市上下紧密团结、共同努力，也需要驻杭部队和广大官兵继续发扬光荣传统，围绕中心、服务大局，主动融入、积极作为，共同谱写军政军民团结奋进的时代新篇。

在看望慰问烈士家属高碧英家庭时，刘捷关切询问家庭成员生活状况，了解各项政策待遇落实情况，叮嘱他们要保重身体，继续发扬军人及军属的优良作风，让红色基因代代相传。刘捷一行还看望了退役军人关国均，为他热心参与社区治理点赞，希望退役军人退伍不褪色，在各级党委、政府的领导和支持下，继续书写精彩的人生篇章。

● ● 市十四届人大常委会第六次主任会议听取杭州市首批基层单元建设阶段性工作情况汇报，研究深入推进基层单元建设工作。市人大常委会主任李火林，副主任戚哮虎、戴建平、罗卫红、卢春强、徐小林参加。

会议在肯定前一阶段工作成效后指出，深入推进基层单元建设工作，是市人大常委会深入践行全过程人民民主理念，推动人大工作提质增效，促进治理体系和治理能力现代化，助力全省"两个先行"的重要举措。要按照省、市人大常委会关于基层单元建设的部署要求，高质量完成19个基层单元培育创建任务，强化基层单元特色品牌建设，加快建设具有杭州辨识度的全过程人民民主基层单元。要扎实推进市数字代表总站建设，以数字化理念系统分析总站需求职责，规划设计功能体系，推动应用场景多跨协同、数据综合集成。要加强基层单元工作制度建设，创新工作机制，完善绩效评价体系，保障和推动基层单元相关功能落实落地，助力打造全过程人民民主实践高地和市域典范。

27日

QI YUE

●● 市委十三届二次全体（扩大）会议召开。出席这次全会的市委委员63名，候补委员12名。市委常委会主持会议。省委常委、市委书记刘捷讲话，市委副书记、市长刘忻部署下半年经济工作。

全会指出，做好下半年经济工作，要深入实施稳进提质攻坚行动，全力以赴筑牢疫情防控坚固防线、落实助企纾困政策、构建高能级产业生态圈、扩大有效投资、稳外贸稳订单、激发消费活力、促进房地产平稳健康发展、强化创新驱动、稳就业稳岗位、深化除险保安，以十个方面"全力以赴"的扎实成效确保"三季度好于二季度、四季度好于三季度、下半年好于上半年"，力争交出经济高质量发展的高分报表。

全会号召，全市广大党员干部群众要更加紧密地团结在以习近平同志为核心的党中央周围，登高望远、自我加压，勇立潮头、坚毅前行，在推进"两个先行"中再立新功，以优异成绩迎接党的二十大胜利召开。

不是市委委员的副市级以上领导干部，市纪委委员、监委委员，各区县（市）委书记和区县（市）长，市直属各单位（党组）主要负责人，部分市党代表、在杭非市属金融机构负责人等参加会议。担任过副市级以上领导职务的老同志应邀参加上午的会议。

●● 市政府党组书记、市长刘忻主持召开市政府党组（扩大）会议，认真学习贯彻市委十三届二次全会精神。会议强调，要坚持以习近平新时代中国特色社会主义思想为指导，按照"疫情要防住、经济要稳住、发展要安全"重要指示要求，紧紧围绕省第十五次党代会和市委全会决策部署，干字当头、勇挑重担、敢当主力，聚焦"四提一防"狠抓落实，高水平推进共同富裕幸福杭州建设，在稳进提质中扛起省会担当，在"两个先行"中展现头雁风采。

会议指出，市委十三届二次全会是在迎接党的二十大胜利召开、贯彻省第十五次党代会精神的关键节点召开的一次重要会议。全会报告站在忠实践行"八八战略"、坚决做到"两个维护"的政治高度，深刻阐述了杭州必须成为"窗口中的窗口、示范中的示范"的重大使命，清晰擘画了以杭州先行探索为全省全国共同富裕和现代化探路的实践路径，系统谋划了打造"两个先行"在杭实践标志性成果的实施方案，具有很强的政治性、思想性、引领性、可操作性，为市政府党组和全市政府系统对照"规划图"绘好"施工图"指明了方向、提供了遵循。

●● 在"喜迎二十大 志愿我先行"2022年杭州市志愿服务项目大赛举行。大赛收到近100个志愿服务项目的踊跃参与，经过层层选拔，最终有40个项目入围决赛，内容涵盖共同富裕、助力亚运、疫情防控、社区服务、扶贫帮困、应急救援、助老助残、文化文艺、医疗健身、科学普及、乡村振兴、环境保护、关爱留守儿童等17个方面。

●● "人工智能与数字经济论坛"在杭州萧山机器人小镇举行，人工智能领域专家汇聚一堂，分享智能科技赋能数字经济的创新实践成果。论坛主题为"智能硬件新生态，数字经济新未来"，由中国人工智能学会（CAAI）、萧山区政府、萧山经济技术开发区管委会主办，萧山区科学技术协会、萧山机器人小镇、CAAI智能创意与数字艺术专委会、浙江省计算机学会、浙江省计算机行业协会联合承办。

围绕"智能硬件新生态 数字经济新未来"，浙江大学智能系统与控制研究所机器人实验室主任熊蓉、浙江大华集团子公司华睿科技CTO穆方波等5位专家学者分别做《智能移动技术研究与应用》《以AI赋能智能制造 工业互联—创见全新视界》等报告，进行深度的技术交流。

活动现场，中国人工智能学会科技志愿服务队——萧山分队启动。受邀做分享的5位专家学者，被聘为中国人工智能学会科技志愿服务队成员。

●● 市人大常委会党组召开（扩大）会议，传达学习市委十三届二次全体（扩大）会议精神，研究部署贯彻落实工作。市人大常委会党组书记、主任李火林传达会议精神并讲话，戚哮虎、罗卫红、徐小林参加。

会议指出，这次市委全会是在迎接党的二十大的关键节点召开的一次具有重大政治意义、战略意义的会议。全会的报告和决议，以习近平新时代中国特色社会主义思想为指导，全面对标省第十五次党代会的新部署新要求，对奋力推进"两个先行"在杭州的生动实践做出全面部署，是杭州扛起省会担当、展现头雁风采、奋力推进"两个先行"的行动方案，充分体现了市委的高站位、高标准，大谋略、大视野，敢担当、真担当。全市各级人大要切实把思想和行动统一到市委全会精神上来，强化思想自觉、付诸实际行动，努力把市委全会的"规划图"转化为人大履职的"施工图"。

● ● "潮起钱塘·数字丝路"第六届全球跨境电商峰会在杭州举行。峰会以"新格局·新业态"为主题，有阿里巴巴集团、亚马逊公司、安克创新科技股份有限公司等跨境电商平台和出海品牌及超过50位嘉宾到会分享。来自山东、辽宁、浙江、江苏、安徽、新疆生产建设兵团等30多个综试区及城市代表，以及来自全国跨境电商从业者500多人出席。

WTO原副总干事、原中国驻WTO大使、商务部原副部长易小准，以《数字经济发展呼唤全球电子商务规则》为题发表主旨演讲。峰会上，中国综试区与阿里巴巴海外数字商业板块、菜鸟网络签订战略合作备忘录。全球跨境电商品牌研究中心、全球跨境电商品牌与设计创新中心、全球跨境电商品牌运营中心在峰会上揭牌。

● ● 西泠印社主题创作印章捐赠仪式在中国共产党历史展览馆举行。中共中央宣传部分管日常工作的副部长李书磊出席并讲话，省委常委、宣传部部长王纲致辞，市领导黄海峰、卢春强参加。2021年，西泠印社组织韩天衡、陈振濂等36位篆刻家，聚焦党的百年奋斗特别是新时代的历史性成就和历史性变革，打造出36件融合传统文化与红色文化、传统技艺与时代主题的篆刻作品。这批印章在党史展览中反映党的十八大以来社会主义文化繁荣发展的部分展出。

● ● 市领导刘忻、唐春所、戚哮虎、冯仁强到湖州走访慰问72集团军。座谈会上，刘忻向72集团军全体指战员致以节日的诚挚问候和美好祝福。他说，近年来，72集团军认真贯彻习近平强军思想，持续深化国防和军队改革，高质量完成好各项军事任务，同时大力弘扬拥政爱民光荣传统，把驻地当家乡、把群众当亲人，积极服务助力地方经济社会发展，在疫情防控、抢险救灾、维护社会和谐稳定等方面发挥了重要作用。我们将进一步巩固拓展双拥模范城建设成果，继续高标准服务保障好国防和军队建设，用心用情帮助部队解决退役军人转业安置、随军家属就业、军人子女就学等实际问题，持之以恒做好拥军优属工作，合力谱写军政军民一家亲的崭新篇章，为奋力推进"两个先行"在杭州的生动实践提供坚强保障。

● ● 市政协召开党组（扩大）会议，传达学习市委十三届二次全会精神，研究部署贯彻落实意见。市政协党组书记、主席马卫光主持并讲话。许明、毛溪浩、陈新华、陈国妹、林革参加。

会议强调，要把学习贯彻市委全会精神与持续学深悟透习近平总书记关于加强和改进人民政协工作的重要思想、中央政协工作会议精神和省党代会精神等紧密结合起来，切实把全会精神传达到每一位政协委员和机关干部，把学习成果转化为做好政协工作的强大动力和实际行动。要聚焦聚力中心大局，充分运用各类履职平台载体，精准履职切口，做深协商议政、监督助推、凝聚共识、履职为民文章，广泛汇聚推进"两个先行"共识力量，服务助推市委决策部署深入实施。要推动社会主义协商民主广泛多层制度化发展，建好用好请你来协商、民生议事堂、委员工作室等平台，推动政协协商与基层协商相衔接，更好地彰显专门协商机构优势特色，助力打造全过程人民民主市域实践地。要深入推进政协系统党的建设，深化数字政协建设，全面提升履职能力水平，党建引领，实干争先，在奋力推进"两个先行"杭州实践中展现新风采新作为。

30 日

●● 中国国家版本馆开馆暨展览开幕式在中国国家版本馆中央总馆举行。西安分馆、杭州分馆、广州分馆同步举行分馆开幕活动。浙江省领导袁家军、王浩、刘捷、陈奕君、徐文光、王纲、成岳冲，杭州市领导刘忻、黄海峰、朱华、刘颖在杭州分馆出席。

杭州国家版本馆开馆展览以"版本"为核心，强化"版本"主题，挖掘"版本"内涵，彰显"版本"特色，充分体现"中国风格"，展现"江南韵味"。

杭州国家版本馆开馆展览分"潮起之江——'重要窗口'主题版本展""文献之邦——江南版本文化概览展""盛世浙学——浙江文化研究工程成果展""千古风流——浙江历史文化名人展"4个主题展览，以及一个数字展厅。

●● 钱塘快速路（23号大街—义蓬中路段）开通，钱塘过江隧道试运行。钱塘快速路由西往东，从绕城西线留下互通，沿天目山路—环城北路—艮山路—下沙路，穿越钱塘江后，走艮山东路东延段，一直通到钱塘区头蓬快速路，全长53千米，跨越余杭、西湖、拱墅、上城、钱塘5个城区。通车范围为23号大街—义蓬中路段。其中，23号大街—河庄大道段快速路（含过江隧道、23号大街进出隧道匝道、艮山东路东延高架桥及河庄大道上下匝道桥）共8.1千米；河庄大道—义蓬中路段地面道路共3.4千米。

31 日

●● 三墩互通主线高架桥及振华路定向匝道通车试运行。开通试运行的道路为留石高架路（杭州绕城高速三墩互通至运溪高架路段）、振华西路匝道以及蒋墩路跨线桥剩余匝道，道路全长约10千米，双向六车道，设计行车时速80千米。

八月

1
日

BA YUE

●● 政协召开"加强杭州瓷文化及窑址遗存保护利用"月度协商座谈会。市政协主席马卫光讲话，陈新华主持。市委宣传部相关负责人到会听取意见。

会前，市政协组织相关专委会、界别、区县（市）政协和专家学者共同组成课题组，深入开展调研，召开不同层面座谈会，广泛听取意见和建议，形成相关调研报告。会上，市政协文化文史和学习委员会代表课题组做主旨发言，11位委员和专家代表分别做交流发言。232名委员在线参与网络议政、提出512条建议。

委员和专家们认为，近年来杭州在瓷文化及窑址遗存保护利用上取得了很大成绩，但同时也存在一些短板和问题。大家建议，要整合杭州古窑址资源，整体谋划杭州瓷文化遗产保护利用；要创新文化传播传承，打造线上线下融合的活态展示，深入讲好杭州瓷文化故事，推动瓷文化更好地融入大众生活；要加强整体提炼挖掘、宣传策划，综合打造瓷文化品牌；要统筹学术研究资源，打造中国瓷文化研究高地；要优化瓷文创产业链，推动陶瓷产业发展；要抓住天目窑申遗契机，促进杭州瓷文化国际传播等。

●● 全市除险保安攻坚行动会在富阳区召开。会议强调，要深入学习贯彻习近平总书记关于统筹发展和安全的重要论述精神，坚决落实全省除险保安百日攻坚行动工作推进会和市委十三届二次全会部署要求，以"十大专项行动"为总抓手，坚决打赢除险保安攻坚战，为党的二十大胜利召开创造安全稳定的政治社会环境。

会议指出，要紧紧围绕平安护航党的二十大这一首要政治任务，把思想行动统一到中央决策部署和省委、市委工作要求上来，深刻认识安全发展面临的严峻形势，牢牢树立政治意识、风险意识、协同意识和常态意识，切实增强防风险、保安全、护稳定的责任感、使命感，确保除险保安全域全量全程全覆盖。

会议通报全市除险保安工作情况，对攻坚行动目标任务进行部署明确。市公安局、市应急管理局和临平区做表态发言。会议以视频会议形式开至区县（市）、乡镇（街道）、村（社区）。

2 日 BA YUE

● ● 市长刘忻到拱墅区、滨江区走访服务企业。他强调，要认真学习贯彻省第十五次党代会和市委全会精神，坚持以高质量发展统揽全局，深入实施经济稳进提质攻坚行动，聚焦稳增长稳市场主体保就业持续发力，更加注重发挥企业的创新主体作用，以精准有效政策举措助力企业全面转入创新驱动发展轨道，以微观市场主体的"进"保障宏观经济大局的"稳"，为杭州在"两个先行"中扛起省会担当、展现头雁风采提供有力支撑。

上午，刘忻在拱墅区走访服务了多个清洁能源、生态环保相关企业。下午，到滨江区走访服务企业。

3 日 BA YUE

● ● 在全省疫情防控调度电视电话会议结束后，市长刘忻主持召开续会，研究部署杭州市当前疫情防控工作。他强调，要以最快速度、最严要求、最硬举措落实好省委、省政府工作部署，筑牢疫情防控的坚固防线。要坚持以快制快、以快制胜，坚决有力做好区域协查工作，针对涉疫区域来杭返杭的重点人员第一时间落实隔离管控、健康管理措施，确保做到人员查找、管控、核酸检测、隔离"四个到位"，杜绝发生漏管脱管失管，有效阻断疫情传播。要着力查漏补缺、补齐短板，针对人员密集的客运场站、商场宾馆、学校医院、热门景区等重点区域、重点部位、重点场所，深入细致开展风险隐患排查，对排查发现问题及时闭环整改，堵塞一切可能导致疫情防控形势逆转的漏洞。要抓实抓好常态化疫情防控，根据疫情发展变化动态调整核酸检测频次，持续扩大疫苗接种人群覆盖面，切实做好公共区域场所码、核酸检测阴性证明查验，牢牢守住社区、厂区、单位"小门"，凝聚群防群控强大合力。要持续强化防控能力建设，加强核酸检测、混管追阳、集中隔离等设施和人员储备，宁可备而无疫、绝不疫而无备，不断提升局部应急处置能力水平，以扎实防控成效助力经济稳进提质、保障社会和谐安定。

●● 电商中国·2022年第九届中国（杭州）国际电子商务博览会在杭州国际博览中心举行。秉承"看趋势、找服务、选产品"的基本原则，以"新电商·新格局·新优势"为展会主题，电博会重点突出展示新一轮电子商务产业的变革、数字化改革应用赋能新场景下的市场新形势和新趋势，探索谋求新服务模式并进一步优化整合国内外电子商务各类新生科技成果与产业形态、共同富裕、新电商选品、电商产业上下游链路产品。

在电博会开幕式上，杭州市部分区县（市）将与辖区内重点企业签订战略合作协议，旨在通过跨界整合多方资源，发挥双方资源、技术、服务等优势，有利于为区域新电商发展注入强大活力，共同推动杭州新电商高质量发展。

●● 市长刘忻先后到余杭区、滨江区、萧山区、西湖区走访服务企业。刘忻首先来到同盾网络科技公司，勉励企业努力克服疫情影响，把上半年损失的时间和订单抢回来，同时持续加大算法技术、风控模型等研发投入，打开未来增长的更大空间。在正元智慧科技公司，刘忻希望企业拓展未来社区、未来乡村等更加广阔的应用场景，推动企业做大做强。在微泰医疗器械公司，刘忻观看数字化血糖监测、便携式胰岛素注射产品演示。

刘忻走访调研浙江泰普森数字科技有限公司、世纪睿科集团、杭州乒乓智能技术有限公司、浙江保宏境通供应链管理有限公司等多个跨境电商、直播电商运营服务公司，全面了解新模式、新业态、新渠道帮助企业拓展市场情况。刘忻还来到蚂蚁集团，与企业负责人深入座谈交流，详细了解集团金融科技、数字生活、国际化等业务板块发展情况。

● ● 2022年杭州市科技系统党建工作领导小组（扩大）会议暨孵化器、众创空间党建工作推进会召开，杭州各区县（市）科技局负责人、创业产业园代表等交流双创平台党建工作。会上为15个双创平台的党建品牌授牌，并发起成立杭州市科技服务促进会的倡议。

● ● 七夕节，杭州市方志馆举办首届"宋韵乞巧——方志典籍曝书会"，晒出馆藏的40余部旧志典籍，供市民游客近距离阅览，并组织体验宋版雕版印刷、线装书、宋式点茶、手写书签等传统技艺。

● ● 在全省疫情防控调度电视电话会议结束后，市长刘忻主持召开会议，对杭州市当前疫情防控工作进行再部署再落实。刘忻强调，要深入贯彻习近平总书记关于疫情防控工作的重要讲话和指示批示精神，认真落实省委、省政府部署要求，坚持"外防输入、内防反弹"总策略和"动态清零"总方针不动摇，牢固树立大局意识，坚决扛起省会担当，切实做到"六个严"，织密织牢防控网，把来之不易的疫情防控成果守住守好，为三四季度经济社会稳定健康发展创造良好环境，以实际行动迎接党的二十大胜利召开。陈瑾、罗杰参加。

● ● 省长、第19届亚组委和第4届亚残组委主席王浩在杭州主持召开省第19届亚运会和第4届亚残运会工作领导小组例会。他强调，延期举办杭州亚运会、确定新的举办时间，是党中央、国务院做出的重大决策。我们要深入贯彻落实习近平总书记重要指示精神，进一步提高政治站位，强化责任担当，把"简约、安全、精彩"办赛理念和"五精""五高"要求贯彻落实到每一个工作环节，确保筹办工作高标准高效率推进。刘捷、徐文光、高兴夫、成岳冲、王文序、卢山、王成国、陈卫强等出席。会上，刘忻、杨戌标、汤飞帆及协办城市负责人汇报了近段时间筹办工作情况和下一阶段工作建议。

王浩充分肯定亚运会延期举办以来各项工作成效。他指出，亚运会延期到2023年举办，节点尤为特殊、意义尤为重大。省级有关部门、杭州市及各协办城市务必思想进一步绷紧、节奏进一步加快、要求进一步提高、责任进一步压实，紧紧抓住延期带来的宝贵窗口期，自我加压，拉高标杆，以更充分的准备、更完备的设施、更精密的方案、更优质的服务，切实提升办赛质量和水平，做到只留经典、不留遗憾。会前，王浩前往黄龙体育场、游泳跳水中心和黄龙体育馆，实地调研比赛场馆及赛事运行工作筹备情况。

●● 杭州亚组委发布亚运会历史上首套动态体育图标。杭州亚运会动态体育图标在延续杭州亚运会主形象色"虹韵紫"，遵循体育图标功能性原则的基础上，采用动作捕捉与游戏引擎作为设计的核心技术，通过动态运动过程、背景刷入、定帧展示三部曲，对体育运动的"态"与"势"进行演绎，形成流畅的动画效果。

9 日 BA YUE

●● 省委书记袁家军在杭州调研服务业高质量发展工作，并邀请企业家召开座谈会，强调要深入学习贯彻习近平总书记关于服务业高质量发展的重要论述精神，认真落实省第十五次党代会精神，坚持以人民为中心发展思想，以提高供给质量和国际竞争力为导向，突出数字化、融合化、品质化、绿色化、国际化，重塑服务业创新发展体制机制，构建现代化服务产业新体系，全面打响"浙江服务"品牌，加快建设现代服务业强省，打造浙江省"两个先行"新引擎。

袁家军考察了一批服务业企业。随后，他主持召开服务业高质量发展工作座谈会。省发展改革委、杭州市汇报上半年全省和杭州市服务业发展形势、存在困难、下一步工作重点，企业和协会代表易峥、沈坚、周巨乐、张正、童锦泉和奚建华做了发言，大家从各自角度提出意见和建议。

　　袁家军对大家提出的意见和建议做回应并感谢对未来发展的信心，充分肯定浙江省服务业发展应对大战大考取得的成绩，深入分析了服务业发展存在的问题。他指出，目前浙江省服务业遇到的困难问题既有外部变化和客观因素影响，又反映出自身存在的结构性素质性和体制性机制性问题。要准确把握服务业高质量发展的目标要求，重塑整体能级、发展动能、行业结构、空间格局、服务质量、体制机制，推动服务业发展方式加速转变，加快构建"创新开放、融合共享、供需协调、优质高效"的现代服务业新格局。

　　刘捷、陈奕君、徐文光、刘忻、朱华、刘颖陪同调研或参加座谈。

●●市政协召开"杭州数字政协"综合应用建设推进会暨工作专班第三次会议，总结数字政协前期建设应用情况，研究部署下一阶段工作任务。市政协主席马卫光，副主席许明、陈新华、陈国妹和秘书长柴世民参加。

　　会上，首批上线的"协商在线""提案在线""委员履职在线""文史在线"4个综合应用建设专项工作组分别演示汇报子驾驶舱及移动端特色功能模块数据加载、联通贯通和用户使用等运行情况，梳理汇报运行中存在的问题和困难，并提出了解决方案。"同心在线""社情民意在线""学习在线""党建在线"4个即将上线的综合应用建设专项工作组分别汇报综合应用建设方案及项目开发情况。

10
日 BA YUE

●●省政协主席黄莉新率队在杭州围绕"以数字化改革为牵引，打造重点群体就业帮扶新模式"开展专题调研。市政协主席马卫光参加。

　　黄莉新一行来到滨江区，走进企业听取生产经营、促进青年群体就业等情况介绍，仔细询问人才招引遇到的难题。下午，黄莉新主持召开座谈会，听取省人力社保厅、省教育厅、省财政厅、省农业农村厅以及杭州市情况介绍。她对省级有关部门和杭州市以数字化改革为牵引推进重点群体就业工作取得的成绩表示肯定。她强调，要深入贯彻习近平总书记关于当前经济工作的重要论述精神，按照省委、省政府部署要求，开展好稳就业惠民生攻坚行动，完善高质量就业创业体系，推动浙江省稳就业工作再上新台阶。要坚持实施就业优先政策，在完善稳就业机制政策、提升劳动者技能素质、做好重点群体就业工作、优化就业公共服务、深化就业领域数字化改革上持续发力，推动就业持续稳中向好，打响"创业就业在浙江"品牌，扎实推进共同富裕。政协要发挥专门协商机构优势作用，为促进高质量就业、推动经济稳进提质、推进"两个先行"做出积极贡献。

●● 市委常委会召开会议，传达学习习近平总书记在中央政治局会议上的重要讲话精神，研究杭州市贯彻落实工作。省委常委、市委书记刘捷主持会议并讲话。

会议指出，要全面贯彻巡视巡察工作方针，牢牢把握政治巡视定位，高质量推进十三届市委巡察工作。要周密部署巡察工作，灵活运用常规、专项、机动、提级、"回头看"等多种方式，采取板块联动、同类同步或"1托N"等方法，确保实现巡察全覆盖。区县（市）要把村（社）党组织也纳入全覆盖范围，确保巡察工作"一竿子到底"。要加强监督贯通融合，加快建设系统集成、协同高效的巡察综合监督体系，着力推动巡察信息化机构和平台建设，努力打造杭州巡察数字化改革标志性成果。要认真贯彻中央《关于加强巡视整改和成果运用的意见》和省委实施意见，加大巡视整改落实力度，探索建立巡察整改责任、督促、考评激励、评估报告、服务保障等五大机制，强化市直单位和各区县（市）的双重责任，持续做好巡察"后半篇文章"。

●● 市委理论学习中心组（扩大）举行专题学习会，学习讨论习近平总书记在省部级主要领导干部专题研讨班上的重要讲话精神和《习近平谈治国理政》第四卷，研究贯彻落实举措。省委常委、市委书记刘捷主持会议并讲话。市委理论学习中心组其他成员出席，刘忻、朱建明、陈一行、黄海峰做交流发言，其他市委常委作书面交流。相关市直单位负责人参加会议。

刘捷强调，要持续掀起学习宣传贯彻热潮，周密安排学习研讨，形成强大宣传声势，以学促干、见行见效，切实把思想和行动统一到习近平总书记重要讲话精神上来，统一到党中央决策部署上来，统筹抓好改革发展稳定各项工作，以杭州的"稳"和"进"为全省全国大局做出更大贡献，以实际行动迎接党的二十大胜利召开。

●● 市长刘忻主持召开市政府常务会议，研究部署历史文化名城保护、公立医院发展、暑期数字消费券发放等事项。会议强调，要认真学习贯彻习近平总书记重要讲话和指示批示精神，深入践行以人民为中心的发展思想，通过科学立法促进历史文化名城保护，以一流标准推动公立医院高质量发展，投入真金白银助力消费市场回暖复苏，不断实现和满足人民群众对美好生活的向往，加快把杭州打造成共享幸福的新天堂。

会议审议《杭州市历史文化名城保护条例（草案）》《杭州市推动公立医院高质量发展行动计划（2022—2025年）》，并研究暑期数字消费券发放有关工作。会前，市政府党组召开扩大会议，认真学习了习近平总书记在省部级主要领导干部"学习习近平总书记重要讲话精神，迎接党的二十大"专题研讨班上、近期中央政治局会议上、中央政治局第四十一次集体学习时的重要讲话精神，集体学习了《信访工作条例》。

●●沪杭高速公路临平段全线通车。临平收费站（迎宾路）和临平收费站（东湖路）也同步启用。沪杭高速临平段改建工程西起杭浦高速、东至运河二通道，与运河二通道的沪杭高速桥相接，主线全长约3.04千米，项目改建涵盖沪杭高速高架式抬升、临平互通改建、新增东湖路互通，并同步实施主线高架桥下双向六车道地面道路（浦运路）及2条南北向被交路改造等。

●●市委开展中央人大工作会议和有关文件精神督查调研。督查调研以实地走访、座谈交流、随机抽查形式进行。市人大常委会主任李火林，副主任戚哮虎、戴建平、罗卫红、卢春强、徐小林，带领市委有关部门负责人到13个区县（市）督查调研。刘颖参加。

6个督查组先后召开座谈会，听取各地党委、人大，有关部门和29个镇街人大相关情况汇报，并到部分乡镇开展实地调研。大家围绕人大数字化改革、提升履职能力、增强监督刚性、密切联系群众等提出建议。

督查组指出，要继续深入贯彻中央人大工作会议和有关文件精神，按照省、市党代会部署，以更高站位、更强担当、更实作风，推动新时代人大工作高质量发展，为助力打造全过程人民民主实践高地、市域典范贡献力量。

11日 BA YUE

●● 市委常委会召开会议，传达学习中央统战工作会议精神，研究杭州市贯彻落实意见。省委常委、市委书记刘捷主持会议并讲话。

会议强调，各级党委（党组）要履行做好统一战线工作的主体责任，领导班子成员要带头学习、宣传和贯彻落实统一战线理论方针政策和法律法规，带头参加统一战线重要活动，带头广交深交党外朋友。要切实发挥统战工作领导小组牵头抓总、各成员单位分工协作的作用，构建党委统一领导、统战部门牵头协调、有关方面各负其责的大统战工作格局，为做好"聚人心、强基础、防风险、促变革"各项工作汇聚强大合力。统战部门要充分发挥参谋、组织、协调、督促等重要作用，努力提高统战干部的政治判断力、政治领悟力、政治执行力，展现新时代统战部门和统战干部的良好形象。

●● 市人大常委会主任李火林到临安区调研。李火林实地考察了清凉峰镇代表联络站建设、龙岗镇美丽乡镇建设和岛石镇古村落保护情况，并召开座谈会，听取临安区、清凉峰镇有关镇人大工作情况汇报，详细了解镇人大建设、代表联络站运行、数字化场景应用、民生实事项目票决等情况。

李火林在充分肯定临安区镇人大工作成效后指出，乡镇人大是中国根本政治制度的基础环节，是中国最基层的国家权力机关。加强和改进新时代乡镇人大工作对于坚持和完善人民代表大会制度、发展全过程人民民主、推进基层社会治理、助推经济社会高质量发展具有重要意义。

●● 市人大常委会主任李火林、副主任卢春强带队开展环境保护法执法检查。部分市人大代表参加。执法检查重点聚焦法律关于促进绿色低碳发展政策措施、污染防治制度措施、生态保护和修复制度措施以及政府法定职责的落实情况。执法检查组听取有关专家对执法检查重点内容的解读、市生态环境局等12个部门有关贯彻执行环境保护法的情况汇报，还听取部分区人大常委会执法检查工作汇报，并进行环境保护法知识测试。

执法检查组实地察看萧山城南建筑垃圾资源化利用项目、临江环境能源公司固废危废处理项目、七格污水处理厂四期、天子岭垃圾填埋场、市环境监测中心AI智能检测实验室、横四港河水质治理、元通汽车VOCs绿岛项目以及郭家石矿生态修复情况等。执法检查组成员围绕提升环境监管数字化水平、优化雨污分流改造、加强土壤水生态保护修复、完善部门统筹协调机制、加强法律宣传等提出意见和建议。

●● 市政协召开"请你来协商"专题协商会，围绕"聚焦低碳生活方式，助推'碳达峰、碳中和'战略实施"协商议政。市政协主席马卫光讲话，市委常委、副市长柯吉欣到会听取意见。许明主持，毛溪浩、陈新华、冯仁强参加。会议在市民中心设主会场，视频连线拱墅、滨江、余杭区政协分会场，并通过数字政协履职平台同步向政协委员直播。会上，市政协城建人资环委代表课题组做主旨发言，15位委员分别交流发言，市相关部门负责人做互动回应。380名委员在线参与网络议政、提出618条建议。

马卫光在充分肯定大家发言后指出，全市政协系统和政协委员要深学笃用习近平生态文明思想，深入贯彻中央和省委、市委决策部署，充分发挥人民政协"重要阵地、重要平台、重要渠道"和专门协商机构作用，广泛凝聚低碳生活方式的共识，积极促进低碳生活方式的养成，持续建言低碳生活方式的良策，共建共享低碳生活方式体系，为助力实现"双碳"战略目标贡献政协智慧和力量。

●● 国家知识产权局网站发布《国家知识产权局关于确定国家知识产权强市建设试点示范城市的通知》，经地方申报推荐、材料审查、专家评审等程序，杭州市成功入选示范城市名单。全国共计38个市（区）入选示范城市，72个市（区）为国家知识产权强市建设试点城市，试点示范时限自2022年7月至2025年6月。

●● 由杭州市政府、广元市政府主办的杭帮菜国内推广暨东西部协作交流活动在四川省广元市举行。推广交流活动，以杭帮美食为载体，不仅交流两地美食文化，而且分享餐饮发展经验，共享行业优势资源，洽谈意向合作项目，共促产业发展潜能。活动现场，杭州市餐饮旅店行业协会与广元市餐饮烹饪行业协会签订友好合作协议。杭州饮食服务集团有限公司、杭州联华华商集团有限公司分别与当地餐饮、农产品企业签订东西部协作产业合作协议。交流活动期间，杭州与广元还开展厨艺交流、座谈对接、企业走访等活动，就产业互促、消费帮扶、人才交流、区域协作等社会经济领域的全方位合作展开沟通交流。

12
日 BA YUE

● ● 杭州举行外贸出海开拓RCEP市场出发仪式。杭州市副市长胡伟、浙江省商务厅副厅长陈志成出席并致辞，杭州市商务局主要负责人王永芳主持。仪式中，胡伟副市长为首批包机外贸企业代表授旗。杭州市商务局也为即将出征的企业送上爱心防疫包。会前还安排企业参加培训，邀请外办、防控办等相关部门负责人为企业参展做好行前服务。

包机到日本参展的企业参加东京礼品展。该展是消费品类目前规模最大的国际专业展会。包机到印度尼西亚的外贸企业，则将由杭州市政府主办，杭州市商务局与米奥兰特国际会展共同承办的中国（印度尼西亚）贸易博览会。这是与"海外杭州"自办综合展之一，于8月31日至9月2日在印度尼西亚雅加达举办，报名的杭州参展企业154个，展位数超过300个。

15
日 BA YUE

● ● 省政协主席黄莉新率队在杭州就数字化改革推进情况开展专项集体民主监督。市领导马卫光、朱华参加。在杭州城市大脑运营指挥中心，黄莉新认真听取相关场景应用介绍，通过实时数据屏幕察看运行状况。在杭州市数据资源管理局，她详细了解杭州市数据一体化智能化公共数据平台建设运行情况。

随后，黄莉新主持召开座谈会，听取杭州市数字化改革总体情况和一体化智能化公共数据平台、数字政府、数字经济、数字社会、数字文化、数字法治以及杭州数字政协建设情况介绍和汇报。她对杭州市及相关部门、杭州市政协推进数字化改革取得的成绩表示肯定。她强调，要按照省委、省政府部署要求，加强统筹谋划，推动"最先一公里"和"最后一公里"紧密结合；突出多跨协同，推动重大任务和重大应用紧密结合；坚持融合共享，推动业务协同和技术迭代紧密结合；紧扣制度重塑，推动重点突破和长远发展紧密结合；凝聚工作合力，推动政府主导和社会共建紧密结合，为全省数字化改革创造更多可推广的经验。

● ● 省委常委、市委书记刘捷以"四不两直"方式深入城区农贸市场、老旧小区、背街小巷等地，暗访检查全国文明城市复牌迎检和消防隐患治理工作。黄海峰、朱华参加。

刘捷来到凯景农贸综合市场，仔细检查市场及周边小区保洁保序等情况，并就小区物业管理等工作与社区工作人员深入交流。对检查发现的农贸市场地面积水、小区宣传板破损等问题，现场要求相关单位迅速整改到位。在九堡家苑三区，他对发现问题提出整改意见。刘捷仔细查看市一医院院内无障碍通道设置、公共环境卫生情况，并穿过院区来到板桥路，检查沿线公益宣传和公共文明。对东清大厦的检查中发现，大厦存在安全设施老旧损坏、消防管理责任不明等问题，消防安全隐患较大。对此，刘捷要求消防部门对全市老旧高层建筑开展集中排查整治，排摸清楚此类问题底数，抓紧制定落实整改方案，坚决消除安全隐患。

刘捷强调，文明是一座城市最具价值的无形资产和城市名片，全国文明典范城市是城市综合实力和文明水平的一大殊荣。要深入开展环境卫生和交通秩序整治等专项工作，实施市民文明素质提升工程，深化文明培育，加强文明实践，筑牢文明根基，不断提高全市人民的思想觉悟、道德水准、文明素养，持续擦亮"最美现象"发源地品牌，推动全域文明创建向更高水平、更高层次跃升。

● ● 省委常委、市委书记刘捷会见由重庆市涪陵区委书记王志杰率领的重庆市涪陵区考察团一行。杭州市领导柯吉欣，涪陵区领导石泽林参加。

刘捷说，杭州将深入学习贯彻习近平总书记对对口支援工作的重要指示批示精神，全面落实国家区域发展战略，深化交流合作，促进优势互补，实现共赢发展，与涪陵区携手共续山海情、并肩同进向未来。

王志杰说，要学习借鉴杭州先进经验，深化产业、教育、人才及数字化改革等多领域务实合作，实现互利共赢发展。

● ● 市长刘忻主持召开会议，专题研究解决信访包案。他强调，要深入学习贯彻习近平总书记关于加强和改进人民信访工作的重要指示精神，始终把人民放在心中最高位置，聚焦久拖不决的信访积案和反映强烈的急难愁盼问题，千方百计为群众排忧解难，尽最大努力实现好、维护好、发展好群众根本利益，使改革发展成果更多更公平惠及全市人民。丁狄刚参加。

会上，信访人陈述了危房加固、商铺移交两个信访包案事项情况，提出了希望帮助解决的主要诉求。属地政府和相关单位汇报了信访包案事项前期处置办理情况，就恳请协调解决的难点问题做了具体说明。刘忻在认真听取后与市级有关部门负责人一起会商讨论，研究解决路径，提出解决方案，并给予信访人明确回复。

● ● 市人大常委会召开"一府两院"工作报告会。市长刘忻报告2022年上半年全市经济社会发展情况、民生实事项目推进情况和下半年工作安排。市人大常委会主任李火林主持。市人大常委会副主任、市政府副市长出席。

刘忻指出，市政府坚持以习近平新时代中国特色社会主义思想为指导，认真贯彻"疫情要防住、经济要稳住、发展要安全"重要要求，坚决打好疫情防控、稳进提质、转型升级、创新制胜、改革攻坚、亚运筹备、共富示范、除险保安等硬仗，高质高效办好民生实事项目，交出了一份稳中有进的半年度答卷。

李火林指出，市政府深入贯彻中央和省委、市委的决策部署，按照人代会确定的年度任务，高效统筹疫情防控和经济社会发展，突出稳进提质、亚运攻坚、除险保安、塑造变革，奋力推进"两个先行"在杭州的生动实践。市"两院"忠实履行审判、检察职责，为杭州市经济社会发展提供有力司法保障。

市人大常委会书面通报上半年主要工作和下半年工作安排。市法院、市检察院负责人分别报告上半年主要工作和下半年工作安排。

部分在杭全国人大代表、省人大代表和市人大代表参加会议。张立春、项海刚、唐国宏、褚跃明、莫利萍、汪红球、李小军、王高林等代表就全面打赢经济稳进提质攻坚战、亚运攻坚、城镇老旧小区改造、保障房建设、体育场馆设施利用、避灾安置场所规范化建设、"乡土建筑"保护、政策性特色农业主体综合保险等与刘忻市长和民生实事项目牵头实施单位主要负责人进行互动交流。

16
日 BA YUE

● ● 全市营商环境建设推进大会召开。省委常委、市委书记刘捷强调，要深入学习贯彻习近平总书记关于优化营商环境的重要论述，全面落实省委、省政府加快打造营商环境最优省的决策部署，以国家营商环境创新试点为抓手，打造国内最优、国际一流的营商环境，努力建设全球最具活力的宜商宜业之城。

会议以视频形式召开，各区县（市）设分会场。市委副书记、市长刘忻主持，李火林、马卫光、柯吉欣、胥伟华、朱华、刘颖、胡伟、丁狄刚、刘嫔珺在主会场或分会场出席。会议表彰杭州市国际一流营商环境建设工作成绩突出的集体和个人，市发改委负责人介绍有关情况，市市场监管局、市法院、市建委、萧山区负责人做交流发言。

刘捷指出，营商环境是一个地区经济软实力和综合竞争力的重要体现，是提高参与国际经济竞合水平的重要支撑，是服务企业生产发展的重要土壤。要提高站位、深化认识，坚定不移把优化营商环境作为推动杭州高质量发展的关键一招，切实增强责任感、使命感和紧迫感。

刘捷还对当前防暑抗旱工作做部署，要求全力保障正常生产生活秩序，做好重点人群防暑降温工作，开展安全隐患排查整治，坚决打赢抗旱减灾硬仗。

●●● 全市人大常委会主任学习会在临平区召开。市人大常委会主任李火林讲话，戚哮虎主持，戴建平、罗卫红、卢春强、徐小林参加。

会议深入学习贯彻习近平总书记在省部级主要领导干部专题研讨班上重要讲话精神，全面贯彻落实中央人大工作会议、省市党代会、市委全会和全省各级人大常委会主任学习会精神，总结交流各地经验做法。13个区县（市）人大常委会主任做交流发言。

李火林指出，换届以来，全市各级人大在同级党委的坚强领导下，党建统领抓紧抓强，服务中心有力有为，履职为民走深走实，基层单元创新创优，数字化改革实战实效，新一届人大工作起步稳健、开局良好。

其间，与会人员进行实地考察。

17日 BA YUE

●● 省委常委、市委书记刘捷以"四不两直"方式，暗访督查老旧小区改造工作，了解实际情况，听取社情民意。他强调，要认真贯彻落实中央和省委、省政府的重大决策部署，坚持以人民为中心的发展思想，用心用情用力解决人民群众急难愁盼问题，下更大决心、花更大力气推进老旧小区改造，着力打造高品质生活空间，努力让工作生活在这座城市的人们更加幸福。朱华、丁狄刚参加。刘捷先后来到临平区乔司街道朝阳村、拱墅区大关街道德胜新村、西湖区文新街道骆家庄社区、北山街道金祝社区体育场路466、470、472号院察看环境。

●● 省委常委、市委书记刘捷到国网杭州供电公司调研电力"迎峰度夏"工作，看望慰问电力一线干部职工。柯吉欣、朱华、丁狄刚参加。刘捷对国网杭州供电公司为全市经济社会发展做出的贡献表示感谢，向奋战在电力保供一线的干部职工表达敬意。在电力调度控制中心，刘捷听取供电保障工作汇报，了解全市电力供需、用电负荷、机组运行等情况。

他强调，要深入贯彻习近平总书记关于能源安全的重要指示精神，认真落实省委决策部署，树牢底线思维和全局观念，强化需求管理，加强统筹调度，千方百计保障电力供应，确保企业生产群众生活平稳有序，为经济稳进提质提供坚强支撑。

●● 省委常委、市委书记刘捷会见由黔东南州委书记罗强率领的黔东南州代表团一行。杭州市领导朱华、王宏，黔东南州领导谭海、王建华参加。

刘捷对黔东南州长期以来对杭州援黔干部人才的关心爱护表示感谢。他说，根据党中央、国务院关于巩固拓展脱贫攻坚成果同乡村振兴有效衔接的重大决策部署，杭州与黔东南再续前缘、结为友好城市。希望与黔东南州加强产业对接，在劳务协作、文化旅游、人才交流等方面持续巩固成果，实现更高层次、更可持续的共赢发展。

罗强说，希望以缔结友好城市为契机，进一步深化协作、升华友谊，吸引更多杭州企业投资兴业、更多杭州市民观光旅游，让两地人民共享发展成果。

●● 市长刘忻看望慰问高温一线工作人员，并到市气象局调研指导连续高温天气防范应对工作。刘嫔珺参加。

刘忻先后来到上城区交警大队、南星环卫所，滨江区工业综合体项目建设工地、长河街道卫生服务中心，看望慰问了值守在一线的交通民警、城管环卫工人、建筑工人、疫情防控医务人员等。随后，他来到市气象局，连线观摩人工影响天气作业演练，主持召开高温天气城市运行保障专题会议。在听取市气象局及相关部门工作汇报后，刘忻强调，要认真学习贯彻习近平总书记关于防灾减灾救灾工作的重要指示精神，坚持人民至上、生命至上，加强气象监测预报预警，采取科学有效应对措施，做好防暑降温关心关怀，切实打好防范应对连续高温天气的有准备之仗和战略主动仗，确保人民群众健康安全和城市平稳有序运行。

●● 省现代服务业发展工作领导小组办公室评选的2022年度浙江省服务业重点行业规上企业"亩产效益"领跑者名单公示结束，杭州共有36个企业入选，数量居全省第一位。

从细分领域来看，入选的36个在杭州的企业中包括：现代物流领域7个；软件和信息技术服务领域14个；在科技服务领域、商贸和流通领域，杭州分别入选4个和2个；在文化、旅游和体育领域，也有多个企业入围。

●● 市政协举行全市政协主席暑期读书会。市政协主席马卫光讲话，许明主持，毛溪浩、陈新华、陈国妹、郭清晔、宦金元、林革参加。

马卫光强调，要坚持党建引领，强化党的创新理论武装，持续深化政协系统党的建设，以高质量党建引领高水平履职。要突出体系建设，坚持市县一体推进，提升界别工作水平，加强平台载体建设，延伸政协履职触角。要完善制度机制，形成完整的制度程序和参与实践，提高政协工作制度化规范化程序化水平。要讲究方法路径，把握"时间窗口""最佳时机"，聚焦"小切口"、下足"细功夫"，打造特色品牌，提升履职成效。要深入推进数字政协建设，高标准建设政协队伍，推动全市政协工作走在前做示范，以优异成绩迎接党的二十大胜利召开。

各区县（市）政协主席、部分市政协界别小组召集人做交流发言。会议还安排专题讲座。

●● 市委文化工作会议召开。省委常委、市委书记刘捷在会上强调，要深入学习贯彻习近平总书记关于社会主义文化建设的重要论述，落实省、市党代会和省委文化工作会议精神，全面构建文化建设"158"体系，大力推进全域文化繁荣全民精神富有，加快打造一流历史文化名城，为建设世界一流社会主义现代化国际大都市、以头雁姿态奋进"两个先行"新征程提供精神动力、思想保证、舆论支持和文化条件。

会议以视频形式召开，各区县(市)设分会场。马卫光、黄海峰、刘颖、陈瑾、王敏、罗卫红、丁狄刚、陈新华在主会场或分会场出席，市委宣传部、市文化广电旅游局、上城区、萧山区戴村镇、华策影视负责人做交流发言。

刘捷在肯定杭州市文化建设取得的成绩后指出，要切实增强使命感和责任感，以高度的政治自觉打造一流历史文化名城，坚持立心铸魂、高举思想之旗，坚持融通古今、彰显历史之美，坚持共建共享、增进文化之惠，坚持以文赋能、铸就产业之兴，坚持讲好故事、提升国际之誉，争当新时代文化浙江建设的领头雁、社会主义文化强国建设的示范者。

●● 杭州互联网法院成立5周年之际，一场以"互联网司法与数字治理现代化"为主题的论坛在杭州举行。司法专业人士、知名专家学者、数字经济企业负责人等交流思想、碰撞智慧，探寻互联网司法与数字治理变革创新前路。最高人民法院副院长沈亮、省高院院长李占国、市长刘忻出席论坛并致辞。

刘忻希望出席论坛的各位专家学者、企业代表畅所欲言，特别是在数据应用、隐私保护、算法推荐、平台治理等热点难点问题上多提真知灼见，多献高招良策，助力杭州不断优化数字经济监管治理路径，持续推动数字经济蓬勃健康发展，真正以"杭州之窗"展示"中国之治"，彰显中国特色社会主义制度的显著优越性。

18—19日

● ● 第五届中国服务型制造大会在临平区举行。开幕式上，中国服务型制造联盟、服务型制造研究院共同发布"全球服务型制造发展指数报告"及《中国服务型制造发展报告（2021）》蓝皮书。指数报告从制造基础、生态建设、发展成效3个方面，分15项指标对各国服务型制造发展现状展开评价。《中国服务型制造发展报告（2021）》介绍服务型制造发展近况、现状和趋势的蓝皮书，展现中国发展服务型制造所面临的挑战和机遇、重点与难点以及发展路径、关键技术、政策行动等，着重探讨了服务型制造基础理论研究与应用对策研究进展。

大会开幕式上，无锡、杭州、成都、青岛、宁波、上海（浦东新区）、烟台、重庆、深圳9个城市被授予新一批服务型制造示范城市，加上2018年被授予服务型制造示范城市的苏州、嘉兴、泉州、郑州、广州、厦门，总数15个。

18—22日

● ● 2022年杭州国际工艺周在杭州创意设计中心举行。活动由上城区委区政府、市文化创意产业发展中心主办，上城区委宣传部、上城区文化创意产业发展中心承办。杭州国际工艺周深度融合展示"宋韵文化"和"亚运文化"，并从《千里江山图》中汲取灵感，展区设计充分体现南宋风韵，并以手工艺为载体，传达"宋韵文化"和"亚运文化"。

工艺周现场搭建基本采用可百分百循环利用的纸质防火材料，纸质搭建应用范围90%以上。整个展区分为"纸在千年""纸在明日""纸在世界""神奇动物在这里"4个部分。

19
日 BA YUE

●● 省委常委、市委书记刘捷到杭州临空经济示范区调研。调研中，刘捷主持召开座谈会，听取杭州临空经济示范区建设工作情况汇报。他指出，杭州临空经济示范区发展正当其时。要把大平台建设作为经济工作重要抓手，高水平规划建设杭州临空经济示范区，加快提升集聚和辐射能力，打造带动城东智造大走廊高质量发展的制高点，为全市经济转型升级注入新的动力。要坚持"省级支持、市级统筹、区级管理、机场共建"的总体思路，进一步理顺体制机制，强化统筹联动，汇聚大平台建设合力。要坚持规划先行，做好示范区国土、交通、产业规划，优化空间和功能布局，完善内联外畅交通体系，推进城市有机更新，强化与周边区域的协同发展，着力提升平台综合承载能力。要充分发挥示范区优势，强化招商引资、招才引智，以大平台集聚优势资源、以大企业带动产业提升，聚力建设会展商务、生物医药、数字贸易、现代物流、航空服务等产业创新发展高地，打造临空经济产业高地。

●● 省委常委、市委书记刘捷，市委副书记、市长刘忻会见由衢州市委书记高屹，市委副书记、市长徐张艳率领的衢州市党政代表团一行。杭州市领导李火林、柯吉欣、朱华，衢州市领导吴国升、郑河江、李宁参加。

刘捷说，我们要在习近平新时代中国特色社会主义思想的指引下，全面落实省委、省政府决策部署，加强优势互补、加大产业协作力度，与衢州市一道共叙山海情、念好"山海经"，共同打造山海协作工程升级版。

高屹说，希望与杭州在科技创新、打造科研平台、助推企业孵化等方面加强合作交流，续写杭衢合作、共同发展新篇章。

●● 市长刘忻主持召开经济运行调度专题会议，分析研判当前经济形势，谋划部署重点政策举措。柯吉欣、陈瑾、胡伟、丁狄刚、孙旭东、宦金元参加。会上，市发改委、市统计局、市经信局、市住保房管局、市商务局等部门从主管业务角度做了分析汇报。

刘忻指出，7月以来，杭州市经济总体延续恢复增长态势，但回升向好的基础还不够稳固、动能还不够强劲，稳进提质部分重点指标完成情况不尽如人意，逆周期政策调控尚需进一步加码加力，特别是要聚焦疫情防控、推项目扩投资、稳岗就业、房地产运行、能源保供等事关经济发展全局的大事要事，聚力打好"八大攻坚战"，为经济稳进提质激活力增动力。

刘忻强调，要深入贯彻习近平总书记"疫情要防住、经济要稳住、发展要安全"重要指示精神，认真落实李克强总理在经济大省政府主要负责人经济形势座谈会上的讲话要求，以"重要窗口"头雁姿态坚决扛起"勇挑大梁"的责任担当，聚焦问题短板、强化政策供给、推动稳进提质，奋力打好打赢"八大攻坚战"，以杭州的稳和进为全国全省大局做出更大贡献。

●● 市长刘忻到市公安局调研疫情防控流调工作。在市公安局指挥中心大厅，刘忻与区县（市）基层流调专班民警视频连线，为他们始终坚守防疫一线、每遇疫情闻令而动的工作精神点赞，向他们对全市疫情防控工作和人民群众健康安全所做的突出贡献表示感谢，希望他们继续发扬能啃"硬骨头"、敢打攻坚战的优良作风，通过科技赋能进一步提升流调排查质效，在与疫情的斗争赛跑中争取新的更大胜利。

随后，刘忻主持召开会议，听取市公安局流调排查指挥调度、机制创新、队伍建设、技术支撑等情况汇报。他充分肯定，面对一轮轮疫情对城市的侵袭和冲击，市公安局坚决扛起流调排查主力军职责，攻坚克难、敢打敢拼、创新实干，积极运用人工智能、大数据等前沿技术，着力强化与卫健、疾控等部门协同配合，在大战大考的反复锤炼中实现了流调水平的新进步、新跃升，目前已具备1小时内精准快速流调的能力，为全市各级各部门树立了样板和标杆。

●● 市政协主席马卫光到淳安县调研。在枫树岭镇下姜村马卫光一行来到下姜村乡村振兴展示馆、思源亭，感悟习近平总书记对下姜村干部群众的殷殷嘱托。沿着村道，马卫光又走进农户、民宿、农产品馆、"大下姜"文旅客厅展示馆建设现场等地，了解乡村发展变化和村民生产生活情况。

在下姜政协委员工作室，领衔委员陈苏兰介绍了委员工作室建设和运作情况。马卫光指出，要按照"不建机构建机制"的要求，高质量推进"民生议事堂"与委员工作室、社情民意联系点"三位一体"和协商驿站建设，把牢功能定位，坚持因地制宜，突出开放共享，注重探索创新，激发潜能效能，深入打造政协建言献策、凝聚共识、服务为民、助力发展的有效平台载体，促进政协协商同基层协商相衔接、同社会治理相结合，展现新时代人民政协新样子新作为。

调研期间，马卫光还走访慰问了困难户家庭。

● ● 杭州市召开市委政法委全体（扩大）会议，总结2022年以来政法工作，分析存在问题，部署下步任务。会议审议通过《高水平推进平安浙江法治浙江 杭州政法先行示范的决议》，集中收看杭州市平安工作视频通报片，有关部门做交流发言。

20
日　BA YUE

● ● 全国"行走大运河"全民健身健步走主会场活动在浙江省杭州市拱墅区西湖文化广场大运河畔举行，活动现场共吸引1500多名徒步爱好者一同"行万里健康路，品千年运河韵"。活动现场，奥运冠军楼云与叶诗文一同发出在徒步中了解运河、保护运河、传承运河的倡议。现场还通过大屏幕连线京杭大运河通航的最北端——同样在开展全国"行走大运河"全民健身健步走主会场活动的山东省泰安市东平县，一同感受北方会场的健步盛会。

　　活动由国家体育总局、国家发展改革委、文化和旅游部主办，浙江省体育局、浙江省发展改革委、浙江省文化和旅游厅、杭州市体育局、杭州市发展改革委、杭州市文化广电旅游局、杭州市拱墅区政府承办。

中旬
BA YUE

● ● 市委开展中央人大工作会议和有关文件精神督查调研。督查调研以实地走访、座谈交流、随机抽查形式进行。市人大常委会主任李火林，副主任戚哮虎、戴建平、罗卫红、卢春强、徐小林，带领市委有关部门负责人到13个区县（市）督查调研。刘颖参加。

　　6个督查组先后召开座谈会，听取各地党委、人大，有关部门和29个镇街人大相关情况汇报，并到部分乡镇开展实地调研。大家围绕人大数字化改革、提升履职能力、增强监督刚性、密切联系群众等提出建议。

　　督查组指出，要继续深入贯彻中央人大工作会议和有关文件精神，按照省、市党代会部署，以更高站位、更强担当、更实作风，推动新时代人大工作高质量发展，为助力打造全过程人民民主实践高地、市域典范贡献力量。

●● 市长刘忻主持召开专题会议，研究金融工具政策和专项债推进有关工作。会议首先传达学习了省委、省政府主要领导对做好当前经济工作的指示精神。随后，市发改委、市财政局对政策性开发性金融工具和专项债申报发行政策进行了解读，国开行省分行和农发行省分行对银行支持政策和成功案例进行了介绍，与会市级单位和区县（市）做了交流发言。

刘忻指出，政策性开发性金融工具和地方政府专项债是当前稳投资、稳需求、稳经济的重要政策工具，党中央国务院对此高度重视，做出了一系列重要部署。全市各地各部门要切实提高政治站位，坚决扛起"勇挑大梁"的使命担当，以只争朝夕、时不我待的精神，把争取政策性开发性金融工具和政府专项债支持作为当前突出工作来抓，坚持"一把手"亲自抓、带头干，坚持上下联动、左右协同，力求在国家政策盘子中争取更大份额，为打好扩大有效投资攻坚战提供强有力支撑。

●● 西湖区与西湖大学签订区校深化合作，加快产学研成果落地转化，打造"中国新型大学第一城"。西湖大学累计推荐33个产学研项目在西湖区转化。

下一步，区校双方进一步健全常态化联系对接和工作推进机制，营造优质人才发展环境，共同构建人才发展"生态圈"。

23 日 BA YUE

●● 市委审计委员会召开第七次会议，学习贯彻习近平总书记关于审计工作的重要论述，研究部署市委审计委员会工作。

省委常委、市委书记、市委审计委员会主任刘捷主持会议并讲话。刘忻、李火林等市四套班子领导出席。会议听取《关于2021年度市级预算执行和全市其他财政支出的审计报告》《区、县（市）党委审计委员会重大事项请示报告实施细则》有关情况汇报。

刘捷在充分肯定2022年以来的全市审计工作后指出，要以高质高效的问题整改深化审计结果运用。要注重综合分析研判，善于从纷繁复杂的问题中抓住主要矛盾和矛盾的主要方面，善于在全局下归纳提炼具有苗头性、倾向性、普遍性的问题。要动真碰硬深化审计整改，坚决做到"责任不落实的坚决不放过、问题不解决的坚决不放过、整改不到位的坚决不放过"。要促进标本兼治，一体推进揭示问题、规范管理、促进改革，逐步铲除滋生问题的土壤。要切实加强党对审计工作的领导，健全党领导审计工作的机制，纵深推进审计数字化改革，切实加强审计队伍建设，确保审计工作沿着正确方向前进、监督效能持续提升。

●● 市委常委会召开会议，传达学习经济大省政府主要负责人经济形势座谈会精神，听取杭州市1—7月经济运行情况汇报，研究贯彻落实工作。省委常委、市委书记刘捷主持会议并讲话。

会议指出，二季度以来，全市上下坚决贯彻党中央、国务院和省委、省政府决策部署，统筹疫情防控和经济社会发展，全力实施经济稳进提质攻坚行动，把工作举措抓实抓细抓到位，为推动全市经济企稳回升做出了不懈努力。要深入学习贯彻习近平总书记在中央政治局会议上的重要讲话精神，贯彻落实经济大省政府主要负责人经济形势座谈会部署，按照"疫情要防住、经济要稳住、发展要安全"的要求，清醒认识当前形势，保持战略定力，统筹当前和长远，坚定信心、锚定目标、担当作为，拿出务实管用的实招、硬招，攻坚三季度、决胜四季度，全力推动经济稳进提质，以最大努力、最好作风争取最好结果，以杭州的"稳"和"进"为全国全省大局多做贡献。

● ● 省委常委、市委书记刘捷走访服务有关企业。他实地调研了杭州士兰集昕微电子有限公司、广汽乘用车（杭州）有限公司、恒逸集团等企业。调研中，刘捷强调，要深入学习贯彻习近平总书记关于当前经济工作的重要讲话精神，全面落实党中央、国务院和省委、省政府决策部署，持续深化"企业大走访"活动，帮助企业实实在在解难题，服务企业危中寻机加快发展，更好地发挥大企业在稳进提质中的支撑和示范作用，全力推进稳进提质攻坚行动，为全国全省大局做出应有贡献。朱华、王敏、孙旭东参加。各级党委、政府要常态化开展"企业大走访"活动，加强精准对接、优化惠企服务，真心诚意倾听企业的意见和建议，全力帮助企业解决发展中的困难，持续优化营商环境，千方百计保护和激发市场主体活力，帮助企业化危为机，实现更好更快发展。

● ● 市长刘忻主持召开市政府常务会议，就政府重大投资项目计划安排、消防安全管理、人工影响天气作业等事项进行研究部署。会议听取2022年第一批政府重大投资项目计划执行情况和第二批项目计划安排的汇报，审议《杭州市消防安全责任落实实施办法》《杭州市人工影响天气高质量发展行动计划（2022—2025年）》会议强调，要深入贯彻习近平总书记"疫情要防住、经济要稳住、发展要安全"重要要求，全面落实党中央、国务院、省委、省政府决策部署，坚持稳进提质、除险保安、塑造变革一体协同，高水平打好扩大有效投资硬仗，高质量推进人工影响天气作业，高效能统筹发展和安全，努力交出经济社会平稳健康发展的高分报表。

会前，市政府党组召开扩大会议，认真学习习近平总书记在辽宁考察时、在中央统战工作会议上、在党外人士座谈会上的重要讲话精神，集体学习《中华人民共和国湿地保护法》。

● ● 国家知识产权局发布国家知识产权强县建设试点示范县和国家级知识产权强国建设试点示范园区名单。余杭区入选国家知识产权强县建设示范县，西湖、拱墅区入选国家知识产权强县建设试点县，杭州高新技术产业开发区入选国家级知识产权强国建设示范园区，杭州未来科技城入选国家级知识产权强国建设试点园区，试点示范时限为2022年8月至2025年7月。

25 日 BA YUE

● ● 中共杭州市委举行"'浙'十年·杭州"主题新闻发布会。省委常委、市委书记刘捷做主题发布并回答记者提问，市委副书记、市长刘忻回答有关问题。市委常委、宣传部部长黄海峰主持。

发布会以"牢记嘱托 感恩奋进 努力打造世界一流的社会主义现代化国际大都市"为主题。刘捷介绍了党的十八大以来杭州经济社会发展取得的历史性成就、发生的历史性变革。他说，在新的征程上，我们将更加紧密地团结在以习近平同志为核心的党中央周围，坚定不移沿着习近平总书记指引的方向勇毅前行，按照省第十五次党代会和市第十三次党代会的部署，奋进新时代、建设新天堂，高水平推进共同富裕幸福杭州建设，加快打造世界一流的社会主义现代化国际大都市，率先探索具有普遍意义的共同富裕和现代化路径，在稳进提质中扛起省会担当，在"两个先行"中展现头雁风采，以实际行动迎接党的二十大胜利召开。

42个境内外媒体、70多名记者参加发布会。发布会上，人民日报社、新华社、中央广播电视总台、中国日报、央广网等媒体记者围绕杭州如何打造世界一流的社会主义现代化国际大都市以及推进高水平科技自立自强、推动数字经济发展、优化营商环境、推进共同富裕等提问，刘捷、刘忻一一作答，系统介绍杭州奋进新时代、建设新天堂的部署和行动。

● ● 市委召开经济稳进提质工作调度会。省委常委、市委书记刘捷主持会议并讲话。刘忻、朱华、胡伟、孙旭东出席。会上，市发改委负责人汇报稳进提质攻坚行动"月晾晒"指标进展情况，各专班负责人汇报工作推进情况、存在问题及下一步工作计划。

刘捷指出，当前，杭州市经济运行面临一些突出矛盾和问题，但企稳回升的有利因素在累积。要理性辩证看待挑战和机遇，抓住主要矛盾和矛盾的主要方面，把问题考虑得更加充分一些，把措施准备得更加周全一些，遵循经济规律、加强统筹谋划、注重方式方法，尽最大努力稳住基本盘、挖掘新潜力，培育更多新的经济增长点。

刘捷强调，要着眼长远，加强项目谋划储备，强化全生命周期管理服务，推动项目加快落地、达标达产。要加大招商引资力度，深入实施产业链招商，以"功成不必在我"的胸襟和情怀，久久为功狠抓重点产业培育。要抓好重大平台建设，围绕培育高端产业集群优规划、优环境、优保障，打造经济高质量发展的主战场、主阵地。要在攻坚实战中培养干部，提升干部把握经济规律、解决实际问题的能力，着力锻造一支懂企业、懂产业、懂经济，关键时刻冲得上、打得赢的骨干队伍。

● ● 全省残联数字化改革"揭榜挂帅"精准康复项目"疑残智防"应用场景2.0版，在杭州市临平区启动。临平区迭代升级"疑残智防"2.0版，新增社区医生残疾筛查评估与区级医院康复医生康复服务"一键转介"功能。系统将持证残疾人列入社区医生任务清单，实现残疾人社区一站式智能化服务；设置"筛前征询"功能，充分保护个人隐私，对精神智力疑似残疾人及0～6周岁儿童，医生上门前，系统自动发送短信征询监护人意见，由监护人自主选择是否需要医生上门，并单独将6周岁以下儿童转介给区妇幼保健院医生进行筛查评估。

● ● 中国物联网产业知识产权运营中心"数智领航"行动发布会在高新区（滨江）智慧E谷举办。会上发布全新升级的中国物联网产业知识产权运营平台，新增AIPO系统，灵活响应企业全周期知识产权管理定制流程需求，实现企业知识产权经营管理的数字化，相当于为每一位实名认证的企业平台注册用户配置了一位具备3至5年从业经验的人工智能知识产权官，有效降低企业经营管理知识产权资产的成本，提升企业的专利申请质量，规避非正常专利申请。

26
日
BA YUE

● ● 长三角G60科创走廊九城市人大工作交流会暨"数字赋能发展，科创助力共富"交流大会举行。省委常委、市委书记刘捷出席并致辞，省人大常委会党组书记、副主任梁黎明讲话，市委副书记、市长刘忻出席，市人大常委会主任李火林主持，杭州市有关领导、九城市人大常委会有关领导、人大代表等出席。

会上，9个城市参会代表先后发言，杭州市与下一届交流会举办城市芜湖进行了交接。在杭州期间，与会人员考察正泰集团、浙江中控技术股份有限公司、未来科技城、之江实验室等地。

●● 省委常委、市委书记刘捷到临平区调研。他强调，要深入学习贯彻习近平总书记关于共同富裕的重要论述，贯彻落实中央和省委部署要求，践行以人民为中心的发展思想，大力推进城乡社区现代化建设，持续提升基层治理水平，努力打造共同富裕现代化基本单元，加快建设居民幸福共同体。朱华参加。

刘捷来到崇贤街道鸭兰村支部党史陈列馆，了解红色历史和红色资源开发、乡村振兴发展情况。他考察星桥街道汤家社区社会治理数字驾驶舱，了解"党建统领、网格智治"等情况。利用铁路交会"交心地"打造的杭州跑步中心已成为群众健身娱乐的好去处。刘捷边走边看，指出要以亚运筹办为契机，着眼多样化、高品质公共服务供给，建好用好管好群众身边的全民健身设施。他走进李国叙农场，了解党建引领乡村振兴和农业特色产业发展情况，希望当地因地制宜发展现代农业，打响优质特色农产品品牌，发挥好农业共富带头人作用，促进农民就近就地就业。刘捷还来到杭州西奥电梯有限公司，察看生产线运行及产品展示，详细询问技术改造、产品研发及应用等情况。

●● 省委常委、市委书记刘捷会见新加坡丰益国际集团董事局主席郭孔丰一行。朱华、胡伟参加。

刘捷对郭孔丰一行来杭州表示欢迎。他说，杭州是历史文化名城、创新活力之城、生态文明之都，营商环境优越。希望集团继续加大在杭投资力度，为杭州实现高质量发展、推进共同富裕助力。杭州将为企业提供优质高效服务。

郭孔丰表示，杭州发展活力强劲，集团将瞄准杭州未来需求加强产业布局。希望双方深化合作、共享机遇。

27
日 BA YUE

●● "两岸青年中华文化研习营系列活动"在杭州举行。

30多位台湾青年在西子湖畔着宋服、品宋宴、赏宋风，围绕宋代团扇制作、官窑青瓷鉴赏、宋代文化赏析等开展互动活动，在感受杭州"宋韵文化高地"的独特韵味同时，进一步凝聚两地青年在新时代携手传承和弘扬优秀中华文化的共识。活动现场，一道道宋代佳肴让他们赞叹不已。

● ● 2022年亚运会和亚残运会杭州市运行保障指挥部第九次会议召开。会议听取市运保指挥部第八次会议以来工作情况及下步工作建议、亚运赛事筹办情况及下步工作建议、城市基础设施建设项目"工完场清"和城市环境品质提升行动工作情况、亚运场馆惠民开放情况以及各专项工作组下步工作建议汇报。

省委常委、市委书记刘捷在肯定前一阶段亚运筹办工作后，强调要深入贯彻党中央国务院和省委、省政府关于亚运筹办的最新要求，坚持"五精（经）"目标、"五高"要求，坚持以日保周、以周促月，只争朝夕、有力有序推进各项筹办工作，做到城市侧和赛事侧两线并进、相得益彰，确保举办一届成功的亚运会。

市领导刘忻、黄海峰、戴建平、卢春强、缪承潮、胡伟、陈卫强、刘嫔珺、孙旭东、许明，省亚运综合办有关负责人出席。

● ● 杭州市政府与深圳顺丰泰森控股（集团）有限公司战略合作框架协议签约仪式举行。省委常委、市委书记刘捷会见公司董事长兼总裁王卫一行。市长刘忻参加会见并在签约仪式上致辞。朱华、胡伟分别参加。

刘捷在刘忻在致辞时说，深圳顺丰泰森控股（集团）有限公司是中国物流行业领军企业，是引领物流行业规模化、现代化、国际化发展的重要力量。杭州是中国电商之都，正在加快建设全国数字经济第一城和全球先进制造业基地。杭州与深圳顺丰泰森控股（集团）有限公司的战略合作正当其时、恰逢其势。希望通过双方战略合作，为杭州奋力推进"两个先行"提供动能支撑，为国家构建现代流通体系做出新的贡献。

根据战略合作协议，深圳顺丰泰森控股（集团）有限公司将在杭州设立华东区域总部，加速在杭州布局科技研发功能，重点着眼于供应链数据、智慧城市、无人机保障等数字化科技业务，打造数字化供应链服务板块，推动长三角数字化供应链枢纽加快发展，助力区域产业集群转型升级、创新发展。

●● 杭州城西科创大走廊管委会与杭州市教育局联合召开基础教育名校集团化办学深化行动新闻发布会，介绍未来3年城西科创大走廊教育资源的布局。到2025年底，城西科创大走廊共安排推进88所学校建设，其中建成学校75所。会上，发布《杭州城西科创大走廊基础教育高水平均衡发展（2022—2025年）规划》和《杭州城西科创大走廊教育设施补强（2022—2025年）行动计划》。

●● 在市十四届人大常委会第四次会议上，《杭州市历史文化名城保护条例（草案）》第一次提请审议。这也是杭州首次以"城"为单位为历史文化保护立法。条例（草案）重点围绕历史文化名城的保护、文化传承与现代社会协调发展、活化利用等方面展开。从"保什么""谁来保""怎么保"等方面进行规定。

●● 全市首个青年之家少工委在盈丰街道成立。盈丰街道青年之家少工委将立足杭州城市"新中心"优势，吹响盈丰青少年争做"先丰"号角，拓宽红领巾实践活动区域，打造红领巾社会实践地图，以"双减"为契机，紧紧围绕少年儿童身心特点，整合资源，打造"15分钟红领巾实践教育圈"。

29—31日 BA YUE

●● 市十四届人大常委会召开第四次会议。市人大常委会主任李火林，戚哮虎、戴建平、罗卫红、卢春强、徐小林出席。

会议表决通过《杭州市非道路移动机械排气污染防治规定》，将报省人大常委会批准；审议《杭州市街道居民议事工作规定（草案）》《杭州市历史文化名城保护条例（草案）》，将根据审议意见作进一步修改。

会议听取审议胥伟华做的关于环境保护法贯彻实施情况报告，陈瑾做的关于就业促进法贯彻实施情况报告，丁狄刚做的关于省综合行政执法条例贯彻实施情况报告，以及市人大常委会执法检查组相关报告，并对就业促进工作进行专题询问。

会议听取审议刘嫔珺做的关于杭州市"米袋子""菜篮子"保供和农民"钱袋子"增收工作情况报告，听取审议新型研发机构建设情况报告、市本级2021年决算草案和2022年上半年预算执行情况报告、2021年度市本级预算执行和全市其他财政收支的审计工作报告。

会议审议市政府关于《2022年第一批政府重大投资项目计划执行情况和2022年第二批政府重大投资项目计划（草案）》的议案，表决通过相关审议意见。

会议表决通过关于批准市本级2021年决算的决议，关于深化预算草案"三审"制工作的决定，关于加强古树名木保护工作的决定及有关人事任免事项。

柯吉欣，市监委、市法院、市检察院负责人列席会议。

其间，召开列席会议市人大代表座谈会，举行新任命人员宪法宣誓。会前，举行履职专题培训。

30 日

● ● 第二届中国城市高质量发展与国际合作大会在北京举行。杭州获"2022国际化高质量发展环境建设标杆城市"称号。同时获评的还有北京、上海、广州和深圳等9个城市。

作为经典案例，杭州进行现场分享。从别样精彩的历史文化名城、激情迸发的创新活力之城、独特韵味的生态文明之都、内引外联的合作开放之地和共同富裕的示范样板之区5个方面，展示具备杭州辨识度的城市特质。

"中国城市高质量发展与国际合作大会"由环球时报社主办，旨在对标国际先进经验、助推高质量发展，促进各地区、各部门交流互鉴。

30—31日 BA YUE

●● 中国红十字会党组书记、常务副会长王可一行在杭州调研红十字工作，重点就"红十字救在身边""红十字与亚运同行"和浙江省"数字红会"建设等工作进行调研。省委副书记、政法委书记黄建发参加调研。市领导黄海峰、刘颖、陈瑾、陈卫强等分别参加有关活动。

王可一行先后调研西湖区新时代文明实践中心"救在身边"培训基地、"救在身边·志愿同行"数字化场景应用、阿里巴巴"13520"应急救护体系、余杭区葛巷未来社区"救在身边"工作、杭州师范大学红十字青少年工作和杭州奥体中心红十字救护站。王可在调研时指出，浙江省、杭州市各级党委政府高度重视红十字事业，切实加强对红十字工作的领导，为红十字事业高质量发展提供了坚强保证。浙江省、杭州市红十字会抢抓机遇，主动融入党委政府中心工作，积极整合资源加强部门协同，深入基层服务群众发挥了独特作用。他强调，作为党和政府在人道领域的助手和联系群众的桥梁纽带，各级红十字会要坚持人民至上、生命至上，运用现代化手段，通过数字化赋能不断提升工作能力和水平，广泛动员红十字应急救护师资和志愿者，为保障人民群众的生命安全做出应有的贡献。

31日 BA YUE

●● 全市行政审批服务管理工作现场会举行。市长刘忻在会上强调，要深入学习贯彻习近平总书记关于营商环境建设的重要论述精神，认真落实国务院深化"放管服"改革持续优化营商环境电视电话会议部署要求，坚持以国家营商环境创新试点为抓手，以数字化改革为牵引，以实现"9个新"为路径，突出创新制胜、深化变革重塑，全力推动行政审批服务管理再提速再提效，加快实现营商环境跃迁蝶变，以国内最优、国际一流的营商环境点亮"城市之窗"、展现"中国之治"。刘嫔珺、林革参加。

会上，市审管办汇报全市政务服务质效大提升推进情况，滨江区、临平区、桐庐县、市规划和自然资源局、市建委做交流发言。刘忻充分肯定相关区县和部门在前期改革探索中所取得的成效，希望各地各部门进一步强化比学赶超、深化互学互鉴，力争取得更多突破性标志性成果。

●● 市十四届人大常委会第四次会议在审议相关报告的基础上，对就业促进工作进行专题询问。市人大常委会主任李火林出席并讲话，副主任戚哮虎、戴建平、罗卫红、卢春强、徐小林出席。

10位常委会委员和两名网民围绕稳就业、促进高质量就业、创新创业、财政支持保障、职业教育发展、困难群体就业援助、统筹城乡就业、新就业形态劳动者权益保障等提出询问，常务副市长柯吉欣、市政府有关部门负责人现场应询，在问答中畅通民意表达，凝聚社会共识。

李火林指出，就业是最大的民生工程、民心工程、根基工程，是社会稳定的重要保障，是稳经济大盘的重要支撑。近年来，在市委的正确领导下，市政府及有关部门将扩大就业放在经济社会发展的突出位置，克服疫情等多种不利因素，实施积极就业创业政策，千方百计稳定和扩大就业，取得了较好工作成效。

专题询问会通过网络和全过程人民民主基层单元数字化应用场景等进行直播。

●● 杭州市重大水利工程现场调度推进会暨东苕溪西险大塘达标加固工程开工活动在余杭南湖畔举行。作为拱卫杭城乃至杭嘉湖平原的重要防洪屏障，工程将西险大塘防洪标准由100年一遇提高至200年一遇，估算总投资58亿元。市长刘忻出席会议活动并宣布项目开工。省水利厅主要负责人，市领导刘颖、刘嫔珺参加。

作为太湖流域防洪体系的重要组成部分，西险大塘依东苕溪右岸而建，始于余杭南湖分洪闸，终于德清大闸，全长44.6千米。工程采用"导流入湖"的措施，拒山区洪水于平原之外，是阻遏苕溪洪水进入杭州城区的唯一屏障。工程实施将采取堤身拼宽、全线防渗、固基增稳等措施，达标加固西险大塘杭州段、中桥塘等堤防共52.9千米，其中5.3千米的中桥塘将直接保护之江实验室，解决原堤坝防洪标准低、存在渗漏隐患等问题，进一步提升区域防洪能力、提高城市安全系数。

会议活动期间，市林水局、市钱投集团、市水务集团、萧山区、西湖区、钱塘区、临安区还就重大水利工程推进情况做了汇报。

●● "杭州数字政协"迭代升级第二批综合应用"社情民意在线""同心在线""党

建在线"宣传矩阵"上线试运行。

上线试运行的"党建在线"以党员学习、党建活动、智慧党务、党建成果、党建考核、委员读书、学习座谈会、求是讲堂、委员讲堂9个功能模块，实现党建工作具象化、可量化、可评价，提升党建统领整体智治水平，进一步完善委员读书体系、服务委员学习需求、展示委员学习成果，数字赋能政协党建和委员学习履职有效衔接。"社情民意在线"在省政协统建综合应用基础上，结合市政协实际，围绕"谁来报""怎么报""报什么"，补充完善特色功能模块，以信息汇集、民情热点、信息在线、信息编报、信息沙龙5个板块，数字化再现社情民意信息收集汇总、分析研判、编辑报送、成果反馈、质效评估5个关键环节，形成工作闭环。"同心在线"基于省政协统建综合应用，构建"委员会客厅+委员工作室""界别组""港澳之窗""政协社团协会"等体现杭州政协特色的团结联谊平台。

九
月

JIU YUE

●● 市长刘忻到市防汛防台抗旱指挥部部署推进防台防汛工作。他强调，要深入贯彻习近平总书记关于防灾减灾救灾的重要指示精神，坚持"一个目标、三个不怕、四个宁可"，坚决克服麻痹思想和侥幸心理，强化预报预警，深化隐患摸排，完善应急预案，压实工作责任，切实打好台风防御的有准备之仗和战略主动仗，确保守护好人民群众生命财产安全。刘嫔珺参加。

工作部署会上，市气象局、市应急管理局、市林水局、市城管局等汇报台风防御准备工作推进情况。刘忻指出，根据气象预报，台风"轩岚诺"强度极大、路径复杂多变、影响持续时间长，不排除在我国沿海登陆后北上的可能，台风影响所产生的旱涝急转风险必须高度关注、高度警惕。全市上下要时刻绷紧防台防汛这根弦，进一步树牢底线思维、增强忧患意识，立足防大汛、抢大险、救大灾，把困难估计得再充分些，把措施安排得再周密些，把工作落实得再细致些，全方位筑牢城乡安全屏障。

●● 杭州市召开全市数字文化系统建设工作推进会，深入贯彻落实全省数字化改革推进会和全省数字文化系统建设工作推进会精神，谋划推进全市数字文化系统重大改革，找准优势短板、加快靶向发力，力争高水平破难攻坚，形成实用实战实效新能力。

会上，文管在线、文化优享、文创e点通、钱塘BAO物、文明帮帮码、富春风尚汇、天目文保、新安堂前燕8个特色应用牵头单位做演示汇报。会议还通报了全市数字文化系统首批区县优秀应用名单，西湖区西湖创建在线、萧山区文明城市数智应用、余杭区良渚遗址5000+、富阳区富春风尚汇、临安区天目文保5个应用场景入选。

会议充分肯定前阶段成绩后指出，数字化改革是聚焦国家所需、群众所盼、未来所向实施的一项国家战略，要深刻理解数字文化改革逻辑，认清大势所趋，保持战略清醒；围绕自身所要，找准改革切入；坚持问题导向，体现实用管用；大胆创新探索，积小胜为大胜，推动文化领域实现体系重塑、体制重构、高效协同，进一步激发文化创新创造活力，在共同富裕中实现精神富有、在现代化先行中实现文化先行。

●●《杭州市产业园区"规划环评＋项目环评"改革实施方案》开始施行，有效期至2025年12月31日。如果符合"一免"改革要求，企业只要填报项目基本信息，经园区管理机构同意后，当天即可完成豁免流程，实现项目环评"零费用""零时限"。改革后，杭州市域范围内的各类开发区（园区）、产业集聚区、新城、特色小镇、小微园区等重点区域，将有"一免、四减、四保障"的变化。

具体来说，"一免"为豁免环评编制——编制改革区域规划环评时，可结合本区域特点，在《杭州市改革区域公共服务项目环评优化正面清单》中，选取一个或多个符合本区域"三线一单"管控要求的项目类别，按建设项目环境影响评价要求开展评价，并明确项目布局、生态环境准入条件、污染防治和生态保护管控等内容。改革实施后，相应类别建设项目可由建设单位提出申请，经改革区域管理机构同意后，不再对建设项目重复开展环境影响评价。

"四减"为降低环评等级、开展多评集成、简化环评编制、实行打捆审批——比方说，改革区域内多个小微企业（以小微企业名录为准）建设同一类型建设项目的，可以委托一个企业或由改革区域管理机构代为编制一份环评文件。

"四保障措施"集中在属地政府加强统筹监督、改革区域管理机构抓好改革落实、生态环境部门强化监督管理、建设单位落实主体责任。

●●市委、市政府印发《杭州市青年发展型城市建设试点实施方案》，从让杭州对青年更友好和青年在杭州更有为两个维度，将青年优先发展理念嵌入城市发展各个领域，加快制度创新，为全国青年发展型城市建设提供杭州经验，把杭州打造成为青年"心生向往、人生出彩、情感归属"的梦想城市。

●●在由商务部、文化和旅游部、国家广播电视总局主办的国家文化出口基地论坛上，三部门发布基地第二批创新实践案例，杭州市"中国（浙江）影视产业国际合作区——构建多层次多维度影视人才培养平台"和"浙江数字文化国际合作区——'版钉'助力中国数字文化'走出去'"两个案例入选，成为各地开展对外文化贸易工作中的参考借鉴。

2 日

JIU YUE

●● 在全省防汛防台工作视频会议结束后，市委副书记、市长刘忻主持召开续会，部署落实杭州市防御台风"轩岚诺"有关举措。他强调，要深入贯彻习近平总书记关于防汛救灾工作重要指示精神，认真落实省委袁家军书记八个方面的具体要求，坚持人民至上、生命至上，以"时时放心不下"的责任感抓紧抓实防汛防台各项工作，聚焦"八张风险清单"再排查再落实，坚决筑牢城乡全域安全屏障，确保"不死人、少伤人、少损失"，为迎接党的二十大胜利召开营造国泰民安的社会环境。柯吉欣参加。

刘忻指出，全省防汛防台工作视频会议要求各地认真落实"一个目标、三个不怕、四个宁可"防汛防台理念，立足打大仗、打硬仗，做到科学精准高效防台，以防汛防台的主动作为、实绩实效确保人民群众生命财产安全。全市上下要切实把思想和行动统一到省委部署要求上来，按照最坏的可能打算，打有准备之仗，全面进入临战状态，抢抓防御准备窗口期，全力落实好各项防范应对举措。

●● 市政协召开十二届二次常委会会议，学习贯彻《中国共产党政治协商工作条例》和省第十五次党代会、市委十三届二次全会精神，听取2022年以来全市经济社会发展情况通报，围绕"放大亚运综合效应 提升城市国际化水平"协商建言。市委副书记、市长刘忻做情况通报。市政协主席马卫光主持并讲话。孙旭东到会听取协商意见。许明、毛溪浩、陈新华、冯仁强、郭清晔、宦金元、林革和政协常委出席会议。

刘忻在通报情况时说，2022年以来，在省委、省政府和市委坚强领导下，在市政协监督支持下，市政府坚持以习近平新时代中国特色社会主义思想为指导，认真落实"疫情要防住、经济要稳住、发展要安全"重要要求，聚力打好"八场硬仗"。一是打好疫情防控硬仗，不断完善战疫体系、改进防控措施、提升防控能力，牢牢守住不发生疫情规模性反弹底线。二是打好稳进提质硬仗，深入实施8项攻坚行动，强化政策精准滴灌、直达快享，经济运行企稳回升。三是打好转型升级硬仗，全面优化产业、投资、消费、出口结构，高质量发展态势得到巩固。四是打好创新制胜硬仗，新型实验室体系加快构建，创新主体有效培育，国家战略科技力量实现质的飞跃。五是打好改革攻坚硬仗，协同推进数字化改革、营商环境创新试点改革、"大综合一体化"改革等，变革重塑能力不断增强。六是打好亚运筹备硬仗，基础设施、环境品质、协调发展水平有新提升，城市能级加快跃升。七是打好共富示范硬仗，推进扩中提低行动，强化优质公共服务供给，建设更高水平历史文化名城和美丽杭州，人民群众获得感幸福感更加充实。八是打好除险保安硬仗，防范化解经济金融、安全生产、防汛抗旱等领域风险，城市运行平安有序。

会议围绕"放大亚运综合效应 提升城市国际化水平"协商建言。市政协港澳台侨和外事委做主旨发言，相关民主党派、工商联、区政协及专家代表交流发言，市发改委做回应发言。委员和专家认为，近年来，杭州紧抓举办G20杭州峰会、筹办2022年亚运会等机遇，全面推进城市国际化决策部署，并不断取得新突破新进展。大家建议，要以筹办亚运会为契机，放大亚运会综合效应，打造高辨识度城市IP，提升国际传播能力；借力亚运会高质量软硬件资源，建设国际赛事之城；深入推进产业国际化，增强国际资源配置力；打造全球数字贸易中心，发展国际化城市会展体系；完善国际公共服务体系，提升城市文明水平等。

会议审议通过有关人事事项。

● ● 全国双拥模范城（县）考评调研组到杭州，对杭州市双拥模范城市创建工作开展届中考评调研。

在杭州期间，调研组先后前往西湖区退役军人事务局、杭州军休大厦、浙商银行等地，深入一线实地考察杭州双拥工作，并听取杭州市创建双拥模范城市工作汇报。近年来，杭州贯彻习近平总书记有关重要指示，全面落实省委、省政府、省军区决策部署，紧紧围绕"传承发扬双拥传统、增强军政军民团结"总体目标，坚持全域创建，加强军地联动，优化服务保障，将以此次届中考评为契机，探索创新方法，突出示范引领作用，不断提高双拥工作和双拥模范创建工作质量水平。

调研组在充分肯定杭州双拥工作后指出，希望杭州深入学习贯彻习近平强军思想和习近平总书记关于双拥工作重要论述，强化双拥工作责任担当，做好拥军服务工作，不断创新方法措施，切实提升创建质量，为全国双拥工作总结提炼经验方法，在新一轮创建中取得更大建树、更好成绩。

●● 市长刘忻到中法航空大学、杭州西站及云城建设施工现场等一线检查指导防汛防台工作。他强调，要深入贯彻习近平总书记关于防灾减灾救灾的重要指示精神，坚决落实省委、省政府部署要求，立足打大仗、打硬仗，思想上再重视，措施上再完善，机制上再健全，责任上再压实，以防御工作确定性应对台风走势不确定性，努力将台风可能带来的损失降到最低，为人民群众生命财产安全筑起固若金汤的城市防线。刘颖参加。

在中法航空大学、杭州西站及云城建设施工现场，刘忻查看防汛防台措施落实情况。他叮嘱项目建设单位负责人要切实担负起主体责任，杜绝认为台风路径偏、距离远、影响不大的麻痹松懈思想，重点关注基坑积水、高空作业、施工机械、临建设施、临时用电等防汛防台薄弱环节，把防风加固、排涝准备、人员疏散等工作做在前头，该停工时坚决停工，决不以施工安全为代价抢工期、赶进度，严防事故发生，保障项目如期高质量建成。

随后，刘忻在市防汛防台抗旱指挥部与区县（市）视频连线，听取各地防汛防台工作进展情况汇报，部署下一步重点防御举措。

●● 第五届杭州国际日在钱塘江畔开幕，主题为"以城兴产 共享融光"，展示杭州高水平对外开放成果，吸引全球优质资源要素在杭州集聚，为建设世界一流的社会主义现代化国际大都市提供强大动力。市委副书记、市长刘忻出席开幕式并致辞。省外办主要负责人、市领导孙旭东参加。

开幕式前，刘忻会见出席活动的外国驻沪总领事代表、国际组织和嘉宾代表。开幕式上，韩国驻沪总领事金胜镐现场致辞，全国对外友协会长林松添视频致辞。

杭州国际友城代表，美国波士顿市长吴弭、德国德累斯顿市长德克·希尔伯特，国际机构代表、C40城市气候领导联盟执行主席马克视频致贺。杭州分别与哥伦比亚卡塔赫纳市、德国克雷费尔德市线上签署友好交流备忘录。

开幕式还邀请西湖大学校长、中国科学院院士施一公做主旨演讲，并发布杭州城西科创大走廊打造全球创新策源地邀约。第五届杭州国际日主题展同时举行，全面立体展示杭州城西科创大走廊高质量融合发展情况以及之江实验室、良渚实验室、西湖实验室等建设运营现状。与会代表走访参观了西湖大学云谷校区和阿里巴巴西溪园区，实地感受杭州城西科创大走廊的无限创新活力。

国际日期间，驻华使节代表和在杭外籍人士代表走进城西科创大走廊，参观访问西湖大学云谷校区和阿里巴巴西溪园区，与杭州科研人员和互联网从业者交流，感受杭州创新活力之城的氛围。杭州围绕"以城兴产 共享融光"，向国际友人展现科创潜能、产业活力与开放水平。

● ● 市政协主席马卫光到杭州中策职业学校、杭州学军中学、杭州第十四中学，走访看望教育界的市政协委员。宦金元参加。

马卫光一行到杭州中策职业学校，与市政协委员、中策职业学校校长高志刚等交谈，并走进学校教学实训基地、非遗手作展示体验中心等考察。马卫光对学校坚持需求导向、深化产教融合所取得的办学成绩表示肯定，希望学校发挥特色优势，持续深化产教融合，创新办学模式，打造新时代职业教育的工匠摇篮。在杭州学军中学、杭州第十四中学，马卫光分别看望了市政协委员、学军中学副校长周洁和市政协委员、杭州第十四中学校长何东涛，参观学校校园，了解学校校史、教学工作和文化建设等情况，并与学校负责人座谈交流。

● ● 全市现代社区建设领导小组第二次会议暨"争星晋位、全域建强"行动推进会召开，贯彻落实省有关会议精神，通报"争星晋位、全域建强"行动阶段性进展情况，部署推进下一步杭州市现代社区建设工作。

会议指出，现代社区建设是实现"两个先行"美好图景的最小单元，也是直接检验杭州共同富裕成效的标志标尺。各地各部门要持续高位推进，以更实举措推动现代社区建设提档升级、提质增效。要强化党建统领，发挥"争星晋位"在现代社区"1+6+N"体系中的牵引作用，根据"一村一策"全域建强基层党组织战斗堡垒，提升党员干部带动力；要聚焦"强村富民"，整合政策、土地、资金、生态等资源要素，强化资产绩效等规范化管理，持续增强社区发展内生动力；要聚焦"小脑+手脚",建强乡镇街道综合指挥中心"小脑",整合"大综合一体化"执法队伍、基层矛调队伍、村社干部网格员队伍等"手脚",构建数据归集、情报分析、多跨处置的协同机制;要聚焦"惠民便民",紧扣"一老一小",加大优质社区公共服务供给力度,推动基础服务设施建设和重点民生问题整治,加快推进"爱心卡"试点建设,打造"浙里康养""浙有善育"标志性成果;要聚焦"实战实效",健全平战转换体系,切实增强社区风险防控、应急处突能力。各地各有关部门要拧紧"一级抓一级"的责任链条,加强部门协同和督导检查,把省委关注、市委关心、群众关切的实事办实、好事办好。

● ● 萧山区时代大道南延(绕城至中环段)工程桥戴线—戴临路段高架桥开通试运行,同步开通桥戴线互通B、C匝道、春永连接线互通(上、下行)匝道、义临路互通A、D匝道、戴临路互通A、B匝道。

　　时代大道南延(绕城至中环段)工程起点接时代大道改建工程(绕城高速以南60米),沿线往南跨过浦阳江经过义桥镇、戴村镇,终点至与规划城市中环线交叉以南1千米处,项目采用"高架+地面"道路形式,主线高架全长11.2千米,地面道路全长3.87千米。高架道路及地面道路均采用双向六车道一级公路兼顾城市道路功能标准,设计时速为80千米。

5—11日 JIU YUE

● ● 2022年杭州市暨西湖区网络安全宣传周活动举行。启动仪式现场公布2022年杭州市数字化改革网络安全优秀案例,并举行杭州市网络安全联盟揭牌仪式和西湖区全域网络普法基地建成启用仪式。西湖区网络文明联盟成员年糕妈妈向广大网民朋友发出倡议:争做网络安全的维护者、网络正义的捍卫者、网络正能量传播者。

　　本届网络安全宣传周主题为"网络安全为人民,网络安全靠人民"。活动期间,市委网信办联合多部门开展一系列活动:举办网络安全主题展、《浙江省公共数据条例》知识竞赛、密码应用创新论坛等系列宣传活动,开展校园日、电信日、法治日、金融日、青少年日和个人信息保护日等六大主题日活动,并通过广播、电视、网络、地铁公交西湖游船和户外大屏播放网络安全主题片和优秀宣传作品等,营造安全健康文明的网络环境。

6
日
JIU YUE

●● 市长刘忻主持召开市政府常务会议，专题研究重大项目谋划推进及政策工具争取工作。会议强调，要深入贯彻习近平总书记关于当前经济工作的重要论述精神，突出抓好"三件大事"，把推项目扩投资作为"经济要稳住"的关键抓手，精准聚焦国家所需、杭州所能、百姓所盼，谋深抓实一批具有强大牵引力、带动力的重大项目，积极争取专项债和金融工具政策支持，抢时间、增效率、提速度，加快把投资潜力转化为现实动力，为经济稳进提质提供坚实有力支撑，为全国全省稳经济大局做出杭州更大贡献。

会上，市发改委汇报2022年、2023年开工项目谋划推进情况，以及全市专项债、政策性开发性金融工具项目储备申报进展；市财政局汇报专项债发行使用情况；与会市级单位和区县（市）分别做交流发言。

会议指出，近段时间以来，全市各地各部门把稳住经济大盘、促进稳进提质作为工作的重中之重来抓，抢抓国家政策窗口期，结合各地各部门工作实际，把推项目扩投资责任切实扛在肩头、工作牢牢抓在手里，主动作为、创新实干、攻坚破难，在重大项目谋划推进及政策工具争取方面取得了显著阶段性成效，成果来之不易、值得充分肯定。

●● 市长刘忻到钱塘区、滨江区走访服务企业，并主持召开企业座谈会。他强调，要深入学习贯彻习近平总书记重要指示批示精神，全面落实党中央、国务院、省委、省政府和市委决策部署，深化推进稳进提质攻坚行动，制定实施更加精准科学有效的稳经济政策措施，全力以赴保市场主体，千方百计为企业纾困解难，提振企业发展信心预期，锻造创新制胜硬核力量，在留得青山的基础上赢得未来。孙旭东参加。

随后，刘忻主持召开企业座谈会，就打好经济稳进提质攻坚战问需于企、问策于企、问效于企。会上，华芯巨数（杭州）微电子有限公司、正心元科技（杭州）有限公司、华芯程（杭州）科技有限公司、杭州国家"芯火"双创基地、杭州市集成电路产业技术联盟（筹）等企业和平台负责人先后发言。

7
日 **JIU YUE**

●● 市委、市政府致电四川省甘孜州委、州政府，向地震灾区人民表示慰问。慰问电全文如下：

9月5日，甘孜州泸定县发生6.8级地震，造成重大人员伤亡和财产损失，灾情时刻牵动着我们的心。在此，杭州市委、市政府代表杭州1200万人民向灾区人民表示深切慰问，向战斗在抗震救灾一线的广大干部群众、医护人员和人民解放军、武警官兵、公安干警致以崇高敬意！

浙川携手，杭甘情深。自2021年5月杭甘两地结对以来，两地干部群众结下了同心互助的深厚情谊。为支援贵地抗震救灾，我们特捐赠300万元。

我们坚信，在以习近平同志为核心的党中央的坚强领导下，在四川省委、省政府的有力指挥下，在全国人民的大力支持下，甘孜州委、州政府一定能团结带领灾区人民渡过难关，取得抗震救灾、恢复重建的全面胜利！

●● 致公党杭州市第七届委员会召开第三次全体会议，选举方军为主任委员。

市委会新领导班子将团结带领全市致公党员牢牢把握正确政治方向，不断巩固多党合作的思想基础，进一步坚定理想信念，进一步传承致公党光荣传统，进一步发挥特色优势，切实加强五种能力建设，扎实推进市委会各项工作，在杭州努力打造世界一流的社会主义现代化国际大都市的宏图里围绕中心找准方向、服务大局、彰显价值。

●● 全国工商联公布"2022中国民营企业500强"榜单（根据2021年度数据评出，下同）。杭州市有41个企业进入"2022中国民营企业500强"行列，和2021年相比新增5个，占全国的8.20%，占浙江省（107个）的38.32%。杭州市上榜"中国民营企业500强"的企业数再次列全国城市第一位、全省第一位，已连续20年居全国城市第一位、全省第一位。

根据榜单信息，"2022中国民营企业500强"的营业收入总额门槛为263.67亿元，相较2021年提高28.66亿元。和"2022中国民营企业500强"同步发布的还有

"2022中国民营企业制造业500强"名单，入围门槛125.72亿元；"2022中国民营企业服务业100强"名单，入围门槛301.16亿元。杭州市有27个企业进入"2022中国民营企业制造业500强"行列，占全国的5.40%，占浙江省（94个）的28.72%；有11个企业进入"2022中国民营企业服务业100强"行列，占全国的11.00%，占浙江省（16个）的68.75%。

依照往年惯例，本次调研采取企业自愿申报的原则，全市共有318个2021年度营业收入总额超过（含）5亿元人民币的民营企业参加调研。其中：超过10亿元的199个，超过50亿元的86个，超过100亿元的64个，超过150亿元的48个，超过500亿元的16个，超过1000亿元的8个。

● ● "亚运走十城"大型文化推广活动走进南京。"亚运走十城"南京站活动，由杭州亚运组委会、南京市委宣传部与杭州市委宣传部联合主办。

10时，"亚运Talk"（亚运主题宣讲）在南京图书馆开讲。活动中，杭州亚组委相关负责人向南京市民全方位介绍了杭州亚运会的筹办理念与办赛进程；现场，杭州亚组委还向南京图书馆赠送了杭州亚运动漫书籍《亚运江南忆——跟着丰子恺游杭州》《江南忆 玩转亚运非奥项目》《我在最美的地方等你》各100本。这三本书是杭州亚组委2020年面向全球举办的"杭州亚运会吉祥物原创动漫作品大赛"的优秀成果。傍晚，"亚运UP"（迎杭州亚运会趣味跑）在南京国际青年文化公园举行——"亚运UP"将体育运动与趣味活动巧妙结合，在沿途设置多个游戏点。晚上，"亚运Music"（亚运好声音）在南京奥林匹克博物馆前广场举行。

● ● 2022年杭州市网络安全周系列活动之杭州市"争做巾帼好网民 共建儿童友好网络"倡议发布暨富阳区女性融媒体联盟成立活动举行。

现场，市妇联发出"争做巾帼好网民 共建儿童友好网络"倡议，呼吁女性网民争做网络正能量的传播者、网络文明的推动者、儿童文明用网的引路者，彰显巾帼担当，也呼吁儿童增强自我防护意识，健康、安全、文明上网。

富阳女性融媒体联盟成立。首批成员共58个，包括企事业单位官方微信、乡镇街道微融媒体中心及自媒体大咖等。联盟发布了"五朵云"主题任务，分别是专注电商直播实操培训与创业心得分享的云·享会、镇街组团结亲联盟成员寻求精准指导的云·共富、推介富阳优质旅游资源的云·赏味、宣传儿童友好城区创建公益服务项目的云·共享和围绕"巾帼心向党 喜迎二十大"主题展开的云·宣讲活动。

● ● 市教育局召开新闻发布会，发布《教师家庭教育指导能力评定规范》。据全国团体标准信息平台资料显示，这是目前国内第一个公开发布的针对教师家庭教育指导能力的评定规范。

该规范主要围绕"专业伦理""专业知识""专业能力"三个维度，梳理出多项教师家庭教育指导能力所必备的基本要求。杭州市将以规范为指导蓝本，首先培养一批在家庭教育指导方面的专家级教师，再以他们为"导师团"，面向广大教师进行家庭教育指导的培训，有效保障杭州市教师家庭教育指导能力全面提升。

8 日 JIU YUE

● ● 参加2022年度长三角地区三省一市人大常委会主任座谈会的沪苏浙皖人大常委会负责人到杭州考察。

上海市人大常委会党组书记、主任蒋卓庆，副主任莫负春；江苏省人大常委会常务副主任、党组副书记李小敏，副主任曲福田；浙江省人大常委会党组书记、副主任梁黎明，党组副书记陈金彪，党组副书记、副主任李卫宁；安徽省人大常委会党组副书记、副主任陶明伦，副主任刘明波参加。

与会人员到杭州上城区凯旋街道金秋花园人大代表联络站详细了解代表进站联系服务群众、民意收集处理、数字化改革等方面情况，对联络站推动解决系列民生难题给予肯定。当天，与会人员还考察了南宋博物院暨德寿宫遗址保护展示工程一期、高新区（滨江）展厅和亚运奥体中心场馆设施等。

省、市领导刘捷、李火林、朱华、王敏、徐小林等陪同或参加有关活动。

● ● 省委常委、市委书记刘捷主持召开浙江自贸区杭州片区建设领导小组会议。他强调，要深入学习贯彻习近平总书记关于进一步全面深化改革和扩大开放、加快建设自由贸易试验区的系列重要讲话和重要指示精神，始终心怀"国之大者"，牢牢把握历史机遇，坚决扛起重大职责使命，以更强的历史主动和担当精神，谋划和推进杭州自贸片区建设，以制度创新塑造国际开放合作和竞争新优势，为杭州市数字经济高质量发展注入澎湃动力。柯吉欣、刘颖、王敏、胡伟、孙旭东出席。

会上，市商务局（杭州自贸片区管委会）汇报杭州自贸片区建设进展、首届全球数字贸易博览会筹备情况和下步工作思路。钱塘区、萧山区、高新区（滨江）、市经信局、市卫生健康委、钱江海关、省机场集团汇报推动杭州自贸片区高质量发展有关工作成效及下步工作思路。

● ● 杭州市召开庆祝第38个教师节座谈会。省委常委、市委书记刘捷看望接见参加座谈会的优秀教师和优秀教育工作者代表，马小秋、黄海峰、陈瑾、罗卫红、宦金元参加。

刘捷向全市广大教师和教育工作者致以节日祝福和诚挚慰问。他说，长期以来，全市广大教师和教育工作者牢记习近平总书记的嘱托和期望，坚持把立德树人作为根本任务，薪火相传、教书育人，全力培养社会主义建设者和接班人，有的在支教援教的光辉事业中无私奉献、把教育的光芒播撒到边远地区，有的投身偏远乡村学校、为山区孩子带去知识的阳光雨露，有的长期扎根基层、在平凡岗位上做出不平凡的业绩，为服务国家富强、民族复兴、人民幸福和杭州发展贡献力量，集中展现了杭州教师爱党爱国、甘为人梯、立德树人、自信自强的精神风貌。一个人遇到好老师是人生的幸运，一个学校拥有好老师是学校的光荣，一个民族源源不断涌现出一批又一批好老师则是民族的希望。正是有广大教师和教育工作者的辛勤付出，才令这座城市更加美丽动人。

● ● 全省清廉浙江建设推进会在杭州召开，省委书记袁家军强调要深入学习贯彻习近平总书记关于全面从严治党的重要论述精神，全面落实省第十五次党代会决策部署，弘扬伟大建党精神和红船精神，找准清廉浙江建设在新时代的新方位坐标，坚持以政治建设为统领，始终保持严的主基调，一体推进不敢腐、不能腐、不想腐，迭代深化清廉单元建设，持续发挥数字化改革对清廉建设的赋能作用，在政治清明、政府清廉、干部清正、社会清朗、文化清新上持续发力，不断深化以自我革命引领社会革命的省域新实践，扎实推动全面从严治党不断向更高水平、更深层次迈进，全域全面打造新时代党建高地和清廉建设高地。

省委副书记、省长王浩主持会议，黄建发等副省级以上领导出席。会上，许罗德宣读关于表扬全省清廉建设成绩突出单位和命名浙江省廉洁文化教育基地的文件，宁波市、省市场监管局、龙游县、德清县下渚湖街道和传化集团做交流发言。

会议以视频会议形式召开，各市、县（市、区）设分会场，省直有关部门负责人在主会场参加。刘捷、刘忻、李火林、马卫光等市四套班子领导在主会场或杭州分会场参加。

● ● 杭州市举行各界人士中秋茶话会。省委常委、市委书记刘捷出席并讲话，刘忻、李火林等市四套班子领导参加，马卫光致辞，朱建明主持。

刘捷向全市各民主党派、工商联、无党派人士和人民团体，向广大的工人、农民、驻杭部队官兵、知识分子和社会各界人士，向在杭的港澳同胞、台湾同胞、归侨侨眷，向所有关心支持杭州发展的海内外人士致以节日的问候和美好的祝愿。他说，2022年以来，我们深入学习贯彻习近平新时代中国特色社会主义思想，坚决贯彻落实中央和省委、省政府决策部署，按照"疫情要防住、经济要稳住、发展要安全"要求，高效统筹疫情防控和经济社会发展，各项事业取得了新的成效。这些成绩的取得，是以习近平同志为核心的党中央和省委、省政府正确领导的结果，是全市广大干部群众团结奋斗的结果，也是市各民主党派、工商联和无党派人士大力支持的结果，凝结着大家的心血和汗水。

马卫光在致辞时说，全市各界人士要在中共杭州市委的坚强领导下，以更加昂扬的精神状态和强烈的责任担当，紧紧围绕市委、市政府重大决策部署，聚同心同向之力、献务实管用之策、谋利民惠民之举，为高水平推进共同富裕幸福杭州建设、加快打造世界一流的社会主义现代化国际大都市画出最大同心圆、凝聚奋进正能量，以实际行动迎接党的二十大胜利召开。

● ● 在全国、全省疫情防控工作电视电话会议结束后，市长刘忻主持召开续会，部署杭州市贯彻落实举措。他强调，要深入贯彻习近平总书记关于疫情防控工作的重要指示精神，认真落实党中央、国务院、省委、省政府部署要求，坚持"外防输入、内防反弹"总策略和"动态清零"总方针不动摇，绷紧思想之弦，优化应对之策，提升防控之力，坚决做到"六个不"，牢牢守住不发生疫情规模性反弹的底线，为迎接党的二十大胜利召开营造平安健康祥和的社会环境。陈瑾、丁狄刚、罗杰出席。

刘忻指出，当前全球疫情依然高位流行，国内本土疫情呈现多点散发、多地频发态势，加之中秋、国庆假期临近，探亲、旅游等需求旺盛，人员出行、聚会等活动明显增多，境外疫情输入和本土疫情传播扩散的风险势必显著上升，杭州市面临的疫情防控总体形势仍然复杂严峻。要把疫情防控作为"三件大事"的基础性工作抓紧抓好，严格执行第九版防控方案要求，持续深化"七大机制"、激活"五快"响应，全力以赴做到"六个不"，以最快速度、最高效率、最小代价实现最大防控效果。

●● 市长刘忻到学校开展教师节慰问活动，向全市广大教师致以节日的诚挚问候和衷心祝福。马小秋、黄海峰、陈瑾分到拱墅区、上城区、滨江区慰问一线教师。

刘忻先后来到胜利小学新城校区、行知新城幼儿园钱江园区，察看教育教学设施，听取数字化示范校园建设、课程体系改革创新等情况介绍，与优秀教师代表握手致意、亲切交谈，为他们送上鲜花，祝他们节日快乐。刘忻说，教师是立教之本、兴教之源，承担着让每个孩子健康成长、办好人民满意教育的重任。一直以来，全市广大教师赓续优良传统，倾注真心真情，立足三尺讲台兢兢业业、无私奉献，为杭州、为浙江、为国家培养了一批又一批可用之才，为经济社会高质量发展提供了强大智力保障。希望大家始终不忘为党育人、为国育才的使命初心，竭尽所能把祖国未来的花朵浇灌好、培育好，努力在孩子们的人生中播撒阳光、播撒快乐、播撒希望，当好学生健康成长的知心人、引路人、筑梦人，真正成为让学生感恩铭记、让家庭社会满意的好老师。

●● 淳安县森林碳汇管理局挂牌成立，是全市首个县级碳汇管理局。淳安全县23个乡镇的综合服务中心增挂森林碳汇服务中心牌子，在全省开了森林固碳增汇管理工作县乡一体化的先河。

新挂牌的淳安县森林碳汇管理局主要职能是做好碳汇林建设管理、林业碳汇开发利用，组织实施森林固碳建设，开展全县林业碳汇、碳储量及年固碳量等重要数据的监测、统计、发布和登记确权等工作。乡镇森林碳汇服务中心则承担森林固碳增汇管理工作，不断提升森林碳储量和林业碳汇能力，通过上下贯通联动的森林碳汇管理体系，实现生态产品价值"两山"转化、森林碳汇资源实现多途径测量变现。

10
日 JIU YUE

●● 市长刘忻到基层监管所、执法队专题调研"大综合一体化"行政执法改革工作。他强调，要深入学习贯彻习近平总书记关于行政执法的重要论述精神，以"重要窗口"头雁的政治自觉和使命担当，全力推进"大综合一体化"行政执法改革走深走实，聚焦重大关键事项和企业群众反映强烈的突出问题，敢于破除体制机制障碍，重心充分下移，权力应放尽放，加快推动改革取得突破性进展、标志性成果。丁狄刚参加。

随后，刘忻主持召开会议，听取城管、交通运输、市场监管等部门改革推进情况汇报。

12
日 JIU YUE

●● 全市防汛防台工作会议召开。省委常委、市委书记刘捷主持会议并讲话。他强调，要深入学习贯彻习近平总书记关于防汛防台工作的重要指示精神，按照省委、省政府部署要求，坚决克服麻痹思想、侥幸心理，全面进入临战状态，堵漏洞、补短板、强弱项，有力有序做好"梅花"台风防御工作，以工作的确定性应对风险的不确定性，确保人民群众生命财产安全和城市运行安全，为党的二十大胜利召开营造安全稳定的社会环境。

会议以视频形式召开，各区县（市）设分会场。市委副书记、市长刘忻部署全市防汛防台工作，柯吉欣、朱华、刘颖、王敏、丁狄刚、刘嫔珺在主会场或分会场出席。会议对台风动态、水情和山塘水库河网及小流域山洪、城市内涝防御情势等做分析研判，并听取有关工作情况汇报。

●● 市长刘忻专题调研未来社区建设工作。他强调，要深入学习贯彻习近平总书记关于共同富裕和城乡规划建设的重要论述精神，坚持以人民为中心，聚焦未来社区这个共同富裕现代化的基本单元，锚定"一统三化九场景"持续发力，全面提升党建统领力、规划引领力、数字变革力、制度创新力和政策保障力，突出抓好"七个共"，全力把未来社区打造成为广大市民共享共同富裕美好生活的"幸福共同体"，为"两个先行"提供现实明证、注入强大动力。丁狄刚参加。

刘忻来到拱墅区大关街道德胜新村，走进全市首家社区护理中心——"乐龄家"护理中心，察看床位供给、医疗设施情况，与来此康复的老人亲切交谈。

在随后召开的未来社区建设工作座谈会上，市建委汇报全市未来社区建设推进情况及工作建议，相关社区代表和市级单位做交流发言。

13日 JIU YUE

●● 欧美同学会海归小镇（杭州·数字医药）揭牌启用仪式在萧山科技城举行。全国人大常委会副委员长、民盟中央主席、欧美同学会会长丁仲礼出席仪式并为小镇揭牌。欧美同学会副会长、民盟中央副主席曹卫星，市委副书记、市长刘忻致辞。欧美同学会党组书记、秘书长王丕君宣读复函。省、市领导邱启文、李学忠、李火林、马小秋、朱建明、王敏、宦金元参加。

欧美同学会海归小镇（杭州·数字医药）将重点推进信息技术与合成生物学、基因组学、微生物组学等生命科学领域的深度融合应用，培育孵化生物铸造厂、基因数据平台等生物数字服务平台，力争通过10年时间建设，引进一大批海归人才和具有国际、国内行业影响力的数字医药领军企业，推动数字医药产业规模突破500亿元。

●● 省委书记袁家军到省防汛防台抗旱指挥部检查指导台风"梅花"防御工作，对全省防汛防台工作进行部署。他强调，要深学笃行习近平总书记关于防汛救灾工作的重要论述精神，坚持底线思维、极限思维，仔细对照"八张风险清单"，在闭环落实、执行力提升、风险管控确认上下功夫，把"一个目标、三个不怕、四个宁可"的理念真正转化为实际行动和工作实效，坚决实现"不死人、少伤人、少损失"，坚决打赢防御台风"梅花"的人民战争。

在省防汛防台抗旱指挥部，袁家军仔细观看台风路径图和卫星云图，详细了解台风走向和水雨情。随后，听取省气象局、省应急管理厅、省自然资源厅、省农业农村厅、省水利厅、省建设厅负责人工作汇报，与大家一起研判防汛防台形势，并通过远程会商系统连线宁波市、嘉兴市等地主要负责人，了解当地准备工作情况。

各市及部分县（市、区）设分会场。刘捷、彭佳学、陈奕君、徐文光、刘建伟、卢斌在有关会场参加。市领导柯吉欣、朱华、刘颖、丁狄刚、刘嫔珺，杭州警备区司令员朱云忠在杭州分会场或各区县（市）分会场参加。

●● 省委常委、市委书记刘捷主持召开全市防汛防台工作调度会议。他强调，要深入学习贯彻习近平总书记关于防汛救灾工作的重要指示精神，认真落实"一个目标、四个宁可、三个不怕"要求，坚决按照省委、省政府部署要求，把防御台风作为当前压倒一切的任务，克服麻痹思想、侥幸心理，坚持底线思维，把问题想得更严重一些，把困难考虑得更大一些，把准备工作做得更充分一些，以"时时放心不下"的责任感做最充分的应对准备，切实保障人民群众生命财产安全和城市运行安全，切实做到守土有责、守土尽责、守土负责，以实际行动迎接党的二十大胜利召开。

会议以视频形式召开，各区县（市）设分会场，市领导刘忻、柯吉欣、朱华、刘颖、王敏、丁狄刚、刘嫔珺，杭州警备区司令员朱云忠在主会场或分会场出席。会上，刘捷听取市气象局、市防汛防台抗旱指挥部办公室工作汇报，与大家研判防汛防台形势，并视频连线萧山区、临安区负责人，了解当地防汛防台情况，对下一步工作做出部署。

13—14日 JIU YUE

●● 13日，省长王浩到省防汛防台抗旱指挥部检查指导台风"梅花"防御工作，看望慰问连续奋战多日的工作人员；14日一早，王浩再次来到指挥部召开研判会议，对全省防台防汛工作再动员、再部署。他强调，当前防台防汛已全面进入实战状态，全省上下要坚决贯彻习近平总书记"疫情要防住、经济要稳住、发展要安全"重要指示精神，落实"一个目标、三个不怕、四个宁可"防汛防台理念，坚持人民至上、生命至上，按照省委、省政府部署要求，落细落小落实各项防御措施，坚决实现"不死人、少伤人、少损失",全力保障人民群众生命财产安全和城市运行安全,确保交出防御台风"梅花"高分答卷。

14日下午,王浩到西险大塘查看防台防汛有关情况。他强调,西险大塘是杭州北部一道重要的防洪屏障,必须坚持底线思维、极限思维,切实把困难估计得更充分,把措施部署得更周密,把工作抓得更细致,坚决打好防台防汛主动仗。要强化巡堤查险,特别是强降雨期间要增派巡查力量,落实"百米一人、严防死守"巡查制度,确保险情早发现、早处置。

徐文光、刘忻、刘颖参加会议或检查。

14
日 JIU YUE

●● 省委常委、市委书记刘捷调研铁路杭州西站、机场轨道快线建设工作,并检查防汛防台工作。他强调,要坚持以人民为中心的发展思想,高标准推进交通基础设施、重大水利工程建设,从严从实做好台风"梅花"防御工作,保安全运行、保精彩亮相,以实际行动迎接党的二十大胜利召开。朱华、刘颖、戴建平参加。

刘捷从铁路杭州东站出发,乘坐机场轨道快线列车到铁路杭州西站,沿途考察机场轨道快线开通筹备情况,并走进杭州西站,考察候车大厅、出站层等,详细了解西站开通筹备情况。实地检查西险大塘南湖闸防汛情况和青山水库。

●● 市长刘忻到钱塘区,深入危房隐患点、在建工地、化工企业等防汛防台一线,检查督导台风"梅花"防御工作。他强调,要坚决贯彻习近平总书记关于防汛救灾工作的重要指示精神,切实践行"一个目标、三个不怕、四个宁可"理念,按照省委、省政府和市委部署要求,把防汛防台作为当前压倒一切的任务,着力强化综合指挥,闭环管控风险隐患,层层设防筑牢屏障,确保"不死人、少伤人、少损失",奋力夺取防御台风"梅花"硬仗的全面胜利。

胥伟华、胡伟、丁狄刚、罗杰、刘嫔珺、孙旭东等市政府领导也带队到各地检查督导防汛防台工作。

●● 强国复兴有我 美哉杭州少年——杭州市第十八届美德少年(新时代好少年)发布活动在杭州文广集团举行。宋梓瑜、陈梓轩、毛烁尘、陈易泽、王婧如、高语彤、李文杰、董子博、王一舒、何思阳10名同学被选树为杭州市第十八届美德少年（新时代好少年）。沈佑铱等10名同学获得杭州市第十八届美德少年（新时代好少年）提名。

●● 省委常委、市委书记刘捷到拱墅区调研除险保安并下访接待群众。他强调，要深入学习贯彻习近平总书记关于统筹发展和安全的重要论述，牢固树立以人民为中心的发展理念，全力推进除险保安"十大行动"，不断提升社会治理现代化能力和水平，用心用情做好群众信访工作，让市民群众有更多的获得感幸福感安全感，为党的二十大胜利召开创造和谐稳定的社会环境。朱华、罗杰参加。

●● 市长刘忻主持召开市政府常务会议，就稳进提质、除险保安等工作进行研究部署。会议强调，要坚决贯彻习近平总书记"疫情要防住、经济要稳住、发展要安全"的重要指示要求，全面落实中央和省委、市委相关决策部署，增强在多目标中把握综合平衡的能力水平，持续打好经济稳进提质政策"组合拳"，扎实推动全市经济稳中有进、趋优向好，深化推进"除险保安"百日攻坚行动，织密筑牢防风险、保平安、护稳定的坚强防线，以实际行动迎接党的二十大胜利召开。

会议听取经济稳进提质攻坚行动"月晾晒"指标情况的分析汇报，就抓紧抓实政府系统除险保安工作进行具体部署，还研究了其他事项。

●● 省人大常委会副主任史济锡带队到淳安县调研高质量发展建设共同富裕示范区促进条例立法等工作。市人大常委会主任李火林，副主任戚哮虎参加。

座谈会上，杭州市、淳安县政府汇报了有关情况，省、市人大代表以及相关部门围绕《浙江省高质量发展建设共同富裕示范区促进条例（草案）》，就乡村人才建设、扩中提低、缩小"三大差距"等提出建议。

史济锡指出，高质量发展建设共同富裕示范区是以习近平同志为核心的党中央赋予浙江的光荣使命和重大政治责任。为高质量发展建设共同富裕示范区立法的意义与目标在于更好地彰显社会主义制度优越性，让人民群众有更强的获得感，以高水准的地方性法规为高质量发展建设共同富裕示范区提供有力法治保障。

李火林表示，市人大常委会将按照中央和省委、市委的决策部署，立足人大职能，更好地发挥优势，扎实助推争当城市范例工作，为高质量发展建设共同富裕示范区提供更多的杭州样本和经验。

●● 市政协主席马卫光到建德市调研政协工作，到梅城镇千鹤村，参观了千鹤妇女精神教育基地，在杨村桥镇绪塘村考察"民生议事堂"、委员工作室、社情民意联系点"三位一体"和协商驿站建设运行工作，并调研了该镇草莓特色产业发展情况。

调研中，马卫光对建德市推进"民生议事堂"、委员工作室、社情民意联系点"三位一体"和协商驿站建设取得的成效给予肯定。他强调，要在深入践行全过程人民民主中深化协商实践，把牢功能定位，坚持系统思维，注重结合融入，持续推进"民生议事堂"、委员工作室、社情民意联系点"三位一体"和协商驿站建设，不断总结提升，着力打造具有鲜明辨识度和广泛影响力的政协履职平台体系，更好地推动政协协商向基层延伸，释放专门协商机构潜能效能。要坚持因地制宜，立足区域特色，聚焦履职"小切口""微课题"，提高建言"靶向性""含金量"，有效服务助力高质量发展、高效能治理。要做到协商于民、协商为民，突出共建共享、常态长效，发挥委员主体作用，拓宽各方参与渠道，建好用好建言献策、凝聚共识、服务人民、助力发展的有效平台载体。

●● 浙江建德抽水蓄能电站筹备工程开工仪式在梅城镇乌龙山下举行，市政协主席马卫光参加并宣布开工。戴建平、刘嫔珺参加。

该电站上水库位于建德梅城乌龙山最高峰北坡的山顶谷地，下水库利用已建的富春江水库，占地面积约161.44公顷，总投资达140.5亿元的电站，由协鑫能源科技股份有限公司投建，总装机容量240万千瓦，设计年发电量预计24亿千瓦时，年抽水电量32亿千瓦时，装机规模为华东地区最大，同时也是建德市历史上投资最大的项目，项目计划2029年投产发电。该抽水蓄能电站和普通水电站相比，最明显的优势是位于国家林场范围内，库区无移民，水库淹没损失小，距杭州市100千米，对外交通方便。且它就像个巨型"充电宝"，是利用电力负荷低谷时的电能抽水至上水库，在电力负荷高峰期再放水至下水库发电的水电站。除了基本发电功能外，它可将电网负荷低时的多余电能，转变为电网高峰时期的高价值电能，并适于调频、调相，稳定电力系统的周波和电压，且宜为事故备用，还可提高系统中火电站和核电站的效率。

项目投运后预计每年可节约燃煤消耗量约48万吨，减少碳排放96万吨。建成后，将主要承担华东电网调峰、填谷、储能、调频、调相和紧急事故备用等任务，并可支援上海和江苏电网的调峰需求。同时还将带动建德周边山道建设、居民就业、乌龙山的旅游资源以及周边城镇化建设，促进共同富裕。

16

日 JIU YUE

●● 全省农业高质量发展大会在杭州召开，省委书记袁家军强调要学深悟透习近平总书记关于粮食安全和农业发展的重要论述精神，坚持农业农村优先发展，坚持高效生态农业发展方向，突出藏粮于地、藏粮于技，坚决守住粮食安全底线，以科技强农、机械强农为切入点，加快建设农业科创高地，加快重塑现代农业产业体系、生产体系、经营体系，加快推进农业数字化、科技化、机械化、绿色化、融合化，联动推进农业高质高效和农民增收致富，建设农业现代化先行省，为"两个先行"提供基础支撑。

省委副书记、省长王浩主持，黄建发、刘捷、彭佳学、陈奕君、刘小涛、梁黎明、陈小平在有关会场出席。会上宣读了表彰名单，举行了农业"双强"重大项目签约仪式，省农业农村厅、温州市、长兴县、常山县和农业高科技企业、种粮大户代表做交流发言。

会议以视频会议形式召开，各市、县（市、区）设分会场。刘忻、李火林、马卫光、朱华、刘颖、王敏、刘嫔珺在杭州分会场或各区县（市）分会场出席。

●● 市委常委会召开会议，传达学习习近平主席致2022年中国国际服务贸易交易会贺信、习近平总书记致2022全国专精特新中小企业发展大会贺信和省委常委会关于推进杭甬"双城记"工作有关精神，研究杭州市贯彻落实意见。

省委常委、市委书记刘捷主持会议并讲话。

会议指出，要认真学习贯彻习近平主席致2022年中国国际服务贸易交易会贺信精神，全面落实省委决策部署，充分借鉴本届服贸会的办会经验，切实提升办会水平，高水平办好数贸会，努力取得"一炮打响"的效果。要推动服务贸易高质量发展，加快促进传统服务贸易数字化转型和数字贸易发展，擦亮"数字+服务"杭州特色品牌，实现服务贸易更高质量与更优效益发展。要围绕高质量创建国家服务贸易创新发展示范区，在打造多元化服务贸易促进体系、探索服务贸易制度型开放路径、以数字化改革推动监管和治理能力提升、构建高质量服务贸易发展生态等方面探索出一批制度创新成果，为国家高水平开放贡献杭州力量。

● ● 省委常委、市委书记刘捷主持召开全市经济稳进提质工作调度会。他强调，要全面贯彻落实党中央、国务院和省委、省政府决策部署，按照"疫情要防住、经济要稳住、发展要安全"要求，准确把握经济发展的"时"与"势"，既保持战略定力又积极担当作为，全力推进经济稳进提质攻坚行动，以最大努力争取最好结果，推动杭州经济行稳致远。

刘忻、李火林、马卫光等市四套班子领导出席。会议听取全市经济稳进提质攻坚行动晾晒工作情况汇报。

刘捷在充分肯定前一段工作后指出，当前杭州市经济总体延续恢复态势，正处在爬坡过坎的关键时刻。面对严峻复杂形势，既要从纵向比较中看到积极变化，又要加强横向比较找准短板弱项，科学研判、把握规律，坚定信心、锚定目标，把稳进提质攻坚的各项政策措施落得更实更准。

● ● 省政协党组副书记、副主席王昌荣到西湖区调研"民生议事堂"建设运行工作，观看西湖区政协"助力共同富裕示范区首善之区建设——物业服务大提升百场协商议事月"活动图板展示，现场观摩古荡街道"打造全域大物管，实现人居共治体"民生议事堂协商活动，并对下一步工作提出要求。市政协副主席陈国妹，区政协主席叶泽，副主席陈凯陪同。

王昌荣充分肯定了西湖区在"民生议事堂"方面的建设与探索。他指出，西湖区要围绕党政所需、群众所盼、政协所能，进一步做好"民生议事堂"建设运行工作。要强化政协委员履职为民意识，提高政治站位，加强服务群众能力；要充分调动政协委员履职尽责积极性，提升政协工作水平；要充分发挥"民生议事堂"平台优势，围绕中心服务大局，加强党对政协工作的领导；要丰富民生议事堂形式，推动线上和线下相结合，积极献计献策，为民排忧解难。

● ● 2022年全国科普日暨杭州市第36届科普宣传周主场活动在中国杭州低碳科技馆启动。科普宣传周系列活动陆续展开。

本届科普宣传周活动以"喜迎二十大，科普向未来"为主题。活动期间，各区县（市）围绕主题，组织省（市）分会场或主场活动，安排近1200场次主题性、全民性、群众性系列科普宣传。

启动仪式为杭州钱学森故居等全省6个全国首批科学家精神教育基地进行授牌。宣传周还邀请中国工程院院士、浙江大学工学部主任杨华勇教授等专家，深到基层普及科学知识，宣讲科学家的故事。杭州植物园"院士路"、上城小营"院士巷"、萧山湘湖"院士岛"、桐庐富春"院士村"等也面向公众宣讲科学家精神。

●● 市文化广电旅游局牵头召开"杭州数字经济产业旅游国际对话大会"。作为即将在杭州召开的全球首届数字贸易博览会的子活动，大会瞄准经济新常态下的杭州办会优势，围绕数字经济、全域旅游、文旅融合的创新发展模式，寻找"杭州国际会议目的地"建设的最优方案，持续提升杭州的国际能见度，助力杭州打造活力迸发的"新天堂"。

大会围绕沉浸式文旅时代下国内外文化旅游和数字经济相融合的创新发展模式，对标韩国首尔创新园、法国索菲亚·安蒂波里斯技术城、德国慕尼黑科技园等十大国际产业旅游园区，借鉴它们为创业者、办会者、会议PCO（会议中间商）提供融合性复合文化内容空间、中介服务和平台服务等成功经验，结合杭州自身产业特色和文化属性，从元宇宙融合、数字化升级的角度，共同探究文旅产业未来的转型与发展。

会上，墨西哥中国中心总裁方硕、联合国工发组织达蒙·弗兰克·詹诺卡罗、物联网产业园党委书记、发展服务中心主任李程旭、华数传媒副总裁卓越等行业专家，围绕数字经济产业（企业、园区）转化为旅游产品、打造商务考察旅游线路、创新青少年科普教育研学旅游等话题开展讨论，畅谈国际智慧文旅合作新机遇。

大会现场，杭州市文化广电旅游局与全球智慧城市博览会（明日之城）签署"数字经济产业旅游"合作备忘录，共同发挥各自产业影响力和资源凝聚力，推进杭州数字产业旅游品牌的国际传播。

●● 中国大运河古镇发展研讨会在临平大运河畔塘栖古镇举行。

研讨会以"大运来临·古镇创生"为主题，邀请中国文物学会会长、故宫博物院原院长单霁翔，铜雕技艺国家级非遗代表性传承人朱炳仁，北京大学历史系教授赵世瑜等历史、文化、旅游领域的专家学者，围绕运河古镇历史文化遗产的保护传承、有机更新、产业创新等方面，进行主题演讲。

现场，由塘栖、张家湾、杨柳青、瓜洲、南阳、南浔、崇福、乌镇8个运河古镇联合发起，全国大运河沿线约40个古镇共同筹划的中国大运河古镇联盟成立。未来，联盟成员以"大运河"为纽带，围绕共护文化遗产、共创古镇价值、共扩古镇影响、共筑合作繁荣、共谋发展思路、共享发展经验、共促联盟发展7个方面，携手共促大运河沿线古镇的繁荣与发展。

活动现场，临平发布全国首个大运河古镇数字藏品"塘栖古镇"，临平区文化产业宣传片《文化临平 创意东来》首次发布。

● ● 第十七届杭州市"公民爱心日"现场活动在吴山广场举行，通过爱心公益集市、公益文艺汇演、现场捐款捐书和志愿服务等形式，宣传展示"公民爱心日"的慈善精神和力量。

由市委宣传部（市文明办）、市委直属机关工委、市民政局、市教育局等单位主办的本届"公民爱心日"活动以"汇聚万千爱心 走向共同富裕"为主题，活动从9月16日持续至9月25日，以"捐一份钱、赠一本书、参与一项公益活动、奉献一份爱心"为主要内容，线上线下同步，各区县（市）联动开展爱心捐赠和志愿服务，帮助杭州本市及市外欠发达地区的困境儿童、城市外来务工人员子女、农村留守儿童等特殊困难未成年人群体，资助开展关爱未成年人慈善公益项目，在全社会营造关心和爱护未成年人健康成长的浓厚氛围。

● ● 由工业和信息化部、国家发展改革委、交通运输部、国务院发展研究中心、浙江省政府共同主办，中国电子信息产业发展研究院、中国国际发展知识中心、杭州市政府共同承办的产业链供应链韧性与稳定国际论坛在杭州召开。

论坛主题为"同舟共济，共克时艰，务实推动构建富有韧性的全球产业链供应链"，主要包括开幕式、主题论坛、企业参观等环节。参会代表共同探讨加强全球产业合作、畅通国际物流、助力世界经济复苏等重要议题。相关国家领导人、部长级官员、驻华使节及相关国际组织、国内外知名企业和商协会负责人应邀出席论坛。

19日 JIU YUE

●● 全市政协《干在实处 勇立潮头——习近平浙江足迹》委员读书交流会召开。市政协主席马卫光讲话。许明、毛溪浩、陈新华、冯仁强、陈国妹、林革参加。

全市政协系统把学习《干在实处 勇立潮头——习近平浙江足迹》作为重要政治任务，深入组织开展专题学习。8月中旬至9月上旬，全市两级政协22个读书群同步启动委员读书活动，2614名委员发言交流，累计发言18687条。

会上，16名市和区县（市）政协委员围绕学习主题，结合实际，交流思想，分享体会。大家表示，作为"三个地"省会城市的政协委员，要带头学深悟透《干在实处 勇立潮头——习近平浙江足迹》，用心用情领悟习近平总书记的思想魅力、领袖魅力、人格魅力，在感悟思想之源中汲取奋进智慧和力量，把学习成果转化为感恩奋进、担当尽责的强大动力和实际行动，充分展现新时代政协委员新风采。

会议以视频连线形式召开。区县（市）政协主席会议成员、政协委员等分别在各分会场参加会议。

●● 2021年杭州市研究与试验发展（R&D）经费数据报告出炉。报告显示，2021年杭州R&D经费投入总量和强度均居全省第一位。

从R&D总量上看，2021年全市共投入R&D经费667亿元，占全省30.91%，同比增长15.2%；从R&D强度看，R&D经费投入强度达3.68%，同比增长0.11%，比全省高出0.74个百分点；从活动主体上看，企业、高校、政府属研究机构经费支出分别为526.4亿元、76.2亿元、64亿元，占比分别为78.9%、9.6%和11.4%；从地区上看，R&D经费投入超50亿元的区县（市）有滨江、余杭、西湖、萧山、钱塘。其中，滨江R&D经费投入为193.5亿元，投入强度为9.57%，两项指标均领先其他区县（市）。

20 日

JIU YUE

●●● 杭州市争当浙江高质量发展建设共同富裕示范区城市范例领导小组会议召开。省委常委、市委书记刘捷在会上强调，要深入学习贯彻习近平总书记关于共同富裕和城乡规划建设的重要论述精神，全面落实全省共同富裕现代化基本单元建设工作推进会部署，高起点规划、高标准建设、高品质服务、高水平运营，加快推进共同富裕现代化基本单元建设，努力打造具有杭州辨识度的标志性成果，在"两个先行"中展现省会担当、头雁风采。

黄海峰、朱华、刘颖、王敏、陈卫强、丁狄刚、罗杰、刘嫔珺出席。市共富办、市建委、市农业农村局负责人汇报工作进展情况，上城区、临平区、拱墅区东新街道、西湖区长埭村负责人做交流发言。

刘捷在肯定前阶段工作取得的成绩后指出，推进共同富裕现代化基本单元建设，是率先探索"两个先行"路径的生动实践，是推动城乡融合高质量发展的重要机遇，是不断创造幸福美好生活的现实所需。要提高政治站位，深刻认识推进共同富裕现代化基本单元建设的重要意义，切实增强做好各项工作的责任感使命感。

刘捷强调，要锚定目标任务抓推进，确保杭州市共同富裕现代化基本单元建设持续走在前列。要坚持高起点规划，在广泛听取居民群众意见基础上，统筹编制城镇社区、未来社区、村庄等建设规划计划，确保规划因地制宜，描绘好全域共富新图景。要坚持高标准建设，突出特色化、可持续，联动推进未来社区、未来乡村、美丽城镇、美丽乡村等节点建设，让城镇、乡村更加和谐温馨，打造全域美丽新风貌。要坚持高品质服务，以群众满意为标准，促进城乡基本公共服务优质共享，妥善解决"一老一小"、老旧小区物业管理等群众急难愁盼问题，构建幸福生活新空间。要坚持高水平运营，以数字化改革为牵引，创新未来社区运营模式，推进强村富民集成改革，构建政府引导、多方参与的可持续发展模式。要加强组织领导，狠抓工作责任落实，强化工作机制创新，推进精细化管理，加大宣传力度，形成党建引领、多跨融合、数字赋能、共建共享的良好格局，为推进共同富裕现代化基本单元建设提供坚强保证。

●● 由市委宣传部（文明办）、市教育局、杭报集团、杭州文广集团等单位联合主办的第七届"最美杭州人——感动杭城十佳教师"评选结果揭晓，申屠国良夫妇等11人成为最让杭城学生和家长感动的教师，10位教师入选提名教师。

21 日
JIU YUE

●● 省委书记袁家军在杭州调研除险保安工作，考察上城区公安分局四季青派出所、四季青街道运新社区、萧山区宁围街道等，主持召开除险保安工作座谈会，强调全省上下要深入学习贯彻习近平总书记关于统筹发展和安全的重要论述精神，以全力以赴迎战迎考、决战决胜的精气神，牢固树立"浙江无小事"的政治警觉、"时时放心不下"的责任意识、"100-1＝0"的底线思维、"在大战大考中交出高分答卷"的斗争精神，确保实现"全面安全、全域安全、全程安全、全量安全"。

王浩、黄建发、刘捷、陈奕君、王纲、王成国、卢斌、朱华、王敏、罗杰陪同调研或出席座谈。

座谈会上，省委政法委、省委网信办、省公安厅、省卫生健康委、杭州市、温岭市、衢州市柯城区双港街道、宁波市北仑区大碶街道灵峰工业社区等做交流发言。

●● 省委书记袁家军在杭州市萧山区调研信访工作、接待群众来访，强调要认真学习贯彻习近平总书记关于加强和改进人民信访工作的重要思想，继承发扬习近平总书记在浙江工作期间开展信访工作好传统好做法，全面开展信访风险滚动排查化解，增强信访工作的前瞻性、针对性和实效性，推动解决群众急难愁盼问题，不断满足群众对美好生活的向往，确保社会大局安全和谐稳定。

袁家军强调，进一步强化硬核举措，以更大力度推进信访积案化解清零，健全"党建+信访"工作体系和重大信访问题清单责任落实机制，加强政策性关联性信访矛盾研究，推动整体面上成批解决问题。要加强信访风险监测研判，常态化运行"除险保安"晾晒工作机制，发挥好"七张问题清单"作用，加强信访数据动态分析，提升问题主动发现能力，加强预警预防，真正做到"早发现、早处置"。要以更大力度巩固源头化解质量效果，建强基层治理"141"体系，持续打造"民呼我为"金字招牌，强化社区"前哨"作用，有效整合多方力量，一体推进解决问题、帮扶救助、思想疏导。要以更大力度提升法治信访工作水平，确立法治是最好信访生态的鲜明导向，推动更多法治力量向引导端和疏导端用力发力，深入推进全科网格规范化法治化建设，不断提升一线和基层运用法治思维和法治方式推动发展、化解矛盾的能力。

刘捷、陈奕君、朱华、王敏陪同。省直有关部门负责人参加。

● ● 铁路杭州西站、湖杭铁路、杭州机场轨道快线和杭州萧山国际机场三期投运。

当日上午，铁路杭州西站·杭州萧山国际机场三期"两点两线"投运仪式举行。省委书记、省人大常委会主任袁家军宣布投运，省委副书记、省长王浩讲话，国铁集团总经理郭竹学、中国民航局副局长胡振江致辞，省、市领导刘捷、陈奕君、梁黎明、高兴夫、裘东耀、柯吉欣、朱华、刘颖、王敏、戴建平、毛溪浩出席，徐文光主持。

王浩代表省委、省政府，向铁路杭州西站等重大项目正式投运表示祝贺，向国家有关部委、央企长期以来的关心支持表示感谢，向各参建单位以及项目一线建设者的辛勤付出表示敬意。他强调，要深入学习贯彻习近平总书记重要指示精神，以今天的投运仪式为新起点，加快构建现代化综合交通体系，建设高水平交通强省，为"两个先行"注入强劲动能。要把联网、补网、强链作为重点，全面推进"公铁空水"重点项目建设，打造浙江省综合立体交通网，不断提升网络综合效益。要充分释放高铁和交通枢纽的辐射带动作用，推动"产、城、站"融合发展，加快提升城市能级和产业竞争力，进一步支撑和助推经济高质量发展。要紧紧抓住政策窗口机遇，按照"谋划一批、推进一批、开工一批、加快一批、招引一批"要求，全力推进包括重大交通项目在内的重大项目建设，进一步掀起大投入、大建设、大发展的新高潮，以实际行动迎接党的二十大胜利召开。

郭竹学在致辞中说，经济发展交通先行。在路地双方的共同努力下，浙江铁路建设蓬勃发展。希望上海局集团公司切实履行运营管理责任，全力确保安全畅通，努力打造服务品牌，充分发挥湖杭高铁辐射拉动作用。国铁集团将贯彻新发展理念，围绕构建新发展格局，进一步加大对浙江铁路项目规划的支持力度，持续完善路网布局，不断强化枢纽功能，充分释放高铁成网和四网融合效应，努力为浙江省全面推进"两个先行"和长三角更高质量一体化发展做出新的贡献。

袁家军、王浩等登上杭州机场轨道快线首发列车，察看杭州机场轨道快线四期规划示意图，研究部署相关工作。

铁路杭州西站通达上海、南京、黄山、武汉、南昌及省内多个方向，湖杭铁路途经2个市6个区（县），杭州机场轨道快线贯穿市区，是全省综合立体交通网的重要组成部分。

●● 省长王浩来到中科院医学所，看望慰问一线科研人员，就科技创新与人才工作进行调研。他强调，建设中科院医学所，是服务国家战略的需要，是推动创新强省、人才强省建设的需要，也是满足人民群众对美好生活向往的需要，意义十分重大。要深入贯彻落实习近平总书记重要指示精神，胸怀"国之大者"，坚持"四个面向"，对标世界一流，创新体制机制，加快建设成为生命健康科创高地主平台，为健康浙江建设做出更大贡献。

刘捷、成岳冲、朱华参加调研。

●● 全国和谐劳动关系创建示范经验交流电视电话会议在北京召开。万事利集团有限公司、浙江富春江通信集团有限公司、胜达集团有限公司、浙江吉利控股集团有限公司4个杭州企业获评"全国和谐劳动关系创建示范企业"，杭州湾信息港获评"全国和谐劳动关系创建示范工业园区"。

●● 2022年浙江省"巾帼反诈"行动启动仪式暨杭州市萧山区巾帼精准反诈经验现场推广会举行。

"守护'浙'联盟·反诈全民行"系列活动之"巾帼反诈"行动，由浙江省委宣传部（省文明办）、省委政法委、省公安厅、省妇联、浙江日报报业集团联合发起，省反诈联席办、杭州市反诈联席办、市委宣传部（市文明办）、市委政法委、市公安局、市妇联联合主办。现场，两位反诈宣讲员代表向全省妇女姐妹发出"巾帼反诈"行动倡议，倡导妇女群众带头做到"五个五"，即"五不信""五不露""五不转""五不做""五慎接"，共同筑牢巾帼反诈屏障，保护个人和家庭财产安全。

同日，杭州首个"巾帼反诈主题公园"亮相。该主题公园位于萧山区义桥镇湘南村，占地约7000平方米，针对当前涉及女性的主要诈骗类型，通过图文展示、网络视听、情景互动、防诈测试等各种寓教于乐的形式，营造全民反诈氛围。

仪式后，反诈宣讲专家针对即将实施的《中华人民共和国反电信网络诈骗法》进行专题辅导培训。

● ● 杭州地铁19号线开通。从西往东，连接杭州火车西站、火车东站和萧山国际机场三大交通枢纽。

同步开通的还有3号线北延段和10号线后通段，杭州轨道交通运营里程也由此突破500千米，达到516千米。杭州成为继上海、北京、广州、成都之后，全国第五个突破500千米的城市。

● ● 省委常委、市委书记刘捷专题调研钱江新城二期开发建设工作，考察江河汇汇中人行桥项目现场、钱江新城二期建设指挥部等。他强调，要深入学习贯彻习近平总书记关于城市工作的重要论述，完整准确全面贯彻新发展理念，对标打造世界一流的社会主义现代化国际大都市目标，坚持国际视野，坚持产城人融合，高起点高水平推进钱江新城二期规划建设，奋力打造国际化的高端商务区、总部集聚区和高层次人才汇集地，使钱江新城二期区块真正成为人们心之向往的城市新地标。朱华、丁狄刚参加。

随后，刘捷主持召开座谈会，在肯定前期工作取得的成绩后指出，钱江新城二期是杭州实施拥江发展战略、加快推进城市国际化的重要阵地。要紧扣市党代会提出的奋斗目标，坚持系统观念，统筹推进规划、建设、管理、运营和产业培育等各项工作，在抓好城市建设的同时，把更多资源和精力放到产业谋划发展上，切实发挥城市核心区块要素资源综合效益，为奋力打造世界一流社会主义现代化国际大都市注入强劲动力。要完善体制机制，健全区块开发的指挥协调、工作推进机制。要坚持规划引领，进一步优化细化各类规划和城市设计，着力增强国际化功能，更加注重产业功能培育，打造高能级、高品质的城市空间。要以绣花功夫推进区块开发，用心精心做好建筑设计、风貌管控、绿化配置等工作，统筹抓好古海塘保护利用，多留经典、不留遗憾。

●● 杭州"两个先行城市实践"院士座谈会召开。市领导与17位杭州籍或在杭学习、生活、工作过的院士进行座谈交流。省委常委、市委书记刘捷讲话，柯吉欣通报杭州市近年工作情况，胥伟华、朱华出席。

座谈会上，院士们畅所欲言、气氛热烈。潘云鹤、高从堦、李兰娟、杨华勇、陈大可、谭蔚泓、陈云敏、房建成、孙立成、王坚、徐世烺、高翔、冯长根等院士各抒己见、坦诚建言，畅谈家乡发展变化感受，并从各自专业领域出发，紧扣"两个先行城市实践"，为杭州高质量发展把脉问诊、出谋划策。

刘捷指出，2022年是党的二十大召开之年，也是我们开启"两个先行"实践新征程的重要一年。杭州正在深入学习贯彻习近平总书记对杭州工作的重要指示精神，全面落实省委、省政府决策部署，高水平推进共同富裕幸福杭州建设，加快打造世界一流的社会主义现代化国际大都市，率先探索具有普遍意义的共同富裕和现代化路径。我们把科技创新作为制胜未来的"先手棋"，聚焦打造智能物联、生物医药、高端装备、新材料和绿色低碳等五大产业生态圈和发展以"两地四中心"为重点的现代服务业，争创综合性国家科学中心，打造科技创新成果转移转化首选地、创新设计集聚地。希望各位院士一如既往地关心支持杭州建设，更多指导和参与相关产业链打造，帮助杭州争取更多国之重器落户，在引进高层次人才、打造人才高地上多推波助澜，为杭州高质量发展注入强劲动力。

●● 在杭州亚运会倒计时一周年之际，杭州2022年第19届亚运会主办城市推广曲《最美的风景》推出。

歌曲以具有江南气质的古筝和琵琶作为和弦主调，歌词中增添了"夕照""晚钟""莺歌""荷风""桂雨"等一系列杭州元素。

歌曲MV同步推出。影片以水墨的形式，将"最美的风景"置入画中，湖光山色里，广厦千万间，歌者从画中徐徐走来，宛若沿着一幅长卷，从古至今领略杭州这座城市千年文明演化的风采。

●● 市总工会举行庆祝2022年"926工匠日"暨第六届杭州工匠认定发布会，新一批30位"杭州工匠"名单揭晓。

23—25日 JIU YUE

● ● 中华茶奥会在龙坞茶镇举行。中华茶奥会始创于2014年的杭州，是由中国国际茶文化研究会、杭州市政府、中华全国供销合作总社杭州茶叶研究院3个单位发起主办的大型茶竞技类赛事，以赛、品、论、展、评等多种形式联络茶人茶企、切磋茶技茶艺、推动茶文化传承传播、促进茶产业延伸发展、激励茶科技探索创新。

本届茶奥会共设"科技茶奥、品质茶奥、人文茶奥、时尚茶奥、开放茶奥"五大主题，涵盖"茶文化、茶产业、茶科技"三大领域，既有经典赛项仿宋茗战，又有首次亮相茶奥会的全国名茶点大赛，还有智能泡茶机与优秀茶艺师现场比拼的茶叶冲泡"人机大战"竞赛等。"国风茶韵"茶主题集市也同步在龙坞茶镇举行。

24日 JIU YUE

● ● 中央广播电视总台大型融媒体活动《中国短视频大会》项目在杭州启动。省委书记袁家军致贺信，中共中央宣传部副部长、中央广播电视总台台长兼总编辑慎海雄视频致辞，省委常委、市委书记刘捷宣读贺信并致辞。

袁家军指出，《中国短视频大会》作为国家（杭州）短视频基地的首个大型业态项目，对于贯彻落实习近平总书记关于推动媒体融合发展、做大做强主流舆论的重要指示精神，打造文化浙江金名片，具有重要意义。希望《中国短视频大会》坚持正确导向，注重内容建设，创新载体形式，进一步做深媒体融合发展，不断塑造国家（杭州）短视频基地品牌，更好地助力浙江忠实践行"八八战略"、坚决做到"两个维护"、奋力推进"两个先行"。

慎海雄表示，合力打造国内短视频领域年度规格最高、规模最大、最具权威性和影响力的《中国短视频大会》，是深入贯彻落实习近平总书记关于推进媒体融合发展重要指示精神的一项创新举措，也是总台与浙江深化合作、共同履行新时代宣传思想工作使命任务的又一具体实践。《中国短视频大会》将强化"思想+艺术+技术"创新融合，奋力唱响礼赞新时代的高昂旋律。

刘捷说，杭州将认真落实袁家军书记贺信精神和慎海雄部长视频讲话要求，全力支持推动《中国短视频大会》做强做优，集聚行业人才和媒体资源，着力构建正能量充沛的"新主流空间"。我们将以此为契机，持续深化与总台在各领域的务实合作，共同推进国家（杭州）短视频基地项目，打造面向国际、亚洲一流、国内领先的短视频生态链和舆论传播主阵地。

启动仪式上宣布活动将面向全网征集短视频作品，集结各内容垂类优质创作者，同时邀请业界、学界、产业等权威代表组成评审团，对创作者产出的作品多维度进行评判。创作者通过作品创意展演、杭州命题创作等赛段的层层甄选，角逐节目最高荣誉。

市领导黄海峰、朱华、陈瑾出席活动。

《中国短视频大会》是在中央广播电视总台与浙江省政府签署深化战略合作协议的框架下，为国家（杭州）短视频基地量身定制的首个大型季播融媒体节目，共计12期。

● ● 杭州市举办"喜迎二十大 美德在身边"2022年上半年度"杭州好人"发布活动。活动通过短视频展播、现场访谈等形式，集中发布"杭州好人"的感人事迹，弘扬真善美，凝聚正能量。

此次发布的2022年上半年度"杭州好人"，有的面对新冠疫情坚守岗位，带伤坚持奋战在抗疫一线；有的发挥善心，慷慨解囊，奉献自己的一片爱心；有的怀大爱、做小事，在平凡岗位上做出了不平凡的善举；有的在危险时刻毫不犹豫伸援手，用血肉之躯救助他人于危难之间。他们的一言一行平凡而伟大，引导着人们追求大善大美。

25
日 JIU YUE

● ● 市长刘忻专题调研除险保安工作，考察市公安局指挥中心、市疫情防控办、萧山区检查指导安全生产工作。他强调，要深入贯彻习近平总书记关于统筹发展和安全的重要论述精神，认真落实全国安全生产电视电话会议有关部署，按照省委主要领导在杭调研除险保安工作时的指示要求，增强"时时放心不下"的责任意识，树牢"100-1＝0"的底线思维，持续迭代完善风险闭环管控大平安机制，以迎战迎考的周密准备、决战决胜的坚定信念，奋力打赢除险保安百日攻坚硬仗，为欢度国庆节、喜迎二十大创造安全稳定的政治社会环境。

陈瑾、王敏、罗杰、孙旭东分别参加。

● ● 全省经济稳进提质攻坚行动工作例会在杭州召开。省委书记袁家军在会上强调，要深入贯彻落实习近平总书记关于"三件大事"重要指示，深入学习贯彻省第十五次党代会精神，忠实践行"八八战略"，稳进提质、除险保安、塑造变革，坚定做好自己的事，确保经济运行在合理区间，全力营造平稳健康的经济环境、风清气正的政治环境、国泰民安的社会环境，以实干实效迎接党的二十大胜利召开。

省委副书记、省长王浩主持，黄建发等副省级以上领导出席。省发改委负责人通报经济运行情况，晾晒市、县（市、区）指标。省政府秘书长汇报省政府稳住经济大盘督导服务情况，有关牵头单位书面汇报攻坚行动推进情况。杭州市、衢州市、镇海区、平阳县做交流发言。会议明确了10月攻坚目标。

会议以视频会议形式开至各市、县（市、区），省直有关部门负责人在主会场参加。刘捷、刘忻、李火林、马卫光在主会场或杭州分会场参加。

● ● 省委常委、市委书记刘捷专题调研开发区（园区）。他强调，要完整准确全面贯彻新发展理念，围绕打造智能物联、生物医药、高端装备、新材料、绿色能源五大产业生态圈，推动开发区再创业再攀登，因地制宜培育主导产业、发展优势产业集群，打造高能级产业平台，奋力跑出高质量发展加速度，为全市经济稳进提质提供强大引擎。

柯吉欣、朱华、刘颖参加。

● ● 全省加快高水平交通强省建设推进会召开，对疫情防控和安全生产工作进行了一体部署。推进会后，市长刘忻立即主持召开续会，贯彻落实除险保安有关工作部署。

刘忻强调，要深入贯彻习近平总书记"疫情要防住、经济要稳住、发展要安全"的重要指示要求，认真落实党中央、国务院、省委、省政府和市委有关工作部署，坚持人民至上、生命至上，切实树立"安全无小事、杭州无小事"的政治警觉，坚决扛起除险保安的政治责任，以更坚定决心、更硬核举措、更严实作风，筑牢全领域、全方位、全覆盖的城市安全坚固防线，确保交出政治安全、社会安定、人民安宁的高分答卷。

丁狄刚参加。

●● 连日来，杭州市开展市领导带班督查除险保安专项行动，市四套班子有关领导、法检"两长"分别带队，组成6个督查组，到13个区县（市）及西湖西溪管委会，通过座谈交流、查阅台账、抽查个案、实地走访等方式开展全方位、立体式督导检查。26日，杭州市召开专题会议听取督查情况汇报，推动问题整改落实，部署下一步重点工作。

会议指出，本次督查围绕"立足于高标准，发现问题、消除隐患、发挥作用"要求，以推动除险保安百日攻坚任务落实落地为目标，部署周密、排查细致，问题发现精准，取得了预定效果。各地各单位高度重视，紧扣"六严防、六确保、六个零发生"要求，扎实推进除险保安各项工作，取得了阶段性成效。

会议强调，当前平安护航党的二十大已经进入决战决胜的关键阶段，要聚焦风险隐患排查不够彻底、多跨协同不够有力、应对处置不够高效等问题短板，进一步强化风险意识，压紧压实各级领导责任、行业监管责任和属地主体责任，绷紧安全弦、打好攻坚战。要加强风险隐患精准排查，发挥好"平安督"全流程督查整改作用，确保到边到底、不留死角，同时对督查发现的问题开展"回头看"，确保整改落到实处。要提升即时预测预警能力，拓宽线上线下信息收集渠道，健全信息收集、研判、流转、处置的工作闭环。要紧盯重点领域防范管控，大力推进道路交通、安全生产等专项整治，持续做好校园、医院、车站等人员密集场所巡查巡检，严查严打各类违法犯罪行为。要完善应急处突高效机制，配强专班力量，加强值班值守，凝聚上下协同、横向联动、快响快处的工作合力，为党的二十大胜利召开营造安全稳定的社会环境。

●● 由中国外文局主办的第四届"第三只眼看中国"国际短视频大赛颁奖典礼在杭州举行，在北京设立分会场，以线上线下相融合的方式，分享以第三方视角、短视频方式对外讲好中国故事的新思维、新方法、新成果。此次大赛将"精彩亚运，韵味杭州"设为年度征集单元，杭州市委宣传部荣获大赛组委会大奖与优秀组织奖，杭州报送的《韵动一下，外国小伙带你走进画中富春》《巴铁兄弟 杭向未来》等16部作品获得大赛一、二、三等多类奖项。

大赛征集到来自世界各地的各类短视频作品6.5万部，经国内外影视、国际传播、互联网领域22位专业评委进行三轮评审，最终评选出72部获奖作品，来自34个国家和地区的71个机构与个人，多形态、多维度地呈现真实、全面、立体的中国故事。

颁奖典礼后，多位外籍"大V"围绕杭州宋韵文化、美丽乡村、城市发展等主题，拍摄制作多集短视频，通过外籍"大V"账号、国内外社交平台、海外主流媒体网站等渠道进行传播。

27 日

●● 全省"大综合一体化"行政执法改革大会在杭州召开。省委书记袁家军在会上强调，要深入践行习近平法治思想，深入学习贯彻习近平总书记重要指示批示精神，贯彻落实省第十五次党代会各项决策部署，立足"两个先行"，牢固树立系统观念，以执法目录动态管理为核心抓手，充分发挥数字化改革牵引撬动作用，加快推动横向部门整体协同、纵向条线贯通落实，进一步推动改革向综合集成、整体重塑转变，以"大综合一体化"行政执法改革为"小切口"，统筹推进立法、执法、司法、守法、普法各环节一体集成改革，迭代升级行政执法改革思路理念、平台载体、能力素质，变革重塑权力设定生成过程、行使运行模式、保障支撑体系、监督约束机制，确保法治浙江建设继续走在前列。

王浩主持，黄建发和其他副省级以上领导出席。省司法厅、省委编办汇报发言，省纪委省监委、省生态环境厅、湖州市、萧山区、江北区慈城镇交流发言。会上还举行了"大综合一体化"执法监管数字应用上线仪式，明确了下阶段改革目标。

会议以视频会议形式召开，各市、县（市、区）设分会场。省直有关部门负责人参加。刘捷、刘忻、李火林、马卫光等市四套班子领导在杭州分会场参加。

●● 省长王浩在杭州专题调研"大综合一体化"行政执法改革，考察临平区乔司街道综合行政执法队办公点、上城区九堡街道社会治理综合服务中心。他强调，推进"大综合一体化"行政执法改革，是以习近平同志为核心的党中央赋予浙江的重大政治责任，是广大人民群众多年的期盼和呼声，承担的是国家改革试点，肩负的是先行探路责任。各地各部门要深入学习贯彻习近平法治思想，强化政治担当，突出问题导向，奔着问题去，揪着问题改，抓实抓好每一个阶段、每一个领域、每一个环节的改革工作，奋力推动"大综合一体化"行政执法改革走深走实，以实际行动迎接党的二十大胜利召开。

王浩强调，各地各部门要坚持目标导向，突出群众企业有感，以执法目录动态管理为抓手，以数字化改革为牵引，压实改革责任，细化工作举措，明确时间节点，建立清单化、项目化推进机制，确保各项改革任务快落地、改革目标早实现。要聚焦提升省域治理体系和治理能力现代化水平，进一步放大"大综合一体化"行政执法改革撬动效应。要坚持全省"一盘棋"、改革"一张图"，善于在全局中谋划、在大局下行动，主动担当作为，互相配合支持，确保改革横向协同高效、纵向贯通有力。尤其是各级政府"一把手"要当好改革行动派、一线指挥员，带头统筹协调、研究部署、指导督促，带动形成一级抓一级、层层抓落实的良好氛围，为全国"大综合一体化"行政执法改革提供浙江方案、贡献浙江智慧。

刘忻参加调研。

●● 省委常委、市委书记刘捷到城西科创大走廊调研，考察北航杭州创新研究院天目山实验室、杭州申昊科技股份有限公司等。他强调，要深入学习贯彻习近平总书记关于科技创新的重要论述，认真落实省委、省政府关于建设城西科创大走廊的战略部署，咬定青山、找准定位、改革攻坚，在体制机制创新、人才引育、科技成果转化等方面率先突破，全力争创综合性国家科学中心，勇挑杭州经济转型升级、高质量发展的重担。柯吉欣、马小秋、朱华、刘颖参加。

随后，刘捷主持召开座谈会，听取有关工作汇报。他在充分肯定城西科创大走廊建设取得的进展后指出，省、市对城西科创大走廊建设寄予厚望，要紧紧围绕争创综合性国家科学中心、勇挑全市高质量发展重担两大使命，在高质量融合发展上进一步落细落实，找到统分结合、有所为有所不为的最佳平衡点，充分调动三区和各级干部的工作积极性、主观能动性，引导督促相关部门围绕既定目标创造性开展工作，实现"1+1>2"的效果。要在提升创新能级上持续用力，全方位服务保障科研重器建设，全力推动攻坚"卡脖子"技术，全面优化人才发展环境，努力在科创成果落地转化上加快破题。要在做强特色优势产业上实干争先，持续巩固云计算、大数据等产业领跑地位，进一步壮大集成电路、人工智能等产业，实施潜力企业倍增行动，开展产业链精准招商，有序推进部分园区和楼宇经济转型升级、提质增效。要在优化服务保障上加大投入，加快重大基础设施和公共服务设施建设，积极稳妥推进职住平衡试点，进一步优化空间布局、提升城市能级，切实强化要素保障，举全市之力推动城西科创大走廊加快高质量发展。

● ● 市人大常委会以视频形式召开全市基层人大工作交流会。市人大常委会主任李火林讲话，罗卫红、卢春强参加，徐小林主持。

会上，市人大常委会人事代表工委、13个区县（市）人大常委会就乡镇、街道和开发区（园区）人大工作情况做交流，上城区、萧山区分别介绍街道、乡镇人大工作应用场景建设情况。

李火林强调，加强和改进基层人大工作，中央有新要求，省委、市委有新部署，人民群众有新期盼，要进一步提高政治站位，切实增强做好新时代基层人大工作的责任感使命感。要进一步明确工作方向和重点，切实加强和改进新时代基层人大工作。严格依法严密程序开好乡镇人代会、主席团会议及人大街道工委会议、街道居民议事会议等，着力提升会议质量；认真行使人事选举权、重大事项决定权，加强政府工作报告落实情况、预算、国有资产管理、民生实事项目、生态环境保护、依法行政等方面监督，履行宪法法律赋予的职责用好权；着力强化履职培训，积极搭建参与中心工作平台，推进意见和建议办理，发挥好代表和议事会成员作用；以数字化建设、做好规定动作、功能拓展、充分发挥作用为重点，迭代升级人大代表联络站建好基层单元；完善应用场景，抓好推广应用，加强实战实用，坚持变革重塑，着力抓好数字化改革。要进一步凝聚工作合力，切实推动杭州市基层人大工作迈上新台阶。坚持党的领导，强化工作指导，加强队伍建设，营造良好氛围，扎实推进人民代表大会制度在基层的生动实践，为杭州打造全过程人民民主实践高地和市域典范打好基础，以实际行动迎接党的二十大胜利召开。

● ● 市政协主席马卫光到杭州茶厂有限公司、中华全国供销合作总社杭州茶叶研究院、农夫山泉股份有限公司等地，实地调研"三茶"统筹发展工作。郭清晔参加。

● ● 第四届长三角G60科创走廊人才峰会在苏州开幕。会上集中发布长三角G60科创走廊九城市最新人才政策，为第三批18个长三角G60科创走廊九城市人才培育服务基地揭牌。杭州与松江、嘉兴、金华、苏州、湖州、宣城、芜湖、合肥等城市共同签订《长三角G60科创走廊九城市人才服务工作交流合作框架协议》，进一步建立健全9个城市人才协同服务机制和人力资源交流协作机制，打造人才发展城市"共同体"。

协议包括建立人才服务机构联席会议制度、增进高层次人才服务合作联系等8项条款，推动建立互认互通的档案审核机制和"九城通办"的流动人员人事档案转接受理机制；鼓励高校毕业生跨地区参加就业见习实习；建立9个城市人才市场、人才网站联动招聘机制等重点内容。

●● 杭州优秀传统文化丛书编纂出版工作总结发布仪式在市民中心举行。

2018年，按照市委十二届四次全会的统一部署，杭州市启动杭州优秀传统文化丛书编纂出版及传播工程。丛书主要包括1部专著、10个系列，以及《杭州优秀传统文化概论》《中华文化的"窗口"——解读杭州优秀传统文化》《良渚密码》等其他3类书籍，共计108种109册，涵盖杭州的城史、山水、名人、遗迹、辞章、艺术等内容，呈现了一个处处有风景、步步有故事的杭州。

发布仪式后，出版方安排公益赠阅活动，实施"丛书六进"行动：进图书馆、进乡镇（街道）图书分馆、进杭州书房、进学校、进机关、进展示场馆，让杭州优秀传统文化融入百姓生活。

28
日 JIU YUE

●● 省委书记袁家军在杭州调研西湖大学。

袁家军强调，西湖大学是浙江贯彻落实习近平总书记"加快建设世界重要人才中心和创新高地"重要指示的具体举措，是省、市大力推进教育现代化的重要抓手，是打造三大科创高地的重大平台。要在现有良好发展态势的基础上，进一步解放思想、创新突破，努力早日跻身世界一流大学行列。要遵循科技创新的一般共性规律，大胆假设、小心求证，提升创新发展能力，加快构建一流基础研究平台体系。要明确战略方向，坚持有所为、有所不为，发挥新型举国体制优势，建立有组织科研的有效机制，全面激发人才活力，聚焦重点领域、重大需求，布重兵、投资源，早出成果、出大成果。要坚持政府有为、市场有效，学校主动作为、积极努力，省、市、区加大工作协调力度，集聚各类资源要素，分工协作、形成合力，推动产学研深度融合，为经济社会高质量发展提供支撑。

刘捷、陈奕君、成岳冲、朱华参加调研。

● ● 市委召开人才工作座谈会。省委常委、市委书记刘捷出席会议并讲话。他强调，要深入学习贯彻习近平总书记关于做好新时代人才工作的重要思想，认真落实省委、省政府决策部署，坚持高水平建设人才高地目标不动摇，营造识才爱才敬才用才的最优生态，全方位支持人才、帮助人才，千方百计造就人才、成就人才，努力打造全球人才蓄水池和全球创客集聚地。

李火林、马卫光等市四套班子领导出席。市领导为获得杰出人才、杰出青年人才、钱江友谊使者表彰的代表颁奖。西湖大学生命科学院院长于洪涛、新华三技术有限公司总裁兼首席执行官于英涛、国网浙江省电力有限公司杭州供电公司融合创新中心常务副主任徐川子、外国专家代表阿萨夫·拉哈夫做交流发言。

连日来，刘捷、刘忻、李火林、马卫光等市四套班子领导分别走访慰问所联系的高层次人才代表。每到一处，市领导都详细了解他们的工作生活情况，向他们致以诚挚问候和衷心感谢，并就如何更好地服务、引进、培养人才听取意见和建议。

● ● 市长刘忻主持召开市政府常务会议，就安全生产、保供稳价、产业平台发展等议题进行研究部署。会议强调，要认真学习贯彻习近平总书记重要指示批示精神，完整准确全面贯彻新发展理念，统筹发展和安全，夯实筑牢全领域、全覆盖的"大安全"防线，扎实做好重要民生商品保供稳价工作，聚力推动产业平台高质量跨越式发展，在除险保安中扛起杭州担当、在稳进提质中展现杭州作为，以实际行动迎接党的二十大胜利召开。

会议传达了习近平总书记关于安全生产的重要批示精神和全国安全生产电视电话会议精神，听取当前杭州市安全生产工作情况汇报。会议强调，要清醒认识抓好国庆假期前后、党的二十大召开前后除险保安工作的极端重要性，贯彻总体国家安全观，对各方面安全监管体系、工作体系、责任体系进行再梳理再排查，进一步补短板、堵漏洞、强弱项，全面筑牢政治、网络、意识形态、疫情防控、生态环境、社会治理、校园、景区等重点领域、重点环节、重点部位的安全防线，严格落实值班值守、请示报告、督导检查等制度，全力守护城市安澜。

会议听取当前杭州市重要民生商品保供稳价工作的情况汇报，审议《打造高能级产业集群推动产业平台高质量发展的实施方案（2022—2025年）》。

会后，市政府党组召开扩大会议，认真学习了习近平总书记在上合组织成员国理事会第二十二次会议、近期中央政治局会议上的重要讲话精神等。

●● 历经3年建设，作为亚运交通重点保障工程的空港高架路（德胜互通至萧山收费站）、空港大道（杭州收费站至通惠北路段）开通试运行。项目起于沪杭甬高速乔司枢纽以南处，终于红垦枢纽，全长约23.6千米。除主线收费站外，全线在原沪杭甬高速原位进行抬升改建，其中上层高架部分为空港高架路，下层地面道路为空港大道，是国内领先的一廊多线综合立体交通走廊样板。

同步启用的还有新萧山收费站、改建的留下互通。

●● 时代大道南延（绕城至中环段）工程戴临路互通至高架落地段通车，这标志着11.2千米的时代大道南延（绕城至中环段）工程高架全线通车试运行。

时代大道南延（绕城至中环段）工程起于闻戴公路与绕城高速交叉口以南60米，终点至闻戴公路与规划城市中环线交叉处以南1千米处。本次开通路段为戴临路互通至高架终点、东方文化园互通C、D匝道，全长3.4千米，以及03省道改扩建下穿杭黄铁路高架段，全长1.06千米，共4.46千米。其中，东方文化园互通义桥方向上下匝道开通，高架主线保证双向4车道通行，匝道保证单向一车道通行。

29
日 JIU YUE

●● 市委常委会召开会议，传达学习习近平总书记关于安全生产重要批示精神，听取关于第12号台风"梅花"防御工作复盘、全市公安机关安保维稳工作、全市护航党的二十大除险保安督导、全市信访积案化解清零工作和中央、省市信访督导等情况汇报。

省委常委、市委书记刘捷主持会议并讲话。

会议指出，要深入学习贯彻习近平总书记重要批示精神，始终坚持人民至上、生命至上、安全至上，切实增强抓好安全生产工作的责任感使命感，充分认识做好安全生产工作的极端重要性和杭州市安全生产形势的严峻性复杂性，全面加强风险隐患排查整治，压紧压实安全生产责任，提升安全生产治理能力水平，坚决守牢安全底线红线，为党的二十大胜利召开营造安全稳定的社会环境。

会议强调，要深学笃行习近平总书记关于防汛救灾工作的重要论述精神，全过程、全环节、全要素抓好台风"梅花"防御工作总结复盘，立足"打一仗进一步"，补齐短板漏洞，健全工作机制，夯实基层基础，扎实推进防汛隐患整改，全面提升防汛防台总体能力和防灾减灾现代化水平，慎终如始做好防汛防台各项工作。

会议指出，全市公安机关要全面落实省委"六严防、六确保、六个零发生"工作要求，坚持一切工作重心向党的二十大安保聚焦，大力推进"除险保安"，强化重大风险防范，聚焦主业保障安全，持续做好重点领域风险监测、稳控处置等工作，锻造过硬公安队伍，坚决守住守好平安底线。

会议强调，要把做好信访工作摆在特殊的重要位置，坚决落实各方责任，深入开展信访风险滚动排查化解，增强联合督导的针对性实效性，持续扩大治重化积专项工作成效，切实提升信访风险监测研判水平，滚动推进信访积案再次动态清零，依法维护市民群众合法权益。

会议指出，要用好市领导带班督查除险保安、信访、法治工作成果，继续紧盯风险隐患多发高发领域，加强排查，确保横向到边、纵向到底。要夯实基层基础，完善"小脑+手脚"基层工作体系，开展"争星晋位、全域建强"行动，更好地发挥基层党组织战斗堡垒作用和党员先锋模范作用，加强矛盾化解。要层层落实责任，严明纪律规矩，严格执行请示报告制度，为做好党的二十大维稳安保工作奠定坚实基础。

● ● 市委常委会召开会议，传达学习习近平总书记给"中国好人"李培生、胡晓春的重要回信精神和习近平主席致第七届中国—亚欧博览会、致产业链供应链韧性与稳定国际论坛贺信精神，研究部署杭州市贯彻落实工作。

省委常委、市委书记刘捷主持会议并讲话。

会议指出，要深入学习贯彻习近平总书记重要回信精神，扎实推进全国文明典范城市创建，突出思想道德内涵、强化核心价值引领，大力倡导新时代好人精神，精心培育好人文化，更好地教育群众引领群众，切实加强未成年人思想道德教育，培育选树更多可学可鉴的道德模范、平民英雄、最美杭州人，打造更多可感可及的、群众身边的文明典范成果，营造崇德向善社会风尚，为以头雁姿态奋进"两个先行"新征程、建设世界一流社会主义现代化国际大都市提供丰厚精神滋养和坚实道德支撑。

● ● 全市数字经济高质量发展大会召开。省委常委、市委书记刘捷在会上强调，要深入学习贯彻习近平总书记关于发展数字经济的重要论述，贯彻落实省委、省政府实施数字经济"一号工程"升级版部署，以先行者、奋进者、引领者的姿态，勇当开路先锋、奋力二次攀登，高水平重塑全国数字经济第一城。

市委副书记、市长刘忻主持，李火林、马卫光等市四套班子领导出席。会议发布《杭州市推进软件和信息技术服务业高质量发展的若干意见》，市商务局、市市场监管局作有关政策解读，举行了链主企业培育、重大项目签约仪式，市政府与省三大运营商、浙江铁塔、华数集团签署"十四五"战略合作协议。市领导为9个数字经济"共享法庭"授牌，阿里巴巴集团、杭州广立微电子股份有限公司、市经信局发言。

30日 JIU YUE

● ● 省和杭州市党政军领导与社会各界代表一起，在杭州云居山浙江革命烈士纪念碑前举行敬献花篮仪式，铭记历史，缅怀先烈，砥砺前行。

省四套班子和有关方面领导，副省级以上老同志，省军区、武警浙江省总队领导，老战士、烈士家属代表，部分机关干部，驻杭解放军、武警官兵、公安干警代表，大中小学生代表等共500人参加活动。刘捷、刘忻、李火林、马卫光等市四套班子领导参加。当天，市直机关同步举行向烈士敬献花篮仪式，80余名市直机关党员干部代表在杭州市革命烈士陵园向烈士敬献花篮。

● ● 省委常委、市委书记刘捷主持召开全市开发区（园区）高质量发展座谈会。他强调，要深入学习贯彻习近平总书记关于开发区建设的重要论述，落实省、市党代会和市委十三届二次全会部署，重整行装再出发，推动开发区（园区）跨越式发展，在全市经济稳进提质、打造五大产业生态圈中扛大梁、挑重担，更好地发挥全市经济高质量发展主平台、主阵地作用。刘忻、柯吉欣、马小秋、朱华、刘颖、王敏、孙旭东出席。

市发改委汇报全市开发区（园区）整合提升情况、存在问题及下步工作思路，萧山区、高新区（滨江）、钱塘新区、未来科技城、云栖小镇、桐庐快递科技小镇、市人大常委会人事代表工委、市规划和自然资源局先后做交流发言。

刘捷在充分肯定杭州市开发区（园区）建设取得的成绩后指出，开发区（园区）是推动经济高质量发展的重要平台。要坚持城市内涵式发展与产业平台高质量发展"两手抓、两手硬"，进一步凝聚共识，吹响以开发区（园区）为重点抓产业集群发展的号角，推动开发区（园区）发展提质增效、做优做强。要坚持因地制宜，把培育特色优势产业、做优产业生态作为开发区（园区）发展的重中之重，进一步明确产业定位，推动土地、资本、人才等生产要素向主导产业和重点平台集聚，不断提升产业核心竞争力。要以数字化改革为牵引，分级分类指导开发区（园区）创新管理体制、运营模式、考核评价机制等，以新的理念思路、新的体制机制为开发区（园区）发展注入新的活力。

● ● 市政协主席马卫光到中国水稻研究所、富阳区新桐乡等地调研粮食安全工作。

马卫光一行参观中国水稻研究所建设发展历史和科研成果展示，随后又考察国家水稻改良中心、水稻生物学国家重点实验室、新品种展示区和试验田基地等，并与中国工程院院士、中国水稻研究所所长胡培松就水稻种质资源保护利用、现代农业种植推广应用等深入交流。马卫光高度评价研究所为保障国家粮食安全所做的工作。他说，水稻是我国第一大口粮作物。希望研究所充分发挥"国家队"优势，深入实施"藏粮于地、藏粮于技"战略，紧盯世界科技前沿，持续加强基础性前沿性研究，强化关键核心技术攻关，深化成果转化、人才培养等工作，为我国抢占世界农业科技制高点、稳固粮食安全基础贡献更多力量。市政协要充分发挥专门协商机构作用，积极组织政协委员开展走访调研、协商议政，围绕提升杭州市粮食生产能力、农业科技创新、农业科技人才队伍建设等建言献策、凝聚共识。

马卫光在富阳区新桐乡种植基地，与当地干部边走边看边交流，了解良种选育、新技术推广等情况。他指出，要加强耕地保护，大力建设高标准农田，强化农业科技支撑，推动农业高质量发展。要立足地方资源禀赋，汇聚整合各类要素，创新机制，挖掘潜力，更好地推动农业增效、农民增收。政协要充分发挥农林界别人才、资源等优势，积极普及推广新品种新技能，激活农业生产要素潜能，调动农民种粮积极性，更好地服务助力粮食安全、农民增收、乡村振兴和共同富裕示范区建设。

● ● 全市农业高质量发展现场会暨市委农村工作领导小组第一次会议在临安区

召开。

与会者会前实地考察了临安金惠粮油专业合作社、天目粮仓肇村粮食功能区和於潜镇现代农事服务中心。相关企业代表做现场推介，临安区、建德市、临平区、桐庐县瑶琳镇和余杭区农创客代表做交流发言。

会议指出，近年来全市上下认真贯彻落实中央和省委、市委决策部署，扎实推进现代农业建设，农业产业呈现稳中有进、稳中向好、稳中趋优的良好态势。各地各有关部门要以习近平新时代中国特色社会主义思想为指导，坚持农业农村优先发展，进一步巩固和加强农业基础地位，以"六抓六提"攻坚战为抓手，全面促进农业提质增效。要落实最严格耕地保护政策，强化"科技强农、机械强农"，以实际行动守护粮食安全、实现降本增效。要坚持改革破题，聚焦土地流转、规模化经营、农民增收等关键环节，充分发挥政府引导作用和企业主体作用，加快推动现代农业生产经营方式变革，让农业真正成为有奔头、有吸引力的产业。要抓住投资和消费两个关键，引导各方面资源向农业农村领域流动，扎实做好一二三产贯通和农文旅融合文章，不断夯实共同富裕示范先行的产业基础和物质基础。各级党委和政府要坚决扛起农业发展政治责任，强化涉农要素保障、发展模式创新和生产安全制度建设，为农业高质量发展提供坚强保障。

十月

1
日 SHI YUE

●● 省委常委、市委书记刘捷到长深高速杭州南收费站、铁路杭州东站检查疫情防控和除险保安工作。他强调，要贯彻落实"疫情要防住、经济要稳住、发展要安全"要求，按照省委、省政府部署，以"时时放心不下"的责任感，扛起防范化解重大安全风险的政治责任，抓实抓细抓好疫情防控、安全生产、社会治安等各项工作，牢牢守住安全底线，确保城市安全有序、社会安定祥和，让全市人民健康安心过节，以实际行动迎接党的二十大胜利召开。

朱华、陈瑾等参加。

●● 市长刘忻到农贸市场、景区等检查节日安全管理和民生保供工作，看望慰问一线值班值守人员。他强调，要认真贯彻习近平总书记关于疫情防控和安全生产的重要指示精神，深入践行以人民为中心的发展思想，牢固树立"群众过节、干部过关"理念，落实落细防风险、保安全、护稳定各项举措，用心用情提升服务水平、打造文明窗口，全力以赴营造安心出行、舒心游览、放心购物的良好环境，确保广大市民游客过一个平安祥和欢乐的国庆节。

●● 由市钱江新城管委会、杭报集团联合制作的2022年国庆节主题灯光秀"'浙'十年·杭州"，在钱江新城启幕。钱塘江北岸数十幢楼宇组成2.3千米恢宏画卷，全面展现十年来浙江杭州践行习近平新时代中国特色社会主义思想，撸起袖子加油干所取得的巨大成就，喜迎党的二十大胜利召开。

灯光秀展现了"我爱你中国""牢记嘱托 感恩奋进""八八战略""共同富裕先行 省域现代化先行""奋进新时代 建设新天堂"等多组主题的内容。灯光秀总时长约8分钟，主要通过光影动画来展现杭州近十年来在经济发展、城市建设、生态保护、文化传承等方面所取的成就。

●● 市卫生健康委公布2022年杭州地区百岁老人数据。

2022年的杭州"十大寿星"中，上城区的张奶奶成为杭州市目前最高寿的老人，她出生于1912年，已有110周岁。从地域分布来看，十大寿星中要数上城区和萧山区的人数最多，均有3位寿星。

随着杭州老龄事业不断发展，社会保障体系、养老服务体系、健康支撑体系不断完善，百岁老人数据逐年提升。截至2022年6月底，杭州市共有百岁老人（含虚岁）1716位，其中男性533人，女性1183人。与2021年同期相比，新增百岁老人304人。目前杭州市各区县（市）中，拥有百岁老人（含虚岁）人数最多的是上城区，有348人；萧山区有311人，居第二位；拱墅区有277人，居第三位；西湖区有167人，居第四位；富阳区有128人，居第五位。

●● 市长刘忻检查疫情防控和返程高峰保障工作，看望慰问一线工作人员。他强调，要深入贯彻习近平总书记"疫情要防住、经济要稳住、发展要安全"重要指示精神，扎紧扎牢防控"篱笆"，严密防范疫情输入，科学高效保通保畅，有力维护返程秩序，坚决打赢国庆假期除险保安"收官战"，为迎接党的二十大胜利召开营造平安有序和谐的政治社会环境。陈瑾、罗杰分别参加。

8 日 SHI YUE

●● 杭州高新区（滨江）萧山特别合作园重大项目签约暨"中国视谷"建设启动仪式举行。市委副书记、市长刘忻出席并致辞。柯吉欣、王敏、孙旭东参加。

"中国视谷"将以视觉智能产业为核心，以万亿级为体量，按照"一园窗口、双核引领、全域联动"的空间布局思路，充分发挥杭州高新区（滨江）萧山特别合作园的展示窗口作用、两区视觉智能产业协同发展的"双核"引领作用，凝聚全市域联动共建的磅礴合力，打造国内领先、全球重要的视觉智能高新技术策源地、高端产业集聚地和产业环境最优地。

启建仪式前，杭州高新区（滨江）萧山特别合作园新一批重大项目集中签约，包括虹软科技、吉利、先临三维、车规级芯片研发、风情高新科技园、视谷之窗产业综合体等。

9 日 SHI YUE

●● 省委常委、市委书记刘捷主持召开全市新冠肺炎疫情防控工作视频调度会。他强调，要深入学习贯彻习近平总书记关于疫情防控的重要讲话和重要指示精神，坚持"外防输入、内防反弹"总策略和"动态清零"总方针，认真落实省委、省政府部署，切实提高政治站位，始终保持高度警醒，坚决克服麻痹思想、厌战情绪、松劲心态，迅速紧张起来，压实"四方责任"，织密织牢疫情防控防线，坚决守住不发生规模性疫情的底线，以实际行动迎接党的二十大胜利召开。

会议以视频形式召开，各区县（市）设分会场。刘忻、朱华、刘颖、陈瑾、罗杰在主会场或分会场出席。会上，刘捷听取近期疫情应对处置情况及上城、萧山、钱塘区汇报，对下一步疫情防控重点工作进行部署。

●● 市人大常委会主任李火林到余杭区调研并走访他所联系的重大项目，考察中泰街道紫荆村、闲林街道考察人大代表联络中心站、千岛湖配水工程指挥中心和展示馆、菜鸟网络智慧产业园项目、年产500万套自动数据处理设备项目和中法航空大学项目工地。

刘颖参加有关活动。

● ● 市政协主席马卫光分别到西泠印社、杭州出版集团走访调研，并看望市政协委员。陈新华参加。

马卫光强调，要充分发挥政协文化文史工作特色和政协委员人才众多、智力密集优势，积极依托杭州中华文化促进会、文史研究会等平台，持续推进文史挖掘研究、文化传承传播等工作，积极建言助推优秀传统文化创造性转化、创新性发展，努力为杭州加快打造世界一流的社会主义现代化国际大都市贡献智慧和力量。

● ● 市政协主席马卫光到富阳区、萧山区走访调研所联系的重大项目。马卫光一行考察富春湾新城的浙江东翼时代新材料有限公司智能制造及研发中心项目、浙江省中医院新院区项目、杭绍甬高速公路杭绍段项目。

● ● 省人大常委会副主任李卫宁带队到杭州调研践行全过程人民民主基层单元建设工作，并走访看望部分市县乡人大代表。市人大常委会主任李火林，副主任徐小林参加。调研组实地走访淳安县安阳乡、大墅镇、千岛湖镇、姜家镇等代表中心站和部分"农家式"代表联络点，了解建设与运行情况，并召开座谈会，听取市、县人大有关基层单元建设工作汇报。

李卫宁充分肯定杭州、淳安基层单元建设工作。他指出，杭州市各级党委高度重视基层单元建设，各级人大立足实际、独具特色，基层单元建设扎实规范、推进有力、成效显著，在实战实效方面提供了杭州样板，做出了示范与引领。要认真贯彻落实即将召开的党的二十大精神，全面落实中央人大工作会议精神，省党代会精神，将全过程人民民主基层单元建设不断引向深入。要紧扣党委决策部署，更加突出"两个先行""共同富裕"主题主线，更好地履行人大职能，更好地发挥代表作用。要健全网络和功能体系，通过数字化理念与手段，贯通基层单元网络体系，汇集线上线下数据，集成"联""商""督""促""智"五大功能，推动代表联络站迭代升级，更好地践行全过程人民民主。要提升基层整体智治水平，把基层单元建设作为加强基层人大工作的有利契机，发挥其牵一发而动全身的作用，丰富基层单元建设的内涵，提升基层人大工作的能力水平，努力为打造全过程人民民主基层单元提供更多的杭州经验。

12 日

●● 住浙全国政协委员考察团围绕"在稳进提质中扛起省会担当，在'两个先行'中展现头雁风采"在杭州考察。省政协副主席王昌荣、郑继伟、陈小平、吴晶等参加考察。市长刘忻出席考察座谈会并做情况介绍。市政协主席马卫光，副主席许明陪同考察。

委员们认为，近年来，杭州各项事业蓬勃发展、城市建设日新月异、发展势头蒸蒸日上。杭州经济稳进提质发展的重大成就让他们倍感振奋，增强了理想信念、筑牢共识同心、坚定"听党话、跟党走"的决心。他们建议，要攻坚克难，稳企业强主体，强化科技创新，打好助力经济稳进提质"组合拳"。要密切部门协作，加强校企合作、文化品牌建设和人才引育工作，为奋力推进"两个先行"做出更大贡献。

王昌荣说，要全面贯彻落实习近平总书记关于浙江工作重要指示精神，忠实践行"八八战略"、坚决做到"两个维护"。作为省会城市，杭州要在全过程、全方位、全领域发挥好领头雁作用，把握好发展路径，扬长避短，深化文化底蕴，加强产业发展，努力在稳进提质中扛起省会担当，在"两个先行"中展现头雁风采，为全省经济社会发展和推进"两个先行"总结成果、积累经验，以昂扬的精神、奋进的姿态迎接党的二十大胜利召开。

● ● 第四轮"联乡结村"第三帮扶集团联席工作会议召开，市人大常委会主任李火林出席并讲话。会上，淳安县临岐镇汇报了"联乡结村"工作有关情况，各成员单位介绍了新一轮"联乡结村"工作思路和举措。

李火林还到千岛湖、石林、文昌、富文等乡镇调研农家式代表联络点、美丽乡村建设等，并看望部分人大代表。

● ● 杭州市举行审管系统联动攻坚项目路演活动，集中展示7个政务服务重点改革项目。

路演现场，全市政务服务数字化监测系统建设、特色交易通用模块建设、服务大厅现场管理标准化建设、延伸政务服务"一网通办"、党建联盟、开标云直播系统、数字见证系统示范应用等特色项目负责单位进行演示汇报，重点展现项目阶段性成果以及在全市的推广应用情况，体现了党建与数字化改革融合并进的良好态势。项目分管领导和相关部门的专家评委做现场交流点评，并提出指导性意见和建议。

13 日 SHI YUE

● ● 杭州市召开深化全国文明城市创建暨争创全国文明典范城市动员会。市委副书记、市长刘忻在会上强调，要认真学习贯彻习近平总书记关于精神文明创建的重要论述，把握新时代新征程新要求，进一步坚定政治忠诚、汇聚群众伟力、靶向攻坚破难、深化变革重塑，全力以赴把杭州打造成信仰坚定、崇德向善、文化厚重、和谐宜居、人民满意的文明典范城市，以实干实绩实效迎接党的二十大胜利召开。

马小秋、唐春所、陈一行、黄海峰、朱华、刘颖、王敏、丁狄刚、罗杰、陈新华出席。会上播放了文明城市创建"回头看"视频短片，部署了下一阶段争创全国文明典范城市相关工作。市公安局、市城管局、市市场监管局、上城区、拱墅区、竹书鸿工匠志愿服务队做表态发言。

● ● "伟大精神铸就伟大时代——中国共产党伟大建党精神专题展"在中国共产党杭州历史馆开幕。展览由中共一大纪念馆、上海图书馆、中共杭州市委党史研究室

（杭州市人民政府地方志办公室）联合主办，中国共产党杭州历史馆（杭州市方志馆）承办。

展览围绕"伟大建党精神"这一主题，以46个第一批纳入中国共产党人精神谱系的伟大精神为主线，通过翔实的文字说明、丰富的图片资料和生动的视频素材展示了在伟大建党精神引领下党和人民的百年奋斗历程。展览持续至12月。

14 日 SHI YUE

●● 市委副书记、市长刘忻主持召开全市除险保安和疫情防控工作调度会。他强调，要认真贯彻习近平总书记关于安全生产和疫情防控的重要指示精神，全面落实党中央、国务院、省委、省政府和市委部署要求，坚持人民至上、生命至上，认清特殊形势、进入决战状态、实施硬核举措，在非常之时用非常之力，抓紧抓实防风险、除隐患、遏事故各项工作，一鼓作气打赢"平安护航二十大"这场硬仗。柯吉欣、黄海峰、朱华、丁狄刚、孙旭东出席。

会上，市委政法委、市委网信办、市公安局、市应急管理局、市疫情防控办结合各自职责提出工作要求，西湖区、临平区、钱塘区汇报近期除险保安和疫情防控工作情况。

●● 2022年亚运会和亚残运会市运行保障指挥部第十次会议召开。市委副书记、市长刘忻在会上强调，要深入学习贯彻习近平总书记关于体育强国的重要论述，认真落实国家体育总局、省委、省政府和市委主要领导对亚运筹办工作的指示精神，对标"简约、安全、精彩""五精（经）五高"要求，突出群众有感、强化氛围营造、提炼特色亮点，全力打造亚运惠民的标志性成果，努力向习近平总书记和党中央、向全省全国乃至全亚洲人民交出一份高分答卷。市领导朱华、陈瑾、戴建平、卢春强、缪承潮、刘嫔珺、许明，省亚运综合办有关负责人出席。

会议听取市运保指挥部第九次会议以来工作情况及下步工作建议、城市基础设施建设、城市环境品质提升、亚运文明提升、亚运"城市体验"营造、场馆综合利用等汇报。

●● 合力唱好杭甬"双城记"两地政协首次协商交流会在杭州举行。市政协主席马卫光主持，宁波市政协主席徐宇宁出席，杭州市委常委、副市长柯吉欣，宁波市委常委、副市长华伟到会听取意见。杭州市政协副主席许明、毛溪浩、陈新华、冯仁强，宁波市政协副主席陈仲朝、叶正波、高庆丰、王丽萍参加。

会前，两地政协开展调查研究和对接准备工作。会上，两地政协委员围绕协商主题，分别从完善市民卡（社保卡）"一卡通"功能、共推文旅产业和国际会展业发展、共同打造现代运输大物流体系、"三首产品"两地推广应用等开展协商交流、提出意见和建议。两市政府相关部门负责人做互动发言。协商会还通过数字政协履职平台进行直播，763人次政协委员在线参与网络议政，提出670余条建议。

会议还组织考察了杭州奥体中心和杭州国家版本馆。

● ● 根据市政府统一安排，市政府领导带队到各地开展"安全大督查、护航二十大"活动。

市长刘忻带队到上城区进行安全督查和接待来访群众。他强调，要深入贯彻习近平总书记关于统筹发展和安全的重要论述，认真落实省委、省政府和市委对除险保安工作的部署要求，风险隐患再排查，防控机制再健全，责任链条再拧紧，坚决有力筑牢安全稳定基石，奋力打赢"护航二十大"杭州战役。

● ● 市长刘忻主持召开市政府常务会议，专题研究三季度经济运行情况，部署推进除险保安重点工作。会议强调，要深入学习领会党的二十大精神，完整准确全面贯彻新发展理念，坚持以推动高质量发展为主题，坚定抓好"疫情要防住、经济要稳住、发展要安全"三件大事，全力打好四季度收官战，有效筑牢安全防火墙，以杭州之稳、杭州之进为全国全省大局多做贡献。

会议指出，2022年以来，面对疫情多发散发、国际形势变化等超预期因素的挑战和冲击，在党中央、国务院、省委、省政府和市委的坚强领导下，全市各级各部门迎难而上、协同奋战，统筹抓好稳进提质、塑造变革、除险保安，推动前三季度经济稳定运行、回升向好，维护社会大局平安和谐，阶段性工作成果来之不易。

会议强调，要巩固拓展三季度经济趋稳回升态势，奋战四季度、决胜"全年红"，全力交出经济高分报表。要强化内培外引，聚焦优势产业和重点产业链，多措并举引资、引税、引才、引智，深挖在杭企业增资扩产、改造升级等潜力，做到增量存量一起抓、两手硬。要坚持项目为王，注重以城市要素支撑力、环境吸引力、综合承载力引育项目，以交通拉开骨架、生态提升品质、文化彰显特色，让更多"大好高"项目选择杭州、纷至沓来。要加强政策供给，瞄准具有技术引领优势、广阔市场前景的未来产业，梳理产业图谱、明确主攻方向，把握产业所需、健全政策体系，以超常规力度推动未来产业加快发展。要兜牢民生底线，促进重点群体更加充分就业，做好重要民生商品保供稳价工作，加大困难群众基本生活保障力度，切实做到应保尽保、应兜尽兜。要优化营商环境，着力解决职能交叉、标准不一等问题，推动审批服务管理再提速、再提效，进一步放宽市场准入、激发市场活力，推动高质量发展迈出更大步伐。

会议强调，要发扬连续作战精神，毫不松懈抓好除险保安各项工作，在大战大考中展现杭州担当。要抓实疫情防控，把既有防疫措施更加坚决果断地落实到位，把"五个一小时"防控机制更加快速有效地运转起来，牢牢守住不发生疫情规模性反弹的底线。要守护城市安澜，深化矛盾纠纷大排查大起底大化解专项行动，持续开展公共安全风险隐患专项整治，全面加强安全生产监督检查，有力保障人民群众生命财产安全。要优化社会治理，坚持实施领导干部下访接访制度，着力解决信访突出问题、共性问题，善于举一反三、标本兼治，真正把工作做到群众心坎上。

● ● 根据市政协开展2023年民生实事项目选题调研征集活动安排，市政协主席马卫光到滨江区调研民生实事项目等工作。

调研中，马卫光对滨江区推进民生实事项目建设取得的成绩给予肯定。他强调，要深刻学习领会党的二十大精神，深入践行以人民为中心的发展思想，进一步提升政治站位，厚植为民情怀，完善长效机制，扎实工作举措，用心用情用力办好办实每一件民生实事，让人民群众有更多获得感、更好满意度、更强幸福感。全市政协组织和政协委员要发挥专门协商机构作用，聚焦民生实事、关键小事，深入群众、问需于民，征集意见和建议，积极建言资政，广泛凝聚共识，持续推进民生实事项目"政协议"工作科学化、制度化、规范化，进一步打响政协履职为民品牌，为不断增进民生福祉贡献政协智慧和力量。

● ● 杭州市举行社会建设咨询委员会成立仪式暨社会建设研讨会。

杭州市社会建设咨询委员会首批委员25名，包括社会领域专家、资深领导、专业人士、企业及基层代表。省人大常委会原副主任王永昌担任名誉主任，浙江大学文科资深教授李实担任主任，浙大城市学院院长罗卫东、浙江工商大学校长郁建兴担任副主任。

会前，委员们溯江而上实地考察"三江两岸"水上黄金旅游线。会上，咨询委专家围绕学习贯彻党的二十大精神、推进包容发展与共同富裕交流发言，阿里巴巴、传化集团、滨江集团介绍助力共同富裕的经验做法，市委社建委发布杭州市共同富裕第一批最佳实践。

中旬 SHI YUE

● ● 市人大常委会主任李火林到部分市属国有企业调研，了解企业运行、国有资产管理情况。

李火林一行先后到西泠印社集团、华数集团、市运河集团、杭实集团、市城投集团、市交投集团、市钱投集团实地考察，了解企业产业发展、资本运作、项目建设、经营管理、数字化改革、履行社会责任等方面情况。

李火林强调，正在召开的党的二十大对深化国有企业改革提出了新的要求，要把深入学习贯彻党的二十大精神作为当前和今后一个时期的重要政治任务，切实把思想和行动统一到二十大精神上来，坚定不移推动国有企业做强做优做大。要继续深化改革，坚持科技创新，紧盯行业发展趋势，持续加大研发投入力度，布局新的业务增长点，着力提升企业核心竞争力，推动国有企业高质量发展，实现国有资产保值增值。要统筹发展与安全，坚持社会效益和经济效益相统一，国资优势与市场优势有机结合，持续做大做优做强企业，主动担当作为，助力杭州亚（残）运会筹办，推动共同富裕，更好地履行国有企业的责任与使命。要落实新时代党的建设新的伟大工程的内在要求，推进全面从严治党，将严的总基调挺在前面，抓好班子，带好队伍，为国有企业健康持续快速发展提供强有力政治保障，确保人民共同的财富靠得住、成色足、用得好，为奋力推进"两个先行"的生动实践、加快打造世界一流的社会主义现代化国际大都市做出更大贡献。

● ● 市长刘忻主持召开金融工作座谈会，与在杭监管部门和部分金融机构共商杭州金融未来发展大计。他强调，要深入学习贯彻党的二十大精神，认真落实习近平总书记关于金融工作的重要论述，按照"四个杭州、四个一流"要求，聚力推动金融高质量发展，坚持共建共享，深化改革创新，放大特色优势，加快打造国际一流金融科技中心，为杭州在"两个先行"中展现头雁风采提供有力支撑。柯吉欣出席。

座谈会上，人行杭州中心支行、浙江银保监局、浙江证监局、国家开发银行省分行、农业发展银行省分行、中国银行省分行、农业银行省分行、永安期货等负责人做交流发言，就金融服务实体、产业发展、科技创新、风险防控等提出积极建议。

● ● 市政协主席马卫光到临安区调研"促进农村低收入群体共同富裕"重点履职课题。郭清晔参加。

调研中，马卫光强调，要深入学习贯彻党的二十大精神，坚持以人民为中心的发展思想，全面贯彻落实中央和省委、市委关于共同富裕、乡村振兴的部署要求，进一步固根基、扬优势、补短板、强弱项，促进农村低收入群体共同富裕，让发展成果更多更好地惠及全体人民。要在推进高质量发展上取得新成效，激活内生动力，引进外生动力，大力发展特色优势产业，壮大农村集体经济，拓宽农民增收渠道，促进农民就业致富，优化公共服务供给，加强困难群众帮扶，提升乡村治理水平，真正实现党建强、生态美、产业兴、治理好、百姓富，共建共享绘就共同富裕美好图景。

● ● 《杭州市"一老一小"整体解决方案》印发实施，通过明确发展目标、重点任务和保障措施，杭州将进一步加强养老托育发展的政策保障，持续增加养老托育服务供给，更好地满足老年人健康服务和婴幼儿照护服务需求。

方案围绕养老服务和托育服务，提出23个具体指标。其中，人均预期寿命、护理型床位占养老机构床位比例、每1000人拥有3岁以下婴幼儿托位数、3岁以下儿童标准化发育筛查率等4个指标高于省定标准，老年社会工作特色项目、培育规模化连锁化的骨干托育企业（组织）等2个指标为杭州特色指标，充分体现杭州市"一老一小"工作在全省乃至全国的标杆示范作用。

方案围绕建设"老年友好型城市"和"儿童友好型城市"两大领域，明确开展强化养老服务兜底保障、加强养老基础设施布局、完善儿童福利保障体系、推进社区托育设施建设等16项具体任务。

方案明确，到2025年，杭州市将建成"杭州市老年友好型社区"350个，争取创建"全国示范性老年友好型社区"50个，基本建成"老年友好型城市"和"儿童友好型城市"；到2035年，将实现全市老年友好型社区全覆盖，普惠性婴幼儿照护服务托位供给占比达到90%以上，高水平建成"老年友好型城市"和"儿童友好型城市"。

市长刘忻到淳安县、建德市调研乡村振兴工作。他强调，要深学细悟笃行党的二十大精神，认真贯彻习近平总书记关于"三农"工作的重要论述，坚持农业农村优先发展，全方位夯实粮食安全根基，全链条做强现代农业体系，全领域拓宽农民增收渠道，积极探索具有普遍意义的乡村共同富裕和现代化路径，在服务"三农"助力乡村振兴上阔步前行。刘嫔珺参加。

刘忻在调研中强调，要切实抓好农业现代化产业体系建设，全方位构建和完善农业生产体系、组织体系、标准体系、政策体系、服务体系和要素保障体系，为加快农业现代化提供杭州解法。要深入推进科技兴农、机械强农、数智惠农，加强种质资源培优选育，提升农机规模化装备能力，建强网络化、数字化、智慧化为农服务平台。要坚决扛起粮食安全责任，严守耕地红线，着力建设高标准农田，用好中国种、种好中国粮、培育好中国农业品牌。

调研中，刘忻还就农业农村安全生产、森林防火、疫情防控、社会治安等工作进行了督导检查，做出了具体部署。

24 日 SHI YUE

●● 市委召开领导干部会议，传达学习党的二十大精神，对全市学习宣传贯彻工作做出部署。省委常委、市委书记刘捷传达并讲话。

市委副书记、市长刘忻主持，市人大常委会主任李火林、市政协主席马卫光等出席会议。

刘捷指出，要按照中央和省委统一部署，把学习宣传贯彻党的二十大精神作为当前的首要政治任务，全方位开展学习研讨，全覆盖精心组织宣讲，全媒体广泛开展宣传，全领域深化研究阐释，全体系开展调查研究，迅速掀起学习宣传贯彻热潮，把党的二十大精神传达到每一个党支部、每一名党员群众，推动党的二十大精神在杭州落地生根、开花结果。要以学习贯彻党的二十大精神为动力，奋力把"两个先行"杭州实践推向前进。要坚决拥护"两个确立"、坚决做到"两个维护"，以高度政治自觉守好"红色根脉"；深入实施创新驱动发展战略，在打造创新创业的新天堂上更快一步、更进一步；着力建设现代化产业体系，在打造产业兴盛的新天堂上更快一步、更进一步；坚持深化改革开放，在打造活力迸发的新天堂上更快一步、更进一步；推进文化自信自强，在打造别样精彩的新天堂上更快一步、更进一步；全力增进民生福祉，在打造共享幸福的新天堂上更快一步、更进一步；坚持绿水青山就是金山银山理念，在打造独特韵味的新天堂上更快一步、更进一步；推进治理体系和治理能力现代化，在打造良法善治的新天堂上更快一步、更进一步；全面贯彻"简约、安全、精彩"办赛要求，确保举办一届成功的亚运会；加强党的全面领导和全面从严治党，以高质量党建引领高质量发展。

副市级以上领导干部、老同志和市直单位、各区县（市）主要负责人，杭州市出席党的二十大代表等参加会议。

●● 市政府党组召开扩大会议，传达学习党的二十大精神，对全市政府系统宣传贯彻二十大精神有关工作进行部署。市政府党组书记、市长刘忻主持会议并讲话。

刘忻指出，杭州作为"红色根脉"省会城市，必须不断提高政治判断力、政治领悟力、政治执行力，更加坚定自觉地捍卫习近平总书记核心地位和习近平新时代中国特色社会主义思想指导地位，把坚决拥护"两个确立"转化为坚决做到"两个维护"的实际行动，转化为坚决贯彻落实二十大精神的新成效。全市政府系统要把学习宣传贯彻党的二十大精神，作为当前及今后一个时期的首要政治任务，迅速掀起学习宣传贯彻热潮。要对照原文学习，原原本本学习研读二十大报告和党章，确保入脑入心、真学真用。要深入一线宣讲，推动二十大精神走进基层、走进群众，激发全市上下踔厉奋发、勇毅前行的强大动力。要勇于探索实践，努力把二十大报告确定的各项部署转化为杭州发展的具体思路举措，深化制度性创新、突出变革性重塑、打造标志性成果。要坚持用党的二十大精神指导推动工作，注重"六个结合"，把"两个先行"杭州实践奋勇推向前进。

●● 市人大常委会党组召开扩大会议，学习党的二十大精神，传达学习省、市领导干部会议精神，研究部署贯彻落实工作。市人大常委会党组书记、主任李火林主持并讲话。戚哮虎、戴建平、罗卫红、卢春强、徐小林参加。

会议认为，要全面准确把握核心要义，深刻领会把握党的二十大的主题，深刻领会把握过去5年工作和新时代10年伟大变革的重大意义，深刻领会把握新时代中国特色社会主义思想的世界观和方法论，深刻领会把握以中国式现代化全面推进中华民族伟大复兴的使命任务，深刻领会把握未来一个时期党和国家事业发展的战略部署，深刻领会把握以伟大自我革命引领伟大社会革命的重要要求，深刻领会把握党章的新规定新要求，坚决把思想和行动统一到党的二十大精神上来。全市各级人大要把学习宣传贯彻党的二十大精神作为当前和今后一个时期首要政治任务，迅速掀起学习宣传贯彻热潮。要深刻领悟"两个确立"的决定性意义，不断提高政治判断力、政治领悟力、政治执行力，坚决拥护"两个确立"、坚决做到"两个维护"。要坚持先学一步、学深一层，原原本本研读党的二十大报告和党章，全方位、全覆盖组织学习交流、宣讲宣传。要找准贯彻落实党的二十大部署要求与做好新时代杭州人大工作的结合点，把人大工作摆到全面建设社会主义现代化国家、全面推进中华民族伟大复兴的宏大场景中去谋划、去思考，进一步坚定人民代表大会制度自信，高质量做好新时代人大工作，助力打造全过程人民民主市域典范，为奋力推进"两个先行"杭州实践贡献人大力量。

25 日

SHI YUE

●● 省委常委、市委书记刘捷到富阳区宣讲党的二十大精神。他强调，要把学习宣传贯彻党的二十大精神作为当前和今后一个时期首要的政治任务，听宣讲、学原文、悟原理，原原本本学、联系实际学、创新载体学，深刻把握党的二十大的重要思想、重要观点、重大战略、重大举措，增进听党话、跟党走和忠诚核心、拥护核心、跟随核心、捍卫核心的政治自觉，不断激发奋力推进"两个先行"杭州实践的强大动力，扎实推动党的二十大精神在杭州落地生根、开花结果。朱华、孙旭东参加相关活动。

在富阳期间，刘捷还出席了富阳区与西湖大学光电研究院项目签约活动。

●● 省委常委、市委书记刘捷到西湖区翠苑一区社区宣讲党的二十大精神并调研文明城市建设推进情况。他强调，要深入学习贯彻党的二十大精神，坚定文化自信自强，培育时代新风新貌，积极推进以精神富有为标志的文化发展模式，构建覆盖全市域的新时代文明实践体系，全力创建文明典范城市，持续提升城市文明程度和文化软实力。黄海峰、朱华参加。

●● 市长刘忻主持召开市政府常务会议，就数字政府建设、社会救助体系构建、耕地保护、见义勇为行政奖励等事项进行研究部署。

会议审议《杭州市深化数字政府建设实施方案》《杭州市"弱有众扶"社会救助综合改革试点实施方案（2022—2024年）》《关于优化创新耕地保护机制 促进全市共同富裕的若干意见》，研究拟为方孟军、莆元强、徐高峰、章明福、徐雪娣、魏凯等同志见义勇为行为申报行政奖励的事项，还研究了其他事项。

●● 市政协党组召开扩大会议，传达学习党的二十大精神和省、市领导干部会议精神，研究贯彻落实意见。市政协党组书记、主席马卫光讲话。许明、毛溪浩、陈新华、冯仁强、陈国妹、郭清晔、林革参加。

会议指出，全市政协组织和广大政协委员要深刻领悟"两个确立"的决定性意义，做到"五个牢牢把握"，学深悟透精髓要义，坚决把思想和行动统一到二十大精神上来，不断提高政治判断力、政治领悟力、政治执行力，切实把坚决拥护"两个确立"转化为坚决做到"两个维护"的实际行动，推动二十大精神在政协全面贯彻落实。学习宣传贯彻党的二十大精神，是全市政协组织和政协委员的首要政治任务。要全面落实中央和省委、市委部署要求，认真组织，周密安排，迅速掀起学习宣传贯彻热潮。要突出多形式、分层次、全覆盖，把二十大精神传达到每一个党支部、每一名党员干部、每一名政协委员。要牢牢把握政协工作正确政治方向，坚持不懈用习近平新时代中国特色社会主义思想凝心铸魂。要认真对标二十大精神和新时代新征程目标任务，系统谋划政协工作，综合运用多种履职形式，助力中央和省委、市委决策部署贯彻落实。要深入践行全过程人民民主，扎实推进协商民主在杭州的生动实践。要充分发挥统一战线组织功能，强化团结奋斗的政治引领，广泛汇聚推进"两个先行"的强大合力。要落实全面从严治党要求，加强队伍建设，强化责任担当，展示政协委员和机关干部踔厉奋发勇毅前行的新风采新样子。

26 日

●●● 省委常委、市委书记刘捷到钱塘区调研。他强调，要深入学习贯彻党的二十大精神，紧紧围绕产业新城定位，以咬定青山不放松的久久为功，发挥优势、攻坚克难，推动钱塘区高质量跨越发展。柯吉欣、朱华、丁狄刚参加。

调研中，刘捷召开座谈会，听取钱塘区工作汇报。他指出，钱塘区因围垦而生、因改革而立、因产业而兴、因创新而变，发展前景可期。要深入学习贯彻党的二十大精神，结合学习贯彻习近平总书记重要指示批示精神，结合贯彻落实省、市党代会部署，在学深悟透笃行上狠下功夫，并切实转化为推动钱塘高质量发展的思路举措和持久动力。要锚定产业新城的发展定位，推动创新驱动发展再提升、产业高质量发展再聚焦，积极创新体制机制政策，大力培育具有核心竞争力的优势产业集群，实现特色发展、错位发展、跨越发展。要坚持把高质量发展的着力点放在实体经济上，狠抓重大项目招引、落地，推进产业链供应链创新链融合发展，推动制造业高端化、绿色化、集约化、数字化，实现制造业规模和质效显著提升。要坚持产城人高水平融合，充分发挥后发优势，以高水平规划引领空间和功能布局优化，大胆创新城市建设管理的体制机制，积极防范化解职住不平衡、交通拥堵等"大城市病",努力建设宜居宜业的高品质新城。要把建设忠诚干净担当的高素质专业化干部队伍摆在重要位置,引导党员干部坚定拥护"两个确立"、坚决做到"两个维护",模范践行"三个务必",永葆清廉本色,为高质量发展提供坚强保证。

● ● 杭州市政协新时代协商民主实践中心启用。省政协副主席郑继伟、市政协主席马卫光分别讲话。许明、陈新华、冯仁强、陈国妹、郭清晔、林革出席。毛溪浩主持。

启用仪式上,实践中心联盟共建单位代表进行签约,政协委员和联盟单位代表发言。

杭州市政协新时代协商民主实践中心位于杭州市城市阳台地面一层,中心设陈列展示、协商议政、学习交流、互动体验4个区域,是市政协学习贯彻党的二十大精神,深入推进专门协商机构建设,助力打造全过程人民民主市域典范和实践高地的重要举措。即日起,实践中心将面向市党政机关、政协各参加单位、各界别、联盟单位、区县(市)政协和社会各界群众开放。

● ● 省委召开全省数字化改革推进会,省委书记袁家军出席并讲话,强调要深入学习贯彻习近平总书记重要讲话精神和党的二十大精神,全面贯彻习近平新时代中国特色社会主义思想,坚定不移推动改革不断向广度和深度进军,着力破除深层次体制机制障碍和瓶颈制约,着力提升现代化的工具手段方法,着力形成引领未来的新模式新机制,持续深化拓展变革性实践、突破性进展、标志性成果,奋力推进中国式现代化在浙江的生动实践。王浩主持,黄莉新、黄建发等副省级以上领导干部出席。

会上，省委改革办，"6+1+1"系统、平台牵头单位代表做工作汇报。会议明确了下两个月目标任务及分领域目标任务。

会议以视频会议形式召开，各市、县（市、区）设分会场。省直有关部门负责人在主会场参加。刘捷、刘忻、马卫光等市四套班子领导在杭州分会场出席。

● ● 市委常委会召开会议，研究分析杭州市前三季度经济社会形势，部署下阶段工作。省委常委、市委书记刘捷主持会议并讲话。

会议指出，2022年以来，全市上下坚决落实中央和省委决策部署，积极应对不断变化的内外部环境，高效统筹疫情防控和经济社会发展，扎实推进稳进提质攻坚行动，经济运行总体实现企稳回升。要准确把握当前形势，理性辩证看待当前经济社会发展面临的机遇和挑战，坚定经济稳进提质的信心和决心，进一步补短板、强弱项、扬优势，以实干实绩在全省贯彻党的二十大精神、推进"两个先行"实践中争当头雁。

● ● 浙江省保护耕地和全域土地综合整治与生态修复领导小组办公室印发通知，公布2021年度乡村全域土地综合整治与生态修复省级精品工程。杭州4个项目入选，累计获得2100万元精品工程激励资金。这也是杭州市连续第二年在全省全域整治精品工程评选中获得"获评数量顶格"的好成绩。

此次杭州获省级精品工程激励的项目分别来自建德大同镇、富阳永昌镇、萧山宁围街道及临安太阳镇。这些镇街借助全域整治工程的实施，不仅有效保护了耕地，更大大优化了农村生产、生活、生态用地空间布局，实现产业提升和生态保护双赢，在共同富裕的大道上迈出了坚实一步。其中，建德大同镇全域土地综合整治与生态修复工程，在此次精品工程评选中名列全省前茅、杭州第一。

29—30日
SHI YUE

● ● 市长刘忻先后到钱塘区、临平区调研企业及督查重大项目建设推进。他强调，要学深悟透笃行党的二十大精神，加快构建新发展格局，着力推动高质量发展，坚持创新在现代化建设全局中的核心地位，发挥科技型骨干企业引领支撑作用，推动创新链产业链资金链人才链深度融合，突出"项目为王"鲜明导向，集中力量打好扩大有效投资攻坚战，奋力交出全年经济高分报表，加快把杭州打造成产业兴盛的新天堂。

刘忻在调研中强调，当前正处于奋战四季度、决胜全年红的关键节点。要持续营造大抓项目、抓大项目的浓厚氛围，以争分夺秒、时不我待的紧迫感加快项目建设推进，更好地发挥投资稳增长、强后劲、增动能作用。要加快实施创新驱动发展战略，加强企业主导的产学研深度融合，强化目标导向，提高科技成果转化和产业化水平。要推动战略性新兴产业融合集群发展，构建新一代信息技术、人工智能、生物技术、新能源、新材料等一批新的增长引擎，确保杭州经济动能充沛、行稳致远。

31 日 SHI YUE

●● 10月31日至11月2日，杭州市十四届人大常委会召开第五次会议。市人大常委会主任李火林出席并讲话，戚哮虎、戴建平、罗卫红、卢春强、徐小林出席。

会议将学习贯彻党的二十大精神作为第一议题，并进行分组学习讨论。会议表决通过《杭州市街道居民议事工作规定》，将报省人大常委会批准；审议历史文化名城保护、优化营商环境、乡村建设、湿地保护等法规草案，将根据审议意见作进一步修改；听取审议市公检法关于打击治理电信网络诈骗违法犯罪工作的报告，对相关工作及2名法官履职情况进行满意度测评；听取审议市政府关于推动杭州市平台经济规范健康持续发展工作报告，2021年度全市国有自然资源资产管理情况报告，市十四届人大一次会议代表建议、批评和意见办理情况报告，促进民族共同富裕建设工作报告，乡村振兴"一法一条例"贯彻实施情况报告，及市人大常委会执法检查组相关报告。陈一行提交人事报告并做说明。会议表决通过关于召开杭州市第十四届人民代表大会第二次会议、加快推进新型农村集体经济发展壮大、推进数字检察加强新时代法律监督工作等决定，批准2022年市本级收支预算调整方案的决议，代表议案审议结果报告及人事任免事项。

胥伟华、胡伟、丁狄刚、罗杰、刘嫔珺作有关报告或列席会议，市监委、市法院、市检察院负责人列席会议。

其间，召开列席会议市人大代表座谈会，举行宪法宣誓、专题讲座。

十一月

HANGZHOU JISHI

1 日 SHI YI YUE

●● 县（市、区）委书记工作交流会暨全省经济稳进提质攻坚行动工作例会在杭州召开，省委书记袁家军在会上强调，要认真学习、全面宣传、扎实贯彻党的二十大精神，按照习近平总书记"疫情要防住、经济要稳住、发展要安全"要求，完整、准确、全面贯彻新发展理念，坚持以推动高质量发展为主题，继续抓好稳进提质、除险保安、塑造变革，坚定做好自己的事，稳企业稳预期、增信心增动能，推动经济实现质的有效提升和量的合理增长，确保疫情不发生规模性反弹，确保经济运行在合理区间，确保社会大局平安稳定。王浩主持，黄建发等副省级以上领导出席。

省发改委负责人通报经济运行情况，晾晒市、县（市、区）指标。舟山市负责人围绕稳进提质抓落实做交流发言。桐庐、海曙、乐清、南浔、桐乡、嵊州、义乌、柯城、玉环、遂昌等10个县（市、区）负责人做交流发言。会议还明确了四季度稳进提质攻坚目标和重点工作。

会议以视频会议形式开至各市、县（市、区），省直有关部门负责人在主会场参加。刘捷、刘忻、李火林等市四套班子领导在主会场或杭州分会场参加。

2 日 SHI YI YUE

●● 市委理论学习中心组举行"学习贯彻党的二十大精神"专题学习会，推动全市上下持续兴起学习宣传贯彻党的二十大精神热潮。

省委常委、市委书记刘捷主持会议并讲话。刘忻、柯吉欣、朱建明、胥伟华、黄海峰、朱华、刘颖、陈瑾做交流发言。李火林等市委理论学习中心组其他成员出席会议，有关副市级领导干部，相关市直单位负责人参加会议。

刘捷指出，深入学习宣传贯彻党的二十大精神是当前的首要政治任务。要全面贯彻中央和省委要求，以坚决拥护"两个确立"、坚决做到"两个维护"的最鲜明态度抓紧抓实学习宣传贯彻党的二十大精神工作，落实全省"六学六进六争先"学习实践活动部署，推进学习培训、集中宣讲、新闻宣传、研究阐释各项工作，引导和推动全市广大党员干部下苦功夫、下真功夫，原原本本、逐字逐句学习二十大报告和党章，学习习近平总书记在二十届一中全会上的重要讲话精神，把握"七个聚焦"的着力点，落实"九个深刻领会"，学出坚定信念、学出绝对忠诚、学出使命担当，为高水平推进共同富裕幸福杭州建设，加快打造世界一流的社会主义现代化国际大都市提供思想保证。

●● 在全省稳进提质金融工具重大项目集中开工活动杭州分会场，总投资115亿元的扩大杭嘉湖南排后续西部通道工程（杭州城西南排工程）开工，这标志着这项补齐杭州城市防洪排涝基础设施短板，为杭州城西科创大走廊打基础、利长远的"高速水路"全面进入实施阶段。

杭州城西南排工程位于地下约55米的深处，排涝隧洞从杭州城西片区直达钱塘江九溪段，工程总体呈"Y"型布局，包括南北线和西线两部分，总长约29千米。这次率先开工的是南北线工程部分，南北线北起余杭塘河与九曲洋港交汇处，南至钱塘江九溪段，西线工程西起南湖，东至顾家桥港进水口，按照"统一规划、分线立项、分步建设、同步建成"的原则一体推进。

3
日
SHI YI YUE

●● 市政协召开十二届三次常委会会议，深入学习宣传贯彻中共二十大精神，围绕"促进农村低收入群体共同富裕"协商建言。市政协主席马卫光主持并讲话。刘嫔珺到会听取意见和建议、通报有关情况。许明、毛溪浩、陈新华、冯仁强、陈国妹、郭清晔、林革出席。

会议围绕"促进农村低收入群体共同富裕"协商建言。市政协农业农村委做主旨发言，8位政协委员和相关代表从发展富民产业、促进农户增收、探索提低路径、优化公共服务、民企助力乡村振兴、新农人回乡创业等提出建议。市发改委、市农业农村局做互动回应。

会议审议通过有关人事事项。

● ● 2022年杭州·云栖大会在杭州云栖小镇举行。省委常委、市委书记刘捷出席大会并致辞。副省长卢山，阿里巴巴集团董事局主席兼首席执行官张勇做主旨演讲。朱华出席，孙旭东主持。

本届云栖大会以"计算·进化·未来"为主题，探讨云计算、芯片、下一代网络、云边端一体化、人工智能等多种前沿科技话题，共设立三大展馆，带来超过1000项科技新品发布，全景式展示数字科技下的未来畅想。

4 日 SHI YI YUE

● ● 省委书记袁家军到杭州市上城区小营巷社区宣讲党的二十大精神。他强调，要坚持以习近平新时代中国特色社会主义思想为指导，全面落实中共中央关于认真学习宣传贯彻党的二十大精神的决定，激励全省上下踔厉奋发、勇毅前行，把二十大精神学习深、领悟透、落实好，在奋力推进"两个先行"中扛起使命担当。

10位来自基层一线的党员干部群众代表结合各自工作实际，分享了学习二十大精神的收获和体会。袁家军认真听取大家发言后指出，党的二十大是在全党全国各族人民迈上全面建设社会主义现代化国家新征程、向第二个百年奋斗目标进军的关键时刻召开的一次十分重要的大会，是一次高举旗帜、凝聚力量、团结奋进的大会，取得了丰硕的成果，具有里程碑意义。二十大再次宣示了"两个确立"的决定性意义，深刻揭示了新时代10年伟大变革的根本原因在于"两个确立"，持续深化了"两个确立"扎根铸魂的思想认识，不断夯实了坚定自觉拥护"两个确立"的政治基础；提出了以中国式现代化全面推进中华民族伟大复兴，系统阐述了中国式现代化理论，描绘了人类文明新图景，为新时代新征程的伟大探索提供了理论创新、实践创新、制度创新更为广阔的舞台；深刻分析了党所处的历史方位、党情发展变

化，深刻指出党找到了自我革命这一跳出治乱兴衰历史周期率的第二个答案，对深入推进新时代党的建设新的伟大工程进行了系统部署。浙江作为"红色根脉"，要坚决拥护"两个确立"、坚决做到"两个维护"，坚定不移沿着习近平总书记指引的道路奋勇前进，以奋力推进"两个先行"的实干实绩检验二十大精神的学习成果。

刘捷、陈奕君、朱华参加。

● ● 市政协举行全市政协系统党建工作经验交流会暨党建工作精品案例发布会。市政协主席马卫光讲话，许明、毛溪浩、陈新华、陈国妹参加。

会上，首批入选的20个杭州市政协系统党建工作精品案例受表彰，部分区县（市）政协代表、精品案例入选单位代表做交流发言。

马卫光在充分肯定前阶段工作后指出，党的二十大对深入推进新时代党的建设新的伟大工程做出全面部署。全市政协组织要以党的二十大精神为指引，全面贯彻落实新时代党的建设总要求，进一步增强政治自觉，提高政治站位，把握特点规律，积极探索创新，不断推动杭州市政协党的建设高质量发展。要筑牢"统"的思想根基，始终把忠诚拥护"两个确立"、坚决做到"两个维护"作为最高政治原则和根本政治规矩，坚持用习近平新时代中国特色社会主义思想凝心铸魂，把加强思想政治引领贯穿到政协各项工作之中，充分发挥"三个重要"作用，切实担负起"落实下去、凝聚起来"的政治责任。要打造"坚"的战斗堡垒，加强党建阵地建设，健全完善制度机制，更好地发挥党员委员作用，进一步夯实党建基层基础。要做实"融"的具体举措，坚持强党建促履职，用好政协履职平台阵地，找准切入口结合点，创新方式方法，深化载体融合、履职融合、数字融合，不断提升政协党建工作质效和活力。要构筑"协"的工作体系，压紧压实党建责任，强化政协党组领导作用，坚持双线运行，强化两级共进，汇聚工作合力，擦亮党建品牌，努力打造新时代政协党建工作高地，以高质量政协党建引领政协工作当好排头兵、领头雁。

● ● 第二十四届中国杭州西湖国际博览会（2022西博会）在武林之星博览中心开幕。本届西博会由市商务局、市商旅集团、拱墅区政府主办，市会展集团承办，杭州旅游投资发展有限公司支持。

围绕设计、潮流、出行、知味四大场景，2022西博会集合2022ADM（亚洲设计管理论坛暨生活创新展）、丝鹿东方×Lockerr潮玩嘉年华、行野行也（杭州）出行&户外展、知味烟火美食嘉年华（含四实五谷果品&农产品展）等主力项目，着力打造一场美好生活的嘉年华，呈现美好生活的更多可能。

本届西博会以"促消费，稳增长"为办会重点，进一步提振消费信心，激发消费活力，带动经济增长，以会展助力共同富裕，展现了杭州"亚运会、大都市、现代化"重要窗口期下的会展风貌与城市魅力。

● ● 由杭州国际城市学研究中心（浙江省城市治理研究中心）、杭州城市学研究会主办的"（中国）城市学年会·2022"、第七届"两宋论坛"开幕式暨第十二届城市学高层论坛在杭州举行。本次年会以"在高质量发展中促进共同富裕"为主题，聚焦高质量新型城镇化和共同富裕示范区建设，致力于打造中国城市学界的年度性盛会。

年会高层论坛上，各界专家聚焦探索城市的高质量发展和共同富裕的路径，从各自深耕的领域发表主旨演讲。

开幕式上，举行了两宋书画展、两宋图书展、宋韵文化数字影像馆开幕上线仪式，第七届两宋论坛优秀研究成果颁奖仪式，"西湖金奖进青年"组织奖颁奖仪式，第一届"天元智慧（OTO）教育奖"颁奖仪式，第二届"超常儿童教育奖"颁奖仪式，第十二届"西湖城市学金奖"颁奖仪式，第十二届"钱学森城市学金奖"颁奖仪式，"杭州数智文化产业园"揭牌仪式等。

● ● 省长王浩到杭州市桐庐县宣讲党的二十大精神并调研。他强调，学习宣传贯彻党的二十大精神，是当前和今后一个时期的首要政治任务，必须在全面学习、全面把握、全面落实上下功夫，紧密结合浙江实际，干字当头、实干为先，在奋进"两个先行"上走在前做示范，不断开辟干在实处、走在前列、勇立潮头新境界，用实

干实绩诠释忠诚和担当。

王浩与基层干部群众和企业家代表围坐一起，向大家宣讲党的二十大精神。6名企业家代表结合企业实际谈了学习体会。王浩认真倾听，肯定了大家对党的二十大精神的学习和理解。他说，党的二十大是在全党全国各族人民迈上全面建设社会主义现代化国家新征程、向第二个百年奋斗目标进军的关键时刻召开的一次十分重要的大会，是一次高举旗帜、凝聚力量、团结奋进的大会，为新时代新征程党和国家事业发展指明了前进方向、提供了根本遵循。我们要按照"五个牢牢把握"的重要要求，原原本本学习、认认真真领会党的二十大精神实质和丰富内涵，做到深学细悟、融会贯通，更加自觉地坚决拥护"两个确立"、做到"两个维护"，始终在思想上政治上行动上同以习近平同志为核心的党中央保持高度一致，扎实推动党的二十大精神在浙江大地落地生根、开花结果。

刘忻参加。

● ● 第二十四届玫瑰婚典在杭州举行。市委副书记、市长刘忻出席，市领导黄海峰、罗卫红、郭清晔参加。

本届婚典以"百个历史文化名城共享幸福和美生活"为主题，结合杭州浓郁的古韵文化、秀美的山水意境、传统的古风婚礼等特色，精心创制八大篇章，展现杭州历史文化名城的风采，打造了一场融合古典东方美学意境与新时代风貌的婚典。

参加婚典的100对新人来自北京、重庆、西安、成都等全国各个历史文化名城，涵盖科研人员、教师、军人、警察、医生等各行各业。婚典还同步举行网络直播，让未能到杭州参加婚典的新人也能在云端感受热烈的现场气氛。

7
日 SHI YI YUE

● ● 2022年第五届杭港澳发展论坛在杭州举行。市政协主席马卫光致辞。市领导孙旭东、林革参加。

本届论坛以"携手港澳台侨 建设创新创业新天堂"为主题，深入学习贯彻党的二十大精神，共商杭港澳深化合作交流，共促创新创业高质量发展。论坛上，香港特区政府驻浙江联络处负责人、澳门特区政府教育及青年发展局相关负责人分别致辞。香港贸发局代表、澳门青年联合会代表、杭州市台湾同胞投资企业协会负责人、贝达药业股份有限公司负责人等交流发言。论坛还举行圆桌会讨论并向青年创业者发出共同倡议。

●● 由浙江省委宣传部、省直机关工委、省教育厅等共同主办的"千场微党课进礼堂"党的二十大精神微型党课巡讲在钱塘区义蓬街道春光村启动。全省各地微型党课讲师陆续走进各地农村文化礼堂开展微型党课宣传教育活动,进一步发挥农村文化礼堂意识形态阵地作用,推动党的二十大精神飞入万家礼堂、飞进群众心间。

仪式还发布了由省委宣传部主编的《见微知著:微型党课一本通》一书。该书旨在总结各地各单位微型党课工作先进经验,引导基层党员提高微型党课授课水平。

●● 由市委宣传部、杭报集团、杭州文广集团、市新闻工作者协会以及各区县(市)委宣传部共同主办,以"勇毅前行 奋进新征程"为主题的杭州市庆祝第23个记者节暨重大主题报道表彰活动举行。

会议表彰2022年度创新重大主题报道优秀新闻作品40件、2022年度创新重大主题报道优秀国际传播作品17件、2022年度创新重大主题报道优秀融媒体项目(活动)15件。赴京参与党的二十大采访报道的余杭融媒体中心记者赵永军,杭州文广集团融合发展中心记者刘志强,以及杭报集团记者曾瑞阳现场分享了他们在媒体融合实践中的精彩故事。会上,学习宣传贯彻党的二十大精神杭州市新闻界全媒体采访活动《奔赴新征程》启动。

●● 2022年高水平推进健康浙江行动现场会在杭州召开。会议对获得2018—2020年健康浙江建设先进市的3个地市及20个先进县(市、区)进行了授牌表彰,杭州市及上城区、拱墅区、西湖区、余杭区、临平区、富阳区6个区获此殊荣。

会议期间,与会代表还参观了拱墅区文晖街道社区卫生服务中心、婴幼儿照护服务指导中心、运河体育公园、蓝孔雀社区和西湖区文溪中学五个健康浙江行动观摩点,了解杭州市践行健康浙江行动、打造健康惠民示范场所的经验做法。

7—17日

SHI YI YUE

●● "智汇巾帼 科创未来"长三角巾帼科技创新浙江行暨浙江省首届巾帼科技创新周活动举行。活动由全国妇联指导，浙江省妇联、上海市妇联、江苏省妇联、安徽省妇联，浙江省科技厅、浙江省教育厅、浙江省卫生健康委、浙江省总工会、浙江省科协、浙江省农科院，杭州市政府联合主办，全国妇联党组成员、副主席、书记处书记张晓兰，省、市领导王文序、刘颖、陈瑾出席开幕式。

开幕式上，长三角巾帼科技创新浙江行和浙江省首届巾帼科技创新周活动启动，并成立长三角女科技工作者联盟和长三角梦想小镇巾帼科创联盟。活动现场，举办浙江省巾帼科技创新成果展。智能机器人、量子磁传感器、智能仿生手、啄木鸟阅片机器人、植物工厂、皮肤分析仪等13个代表高端智造、新型材料、健康医疗、生物农业、美容生活等方面的科技创新项目集体亮相。

除省主会场活动外，浙江省11个市分别有13个分会场活动。

活动同时公布王群英创新工作室、张筱凤消化疾病创新医疗工作室等浙江省首批30个巾帼科技创新工作室，以及杭州巨光农机服务专业合作社、杭州临安梅大姐农业开发有限公司等首批20个巾帼农创基地，这是浙江省首次对以女性为带头人的科技创新工作室和农创基地进行命名。活动还启动浙江省最美女科技工作者、最美女企业家寻访活动。

8日

SHI YI YUE

●● 省委常委、市委书记刘捷到富阳区调研，考察富芯半导体项目是省重点产业项目建设现场、华鹰游艇有限公司等。他强调，要深入贯彻党的二十大精神，坚持稳中求进工作总基调，坚持把发展经济的着力点放在实体经济上，牢固树立"项目为王"的理念，全力以赴大抓项目、抓大项目、抓好项目，推进招商引资攻坚战，加强重大项目全生命周期管理服务，为全市经济稳进提质提供坚实支撑。朱华参加。

在富阳期间，刘捷与吉利集团董事长李书福进行会见，就深化合作做深入交流，并出席了富阳区与吉利集团战略项目签约活动。项目包括路特斯能源总部公司、产业化制造、充电场站运营，将向电动车充电终端市场提供硬件设备、软件和运维管理服务，研发制造大功率充电堆及自动充电终端、智慧能源系列等产品，加快实现全球充电网络布局。

●● 市政协主席马卫光到西湖区宣讲党的二十大精神。

马卫光强调，学习宣传贯彻党的二十大精神，是当前和今后一个时期的首要政治任务。要按照中央和省委、市委部署要求，在全面学习、全面把握、全面落实上下功夫，深入开展各类学习宣传活动，及时把党的二十大精神传达到每一个党支部、每一名党员干部和群众，持续推动学习宣传贯彻入脑入心、走深走实，切实把思想和行动统一到党的二十大精神上来。要以党的二十大精神为指引，聚焦全面推进乡村振兴、扎实推进共同富裕，立足地方特色和资源禀赋，深入推进茶文化、茶产业、茶科技统筹发展，系统谋划好产业发展、生态保护、社会治理、民生改善等工作，努力用奋斗绘就乡村振兴美丽画卷，持续擦亮"中国第一茶镇"金名片。

●● 第五届中国国际进口博览会长三角G60科创走廊高质量发展要素对接大会在国家会展中心（上海）会议中心举行。长三角G60科创走廊专责小组成员单位和松江、嘉兴、杭州、金华、苏州、湖州、宣城、芜湖、合肥九城领导齐聚一堂，共议长三角G60科创走廊高质量发展。

会议举办长三角G60科创走廊研究中心（G60研究院（筹））成立暨揭牌仪式、2022长三角G60科创走廊突出贡献奖颁奖仪式、"创赢未来"首届长三角G60科创走廊科技与产业创新大赛，启动"进博会走进长三角G60科创走廊"，举行长三角G60科创走廊九城市企业联合采购签约仪式、长三角G60科创走廊跨区域合作重点项目签约仪式、"科创+产业+金融"要素对接项目签约仪式。会议发布了《长三角G60科创走廊国际形象与影响力报告》《长三角G60科创走廊建设方案》中期评估报告。

●● 由中国侨联、浙江省侨联、杭州市政府共同主办，杭州市侨联、杭州未来科技城管委会共同承办的"创业中华——2022侨界精英创新创业（中国·杭州）峰会"举行。

峰会采用线上线下同步举行的方式，以"侨智创未来 筑梦新征程"为主题，积极顺应党的二十大提出的"科技是第一生产力、人才是第一资源、创新是第一动力"的战略部署，围绕人才强国、长三角一体化发展等国家战略，聚焦厚植创新活力之城新优势的要求，促进侨界合作交流、整合优质资源，为新天堂建设汇集侨智，为"两个先行"凝聚侨力。

开幕式上，杭州城西科创大走廊、宁波国家高新区新材料科技城、温州市国家大学科技园（海归人才创新创业园）3个单位被授予"中国新侨创新创业基地"；现场举行"新侨创新创业城市之窗"启动仪式，侨界人才项目、侨创基地项目、金融助侨项目等25个项目分别举行签约仪式，总投资额达21.95亿元；未来科技城作创投环境推介并为海外招商顾问颁发聘书；浙江大学文科资深教授李实、西湖大学副校长仇旻分别做主旨演讲。

峰会期间举行长三角城市侨创论坛、侨界投资高峰论坛暨项目资本对接会、侨界助力国际化大都市建设暨海归社区可持续发展论坛、科技创新与青年领导力发展论坛萧山分会场等活动，组织海外侨领、人才走进余杭未来科技城、海创园、梦想小镇等地，实地感受杭州城西创新创业浓厚氛围，为参会的海外高层次人才和海外侨领提供交流合作的平台。

●● 中共中央政治局委员、中共中央宣传部部长李书磊到浙江调研，到嘉兴、湖州、杭州等地的农村、社区和宣传文化单位，就做好党的二十大精神学习宣传、推进乡村文化振兴、加强文化遗产保护等工作了解有关情况，与基层干部群众和专家学者深入交流。

李书磊在调研时强调，宣传思想战线要聚焦学习宣传贯彻党的二十大精神这个首要政治任务，着力推动党的二十大精神深入人心、落地生根，着力用习近平新时代中国特色社会主义思想凝心铸魂，引导广大干部群众深刻领悟"两个确立"的决定性意义，增强"四个意识"、坚定"四个自信"、做到"两个维护"，以奋发有为的精神为全面建设社会主义现代化国家、全面推进中华民族伟大复兴而团结奋斗。省委书记袁家军参加有关活动。

省、市领导刘捷、陈奕君、王纲、黄海峰、刘颖参加有关活动。

8—14日 SHI YI YUE

●● 以"北关老庙会，杭城新生活"为主题的第九届中国大运河庙会在香积寺广场开幕。

本届庙会由市运河集团、市园林文物局（运河综保委）、市文化广电旅游局、市大城北规划建设指挥部办公室、拱墅区政府主办，运河集团文化旅游有限公司、拱墅区委宣传部（区文明办）、市京杭运河（杭州段）综合保护中心等承办，分设香积寺广场、大兜路历史文化街区、小河历史文化街区和桥西历史文化街区四大板块，开设"素食集市""非遗集市""水上集市""国潮文创集市"等。庙会期间分时段推出国风走秀、快闪演艺、城市露营、非遗手作、灯谜互动、电竞游戏等体验活动——香积寺广场以"妙斋时光"为主题，云集来自全国各地20多个知名素食摊位；大兜路历史文化街区以"国潮文创""健康轻食"为主题，入驻近60个轻食美食、文创、特装展商家，集文化、艺术、生活为一体；小河历史文化街区则走"趣味潮玩"路线，集市包罗国风手作、小食等好物，还有琵琶独奏、玄音艺术、手碟表演等精彩内容，2022年特别增加"水上市集"和"宋韵灯会"，市民游客可乘着船儿逛集市，也可身着汉服感受沉浸式互动国风社交体验；桥西历史文化街区保持一贯的"国医老字号"风格，云集国医国药类、健康养生类食品、非遗手作等市集；运河天地文化艺术园区联合十几家咖啡品牌，为咖啡爱好者准备了咖啡市集。

庙会期间特设"庙会游船专线"，该线为武林门码头、土特产码头双向循环对开，前往小河公园、大兜路历史文化街区、小河历史文化街区、桥西历史文化街区等，带领市民游客深度探寻运河两岸，感受拱宸桥畔的市井风情和古运新貌。

9日 SHI YI YUE

●● 省委副书记黄建发专题调研"三江两岸"水上黄金旅游线建设情况。他强调，要深入学习贯彻党的二十大精神，充分发挥文化旅游在推进共同富裕中的重要作用，加快建设"诗路文化·三江两岸"水上黄金旅游线，绘好升级版"富春山居图"，走好新时代共同富裕路，让文化走出去，让群众富起来，书写"诗画江南、活力浙江"靓丽篇章。

黄建发一行沿江而上，乘船先后经过杭州市滨江区、西湖区、富阳区、桐庐县、建德市，仔细察看两岸风光，了解旅游线路规划、项目建设等情况。黄建发认真听取有关部门和地方负责人对"三江两岸"水上黄金旅游线建设情况的介绍，了解目前存在的困难问题，并与省、市、区有关部门现场研究解决方法。他指出，高水平开发"诗路文化·三江两岸"对用足用好浙江山水之美和文化积淀具有重要作用，有利于促进群众增收、提升生活品质，是撬动共同富裕的重要杠杆。要加大文旅促共富力度，牢牢把握"三江两岸"开发的重大机遇，强化力量统筹、市场统筹、区域统筹，盯牢杭州亚运会等重大时间节点，抓住码头建设等工作重点，着力破解建设中的堵点、难点，加快把高品质文化和旅游资源转化为高品质文化旅游产品，全面展现杭州城市气质和韵味，实景展现浙江绘好新时代"富春山居图"的实践成效。

●● 省委常委、市委书记刘捷会见英国奥歌诗丹迪集团执行董事、总经理亚伦·希尔曼一行。朱华会见时在座。

刘捷对亚伦·希尔曼表示欢迎，简要介绍杭州市经济社会发展情况。他说，杭州正在加快打造世界一流的社会主义现代化国际大都市，希望双方在文旅融合、乡村振兴等方面开展务实合作，我们将持续优化营商环境，提供优质高效服务，推动实现互利共赢。

亚伦·希尔曼表示，将充分依托杭州独特文旅资源优势，加大在杭投资布局力度，助力杭州高质量发展。

●● 市委常委会召开会议，传达学习习近平总书记在第五届中国国际进口博览会开幕式和《湿地公约》第十四届缔约方大会开幕式上的重要致辞精神，研究部署杭州市贯彻落实工作。省委常委、市委书记刘捷主持会议并讲话。

会议指出，习近平总书记在第五届中国国际进口博览会开幕式上的重要致辞，为共同克服全球经济发展面临的困难和挑战提振信心，为共建开放型世界经济、推动全球经济复苏和增长、共创美好未来注入强劲动力。要把学习贯彻党的二十大精神和学习贯彻习近平总书记重要致辞精神结合起来，立足新发展格局，推动全市开放型经济高质量发展，为加快建设世界一流的社会主义现代化国际大都市注入蓬勃活力。要坚定不移扩大开放，营造更优营商环境，发挥自由贸易试验区、跨境电商综试区、临空经济示范区等高能级开放平台作用，持续提升外资吸引力，提升贸易、投资、金融、人员流动的便利性。要务求实效，承接和扩大进博会溢出效应，不断扩大国际"朋友圈"，推动更多企业引进来、走出去，有力促进对外开放高质量发展。要精心筹备，全力抓细抓实全球数字贸易博览会筹办各项工作，确保圆满安全办会、"一炮打响"。要以办会为契机，着力引进培育一批数字服务贸易龙头企业、优秀品牌和发展基地，培育数字贸易发展新优势。

会议强调，习近平总书记在《湿地公约》第十四届缔约方大会开幕式上的重要致辞，为我们进一步加强湿地保护管理、科学推进湿地保护事业高质量发展提供了根本遵循。要深入践行习近平生态文明思想，坚决落实党的二十大关于美丽中国建设的战略部署，珍爱湿地，保护湿地，打造湿地城市，努力建设人与自然和谐共生的现代化，着力推进湿地保护事业高质量发展。要深入实施湿地保护三年行动计划，开展西湖全域综合提升行动和西溪湿地原生态保护提升行动，加强湘湖综合保护利用，推进千岛湖沿湖湿地和钱塘江、运河、苕溪流域湿地群的生态修复，严守生态红线，加快建设湿地群落，努力创建"国际湿地城市"。要共建共享湿地生态福祉，严格湿地资源用途监管，全面提升湿地系统生态服务功能，着力构筑更多让市民群众共享的滨水空间，让全市人民有更多获得感、幸福感。

10 日 SHI YI YUE

● ● 市政府召开经济形势分析暨稳进提质工作调度会。市长刘忻在会上强调，要全面学习、全面把握、全面落实党的二十大精神，聚焦聚力高质量发展首要任务，进一步增强大局观念、坚定战略信心、保持奋进姿态，抓住用好四季度关键时点，以确定性的工作应对不确定性的风险挑战，尽最大努力争取经济社会发展最好结果，确保2022年收好官、2023年起好步。柯吉欣、陈瑾、胡伟、丁狄刚、刘嫔珺参加。

刘忻指出，2022年以来，受"三重压力"叠加"两大变量"等宏观因素影响，以及经济结构中长期积累的一些矛盾问题有所显现，杭州市经济发展面临一系列新

情况新挑战。全市上下正视困难、迎难而上，坚决落实稳经济一揽子政策措施，深入实施稳进提质攻坚行动，推动经济企稳回升，质量更高、效益更好、结构更优的发展态势得到巩固。

● ● 市人大常委会主任李火林到浙大城市学院、西湖区云栖小镇，宣讲党的二十大精神。

李火林在浙大城市学院向师生代表、党务工作者宣讲党的二十大精神，走访杭州西力智能科技股份有限公司、政采云有限公司、杭州奥盛仪器有限公司，详细询问产品种类、市场规模及企业愿景。随后，在云栖小镇，李火林与市区人大代表、街道居民议事会议成员、企业家代表围坐在一起，交流分享学习党的二十大精神的体会、感悟和收获。

● ● 省政协委员杭州联络组开展集体视察调研活动。市政协主席、杭州联络组召集人马卫光带队，许明、陈新华、冯仁强参加。

联络组走访浙江大学杭州国际科创中心、萧山国际机场三期工程、萧山区临浦镇横一村、杭州市政协新时代协商民主实践中心。

● ● 市政协主席马卫光率市联乡结村第四帮扶集团到桐庐县莪山乡开展结对帮扶工作。刘嫔珺参加。

马卫光一行实地考察莪山乡塘联村水果工坊、中门村棕香工坊、龙峰村红曲工坊建设情况，详细了解产业发展、创业增收和农村集体经济发展等。

在随后召开的座谈会上，莪山乡汇报了有关工作。5个单位分别与莪山乡签订了项目合作协议和意向协议，第四帮扶集团各成员单位做交流发言。

马卫光对莪山乡的新变化、新气象和市第四帮扶集团前期工作给予肯定。马卫光强调，要深学笃用习近平总书记关于"三农"工作的重要论述，深入学习贯彻党的二十大关于全面推进乡村振兴的新部署新要求，认真贯彻落实省、市党代会精神，坚持守正创新，汇聚智慧合力，久久为功推进，用心用情、尽心竭力做好联乡结村工作，更好地助推莪山乡加快推进农业农村现代化，持续擦亮"中国畲族第一乡"品牌，努力打造"西湖边的畲乡"、民族乡村共富标杆。要坚持规划引领，创新发展思路，挖掘资源禀赋，做强特色优势产业，抓好项目落地见效，延伸产业链、提升附加值，带动农户增收，建设共富乡村，不断增强莪山发展的动能和后劲。要坚持绿色发展、生态富民，持续保护好乡村味，深入挖掘传承畲族文化，做足做精畲乡韵味文章，让生态和人文资源更好地赋能乡村振兴。要坚持党建引领，推进基层治理，聚焦民生短板，持续推进民生建设和民生保障，改善乡村人居环境，加强乡村人才支撑，提升公共服务水平，不断增强人民群众获得感、幸福感、安全感。

●● 第五届"能源与文化"论坛之科技制胜未来在杭州举行。论坛由中国城市燃气协会、杭州市科学技术协会、杭州发展研究会指导，浙江省燃气协会、杭州市委党刊《杭州》杂志社、杭州出版集团、杭州市燃气集团主办，旨在深入推进能源领域科技创新、驱动能源事业高质量发展、加快规划建设新型能源体系。来自党政部门、文化学术界、企业界、媒体界的专家、学者、企业家和市民代表围绕"新能源、新应用、新数字、新标准"等话题，共同展开交流。

杭州绿色能源体验中心"人文客厅·劳模工匠馆"和"共享客厅·智力运动体验中心"也在当日揭牌。

●● 杭州市生态环境局余杭分局与浙江大学环境与资源学院签署战略合作协议，浙江大学环境与资源学院余杭区学生社会实践基地揭牌。

浙江大学环境与资源学院将结合区域生态文明建设对技术创新的总体需求，聚焦余杭区减污降碳、土水协同治理、生态环境大数据等领域开展技术攻关，探索绿色低碳转型和"两山"转化路径，为生态环境建设提供全方位、多元化的科技创新服务和系统解决方案。

校地双方将依托实践基地开展生态文明调研、教育、培训、科普合作，通过红色党建高地、绿色项目阵地、成果转化窗口、教育实践基地四项共建内容，以实现从科学到技术的转化为核心功能，共谋生态发展领域校地合作的新途径、新模式和新内涵，形成"优势输出—成果转化—企业孵化—产业升级—效益提升—社会认可"的良性循环，构建属地优势资源汇聚、反哺地方产业发展的良性生态，为余杭区生态文明建设赋能续航。

●● 根据市委的统一部署，全市30名市级领导干部以人大代表身份陆续走进各地人大代表联络站，开展联系基层代表和人民群众活动，听取基层代表和群众对杭州打

造全过程人民民主市域典范、建设世界一流的社会主义现代化国际化大都市、争当共同富裕示范区城市范例，以及经济稳进提质、2022年市政府民生实事项目实施情况、"一府一委两院"工作、新时代人大工作和建设的意见建议。

省委常委、市委书记刘捷到萧山区振宁社区人大代表联络站，与6位人大代表座谈交流。6位代表就产业竞争力、民营企业发展、金融服务、轨道交通延伸、共同富裕基本单元等问题提出意见和建议，刘捷认真听取大家发言，并要求相关单位及时研究处理，推动群众关心问题有效解决。

市委副书记、市长刘忻到余杭区仓前街道人大代表中心联络站开展联系活动。座谈交流中，5位市、区人大代表就发展美好教育、推进稳岗就业、加快工业园区转型升级、围绕产业链构建人才链、强化养老保险城乡统筹等提出意见和建议。刘忻认真倾听、仔细记录大家的发言，对他们忠实履行代表职责、充分发挥代表作用表示感谢和肯定。

市人大常委会主任李火林到富阳区春江街道人大代表联络站和常绿镇人大代表联络站，与9位人大代表座谈交流，听取他们关于促进经济稳进提质、探索乡村共富发展、推进历史文化名城保护等方面的意见和建议。

市政协主席马卫光到上城区湖滨街道东平巷人大代表联络站，开展联系基层人大代表和群众活动。代表们就加强对出租房管理、利用闲置房产资源服务保障民生项目等提出意见和建议，马卫光认真听取发言，与大家一起分析梳理解决问题的思路，并围绕经济稳进提质等方面深入听取意见和建议。

市委常委、市人大常委会副主任、副市长、市政协副主席中的市人大代表也相继走进各地代表联络站开展主题活动，听取基层代表和群众的意见、建议。

● ● 市委副书记、市长刘忻到基层一线宣讲党的二十大精神，强调要认真领悟党的二十大提出的新思想新论断、做出的新部署新要求，坚定拥护"两个确立"、坚决做到"两个维护"，持续激发忠实践行"八八战略"、奋力推进"两个先行"的强大动力，自信自强、守正创新，踔厉奋发、勇毅前行，在打造七个"新天堂"上更快一步、更进一步，为中国式现代化伟大实践贡献杭州力量。

刘忻、丁狄刚以普通党员身份参加市政府办公厅第四党支部主题党日活动，与支部党员们一起学习研读党的二十大报告。在上城区宣讲党的二十大精神并调研时，刘忻考察了红梅社区、绿康医院和皋城村等地。刘忻还专程来到西湖大学为师生代表们做宣讲。

●● 市政协主席马卫光到杭州科技职业技术学院宣讲党的二十大精神。

宣讲会上，马卫光就如何理解和贯彻党的二十大精神与学校师生交流认识体会，从党的二十大的鲜明主题、过去5年工作和新时代10年伟大变革、"两个确立"的决定性意义、习近平新时代中国特色社会主义思想的世界观和方法论、以中国式现代化推进中华民族伟大复兴的使命任务、中国式现代化的战略部署、以伟大自我革命引领伟大社会革命的重要要求、团结奋斗的时代要求等8个方面，紧扣宣讲主题，结合杭州实际、生动事例和翔实数据，进行了深入浅出的宣讲和阐释。

●● 省委常委、市委书记刘捷到杭州师范大学宣讲党的二十大精神。陈瑾参加。

刘捷从贯通历史、现实与未来，理论与实践相结合，统筹国际和国内两个大局的维度，从大会取得的政治成果、理论成果、实践成果、战略成果、制度成果五个方面，对党的二十大精神进行了宣讲和阐释。他指出，党的二十大是一次在历史性时刻召开的具有里程碑意义的大会，吹响了以中国式现代化全面推进中华民族伟大复兴的前进号角。要原原本本、逐字逐句学习党的二十大报告、修改后的党章，同学习大会系列讲话和相关文件结合起来，同学习党的十八大、十九大报告精神结合起来，同学习习近平总书记对浙江、杭州重要指示批示精神结合起来，与自己的工作学习紧密联系，切实做到学思用贯通、知信行统一。

宣讲结束后，刘捷与杭州师范大学师生进行座谈交流。6位师生代表先后发言，畅谈学习党的二十大精神的收获和体会，为杭州和杭州师范大学发展建言献策。

●● 全市招商引资暨项目促进大会召开。省委常委、市委书记刘捷在会上强调，要以学习贯彻党的二十大精神为动力，全面落实"疫情要防住、经济要稳住、发展要安全"要求，紧紧扭住项目建设这个"牛鼻子"，瞄准一流目标，坚持问题导向、结果导向，做优项目全生命周期管理服务体系，掀起大抓项目、抓好项目热潮，以一个个大项目、好项目抓实稳进提质、惠民强市，推进中国式现代化实践进程，推动党的二十大精神在杭州落地生根、开花结果。

柯吉欣、马小秋、朱建明、朱华、刘颖、王敏、戴建平、胡伟、孙旭东、毛溪

浩出席。会议通报了全市重大项目推进和产业投资促进情况，18个产业项目进行了签约，市投资促进局与8个招商合作伙伴签订了合作协议。市投资促进局、高新区（滨江）、钱塘区、市地铁集团、普华永道公司做交流发言。

●● 在全国、全省疫情防控工作电视电话会议结束后，市长刘忻立即主持召开续会，部署推进杭州市下一步疫情防控重点工作。会议强调，要全面落实中央政治局常委会会议和全国、全省疫情防控工作电视电话会议精神，坚决把进一步优化防控工作的二十条措施落实落细落到位，牢牢守住疫情不发生规模性反弹的底线，努力以最小代价实现最大防控效果。陈瑾参加。

会议指出，习近平总书记在11月10日中央政治局常委会会议上的重要讲话，为做好下一步疫情防控工作指明了方向、提供了遵循。全市上下要切实把思想和行动统一到党中央决策部署上来，坚定不移坚持人民至上、生命至上，坚定不移落实"外防输入、内防反弹"总策略，坚定不移贯彻"动态清零"总方针，按照疫情要防住、经济要稳住、发展要安全的要求，高效统筹疫情防控和经济社会发展，最大程度保护人民生命安全和身体健康，最大限度减少疫情对经济社会发展的影响。

●● 中国人民银行、国家发展改革委、科技部、工业和信息化部、财政部、中国银行保险监督管理委员会、中国证券监督管理委员会、国家外汇管理局联合印发《上海市、南京市、杭州市、合肥市、嘉兴市建设科创金融改革试验区总体方案》。

方案提出，通过5年左右时间，将上海市、南京市、杭州市、合肥市、嘉兴市科创金融改革试验区打造成为科创金融合作示范区、产品业务创新集聚区、改革政策先行先试区、金融生态建设样板区、产城深度融合领先区。推动上海国际金融中心和具有全球影响力的科技创新中心核心功能再上新台阶，深入推进南京市建设引领性国家创新型城市，杭州市建设国内现代科创金融体系的实践窗口和金融服务科技创新发展的示范基地，合肥市打造具有国际影响力的科技创新策源地和新兴产业聚集地，带动嘉兴市争创长三角科技成果转化高地和科创金融一体化服务基地。

●● 中国科学院大学杭州高等研究院、之江实验室、西湖实验室、白马湖实验室、浙江省北大信息技术高等研究院等30多个在杭新型研发机构，共同启动"杭州市新型研发机构联盟"建设。之江实验室当选为理事长单位，中国科学院大学杭州高等研究院当选为执行理事长单位。

12

日

SHI YI YUE

●●● 2022年杭州国际人才交流与项目合作大会举行。全国人大常委会副委员长、民盟中央主席、欧美同学会会长丁仲礼致辞，省委书记、省人大常委会主任袁家军宣布开幕。

丁仲礼在致辞时指出，习近平总书记在中共二十大报告中把"实施科教兴国战略，强化现代化建设人才支撑"摆在前所未有的突出位置，为新征程上推进人才工作高质量发展指明了前进方向，提供了重要遵循。广大留学人员作为人才生力军，理应走在前面，做出表率。浙江是习近平新时代中国特色社会主义思想重要萌发地，在这片创新创业创造的热土上，欧美同学会持续搭建了一系列留学人才工作的载体平台。我们将持续引导广大留学人员进一步走进浙江、了解浙江、贡献浙江，为浙江高质量发展建设共同富裕示范区、加快打造世界重要人才中心和创新高地的战略支点汇集欧美同学会和留学人员的智慧力量。浙江省留学人员要学习好、宣传好浙江沿着习近平总书记亲自擘画实施的"八八战略"，干在实处、走在前列、勇立潮头的辉煌历程，作为向世界讲好中国共产党故事的生动案例，作为讲好中国人民故事的经典案例，作为讲好中国与世界合作共赢故事的精彩案例，通过浙江这个重要的窗口让世界更好地了解中国。相信广大留学人员一定能在浙江抢抓更多机遇，成就远大梦想，在推进中国式现代化的火热实践中留下踏实精彩的奋斗足迹。

刘捷致辞，王成为杭州城西科创大走廊高层次人才综合服务中心授牌，陈奕君、高兴夫、李火林、马卫光、任少波出席开幕式，刘忻主持。市四套班子领导出席。

中国科学院副院长、中国科学院大学党委书记、校长李树深，加拿大工程院院士、西湖大学讲席教授萨万作为嘉宾代表发言。

大会由中共浙江省委、浙江省政府、欧美同学会主办，中共浙江省委组织部、浙江省人力资源和社会保障厅、中共杭州市委、杭州市政府承办。开幕式现场发布《杭州市构筑科技成果转移转化首选地实施方案（2022—2026）》《杭州国际人才吸引力报告》及"杭州人才科创数智平台"。本届大会以"开放、合作、创新、创

业"为主题，举办中国留学生论坛、"揭榜挂帅·全球引才"科洽会、"创客天下"大赛总决赛、乡村人才振兴促进共富大会等30多场系列活动。

● ● 由市总工会主办的"爱在杭州·情满亚运"2022年新杭州人新婚盛典在奥体中心体育场举行。

2022年参加新婚盛典的百对新人分别来自全国15个省，职业涵盖了杭州亚运会场馆的建设者，杭州亚运会服务保障人员、医生、工程师、科研人员、教师等，也有快递员、电商主播等新就业形态劳动者。其中，本科及以上学历占88%，硕士及以上有20人。

● ● 2022年杭州文史论坛暨"两宋社会——文化之韵"学术研讨会在钱塘江畔举行。市政协主席马卫光出席并致辞，陈新华参加。

杭州文史论坛是市政协主办的全国性大型学术论坛，自2010年创办以来，已连续举办12次。本次论坛聚焦"两宋社会——文化之韵"，旨在加强宋韵文化挖掘研究、丰富宋韵文化展示、促进宋韵文化传播、擦亮宋韵文化品牌。论坛共有来自全国19所高校和8个研究机构的专家学者参与研讨，共收到相关学术论文48篇。

● ● 市人大常委会主任李火林，副主任戚哮虎、戴建平、罗卫红、卢春强、徐小林分别带队，到13个区县（市）人大宣讲党的二十大精神，并开展工作调研。

市人大常委会领导到区县（市）人大机关、代表联络站，向区县（市）人大常委会负责人、机关干部、人大代表、街道居民议事会议成员等基层干部群众，面对面宣讲党的二十大精神，强调要进一步深刻领悟和把握"两个确立"的决定性意义，增强"四个意识"、坚定"四个自信"、做到"两个维护"，坚决贯彻中央和省委、市委部署要求，以实际行动推动党的二十大精神在杭州落地生根、开花结果。

市人大常委会领导还分别主持召开座谈会，征求对市人大常委会2022年工作、2023年工作安排、市政府2023年民生实事项目的意见和建议。大家在充分肯定市人大常委会工作的同时，围绕经济高质量发展、共富示范、人大数字化改革、基层单元建设等提出建议。

市人大常委会领导强调，全市各级人大要把深入学习宣传贯彻党的二十大精神作为当前和今后一个时期首要政治任务，把人大工作摆到中国式现代化格局中，围绕全市工作大局谋划和推进人大工作。要坚决落实党委决策部署，聚焦经济高质量发展、打造共富样板、城市能级提升、数字化改革等任务，提高立法质效，打好监督"组合拳"，用好重大事项决定权，发挥好人大代表主体作用，切实提升人大履职质量。要坚持以人民为中心的发展思想，充分发挥重要制度载体作用，不断拓展基层单元建设，加强乡镇、街道和开发区（园区）人大工作，构建践行全过程人民民主工作闭环。要着力强化"四个机关"建设，一体推进政治、思想、组织、作风、纪律、制度建设，纵深推进人大数字化改革，加快提升塑造变革能力，推动新时代人大工作高质量发展，为高水平推进共同富裕幸福杭州建设，加快建设世界一流的社会主义现代化国际大都市贡献力量。

14 日 SHI YI YUE

●● 市委常委会召开会议，传达学习中共中央政治局常务委员会会议及全国疫情防控工作电视电话会议精神，研究部署杭州市进一步优化新冠肺炎疫情防控工作措施。

省委常委、市委书记刘捷主持会议并讲话。

会议指出，习近平总书记主持召开的中共中央政治局常务委员会会议，深刻分析当前我国疫情防控的严峻复杂形势，对保持战略定力、科学精准做好疫情防控各项工作、高效统筹疫情防控和经济社会发展提出明确要求，为做好下一步疫情防控工作指明了方向、提供了遵循，充分体现了以习近平同志为核心的党中央坚持人民至上、生命至上的深厚为民情怀。要进一步提高政治站位，切实把思想和行动统一到习近平总书记重要讲话精神和中央决策部署上来，统一到中央对当前疫情防控形势的科学判断上来，坚决贯彻"三个坚定不移"，全面领会理解、不折不扣落实进一步优化防控工作的二十条措施，科学高效统筹疫情防控和经济社会发展，把"疫情要防住、经济要稳住、发展要安全"的要求真正落到实处，以实际行动贯彻落实党的二十大精神。

● ● 市十四届人大常委会召开第六次会议。市人大常委会主任李火林主持会议，戚哮虎、戴建平、罗卫红、卢春强、徐小林出席。

李火林提交人事议案并做说明。经审议表决，会议决定接受刘忻辞去杭州市人民政府市长职务，报杭州市人民代表大会备案；决定任命姚高员为杭州市人民政府副市长，代理市长职务。姚高员与市人大常委会组成人员见面，做拟任职发言。会上举行了宪法宣誓。

陈一行、陈瑾，市法院、市检察院负责人列席会议。

15 日

● ● 市规划委员会召开第二次全体会议，研究审定《杭州市国土空间总体规划（2021—2035年）》。省委常委、市委书记刘捷主持会议并讲话。姚高员、柯吉欣、朱华、刘颖、王敏、丁狄刚出席。

会议书面审议2022年第一次全体会议精神落实情况，市规划和自然资源局、市规划设计研究院分别汇报了杭州市国土空间总体规划（2021—2035年）的编制情况和研究成果。

刘捷在充分肯定前一阶段全市规划工作取得的成绩后指出，党的二十大报告对国土空间规划做出一系列重大部署，集中体现了以习近平同志为核心的党中央关于国土空间开发的新理念新思想新战略，为我们编制好城市总规、完善空间治理提供了科学指引和根本遵循。要把党的二十大精神贯穿城市总规编制实施的全过程各方面，全面提升新时代杭州市国土空间治理现代化水平，厚植历史文化名城、创新活力之城、生态文明之都特色优势，努力打造宜居、韧性、智慧城市实践样本。

● ● 杭州组织天津、三亚、海口、厦门、宁波、济南、郑州、榆林、黄石10个城市共同召开城市信用建设战略合作协议签署会，决议通过并签署《十城市信用建设战略合作协议》，明确10个城市将在信用信息共享、监管共治、规则共建、应用共享、品牌共铸等方面深化沟通合作。

10个城市将围绕建立城市信用分互认共享机制、共享信用惠民服务应用场景、强化沟通交流和技术对接等领域开展合作。

在建立城市信用分互认共享机制方面，10个城市将通过建立信用分互认转换共享规则，推动异地公共信用信息共享，构建跨区域守信激励联动机制，实现信用分互认和信息共享，为各方开展信用惠民、守信联合激励和营商环境优化提供机制和数据支撑。

在共享信用惠民服务应用场景方面，将发挥10个城市间经济、社会、文化等资源优势，拓展守信联合激励领域，创新守信联合激励产品和服务，积极探索和拓展"信易游""信易行"等"信易+"跨区域场景应用，对合作区域内信用良好的个人给予更多优惠、便捷的守信激励服务举措，共同弘扬诚信信用正能量。

10个城市还将建立跨区域长效合作和信息技术对接机制，及时发掘区域信用合作中形成的新技术、新业态、新模式，总结分享创新成果。

●● 2022年中国杭州大运河人力资源峰会在拱墅区举行。来自国内外从事人力资源管理与研究的专家、学者和知名人力资源机构负责人，省内外知名企业负责人及人力资源部负责人，共约500人参加，共话合作与发展。

本次峰会以"历史文化名城、现代服务高地"作为活动主题，采取"1+3"融合办会模式，将杭衢"共享人力资源 助力共同富裕"合作交流会、杭州人力资源服务机构招才引智群英榜发布暨人力资源服务和产品创新创优路演、现代服务业专场招聘会三场活动纳入峰会体系融合举办。

●● 杭州·梦航智谷开园，韵达无人机、久功新能源等首批6个重大产业项目签约入驻。

梦航智谷位于余杭区瓶窑镇南部产业园区，规划面积约4平方千米，规划建设产业园区总面积达百万平方米。聚焦硬科技创新，梦航智谷以航空航天研发和电子信息为主导，重点布局新制造、新能源、新材料等相关产业，是瓶窑镇着力打造的北航产学研转化首选地、城西科创大走廊成果承载地、杭州专精特新企业集聚地和浙江航空科技策源地。

●● 2022年乡村人才振兴促进共同富裕大会在建德召开。150多名来自国内外乡村

振兴领域的专家、乡村人才代表参会，共同聚焦"乡村振兴国家战略和浙江高质量发展建设共同富裕示范区"主题，持续探索乡村人才振兴促进共同富裕的典型经验。

大会开幕现场，来自天津、吉林、上海、江苏、安徽、江西、海南、青海和浙江的优秀农创客代表，以"云上+线下"的方式携手成立"九省（市）农创客发展联盟"。

农创客发展联盟是由农技专家、涉农高校、科研机构、创投机构等积极参与的非营利性社会组织。主要是为了打造统一资源平台，集合各方力量服务农创客，辐射带动更多的大学毕业生投身农业农村领域创业创新，帮助农创客群体不断发展壮大。

在大会上，围绕如何充分利用优秀乡村人才带动小农户投入到现代农业发展体系，四川德阳和浙江建德均围绕各自乡村人才振兴工作做了典型发言。浙江省农业科学研究院与建德市农业农村局关于建德草莓产业提升科技服务战略合作等6个重大农业科技人才项目，在大会上现场签约。

建德市政府与国际人才科创发展集团共建的"国际农业合作交流基地"也在大会召开期间揭牌。中国水稻研究所、浙江托普云农科技股份有限公司等8个机构，率先发布了"稻米提质增效""未来农场数字化应用及展望"等科技成果。

省委常委、市委书记、市委全面深化改革委员会主任刘捷主持召开市委全面深化改革委员会第三次会议暨数字化改革领导小组会议。会议学习中央深改委和省委改革委会议精神、全省数字化改革推进会精神，听取拱墅区、钱塘区、市建委、市城管局等单位党委（党组）书记改革工作述职，以及各专项小组2022年以来重点改革任务进展情况汇报，审议通过《杭州市固定污染源主要污染物总量控制与排污许可联动管理办法（试行）》等。

市委副书记、代市长姚高员，柯吉欣、马小秋、朱建明、胥伟华、陈一行、黄海峰、朱华、陈瑾、戚哮虎、胡伟、丁狄刚、刘嫔珺、孙旭东、许明出席。

●● 全市见义勇为先进人物记功奖励暨见义勇为工作会议召开。

会前，省委常委、市委书记刘捷看望2022年度全市见义勇为先进人物或家属代表。市委副书记、代市长姚高员，市领导朱华、罗杰、陈国妹参加看望或出席会议。

会议以电视电话会议形式召开，各区县（市）设分会场。方孟军、蒲元强、徐高峰、汪勇、章明福、徐雪娣、魏凯7名见义勇为先进人物被市政府记二等功，其中方孟军、蒲元强、徐高峰被省政府记一等功。

●● 市委副书记、代市长姚高员专题调研疫情防控工作。他强调，要深入学习贯彻习近平总书记关于疫情防控工作的重要指示和11月10日中央政治局常务委员会会议精神，按照"三个坚定不移"的要求，突出问题导向，注重"点线面体"结合，重点在提升能力上下功夫，科学精准做好疫情防控工作，最大程度保护人民群众生命安全和身体健康，最大程度减少疫情对经济社会发展的影响。陈瑾参加。

姚高员主持召开会议，听取市疫情防控办、市卫生健康委、市数据资源管理局等部门情况汇报。

●● 2022年杭州市"公述民评"面对面电视问政活动启动。市委副书记、代市长姚高员出席并做动员讲话。刘颖、陈瑾、王敏、卢春强、宦金元参加。

本次问政活动分为"一老一小"和"二次供水"两大主题。这些主题与市民群众日常生产生活息息相关，也与提升杭州城市治理水平紧密相连。活动现场，13个区县（市）主要负责人，西湖风景名胜区管委会及相关部门主要负责人等到场，与民评代表、网民朋友深入交流，查找问题，共商良策。

●● 市政协主席马卫光到杭州艺苑委员会客厅调研，宣讲党的二十大精神。

马卫光指出，党的二十大取得了丰硕的政治成果、理论成果、战略成果、制度成果、实践成果，具有划时代、里程碑意义。要学深悟透、学懂弄通，全面领会党的二十大精神丰富内涵和核心要义，从新时代十年伟大变革中学出更纯粹的政治忠诚，从马克思主义中国化时代化中学出更深厚的理论信仰，从中国式现代化宏伟蓝图中学出更坚定的道路自信，从勇于自我革命鲜明品格中学出更坚强的战略定力，从团结奋斗时代要求中学出更强烈的历史主动，切实把学习成果转化为奋进新征程的强大动力。

● ● 市政协主席马卫光到杭州博物馆、杭州市方志馆走访调研。

调研中，马卫光强调，要深入学习贯彻党的二十大对建设社会主义文化强国的战略部署，坚定文化自信自强，厚植历史文化底蕴，传承弘扬优秀传统文化，进一步激活文化基因、讲好杭州故事，提升城市文化软实力，在"两个先行"中持续擦亮杭州历史文化名城金名片。

● ●《杭州市构建因病致贫返贫防范长效机制实施办法》印发。办法明确，到2025年，实现基本医保、大病保险、医疗救助综合保障与慈善救助、商业健康保险等协同发展、有效衔接，基本建成政府主导、多方参与、共建共享的多层次医疗保障体系；确保困难群众医疗费用综合保障率在85%以上，医疗费用个人负担率控制在15%以内。

18
日

SHI YI YUE

● ● 2022年宋韵文化节开幕暨南宋德寿宫遗址博物馆开馆仪式举行。省委常委、市委书记刘捷，省委常委、宣传部部长王纲为南宋德寿宫遗址博物馆揭牌并启动"2022宋韵文化节"。

省政协副主席裘东耀，市委副书记、代市长姚高员，李火林、马卫光、来颖杰、黄海峰、朱华、丁狄刚出席。

开幕仪式打造"古今交融"的数字虚拟沉浸式宋韵空间，凝练宋韵视觉元素，展现八百年前的宋代都城繁华景象，创新活化"宋代刻书、国音希声、百工竞巧"等宋韵标识，阐述南宋德寿宫遗址博物馆建设历程，发布"2022'梦溪杯'宋韵文化IP转化大赛"征集令，上演了数字新创、形态多元、底蕴深厚的精品演艺内容，全面焕发中华传统文化的永恒魅力和当代价值的时代担当。

以南宋德寿宫遗址博物馆为核心展示区，同步举办宋韵雅集、艺术展示、数字展陈等活动。以"德寿集珍，锦绣重华——宋代文物珍品展"为主题的特展在德寿宫亮相，该展取意南宋赵希鹄《洞天清禄集》，通过"艺术鉴藏"与"设计美学"的视角，反映南宋皇室及士人收藏艺术的"清、雅、古、奇"4个美学范畴。

本届宋韵文化节主题为"宋韵今辉"，按照"全域联动、全民互动、宣传带动"的总体思路，联合杭州市、温州市、绍兴市、衢州市、台州市等地共同举办，活动延续至12月底。开幕式期间，联动清河坊历史街区等区域，通过宋韵时尚·等你来秀、宋风来·宋韵文创市集、宋韵薪传·非遗大观园、第十届南宋斗茶大会、吴山庙会等一系列群众参与性强的活动，让典籍中、文物中、遗迹中的宋韵更加可亲可感，着力激发宋韵文化融合发展动能，高标准建设南宋文化地标群落。

●● 省委常委、市委书记刘捷主持召开全市疫情防控工作视频调度会。他强调，深入学习贯彻习近平总书记重要批示指示精神，全面落实中央和省委、省政府部署要求，坚定不移坚持人民至上、生命至上，坚定不移落实"外防输入、内防反弹"总策略，坚定不移贯彻"动态清零"总方针，坚决克服麻痹思想、侥幸心理、放松心态、厌战情绪，增强忧患意识，全方位筑牢疫情防控防线，坚决做到不破防、不外溢、不蔓延、暖服务，确保人民群众生命安全和正常生产生活秩序。

会议以视频会议形式召开，各区县（市）设分会场。市委副书记、代市长姚高员讲话，朱华、刘颖、陈瑾、王敏、胡伟、丁狄刚在主会场或分会场出席。会议传达学习了习近平总书记批示精神，通报了杭州市近期疫情防控工作相关情况。

上午，姚高员还到萧山区督导疫情防控工作。

●● 全市清廉杭州建设推进会召开。省委常委、市委书记刘捷在会上强调，要深入学习贯彻党的二十大精神和习近平总书记关于全面从严治党的重要论述，全面落实清廉浙江建设推进会部署，驰而不息以严的基调正风肃纪反腐，坚定不移把清廉杭州建设推向纵深。

市人大常委会主任李火林、市政协主席马卫光等市四套班子领导出席。会议通报了全市清廉建设优秀实践案例，命名了全市廉洁文化教育基地。刘捷向清廉单元市直属主责单位交办了重点项目任务。市教育局、市财政局、富阳区、萧山区义桥镇、华立集团负责人做交流发言。会前，与会人员参观了"清气满钱塘"清廉杭州建设主题成果展。

19
日 SHI YI YUE

● ● 首届"中国低碳城市发展论坛"在杭州举行。本次论坛依托"中国城市学年会·2022",借中国杭州低碳科技馆成立十周年之契机,云集气候、能源、生态、经济、公共政策、技术应用等领域的权威院士专家和业界代表,共议低碳城市建设与"双碳"目标实现的杭州经验和中国道路。论坛受到广泛关注,线上直播参会万余人,线下参会百余人。

本次论坛由杭州市政府主办,清华大学全球共同发展研究院、中国碳中和五十人论坛、杭州市科学技术协会、杭州国际城市学研究中心浙江省城市治理研究中心共同承办,中国能源汽车传播集团支持。论坛还发布了2023年"钱学森城市学(环境)金奖"征集主题——碳达峰碳中和与城市高质量发展。

19—20
日 SHI YI YUE

● ● 市委副书记、代市长姚高员到淳安县、建德市、桐庐县调研。

调研中,姚高员听取三地相关部门情况介绍。他指出,党的二十大明确了新时代新征程党的使命任务,广大党员干部要牢记初心使命,踔厉奋发、笃行不怠,在新征程上大有作为。要坚持保护好生态环境不动摇,久久为功,将最优生态打造成最亮的发展底色,不断拓宽生态价值转化的路径,做足"水"、优质农产品、碳汇等文章,努力把"美丽资源"转化为"美丽经济"。要聚焦新赛道,在高端装备、生物医药、新材料等细分领域实现差异化发展;要加快"腾笼换鸟",大力推进传统制造业改造提升,以单耗低、高产出为导向,走出一条高质量发展之路。要推进共同富裕现代化基本单元建设,聚焦城乡区域协调发展,完善"飞地经济"体制机制,加快推进"扩中提低"、强村富民集成等改革,积极推进教育、医疗、养老、住房等优质公共服务资源共享,不断提高人民群众获得感幸福感安全感。

20 日

●● "薪火相传 点亮星河——庆祝九三学社杭州市委员会成立40周年晚会"在杭州市钱学森学校举行。

本次晚会是深化"矢志不渝跟党走、携手奋进新时代"政治交接主题教育活动的系列活动之一，也是凝聚全市广大社员思想共识的有力举措。晚会以大合唱、舞蹈、音诗画、相声、器乐合奏等形式，展现40年来九三学社杭州市委员会与城市发展共前行的历史轨迹，抒发了全市社员积极投身"两个先行"新征程，以更加昂扬的姿态奋进新时代、建设新天堂的豪情壮志。晚会通过直播平台进行现场直播，23万余人次在线观看。

●● 百亿级项目浙江桐庐抽水蓄能电站开工仪式在富春江镇举行。该项目总装机容量1400兆瓦，建成后年发电量16.8亿千瓦时，将主要承担浙江电网及华东电网调峰、填谷、储能、调频、调相、备用等任务。这也是桐庐迄今单体投资最大的项目。

该项目从选点至今，历时20载。2021年9月，国家能源局发布《抽水蓄能中长期发展规划（2021—2035年）》，桐庐抽水蓄能电站被列入浙江"十四五"重点实施项目。

桐庐抽水蓄能电站建成后，将有力支撑电网安全稳定运行，促进新能源消纳、改善电网结构。预计每年可节省电网电力系统的燃煤消耗量约30万吨，减少排放二氧化碳约60万吨、氮氧化合物约0.15万吨、二氧化硫约0.41万吨，对实现"双碳"目标，推动桐庐经济社会高质量发展具有十分重要的意义。

●● 杭州举行"儿童友好 让杭城更美好"主题活动，并全面启动儿童友好系列活动。

活动现场，杭州市儿童友好城市建设工作领导小组推出了杭州市首批13条儿童友好体验线路，包括"运河文化探索之旅""非遗传承 径享自然之旅""学旅钱塘"等，串起博物馆、主题农场、运动公园、研学基地、品牌体验馆等一批文旅地标，涵盖宋韵文化、数智互动、科普宇宙、丛林探险等内容，助力儿童在体验探索中自然成长。

当晚，象征儿童友好的蓝色之光，点亮了大小莲花、钱江两岸等杭城地标建筑；"汇聚美好 点亮儿童未来""儿童友好 让杭城更美好"等宣传标语在国大城市广场、湖滨工联大厦等全市250余块户外大屏播放，传递儿童友好声音。

● ● 浙江省召开新型冠状病毒肺炎疫情防控工作会议，省委书记袁家军在会上讲话。刘捷、彭佳学、王成、陈奕君、刘小涛、傅明先、徐文光、高兴夫、成岳冲在有关会场出席。会上，省疫情防控办负责人汇报工作，绍兴市、富阳区、瓯海区介绍交流本地疫情防控工作经验。

会议以视频会议形式召开，各市、县（市、区）设分会场，省直有关部门负责人参加。

全省疫情防控工作会议结束后，杭州市继续召开会议，研究部署贯彻落实工作。省委常委、市委书记刘捷讲话，市委副书记、代市长姚高员主持，陈一行、朱华、刘颖、陈瑾、王敏、胡伟、丁狄刚、孙旭东出席。

● ● 市委副书记、代市长姚高员到部分亚运场馆调研建设运营情况。他强调，办好杭州亚运会、亚残运会是习近平总书记和党中央交给我们的政治任务。要牢记千钧重托，全面对标"简约、安全、精彩"的办赛要求，以时不我待的精神、分秒必争的行动，高质量完成筹办任务，确保只留经典、不留遗憾。陈卫强、孙旭东参加。

在随后召开的情况汇报会上，亚组委办公室汇报了亚运会、亚残运会相关筹办情况。姚高员就抓好下一步工作进行具体部署。他指出，杭州亚运会是党的二十大以后在中国举办的第一个重要国际赛事。要认真贯彻落实"五精（经）""五高"要求，锚定目标任务，持续加压奋进，扎实做好各项筹办工作，力争向世界奉献一届中国特色、浙江风采、杭州韵味、精彩纷呈的体育文化盛会。

● ● 致公党杭州市委会召开杭州组织成立40周年庆祝大会。

大会表彰了首届10位"杭州致公风采人物"和10位提名人选，为1982年入党的党员和党龄30年以上的党员颁发"光荣在党40年"和"光荣在党30年"荣誉证书，并举办"矢志不渝跟党走、携手奋进新时代"专题音乐会，庆祝这一历史时刻。

●● 市委召开法院工作会议。省委常委、市委书记刘捷在会上讲话。省法院党组书记、院长李占国出席并讲话，市委副书记、代市长姚高员主持，李火林、马卫光、朱华、刘颖、王敏出席。萧山区、临安区、市发改委、市司法局负责人做交流发言。

刘捷代表市委向省法院的关心支持表示感谢，向全市法院系统干警致以问候。他在肯定全市法院系统的工作后指出，要坚持党的绝对领导，牢牢把握正确政治方向，加强政治学习，严格政治纪律，强化政治历练，把旗帜鲜明讲政治的根本要求落到实处。要坚持围绕中心服务大局，聚焦服务科技创新、产业转型升级、优化营商环境，加大知识产权司法保护和破产审判工作力度，严厉打击涉企违法犯罪行为，有力护航高质量发展。要坚持站稳人民立场，严厉打击涉众型违法犯罪，维护人民群众合法权益；大力推进"共享法庭"建设，持续深化诉源治理；切实解决"执行难"，树立公正高效权威的司法形象，保障和促进社会公平正义。要坚持数字化改革牵引，深化杭州互联网法院建设，推进全域数字法院建设，深化司法责任制改革，着力提升法院工作现代化水平。要坚持凝聚各方力量，加强组织领导，强化协作协同，为做好全市法院工作提供坚实保障。

●● 2022年杭州市"公述民评"面对面电视问政活动第二场举行。省委常委、市委书记刘捷出席并做总结讲话。黄海峰、朱华、卢春强、丁狄刚、许明出席。

本场电视问政活动围绕"二次供水"工作中存在的问题和难点开展，问政嘉宾、民评代表及专家深度互动，问政单位负责人回应问题，大家一道查找问题产生原因，提出解决方案思路，讨论深入，气氛热烈。

刘捷指出，这次电视问政活动，大家带着问题来、奔着解决问题去，找到了解决具体问题的路径，制定出时间表和路线图，凝聚了各方努力，擦亮了"公述民评"这块金字招牌。

●● 市委副书记、代市长姚高员到城西科创大走廊调研，考察浙江铖昌科技有限公司、北航杭州创新研究院天目山实验室等。他强调，要深入学习贯彻习近平总书记关于科技创新的重要论述，认真落实省委、省政府和市委关于举全省、全市之力建设城西科创大走廊的战略部署，围绕争创综合性国家科学中心核心承载区和全市高质量发展核心支撑两大使命，早日将城西科创大走廊建成"面向世界、引领未来、服务全国、带动全省"的创新策源地。柯吉欣参加。

随后，姚高员主持召开座谈会，听取有关工作汇报。他在充分肯定城西科创大走廊建设取得的进展后指出，城西科创大走廊建设过往可敬、当下可为、未来可期。要突出科创引领，加快打造活力迸发的大走廊；要做强产业特色，加快打造产业兴盛的大走廊；要提升城市品质，加快打造幸福宜居的大走廊；要深化体制机制创新，加快打造合作共赢的大走廊。

● ● 南宋德寿宫遗址博物馆对公众开放，通过线上和现场预约的共550位市民入馆参观。博物馆以遗址本体及出土文物的保护、研究、收藏和展示为主，通过室内展示展陈、数字化展示、遗址模拟展示等手段，系统展示南宋历史文化全貌。除基本展陈外，还开设"德寿集珍·锦绣重华"南宋文物珍品展和西泠印社"金石宋韵"篆刻主题创作展两个临时展陈。

23
日

省委常委、市委书记刘捷到拱墅区、临平区调研。他强调，要深入学习贯彻习近平总书记关于大运河文化保护传承利用的重要指示批示精神，认真落实省委、省政府部署要求，下足绣花功夫，加强遗产保护，深化水岸互动、文旅融合，切实把大运河保护好、开发好、利用好，使运河风光与城市建设各美其美、交相辉映，让古老大运河焕发时代新风貌。

朱华、丁狄刚、刘嫔珺参加。

● ● 市委副书记、代市长姚高员到有关企业走访调研，考察零跑科技股份有限公司、海康威视、正泰集团等。他强调，抓创新就是抓发展，谋创新就是谋未来。要加快实施创新驱动发展战略，聚焦数字经济和新制造业两条主跑道，厚植企业自主创新基因，尽快突破关键核心技术，把竞争和发展的主动权牢牢掌握在自己手中，更好地发挥大企业的支撑和示范作用，不断夯实稳进提质发展基底。

●● 市委副书记、代市长姚高员到临安区检查指导疫情防控工作。他强调，要按照省委、省政府坚决实现"不外溢、不蔓延、暖服务"目标，针对临安区本轮疫情隐匿性强、传播速度快、来源不明等情况，迅速进入战斗状态，充实一线力量，加大重点区域管控力度，坚决果断迅速阻断疫情扩散蔓延，切实守护好人民群众健康安全。陈瑾参加。

在临安区疫情防控指挥部，姚高员主持召开会议，研究部署下一步重点防控举措。姚高员指出，要做到守土有责、守土尽责、敢打硬仗，全区机关干部和镇街、村社资源充实一线力量，全力打赢疫情防控阻击战。

●● 工业和信息化部在江苏无锡召开国家先进制造业集群现场会，公布45个国家先进制造业集群名单，部署国家级集群培育提升工作。"杭州市数字安防集群"入选。

●● 杭州市工会第十六次代表大会召开。省委常委、市委书记刘捷出席会议并讲话。市领导李火林、柯吉欣、马小秋、朱华、许明出席。省总工会党组书记、副主席吕志良致辞。戴建平受市总工会第十五届委员会的委托，向大会做工作报告。大会宣读了全国总工会发来的贺信，兄弟城市总工会、市群众团体负责人和职工代表致辞。

大会全面回顾了市工会第十五次代表大会以来的工作，总结提炼了探索实践中收获的宝贵经验，科学分析了当前面临的新形势新挑战新机遇，明确了以构建新时代和谐劳动关系为统揽，推动工会工作高质量发展的工作目标，全面部署了今后五年工会工作的重点任务。

　　大会审议通过关于市总工会第十五届委员会工作报告、财务工作报告和经费审查委员会工作报告的决议，选举产生了市总工会第十六届委员会和经费审查委员会，选举产生了新一届市总工会领导班子。经杭州市总工会第十六届委员会第一次全体会议选举，戴建平当选为市总工会主席，郑荣新、陈新、沈慧、王卫安、凌卫洪、江玲、李佳吟、羊志坚、梁骏、杨金龙当选为副主席。经杭州市总工会第十六届经费审查委员会第一次全体会议选举，闻国平当选为市总工会经费审查委员会主任。全国五一标兵、浙江省劳模、杭州工匠、杭萧钢构高级技师刘克敏作为劳模工匠代表宣读了倡议书。

　　●● 第十八届中国国际动漫节在杭州举行。省委常委、市委书记刘捷出席动漫产业高峰论坛主论坛开幕式并致辞。省委常委、宣传部部长王纲出席，黄海峰发布杭州动漫游戏和电竞产业最新政策，朱华、陈瑾、王敏、罗卫红、胡伟、陈新华参加。

　　本届动漫节围绕"动漫的盛会、人民的节日"这一宗旨，以"共富新时代，动漫创未来"为主题，以线下为主，线上线下结合的方式，推出了会展、论坛、商务、赛事、活动五大板块共24项活动，展览展示面积达4.3万平方米。有57个国家和地区的292个中外企业机构，1400多名展商客商和专业人士线上线下参与了本届动漫节，开展一对一洽谈4073场，现场意向签约金额5.54亿元人民币。动漫产业博览会现场参观者达3.2万人次，通过"云上国漫"平台参与线上互动的超过1020万人次。

　　●● 市委常委会召开会议，传达学习习近平总书记致2022年世界互联网大会乌镇峰会贺信精神，研究部署杭州市贯彻落实工作。

省委常委、市委书记刘捷主持会议并讲话。

会议指出，习近平总书记的贺信就推动全球数字化发展、加快构建网络空间命运共同体进行了深刻阐述，充分体现了习近平总书记对信息时代发展潮流的深刻洞察、对开创人类美好生活的深邃思考、对携手推动全球数字发展的真诚愿望，为构建网络空间命运共同体贡献了中国智慧、指明了前进方向。全市上下要学习好、贯彻好习近平总书记的贺信精神，全面落实省委决策部署，在加快建设网络强国、数字中国中贡献杭州智慧、提供杭州样本。

● ● 全市疫情防控工作动员会召开，对全面加强疫情防控工作进行再动员再部署。省委常委、市委书记刘捷在会上强调，要深入学习贯彻习近平总书记关于疫情防控工作的重要批示精神，按照省委、省政府部署要求，切实增强责任感和紧迫感，思想上更加重视、行动上更加有力、纪律上更加严明，以更精准高效的打法，坚决遏制疫情扩散蔓延势头。

市委副书记、代市长姚高员主持，陈一行、朱华、刘颖、陈瑾、王敏、胡伟、丁狄刚、孙旭东出席。会议通报了杭州市疫情防控工作情况，上城区、临安区、钱塘区分别汇报当前疫情防控措施、突发疫情处置等工作情况。

● ● 市委副书记、代市长姚高员主持召开市政府常务会议，就国上空间规划、杭州市特别生态功能区建设、城市燃气管道更新改造等工作进行研究部署。

会议审议《杭州市国土空间总体规划（2021—2035）》，听取杭州市特别生态功能区建设有关情况汇报，研究《杭州市城市燃气管道更新改造实施方案》。

会前，市政府党组召开扩大会议，认真学习了习近平总书记关于疫情防控和安全生产的重要讲话和指示批示精神。会议强调，要不折不扣抓好第九版防控方案、国家二十条、省市二十三条措施落实，迅速果断扑灭散发疫情，扎紧常态化疫情防控篱笆，提高疫情防控能力建设。要始终绷紧安全生产之弦，以时时放心不下的责任感，全面排查安全生产风险隐患，压实安全生产责任，全力以赴保障人民群众生命财产安全。

会议还研究了其他事项。

● ● 人力资源和社会保障部召开个人养老金启动会，会上宣布了首批个人养老金制度试点城市，杭州市成为36个先行城市（地区）之一。

个人养老金是政府政策支持、个人自愿参加、市场化运营、实现养老保险补充功能的制度。个人养老金制度与现行的基本养老保险、企业（职业）年金制度相衔接，是完善基本养老保险全国统筹制度，发展多层次、多支柱养老保险体系的重要举措。即日起，个人可以通过国家社会保险公共服务平台、全国人力资源和社会保障政务服务平台、电子社保卡、掌上12333App等全国统一线上服务入口或商业银行渠道，开立个人养老金账户和个人养老金资金账户。符合条件的个人养老金产品名录，将在个人养老金信息管理服务平台和金融行业平台同时发布，其他储蓄存款、理财产品也将陆续公开发布。

杭州市将根据国家要求，积极开展个人养老金制度试点，做好个人养老金政策宣传解读等工作，推动个人养老金制度在杭州市落地实施。

● ● 2022年全球人工智能技术大会（GAITC 2022）在杭州举行。省委常委、常务副省长徐文光，市委副书记、代市长姚高员分别致辞。市领导刘颖、丁狄刚，两院院士戴琼海、柴天佑、何友、房建成、陈纯等参加。

大会邀请中外院士、技术精英、商业先锋等数百位知名专家同场交流，以多元化的内容和立体化的形式，全面呈现智能科技的最新热点和未来焦点，展现我国人工智能自主创新活力，赋能智能产业生态建设和人才教育培养，助力杭州打造国家人工智能创新应用先导区。

● ● 在亚运倒计时300天之际，杭州亚组委向全球推出"亚运数字火炬手"。亚运数字火炬手是真实用户在数字亚运世界的数字身份，具有唯一性。亚运数字火炬手将现实世界的"亚运火炬手"拓展至数字世界，让更多的人能够突破时间、空间限制直接参与到亚运会活动中。

28
日

SHI YI YUE

●● 市委召开统战工作会议。省委常委、市委书记刘捷在会上强调，要深入学习贯彻党的二十大精神，深学笃行习近平总书记关于做好新时代党的统一战线工作的重要思想，全面落实中央和省委统战工作会议部署要求，不断巩固壮大新时代爱国统一战线，为高水平推进共同富裕幸福杭州建设、加快打造世界一流的社会主义现代化国际大都市汇聚磅礴伟力。

市委副书记、代市长姚高员主持，李火林、马卫光等市四套班子领导出席。市委组织部、余杭区、西湖区、杭州师范大学、建德市梅城镇、网易集团负责人做交流发言。会前，市领导参观了2022年杭州市统战工作成果展。

●● 市人大常委会以视频会议方式召开全市人大数字化改革应用场景推广部署会，对重点应用场景推广工作进行部署。市人大常委会主任李火林讲话，戚哮虎主持，戴建平、罗卫红、卢春强、徐小林参加。

市人大常委会办公厅、人事代表工委、财经工委、城建环保工委、教科文卫工委分别介绍了市人大数字化改革应用场景建设情况和推广安排，余杭区、淳安县人大常委会做交流发言。

13个区县（市）设分会场。会上还就杭州市人大数字化改革应用场景推广实施方案广泛征求意见。

●● 市人大常委会召开《关于进一步深化党建引领下"四治融合"推进基层治理体系和治理能力现代化建设的决定》起草工作领导小组会议。市人大常委会主任李火林讲话，副主任戴建平主持，市人大常委会法工委、监察司法工委，市委组织部（市委两新工委）、市委政法委、市文明办、市民政局、市司法局、市数据管理局等起草小组成员单位负责人以及西湖区、建德市人大常委会分管负责人参加会议。

与会单位结合各自工作职责对该决定提出了有针对性、可操作性的意见和建议，对该决定的进一步完善起到了很好的推动和促进作用。

起草小组计划在吸收各单位意见和建议的基础上对该决定进行修改完善，并深入乡镇（街道）、村（社区）开展调研，了解基层治理体系和治理能力现代化建设的实际情况、存在的问题及意见和建议，力争使决定的出台能够真正推动杭州市基层治理体系和治理能力现代化。

● ● 商务部公布首批全国12个示范智慧商圈、16个智慧商店名单。杭州市上城区湖滨商圈、拱墅区武林商圈2个商圈，湖滨银泰、解百商业、杭州大厦3个大型商业体榜上有名。

从上榜数量看，杭州以"2商圈+3商店"与广州并列全国第一位；湖滨商圈以"1商圈+2商店"与南京市新街口等商圈齐名，并列全国各商圈第一位。

29 日 SHI YI YUE

● ● 省委书记袁家军在杭州调研安全生产工作，并主持召开安全生产工作座谈会，强调全省上下要全面落实习近平总书记重要指示批示精神，紧扣"疫情要防住、经济要稳住、发展要安全"要求，紧紧围绕"遏重大、降较大、保安全"总目标，增强"时时放心不下"的责任感，不断迭代升级风险闭环管控大平安机制，健全完善"除险保安"晾晒综合应用，用足用好重大安全生产问题清单，打好安全生产除险保安组合拳，以实际行动和过硬成效确保浙江省安全生产工作年度目标顺利实现。

刘捷、陈奕君、徐文光、姚高员、柯吉欣、朱华、王敏参加调研或座谈。

在座谈会上，省应急管理厅、省消防救援总队、杭州市、西湖区负责人做交流发言。袁家军在讲话中充分肯定2022年以来浙江省安全生产工作，强调要深入研判当前浙江省安全生产领域存在的薄弱环节和风险，切实提高做好安全生产工作的自觉。省直有关部门负责人参加座谈。

● ● 市政协召开"请你来协商：打造最优营商环境，增强杭州核心竞争力"专题协商会。省委常委、市委书记刘捷出席会议并讲话。

市政协主席马卫光主持，朱华、许明、毛溪浩、冯仁强出席。会上，市政协社法委代表课题组做主旨发言，14位政协委员和有关代表分别做交流发言，市发改委代表相关部门作回应发言。会前，市领导参观了市政协新时代协商民主实践中心展陈。

● ● 杭州市召开全市疫情防控工作视频调度会，市委副书记、代市长姚高员主持会议并讲话。他强调，杭州市疫情防控形势十分严峻，要继续坚持"三个坚定不移"，按照省委、省政府"不外溢、不蔓延、暖服务"的工作目标，确保全市病例数、每日新增病例数、每日社区筛查和主动就医病例数三下降，用最短时间推动疫情尽快出现拐点。陈瑾、胡伟、刘嫔珺参加。

会前，姚高员到白马湖方舱医院督导疫情防控工作，实地察看医院结构布局、设施设备，详细了解床位容量、通风采暖、污废处理等情况。姚高员强调，要严格"三区两通道"设置、医疗废物处理等标准，抓实抓细闭环管理等重要环节，强化人员配备和规范化培训，坚决防止交叉感染。要重视施工安全、消防安全、交通转运安全，为实现方舱医院快速高效转运收治提供有力支撑。

会后，姚高员还到上城区督查相关疫情防控工作。

● ● 市人大常委会2023年度预算草案"三审"制第一监督小组开展预算工作调研。市人大常委会党组书记、主任李火林出席并讲话，市人大常委会办公厅、财经工委、社会工委负责人及部分市人大代表参加。

第一监督小组首先到拱墅区潮鸣街道社会治理综合服务中心，考察数字赋能精准帮扶重点群体就业情况。在随后召开的座谈会上，市人力社保局汇报了部门预算草案及就业补助专项资金预算草案编制情况，市财政局、市审计局负责人做了发言，与会市人大代表结合就业促进法执法检查情况，就提高预算编制完整性、加强就业专项资金使用绩效、加大重点项目扶持力度等提出意见和建议。

30
日 SHI YI YUE

● ● 杭州市残疾人联合会第八次代表大会开幕。省委常委、市委书记刘捷出席会议并讲话。市委副书记、代市长姚高员，李火林、马卫光、金志、朱华、卢春强、冯仁强出席，省残联理事长蔡国春到会祝贺并讲话，陈卫强主持，市总工会负责人代表市各群众团体致辞，市残联第七届执行理事会负责人代表市残联第七届主席团做工作报告。

12月1日，市残联第八次代表大会完成各项议程后闭幕。市领导金志、卢春强、冯仁强等出席闭幕式。陈卫强致闭幕词。

会议听取并审议通过关于市残联第七届主席团工作报告的决议，选举产生了市残联第八届主席团委员和杭州市出席浙江省残联第八次代表大会代表。经市残联第八届主席团第一次全体会议选举，陈卫强当选为市残联第八届主席团主席，毛根洪、杨英英、赵成、胡晓峰、王亚东、徐琴、蒋一民、胡雅文当选为副主席，杨英英当选为市残联第八届执行理事会理事长。

● ● 全市科技创新大会暨科技成果转移转化首选地推进会召开。省委常委、市委书记刘捷在会上强调，要深入学习贯彻党的二十大精神和习近平总书记关于科技创新的重要论述，坚持创新制胜工作导向，狠抓科技攻关和成果转化，争创综合性国家科学中心和科技成果转移转化首选地，加快建设全球创新策源地，高水平打造创新创业的新天堂，不断厚植创新活力之城特色优势，为高水平推进共同富裕幸福杭州建设、加快打造世界一流的社会主义现代化国际大都市提供战略支撑。

市委副书记、代市长姚高员主持，市领导马卫光、柯吉欣、马小秋、胥伟华、朱华、刘颖、王敏、罗卫红、孙旭东出席。省科技厅党组书记何杏仁讲话。会上发布了科技成果转移转化首选地政策解读和概念验证中心建设指引，签署了组建杭州科技成果转化基金协议，上线了杭州市网上技术交易市场，市领导为有关企业、研发机构、概念验证中心和特聘专家颁奖授牌。余杭区、市科技局、极弱磁国家大科学设施、贝达药业、臻镭科技负责人做交流发言。

● ● 11月30日至12月2日，市人大常委会主任李火林率团到宁波、舟山考察交流人大工作。宁波市人大常委会主任张平，舟山市人大常委会主任张明超陪同。市人大常委会副主任戚哮虎，宁波市人大常委会副主任宋越舜、胡军，舟山市人大常委会副主任刘永艺参加。

考察团实地考察宁波鼓楼街道代表联络站、舟山临城街道代表联络站等，并与宁波召开合力唱好杭甬"双城记"杭州—宁波两地人大工作交流座谈会，签署《关于唱好杭甬"双城记"两地人大增合力的协议》，与舟山召开杭州市—舟山市人大工作交流座谈会。

● ● 浙江省商务厅在第五届浙江本土跨国公司成长论坛暨"丝路领航"新三年行动计划启动仪式上发布2022年度浙江本土民营跨国公司"领航企业"名单。50个上榜企业分布在全省8个地市，其中杭州20个，数量全省居首。

● ● 杭州市科技创新大会暨科技成果转移转化首选地推进会在未来科技城学术交流中心召开。

　　来自杭州市直属部门及各区县市主要负责人，长三角G60科创走廊城市代表，杭州都市圈、杭甬双城记相关城市代表，以及企业、高校院所、科研机构和双创平台等代表，近500人参会。

　　会议发布《构筑科技成果转移转化首选地的若干政策措施》和《杭州市概念验证中心建设工作指引》，旨在畅通科技成果转移转化"最初一公里"到"最后一公里"，为杭州首批15个概念验证中心授牌。《构筑科技成果转移转化首选地的若干政策措施》围绕成果供给、转化链条、转化交易、机构发展、科技金融5部分提出了12条具体支持措施。

十二月

H A N G Z H O U   J I S H I

1 日 SHI ER YUE

●● 省委书记袁家军在杭州调研民营企业，考察中控技术公司、零跑汽车公司、费尔斯通科技公司等，并主持召开推动经济稳进提质企业家座谈会，强调要深入学习贯彻党的二十大精神和习近平总书记关于民营经济发展的重要论述精神，完整、准确、全面贯彻新发展理念，坚持以推动高质量发展为主题，坚持"两个毫不动摇"促进"两个健康"，努力建设营商环境最优省、市场机制最活省、改革探索领跑省，以更优质服务暖心、更扎实举措支持、更完善制度呵护，推动新时代民营经济实现新飞跃，实现创新能力更强、应变能力更强、产业结构更优、绿色低碳更优、开放层次更高、治理效能更高，在"两个先行"中做出更大贡献。

在座谈会上，企业家代表汪力成、王敏文、邬国平、蒋孟有、胡辉、林绿高做了发言，大家从各自角度对推动经济稳进提质提出意见和建议。

刘捷、陈奕君、徐文光、卢山、朱华陪同调研或参加座谈。

1 2 日 SHI ER YUE

●● 市委副书记、代市长姚高员到拱墅区、上城区检查指导疫情防控工作。他强调，要按照"疫情要防住、经济要稳住、发展要安全"的要求，清醒认识疫情防控形势的严峻性、复杂性，把人民群众生命安全和身体健康放在第一位，强化问题导向，在不断发现问题、解决问题中抓薄弱、补短板、堵漏洞，以对人民群众极端负责的态度把各项防控措施落细落实，坚决筑牢疫情防控屏障。陈瑾参加。

在拱墅区、上城区疫情防控指挥部，姚高员主持召开会议，研究部署下一步重点防控举措。他指出，要进一步提高思想认识，坚决克服麻痹思想、侥幸心理、放松心态、厌战情绪，坚定信心、保持定力、振奋精神，增强忧患意识，树牢底线思维，确保疫情防控工作不留盲区死角。

2

日

SHI ER YUE

●● 杭州市召开全市安全生产会议，市委副书记、代市长姚高员出席会议并讲话。柯吉欣主持。姚高员强调，要深入学习贯彻习近平总书记关于安全生产的重要指示精神，坚决落实全省岁末年初安全生产和消防安全工作会议部署要求，始终保持"时时放心不下"的责任感，时刻绷紧安全生产这根弦，切实维护人民群众生命财产安全。

●● 市政府、市政协召开2023年民生实事项目专题协商会议。市政协主席马卫光讲话。柯吉欣到会介绍情况、听取意见。许明、毛溪浩、陈新华、冯仁强、陈国妹、郭清晔参加，宦金元主持。市有关部门负责人到会听取意见。

2022年是市政协围绕市政府为民办实事项目开展选题调研和协商的第四年。9—11月，市政协开展"2023年市政府民生实事项目"选题调研征集工作，由市政协领导分组带队，通过专委会、界别小组（委员工作室）、区县（市）政协和"杭州数字政协"平台等途径，深入开展调研，广泛征集意见和建议，共汇集2023年民生实事项目选题建议18个方面、212条，涵盖教育、医疗、养老、社会保障、住房、交通、文体等各民生领域。

会上，市政协教科卫体委做主旨发言。市政协委员于涛、黄小平、吴正、颜川、胡建新、朱荣兴分别发言，就食品安全全链条监管、农村水厂（站）提升改造、居民住宅二次供水设施改造、群众身边体育健身设施供给、残疾人服务和乡村文化建设等问题提出建议。

●● 市政协主席马卫光到上城区、拱墅区调研提案办理工作。陈国妹参加。

马卫光强调，提案是人民政协履行职能的重要形式。要坚持高标准高质量，扎实推进提案办理工作，突出协商主线，注重问题导向，优化工作机制，汇聚各方合力，使提案办理成为更好地联系服务群众、广泛凝聚共识的过程，以高质量提案办理助力杭州高质量发展。

●● 全市深化"千万工程"建设新时代美丽乡村现场会在建德市召开。会议强调，要深入学习贯彻党的二十大精神和习近平总书记关于"三农"工作重要论述精神，充分发挥"千万工程"龙头牵引作用，全方位推动乡村振兴，努力打造宜居宜业和美乡村杭州样本。

会上，市农业农村局、市发改委、建德市、临平区、桐庐县钟山乡、富阳区里山镇安顶村做交流发言。会前，与会人员到建德市下涯镇、杨村桥镇和梅城镇考察。

●● "志"敬最美·志愿同行——2022年度杭州市"12·5"国际志愿者日暨志愿服务最美典型宣传推荐活动在钱塘江畔举行。

本次活动由市委宣传部（市文明办）主办，市志愿服务工作协调小组成员单位参加。现场，近百位全市年度最美志愿者、最美志愿服务组织代表、最美新时代文明实践志愿服务基层站（点）的代表参加。

●● 国务院批复同意在沈阳市、南京市、杭州市、武汉市、广州市、成都市开展服务业扩大开放综合试点。

试点期为自批复之日起3年。试点以习近平新时代中国特色社会主义思想为指导，深入贯彻党的二十大精神，统筹推进"五位一体"总体布局，协调推进"四个全面"战略布局，按照党中央、国务院决策部署，完整、准确、全面贯彻新发展理念，稳步扩大规则、规制、管理、标准等制度型开放，紧紧围绕本地区发展定位，进一步推进服务业改革开放，加快发展现代服务业，塑造国际竞争和合作新优势，为加快构建新发展格局、推动高质量发展做出贡献。

根据批复，省级政府将加强对服务业扩大开放综合试点工作的组织领导，在风险可控的前提下，精心组织，大胆实践，服务国家重大战略，开展差异化探索，在加快发展现代产业体系、推进高水平对外开放等方面取得更多可复制可推广的经验，为全国服务业的开放发展、创新发展发挥示范带动作用。国务院有关部门将按照职责分工，积极支持六城市开展服务业扩大开放综合试点。商务部会同有关部门加强指导和协调推进，组织开展成效评估，确保各项改革开放措施落实到位。

●● 杭州至德清市域铁路工程土建施工I标段首台盾构在德清高铁站始发，标志着该工程进入隧道区间盾构施工阶段。

杭州至德清市域铁路全长25.6千米，沿途设仁和北站、八字桥站、下渚湖站、地信小镇站、莫干山高新区站、千秋广场站、体育中心站、浙工大站、德清高铁站，起自余杭区仁和北站，终于德清高铁站。Ⅰ标段起于地信小镇站（不含），终于德清高铁站，长13.4千米，包含6站7区间的地下车站及盾构区间的所有土建工程、轨道工程以及施工影响范围内的雨污水管线迁改、临时道路迁改、桥梁拆复建等施工内容。

●● 市四套班子领导和副市级以上老同志集体收看江泽民同志追悼大会，认真学习习近平总书记在追悼大会上所致的悼词，深切缅怀江泽民同志的光辉业绩和崇高风范，寄托对这位卓越领导人的无尽哀思。市委副书记、代市长姚高员，市人大常委会主任李火林，市政协主席马卫光等参加。

上午10时，江泽民同志追悼大会开始。胸佩白花的市领导和参加收看的全体人员肃立默哀3分钟，向敬爱的江泽民同志表达深深的哀思和追念。在追悼大会中，大家认真聆听习近平总书记所致的悼词，追忆江泽民同志伟大光辉的一生。追悼大会结束时，大家悲痛肃立，向江泽民同志遗像深深三鞠躬。

大家纷纷表示，要化悲痛为力量，继承江泽民同志的遗志，更加自觉地团结在以习近平同志为核心的党中央周围，高举中国特色社会主义伟大旗帜，全面贯彻习近平新时代中国特色社会主义思想，弘扬伟大建党精神，坚定信心、同心同德，埋头苦干、奋勇前进，为全面建设社会主义现代化国家、全面推进中华民族伟大复兴而团结奋斗。

●● 市委副书记、代市长姚高员以"四不两直"方式到建筑工地、农贸市场、居民小区等地，对全国文明城市创建工作进行暗访督查。黄海峰参加。

姚高员强调，全国文明典范城市是城市综合实力和文明水平的一大殊荣。各级有关部门要进一步提高思想认识，聚焦考核指标、关键环节、薄弱领域，有针对性地开展工作，推动城市管理水平再上新台阶。要压实行业管理部门、属地管理部门、业主单位和项目负责人的四方责任，对文明城市创建过程中的重点难点问题开展"回头看"，对发现的问题列出清单、明确责任、限期整改，推动文明创建工作制度化、规范化、常态化。要持续加大宣传教育力度，不断提高群众支持率、知晓率和满意度，调动群众共建共治共享积极性，以强大的工作合力全面提升城市品质。

● ●《杭州市人民政府关于推进高质量就业工作的意见》印发，于2023年2月1日起施行。

该意见包含扩大就业容量、强化创业带动作用、增强就业保障能力、提升劳动者技能等7个方面24条。意见制定过程中，坚持突出整合，重塑政策体系。按照城乡一体、区域一体、就业群体共享原则，对原政策条款进行了全面梳理和优化。突出共富，强化托底保障。着眼于重点人群和西部地区就业增收，强化政策保障，加大扶持力度。突出数改，赋能就业服务。打造市域一体化政策体系，实现大杭州范围内受理无碍、通办无阻，不断精简材料、优化流程，推进事项无感智办，以高质量服务推动高质量就业。

该意见新增多项就业创业政策补贴，提高多项政策补贴标准，同时扩大了多项政策对象范围，助力杭州稳住就业大局，帮助企业轻装前行，为夯实民生之本提供更坚实的支撑。

7日 SHI ER YUE

● ● 市政协召开"学习二十大精神"读书交流会。市政协主席马卫光讲话，许明主持，毛溪浩、冯仁强、陈国妹、郭清晔、宦金元参加。

全市政协系统把学习宣传贯彻党的二十大精神作为首要政治任务，深入开展多形式、分层次的学习活动，引导广大政协委员和政协机关干部深入学习领会，把握精神实质，切实把思想和行动统一到党的二十大精神上来。

会上，21位市和区县（市）政协委员围绕学习贯彻党的二十大精神，结合思想和工作实际交流分享学习体会。大家表示，通过学习对党的二十大精神和习近平新时代中国特色社会主义思想有了更加全面深刻的理解把握，进一步坚定了拥护"两个确立"、做到"两个维护"的政治自觉和行动自觉，进一步增强了服务中国式现代化建设和"两个先行"生动实践的历史使命，进一步强化了做好新时代政协工作、争当排头兵领头雁的责任担当，进一步激发了团结奋斗、干事创业的激情和动力。

● ● 以"元链新时代 数引新服务"为主题的杭州数字服务贸易发展论坛举行，邀请政府部门、企业、高校、研究机构等相关代表，共同探讨数字技术与服务融合发展的新路径，为杭州布局元宇宙等未来产业、服务贸易向深向实发展建言献策。

论坛上，《杭州数字服务贸易发展报告（2022）》发布。杭州市商务局与新加坡拜能科技签订"元宇宙系列场景"应用战略合作协议，双方将合力推动商贸服务业、元宇宙街区等相关产业高质量发展。中南卡通与杭州优链时代科技有限公司签订"数字人"产业战略合作项目，双方将在品牌、资源、渠道等方面开展全方位、深层次合作。来自商务部研究院、网易、中国民协元宇宙工委、新加坡拜能科技的各界代表围绕数字贸易、区块链、元宇宙等发表主题演讲；举行"元宇宙时代数字服务贸易新发展"圆桌对话，围绕元宇宙相关产业和技术的革新对数字服务贸易的影响、数字服务贸易行业发展趋势与变局等议题进行讨论。

● ● 市委理论学习中心组举行专题学习会，邀请省委网信办副主任丁建辉做"维护网络意识形态安全"专题辅导报告，并集中学习研讨《习近平法治思想学习纲要》《习近平关于依规治党论述摘编》。

省委常委、市委书记刘捷出席会议并讲话，姚高员、李火林、马卫光等市委理论学习中心组其他成员出席会议，陈一行等做书面交流和交流发言，黄海峰主持。有关副市级领导干部，相关市直单位和各区县（市）主要负责人参加会议。

刘捷指出，要深入学习贯彻党的二十大精神和习近平总书记关于网络强国的重要思想，全面落实中央和省委关于网络意识形态工作的决策部署，坚决扛起加强互联网主阵地建设的使命担当，为杭州加快打造世界一流的社会主义现代化国际大都市筑牢坚实的网络安全屏障。要统一思想、提高站位，毫不动摇坚持党管互联网、党管网络意识形态，坚决把牢网络意识形态工作的正确方向。要锚定目标、强化主动，注重事前预防，深化综合治理，全面构筑网络意识形态安全防线。要完善领导指挥体系，建立健全工作机制，切实推动网络意识形态工作落实落细。

●● 全市乡村社会治理工作推进会在富阳区万市镇召开，深入学习贯彻党的二十大精神，总结前一阶段乡村社会治理经验，研究部署下一步工作。会议强调，要做深做实风险管控、矛盾调解、多跨处置、数字赋能等基础性工作，扎实推动乡村社会治理提质增效，打造共建共治共享的乡村社会治理共同体。

会前，与会人员考察了万市镇彭家村社会治理中心、万市镇综合信息指挥室和五色工作室。会上，富阳区、建德市、万市镇、天目山镇和凤川街道做交流发言，市公安局、市司法局和市信访局部署相关工作。

●● 杭州市召开《杭州市构建因病致贫返贫防范长效机制实施办法》政策吹风会。2023年1月1日起，新政将正式实施；预计到2025年，杭州市困难群众医疗费用综合保障率将达到85%以上、医疗费用个人负担率将控制在15%以内。

该实施办法健全主动发现精准识别机制。建立因病致贫和因病返贫双预警机制，将年度内个人负担医疗费用累计达到预警线的参保人员分类纳入监测范围，实现因病致贫返贫人员精准识别、分类入库和动态管理。健全三重制度保障机制。一是对享受基本生活费的困境儿童进行全额资助参保；二是取消医疗救助对象大病保险封顶线；三是提升医疗救助报销比例；四是新认定的因病纳入低保、低边的支出型困难群众，其认定前6个月政策范围内医疗费用纳入医疗救助范围。健全医药服务保障机制。落实国家和省药品与医用耗材集采工作；加强对医疗机构诊疗服务行为和参保人员就医购药行为的管理，引导医疗机构和医疗救助对象优先选择使用基本医保目录内同质优价药品、医用耗材和医疗服务项目；推进医学检验检查结果互认共享，降低看病就医成本。健全综合救助兜底保障机制。一是完善全市医疗救助联席会议制度政策，对医疗救助对象合理医疗费用进行再救助，特困人员救助比例60%，其他医疗救助对象救助比例50%，特殊救助年度限额10万元；二是支持惠民型商业补充医疗保险发展，坚持普惠与适度保障并重；三是多渠道筹集建立医保暖心无忧专项基金，探索困难家庭和个人医疗费用负担封顶制度，多部门协同化解高额医疗费负担。

9 日 SHI ER YUE

●● 杭州市召开全市知识产权保护和发展大会，部署全市知识产权保护和发展工作。市委副书记、代市长姚高员讲话。他强调，要深入学习贯彻党的二十大精神和习近平总书记关于知识产权保护工作重要论述精神，着力构建创新驱动的知识产权融合发展体系、多跨协同的知识产权现代保护体系、高效便捷的知识产权运用服务体系，通过知识产权创造为高质量发展注入强劲动能。柯吉欣参加。

会上通报了国家知识产权强国建设示范、试点县区（园区），及中国专利奖获奖单位、2022年新认定和通过复核的国家、省知识产权示范（优势）企业名单。

●● 市政协召开"请你来协商·农文商旅融合赋能乡村发展，推进共同富裕"专题协商会。市政协主席马卫光讲话。陈卫强到会介绍情况、听取意见。陈新华主持。

会议设市民中心主会场和余杭、富阳、临安、桐庐、淳安、建德政协分会场，并通过数字政协履职平台开展网络议政和网上直播。在深入调研和听取意见建议的基础上，市政协文史委代表课题组做主旨发言，15位政协委员、专家、乡镇基层和业界代表做交流发言，市相关部门负责人到会听取意见。400多名委员在线参与网络议政、提出325条建议。

委员、专家和业界代表认为，近年来，杭州市扎实推进乡村振兴和美丽乡村建设，大力发展乡村产业和乡村旅游，各地在探索农文商旅融合发展方面做了很多有益探索、涌现了一批先进典型。大家就进一步深化农文商旅融合、高效赋能乡村发展提出了建议。

10—11 日 SHI ER YUE

●● 第三届（2022）世界会长大会暨第十三届西湖公共关系论坛在杭州举行。大会是首届全球数字贸易博览会的系列活动，由中国人民对外友好协会、中国国际商会、全球中小企业联盟共同主办，中国国际公共关系协会支持、杭州市公共关系协会承办，海内外数百个社会组织联合承办。

大会主题为"数字化背景下人类命运共同体建设：社会组织的使命与担当"，旨在积极应对当前国内外经济和安全形势发生的深刻变化，助力我国加强国际发展合作，推动全球数字贸易和构建人类命共同体建设。大会以"主会场+分会场""线上+线下"形式举行，主会场设在杭州，辐射我国广东、贵州、海南、福建、重庆、吉林、内蒙古等10个省（自治区、直辖市），并在美国、英国、俄罗斯、新西兰、韩国、西班牙等11个国家设立21个分会场。

全国政协副主席、中国科协主席万钢以视频方式出席会议并讲话。他希望各类组织、商会协会努力成为密切联系政府和企业的桥梁，以贸易投资促进为主线，促进政府、社会、企业有效协同，促进产业链、供应链、价值链的合作，促进人才、项目、资金的流动，持续加速科学、技术、产业的系统性变革，共同培育全球发展新动能。

会上，"世界会长全球招商中心"成立。10位知名浙江省级商会会长为"世界商会"数智化应用平台上线仪式按下启动键，20位海内外会长共同宣读《世界会长（杭州）倡议》，大会书面发布组委会推荐"2023年首选旅游目的地"。另外，本届大会还举行了"数字化专精特新企业董事长&国际会长圆桌会"等平行分论坛。

11
日

SHI ER YUE

●●市政协企业家联谊会二届一次会员大会召开。市政协主席马卫光颁发聘书并讲话。孙旭东致辞。大会选举毛溪浩为新一届市政协企业家联谊会会长。

会议审议通过联谊会章程修订案，选举产生联谊会二届理事会班子，发出《贯彻新发展理念 弘扬企业家精神 为杭州经济稳进提质高质量发展做贡献》倡议书。

11—14日

SHI ER YUE

●● 由浙江省政府、商务部共同主办，杭州市政府、浙江省商务厅、商务部贸发局共同承办的首届全球数字贸易博览会在杭州举行。

全国人大常委会副委员长丁仲礼视频致辞并宣布开幕。省委书记易炼红致辞，省委副书记、省长王浩主持，商务部副部长盛秋平致辞。

开幕式上，爱尔兰驻上海总领事馆代总领事穆洛蓝宣读爱尔兰副总理兼企业、贸易及就业部部长利奥·瓦拉德卡致辞，比利时数字化国务秘书马蒂厄·米歇尔、新加坡外交部兼国家发展部高级政务部部长沈颖、智利贸易副部长何塞·米格尔·阿乌玛达、世界贸易组织副总干事张向晨、联合国工业发展组织（UNIDO）执行干事冈瑟·贝格尔、联合国国际贸易中心（ITC）副执行主任多萝西·腾博视频致辞。开幕式前，与会浙江省、商务部领导一同巡馆。

中央和国家有关部门负责人，部分国家驻华使领馆官员、国际组织有关负责人，跨国企业和数字贸易龙头企业代表，省领导刘捷、彭佳学、陈奕君、刘小涛、梁黎明、卢山、陈铁雄，杭州市领导姚高员、李火林、马卫光、朱华、刘颖、王敏、孙旭东出席开幕式。

数贸会以"数字贸易 商通全球"为主题，爱尔兰为主宾国，北京、上海、四川担任主宾省（市）。本届数贸会展览面积为8万平方米，共设置1个综合馆和6个专题馆。综合馆分国家、国际、浙江、主宾省（市）以及头部企业5个展区，6个专题馆则为数字物流馆、数字品牌馆、数字内容馆、数字消费馆、数字技术馆、跨境电商馆。

展会邀请亚马逊、特斯拉、阿里、腾讯、京东等800多个境内外行业龙头企业和专业机构参展。286个企业315项产品进行"首发""首展""首秀"，引领产业发展趋势。围绕把"展商变成投资商"，展会场内外签约了一批来自500强、行业龙头及独角兽企业的项目89个，投资总额约1100亿元。

本届展会举办26场高层次论坛会议，300多位来自国际组织、境外机构、国家部委、研究机构、行业龙头企业的嘉宾发表演讲、致辞或参与研讨，发布各类重大成果110多项。开展全球数字贸易博览会先锋奖（DT奖）活动，发布"2022全球数字贸易行业企业Top100评选"及《2022数字贸易企业百强榜》《中国数字贸易发展报告（2021）》等成果。

12日 SHI ER YUE

●● 杭州数字自贸区高质量发展推介暨数字贸易高峰论坛举行。省委常委、市委书记刘捷出席并致辞。省商务厅厅长韩杰致辞，朱华、刘颖、王敏出席，孙旭东主持。会上举行杭州数字自贸区高质量提升发展启动仪式。

刘捷代表市委、市政府向出席论坛的嘉宾表示欢迎，向一直以来关心支持杭州发展的各界人士表示感谢。他说，杭州是数字经济先发城市，也是发展数字贸易的先行者。我们将深入学习贯彻党的二十大精神，按照省委、省政府决策部署，锚定全球数字贸易中心"458"系统架构，充分发挥"数贸会+自贸区"叠加效应，一体推进数字贸易、数字产业、数字金融、数字物流、数字治理创新发展，高质量打造具有浙江辨识度的数字自贸区，努力建设全球一流、全国领先的数字贸易示范区。

●● 市委召开法治杭州建设工作会议。省委常委、市委书记刘捷在会上强调，要深入学习贯彻党的二十大精神和习近平法治思想，高水平推进新时代法治杭州建设，奋力建设法治中国示范城市，为杭州市"奋进新时代、建设新天堂"、加快打造世界一流的社会主义现代化国际大都市提供强有力的法治保障。

李火林、马卫光出席，马小秋、朱华、刘颖、王敏、罗杰参加。会议表彰了党的二十大维稳安保工作先进集体和先进个人，拱墅区、滨江区、市公安局、市人大常委会法工委、市城管局、桐庐县先后做交流发言。

13 日 SHI ER YUE

●● 省委书记易炼红在杭州调研新形势下提信心、抓机遇、拓市场、促开放并召开企业家座谈会，强调要深入学习贯彻党的二十大精神和习近平总书记关于民营经济发展和高水平对外开放重要论述精神，推动干部敢为、地方敢闯、企业敢干、群众敢首创，激励企业提振信心、抢抓机遇、扩大开放、拓展市场、突围发展，形成全社会创新创业创造万马奔腾之势，在危机中育新机，于变局中开新局，奋力开创浙江高质量发展新局面。

省、市领导刘捷、陈奕君、朱华、王敏陪同调研并出席座谈会。

在座谈会上，来自省海港集团、杭州巨星科技、中基宁波集团、正泰集团、三花控股集团、浙江华洋赛车的企业家代表做发言，大家从各自角度提出相关意见和建议。易炼红一一做回应，并要求认真研究解决问题，强调要准确把握大势，坚定发展信心。这份信心来源于中国改革开放的战略定力，来源于超大市场的突出优势，来源于高效集成的政策供给，来源于政企同心的强大力量。要主动识变应变求变，牢牢把握主动权、打好主动仗。

●● 市委、市政府召开市属国有企业改革动员部署会。省委常委、市委书记刘捷在会上强调，要深入学习贯彻党的二十大精神，全面落实习近平总书记关于国有企业改革重要论述，积极稳妥推进市属国有企业深化改革优化布局，推动市属国有资本和国有企业做强做优做大，立志打造世界一流企业，为"奋进新时代、建设新天堂"、加快打造世界一流的社会主义现代化国际大都市提供强有力的战略支撑。

市领导姚高员、陈一行、黄海峰、朱华出席，柯吉欣主持并部署市属国有企业改革工作，马小秋宣布部分市属国有企业班子成员配备。会议播放廉政建设警示教育片，市城投集团、市商旅集团、市临空建投集团3个涉改企业代表做表态发言。

●● 市委副书记、代市长姚高员主持召开市政府常务会议，就开发区（园区）高质量发展、完善市区留用地开发建设管理、打造"健康老龄幸福颐养"宜居天堂等工作进行研究部署。

会议研究《关于促进开发区（园区）高质量发展的实施意见》有关问题，研究

《关于进一步完善市区留用地开发建设管理工作的通知》有关问题，审议《关于加强新时代老龄工作 打造"健康老龄幸福颐养"宜居天堂的实施意见》。

会前举行了市政府党组理论学习中心组专题学习会，集体学习习近平总书记在12月6日中共中央政治局会议上的重要讲话精神；专题学习《习近平谈治国理政》第四卷。

会议还研究了其他事项。

● ● 市政协主席马卫光走访市政协港澳委员和台商代表。

走访中，马卫光指出，杭州经济社会发展和政协工作，离不开市政协港澳委员和在杭台商的参与和支持。要深入学习贯彻中共二十大精神，继承发扬优良传统，强化委员责任担当，充分发挥双重作用，积极履职建言，广泛凝聚共识，依托香港、澳门杭州政协之友联谊会等平台，多牵线搭桥、服务助推，团结更多力量服务中国式现代化建设大局，为深化杭港澳合作和两岸交流、奋力谱写杭州现代化建设新篇章贡献智慧和力量。

14 日 SHI ER YUE

● ● 省委常委、市委书记刘捷率杭州市代表团到衢州对接落实山海协作工作，看望慰问杭州在衢挂职干部，并召开杭州—衢州山海协作工程工作联席会。衢州市领导徐张艳、吴国升、郑河江，杭州市领导柯吉欣、朱华、刘颖参加。

会上举行了杭衢山海协作项目签约仪式。在衢州期间，杭州市代表团还考察了余东村、巨化集团、衢州孔氏南宗家庙等地。

● ● 省委常委、宣传部部长王纲一行在杭州调研文化企业，走访浙江华策影视集团、杭钢工业旧址综保项目建设工地现场、浙江中南卡通股份有限公司等，了解文化产业稳进提质情况。

王纲强调，浙江是习近平新时代中国特色社会主义思想的重要萌发地，是新时代全面展示中国特色社会主义制度优越性的重要窗口，也正推进高质量发展建设共同富裕示范区，文化企业肩负着传递价值观和正能量的时代使命，要深耕浙江大地，挖掘精神内核，用经得起历史和时代检验的优秀作品传播浙江声音、讲好中国故事。要顺应人民群众高品质精神文化新需要，克难攻坚、抢抓机遇，推动文化产业稳进提质，实现高质量发展。黄海峰参加。

●● 杭州市召开全市加强医疗保障体系建设工作部署会。市委副书记、代市长姚高员讲话。他强调，要深入贯彻习近平总书记关于疫情防控的一系列重要指示精神，全面落实中央和省委、省政府决策部署，细化工作措施，压实各方责任，全面提升医疗保障能力，着力提高疫苗接种率，以高效救治能力跑赢病毒传播速度，最大程度保护人民群众生命安全和身体健康。陈瑾参加。

会上，市卫生健康委通报疫情形势和下一步提高医疗保障能力的工作重点。市民政局、余杭区、瓜沥镇、祥符街道蓝孔雀社区结合各自职责进行交流发言。

●● 市人大常委会主任李火林到余杭区径山镇人大代表联络中心站开展活动，就常委会会议重点议题等征求人大代表和人民群众意见。

活动首次采取视频直播形式，全市各级人大代表、人民群众不仅可以通过线上平台收看，还可以在线互动、提出问题、发表意见。13位人大代表和基层群众在现场或通过视频连线发言，围绕优化营商环境条例草案，推进基层治理、加强儿童友好城市建设相关决定草案，2023年市人大常委会立法项目、监督议题以及市政府民生实事项目等，提出意见和建议。市人大常委会有关工委、市区两级相关部门负责人对相关意见和建议进行现场答复。活动吸引38.09万人次的网友线上观看，收到留言1000多条。

15 日 SHI ER YUE

●● 市委、市政府召开杭州临空经济示范区建设动员大会。省委常委、市委书记刘捷在会上强调，要深入学习贯彻党的二十大精神，坚持以习近平新时代中国特色社会主义思想为指导，全面开启杭州临空经济示范区蝶变跃升新实践，全力建设"港产城"深度融合的现代都市区，切实吹响城东智造大走廊大发展的嘹亮号角，为加快打造世界一流的社会主义现代化国际大都市提供强有力的支撑。市委副书记、代市长姚高员主持，李火林、马卫光、柯吉欣、马小秋、朱华、王敏、丁狄刚出席。

会上通报了杭州临空经济示范区党工委、管委会和市临空建投集团领导班子组成，发布了临空经济示范区国土空间、产业发展、综合交通规划和三年行动计划，有关单位签署了合作协议，萧山区、省机场集团、市发改委、长龙航空、健新原力负责人做表态发言。

● ● 126个杭州企业启程到迪拜参加由杭州市政府主办的"海外杭州"迪拜展，计划设置285个展位。市委副书记、代市长姚高员到机场送行并做动员讲话。

为抢抓发展机遇，助力外贸企业开拓市场，杭州启动"双百双千外贸拓市场"实施行动，2023年计划组织150个外贸出行团，参加100个以上境外专业展会；组织3000个以上企业出境，抢抓新增1000亿元订单。

在出行仪式现场，姚高员与企业家们围聚在一起，了解各个企业生产发展情况，共谋拓展海外市场之策。

16日 SHI ER YUE

● ● 省委常委、市委书记刘捷主持召开民营企业家座谈会，强调要深入学习贯彻习近平总书记关于发展民营经济的重要论述，学深悟透党的二十大精神，认真落实省委、省政府部署要求，提振信心、抢抓机遇、政企同心、破难前行，更好地发挥民营企业优势，坚定不移推动杭州民营经济实现新飞跃，为打造世界一流的社会主义现代化国际大都市提供有力支撑。柯吉欣、朱建明、朱华、冯仁强出席。

会上，宗庆后、王水福、屠红燕、杨矗、陈灿荣、陈贤兴、周逊伟、陈步东、俞兆洪、金波、俞丹萍、张帅、朱宝松等企业家结合各自企业和行业实际，就当前面临的困难挑战，以及下一步发展畅所欲言、各抒己见，提出有建设性的意见和建议。

● ● 杭州民营经济发展论坛暨新生代企业家论坛举行。省委常委、市委书记刘捷致辞，市委副书记、代市长姚高员，柯吉欣、朱建明、朱华、戴建平、冯仁强出席。

会上发布"杭州市民营企业百强榜单"等系列榜单，市领导为上榜"2022中国民企500强"民企代表、新老杭商新时代"青蓝接力"代表授牌。

刘捷代表市委、市政府向论坛的召开表示祝贺，向省委统战部、省工商联一直以来对杭州工作的大力支持表示感谢，向为杭州发展做出突出贡献的民营企业家表示慰问。刘捷说，新征程是充满光荣和梦想的远征，民营企业在杭州大有可为，也一定能够大有作为。杭州正在深入贯彻党的二十大精神，把推进高质量发展作为首要任务，加快打造世界一流的社会主义现代化国际大都市，在"两个先行"中展现头雁风采，为中国式现代化提供城市范例。这也赋予了全市民营企业新的历史际遇、时代使命，为民营经济高质量发展打开了更为广阔的空间。我们将坚定不移实施创新强市和人才强市首位战略，全力支持民营企业抢占新赛道、塑造新动能新优势；坚定不移实施营商环境优化提升"一号改革工程"，为民营企业茁壮成长提供充足的阳光雨露；坚定不移推进高水平对外开放，支持民营企业开拓国际市场、整合全球资源。

● ● 市委副书记、代市长姚高员专题调研交通治理工作和综合交通枢纽，走访杭州市育才实验学校、虾龙圩公交站、杭州中环余杭段良祥路互通节点项目现场、杭州西站等。

姚高员强调，要深入学习贯彻习近平总书记重要指示精神，践行以人民为中心的发展思想，把城市交通工作摆在重要位置，加强统筹协调加快推进项目建设，以绣花功夫推进城市交通拥堵治理，加快形成内畅外联、快捷高效的综合交通体系，让群众出行更便捷更舒适更满意。刘颖、丁狄刚参加。

17
日

SHI ER YUE

● ● 杭州市新冠肺炎疫情防控工作领导小组办公室发布"关于调整疫情防控措施的通告"。

根据省、市疫情防控工作相关要求，现就优化调整疫情防控措施通告如下。倡导"非必要不查验核酸证明"。除养老机构、福利机构、托幼机构、中小学等重点场所外，全市各级党政机关、企事业单位带头，不再查验核酸阴性证明；养老机构、福利机构继续实行封闭式管理；托幼机构、中小学可查验抗原或核酸检测阴性证明。倡导"非必要不做核酸"。除进入托幼机构、中小学等重点场所的人员外，其他人员非必要不做核酸。现有便民核酸采样点布局不变、规模不变、效率不变，方便确有需要的群众进行核酸检测。

18 日

SHI ER YUE

●● 省委书记易炼红在杭州深入企业、社区、科创平台、文化遗址公园开展调研，走访良渚遗址公园、之江实验室、阿里巴巴集团、翠苑一区社区等。

易炼红在调研中听取杭州市委、市政府工作汇报，对杭州市的工作成效给予充分肯定。他指出，习近平总书记对杭州明确提出"四个杭州"的定位和"四个世界一流"的要求，赋予杭州"历史文化名城、创新活力之城、生态文明之都"的城市定位。这些重要指示，既饱含着习近平总书记对杭州和杭州人民的深厚感情，也为杭州加快高质量发展、打造世界一流城市提供了根本遵循，我们要不断深刻领会，坚决贯彻落实。

省领导刘捷、陈奕君，杭州市领导姚高员、李火林等陪同调研或参加座谈。

●● "中国传统制茶技艺及其相关习俗"列入人类非物质文化遗产代表作名录庆典仪式在杭州举行。仪式上发布《迈向可持续发展新未来——"中国传统制茶技艺及其相关习俗"保护传承杭州宣言》，寓意入选人类非遗是该遗产项目保护发展历程的重要里程碑，也是共同开启中国传统制茶技艺及其相关习俗保护的新篇章。

宣言由"中国传统制茶技艺及其相关习俗"保护工作组的47个成员单位共同发布。"中国传统制茶技艺及其相关习俗"项目于11月29日被列入联合国教科文组织新一批人类非物质文化遗产代表作名录。浙江作为"中国传统制茶技艺及其相关习俗"牵头申报省份，举办"中国传统制茶技艺及其相关习俗"列入人类非物质文化遗产名录宣传展示主会场活动，活动以"茶和天下 共享非遗"为主题，杭州为主场，浙江多地联动。

当天还举办"中国传统制茶技艺及其相关习俗"保护论坛。论坛就茶与美好生活、非遗保护与商业利用、非遗传承人才培养、非遗传承中的女性角色、茶与文化认同、茶文化在国外的传播与分享等多个角度开展交流对话。

本次浙江省共有6个国家级非遗项目成为"中国传统制茶技艺及其相关习俗"重要组成部分，分别为：绿茶制作技艺（西湖龙井）、绿茶制作技艺（婺州举岩）、绿茶制作技艺（紫笋茶制作技艺）、绿茶制作技艺（安吉白茶制作技艺），以及庙会（赶茶场）、径山茶宴两项民俗活动。

● ● 第四届浙江国际智慧交通产业博览会在杭州国际博览中心举行。本届博览会设1个数字交通线下馆和轨道交通、港航物流、航空航天、低碳交通4个线上馆，吸引205个企业、530件产品参展；举办1个线下主旨论坛及6个线上主题论坛，47个交通产业龙头企业的项目完成签约，投资总额约866亿元。

开幕式暨主旨论坛邀请中国工程院院士、中国交通建设集团总工程师林鸣和新加坡工程院院士、浙江大学求是讲席教授李德纮两位院士进行线上主旨演讲。论坛上，萧山区展示打造"浙江省综合交通产业示范区"成果，举行了浙江省综合交通产业园授牌仪式，分别授予松阳县"省智慧交通产业发展试点县"，龙游县"省轨道交通产业创业园"。

线上6场论坛包括"云感交通·数领未来"、智慧高速建设与发展、"绿色·低碳"创新发展等主题。为打造"永不落幕"的博览会，本届博览会丰富观展形式，升级成云上展、云数据、云直播、云链接、云服务五大"云"板块。

● ● 市十四届人大常委会召开第七次会议。市人大常委会主任李火林讲话，戚哮虎、戴建平、卢春强、徐小林出席。

会议表决通过《杭州市历史文化名城保护条例》《杭州市湿地保护条例》，将报省人大常委会批准；审议优化营商环境、乡村建设、钱塘新区等法规草案，将根据审议意见做进一步修改；听取审议关于市十四届人大二次会议筹备工作情况的报告，审议并原则通过市十四届人大二次会议议程和有关名单草案等；听取审议市政府关于《杭州市国土空间总体规划（2021—2035年）》，2022年民生实事项目实施情况，审计发现问题整改情况，2022年市人大常委会审议意见、意见建议函办理情况等报告，对办理情况进行满意度测评；表决通过关于召开市十四届人大三次会议、进一步深化党建引领下"四治融合"推进基层治理体系和治理能力现代化建设、加强儿童友好城市建设、修改市人大常委会议事规则、废止或修改相关办法规定、同意运河新城运河景观带建设项目等决定，通过市人大常委会充分发挥全过程人民民主重要制度载体作用的意见，以及个别代表资格审查报告及人事任免事项。

柯吉欣、陈瑾、丁狄刚做有关报告或列席会议，市监委、市法院、市检察院负责人列席会议。

其间，召开"杭州市国土空间规划"专题讲座。

●● 市委常委会召开会议，学习贯彻中央经济工作会议、省委十五届二次全会暨省委经济工作会议和省委书记易炼红在杭州调研时的重要讲话精神，研究部署杭州市贯彻落实工作。省委常委、市委书记刘捷主持会议并讲话。

会议指出，中央经济工作会议、省委十五届二次全会暨省委经济工作会议和易炼红书记在杭州调研时的重要讲话精神，为杭州下一步发展指明了方向、提供了遵循。要结合全面学习把握落实党的二十大精神，结合"六学六进六争先"学习实践活动，层层抓好传达学习，抓好宣讲阐释，形成闭环落实机制，做到学至更深处、干在更实处、落到更细处，推动中央和省委精神入脑入心、部署见行见效。

●● 省委书记易炼红在杭州调研浙江大学和西湖大学时指出，党的二十大报告提出"教育、科技、人才是全面建设社会主义现代化国家的基础性、战略性支撑"，强调要深入学习贯彻党的二十大精神和习近平总书记关于高等教育、科技创新的重要论

述精神，坚持面向世界科技前沿、面向经济主战场、面向国家重大需求、面向人民生命健康，心怀"国之大者"，深入实施科技创新和人才强省首位战略，着力造就拔尖创新人才，聚天下英才而用之，加快建设世界一流大学，为浙江省忠实践行"八八战略"、努力打造"重要窗口"、奋力推进"两个先行"提供战略科技支撑和人才支撑。

刘捷、陈奕君、任少波参加有关调研。

●● 由新华社《瞭望东方周刊》、瞭望智库共同主办的2022年中国幸福城市论坛暨颁奖典礼在杭举行，揭晓2022年中国最具幸福感城市榜单。新华社副社长袁炳忠，省委常委、市委书记刘捷致辞，黄海峰、陈瑾出席。

刘捷在致辞时说，在全国上下深入学习贯彻党的二十大精神之际，论坛围绕"非凡十年，致敬奋斗"主题，回顾党的十八大以来城市发展的非凡成就，展望新时代新征程城市的幸福未来，非常有意义。城市让生活更美好，幸福是人们的永恒追求。这十年，杭州坚持以新发展理念引领高质量发展，不断夯实共同富裕的物质基础；坚持把人民至上融入城市建设和治理的全过程，不断提升城市服务保障水平；坚持"我负责阳光雨露、你负责茁壮成长"，努力为每一个人提供追逐梦想、人生出彩的舞台；坚持"众人的事情由众人商量"，持续深化全过程人民民主实践。连续多年入选"最具幸福感城市"，是新时代非凡十年杭州改革发展取得历史性成就的重要呈现，也是新时代杭州人民团结奋斗、共建共享幸福家园的最好诠释。我们将深入学习贯彻党的二十大精神，全面贯彻习近平总书记对杭州工作的重要指示批示精神，学习借鉴兄弟城市的宝贵经验，持续擦亮最具幸福感城市金字招牌，奋力打造中国式现代化的城市范例。

22
日

SHI ER YUE

●● 杭州市召开青年发展型城市建设试点工作部署推进会暨市青年工作联席会议第三次全体（扩大）会议。省委常委、市委书记刘捷在会上强调，要深入学习贯彻党的二十大精神和习近平总书记关于青年工作的重要论述，全面推进青年发展型城市建设试点，让杭州真正成为青年心生向往、人生出彩、情感归属的梦想城市，为加快打造世界一流的社会主义现代化国际大都市注入澎湃青春力量。黄海峰出席。

会上，团市委负责人汇报市青年工作联席会议第二次全体会议以来的工作情况。会议审议《杭州市青少年阳光成长行动实施方案》。市卫生健康委、市住保房管局、余杭区、钱塘区、桐庐县相关负责人就推进青年发展型城市建设的经验做法进行交流。

● ● 以"矢志创新驱动发展、实现科技自立自强"为主题的首届"创新浙商"发布仪式在杭州举行。仪式上发布了首届"创新浙商"名单，杭州尚健生物技术有限公司创始人兼CEO吕明、杭州安恒信息技术股份有限公司董事长范渊、杭州可靠护理用品股份有限公司董事长金利伟、西湖生物医药科技（杭州）有限公司创始人高晓飞等10人入选。

● ● 共青团杭州市第二十次代表大会召开。省委常委、市委书记刘捷出席开幕式并讲话。市领导李火林、马小秋、黄海峰、陈瑾、冯仁强出席。团省委相关负责人、市群众团体负责人致辞。

大会选举产生共青团杭州市第二十届委员会委员、候补委员、常委、书记、副书记，选举汪杰为团市委书记，审议通过共青团杭州市第十九届委员会工作报告。青年学生、教师、电力员工、团干部四位青年代表宣读《"向亚运出发"倡议》，号召全市团员青年投身亚运服务，高标准高要求完成杭州亚运会赛会保障任务。

大会回顾了杭州共青团百年奋斗的光荣历程，充分肯定了共青团杭州市第十九届委员会的工作，高度评价了广大杭州青年在与党同心、跟党奋斗征程中的蓬勃力量和青春担当，指出要深入贯彻党的二十大精神和习近平总书记关于共青团工作的重要论述精神，在推进"两个先行"杭州实践中争当青春头雁，为加快打造世界一流的社会主义现代化国际大都市贡献青春力量。大会明确了今后五年杭州共青团工作的指导思想和奋斗目标，部署推进七大工程。大会号召，全市各级团组织要紧密团结在以习近平同志为核心的党中央周围，在市委和团省委的坚强领导下，团结带领全市团员青年牢记嘱托、接续奋斗、踔厉奋发、勇毅前行，共同谱写"奋进新时

代、建设新天堂"青春篇章。

●● 市委常委会召开会议，学习贯彻习近平总书记对"中国传统制茶技艺及其相关习俗"列入人类非物质文化遗产代表作名录的重要指示精神，研究部署杭州市贯彻落实工作。

省委常委、市委书记刘捷主持会议并讲话。

会议指出，杭州绿茶制作技艺（西湖龙井）和径山茶宴两个国家级非遗项目作为"中国传统制茶技艺及其相关习俗"的重要组成部分一并入选联合国教科文组织非物质文化遗产名录，对杭州市做透茶文章、做强茶产业，加快推动以茶为核心元素之一的东方传统文化的活态传承，进一步打响"杭为茶都"品牌，具有十分重要的意义。要深入贯彻落实习近平总书记重要指示精神和二十大报告关于"加大文物和文化遗产保护力度"的部署要求，按照省委、省政府的部署和要求，立足于西湖龙井和径山茶宴的项目保护和履约实践，全力推进茶非遗的创造性转化、创新性发展，进一步加强非物质文化遗产保护工作。

会议还学习了习近平总书记对"中国历代绘画大系"重要批示精神、致国史学会成立30周年贺信精神、在首届中国—阿拉伯国家峰会和中国—海湾阿拉伯国家合作委员会上的主旨讲话精神、在第十五届中国—拉美企业高峰会上的致辞精神、在《生物多样性公约》第十五次缔约方大会第二阶段高级别会议开幕式上的致辞精神，研究了其他事项。

●● 市委副书记、代市长姚高员主持召开市政府常务会议，就"抢先机、拼经济"实现开门红集成政策、《杭州市与恩施州（湘鄂渝黔革命老区）对口合作工作实施方案（2022—2025年）》、杭州市国土空间规划编制攻坚年行动等工作进行研究部署。

会议研究"抢先机、拼经济"实现开门红集成政策有关问题，研究《杭州市与恩施州（湘鄂渝黔革命老区）对口合作工作实施方案（2022—2025年）》有关问题，研究杭州市国土空间规划编制攻坚行动有关问题。

会前召开了市政府党组（扩大）会议，学习贯彻中央经济工作会议、省委十五届二次全体会议暨省委经济工作会议精神和省委书记易炼红在杭州调研时的重要讲话精神；听取市政府党组2022年度全面从严治党工作及党组成员履行"一岗双责"情况。

会议还研究了其他事项。

●● 省长王浩在杭州专题调研医疗救治体系和医药物资储备工作，看望慰问夜以继日奋战在救治一线的医务人员，代表省委、省政府向他们表示崇高的敬意。王浩指出，当前疫情防控进入新阶段，工作重心从"防传染"转到"保健康、防重症"。各地各部门要深入贯彻习近平总书记重要指示精神，坚定不移落实"新十条"优化措施，全力抓好医疗救治保障、药品生产保供和重点人群保护，全力保障人民生命安全和身体健康。

徐文光、成岳冲、姚高员参加调研。

●● 市委十三届三次全体（扩大）会议暨市委经济工作会议召开。

出席这次会议的市委委员52名，候补委员8名。

市委常委会主持会议。省委常委、市委书记刘捷讲话，市委副书记、代市长姚高员部署2023年经济工作。

会议高举习近平新时代中国特色社会主义思想伟大旗帜，深入学习贯彻党的二十大和中央经济工作会议精神，认真贯彻落实省第十五次党代会、省委十五届二次全会暨省委经济工作会议精神，听取和讨论刘捷受市委常委会委托作的工作报告，审议通过《中共杭州市委关于全面学习把握落实党的二十大精神，加快打造世界一流的社会主义现代化国际大都市，努力成为中国式现代化城市范例的决定》，研究部署2023年各项工作，推动全市上下更加深刻领悟"两个确立"的决定性意义，坚定不移沿着"八八战略"指引的路子前进，全面深化"奋进新时代、建设新天堂"系列变革性实践，在以"两个先行"打造"重要窗口"中展现头雁风采，努力为全面建设社会主义现代化国家、全面推进中华民族伟大复兴贡献杭州力量。会议结束时，刘捷就贯彻落实会议精神、做好当前工作做讲话。

不是市委委员的副市级以上领导干部，市纪委委员、监委委员，各区县（市）委书记和区县（市）长，市直属各单位（党组）主要负责人、部分市党代表、在杭非市属金融机构负责人、民营企业家代表等参加会议。

● ● 市人大常委会党组召开（扩大）会议，传达学习市委十三届三次全体（扩大）会议暨市委经济工作会议精神，研究部署贯彻落实工作。

会议强调，全市各级人大要深刻领会全会重大意义，在全面学习贯彻上见站位，按照中央和省委、市委部署，全面学习把握落实党的二十大精神，把坚定捍卫"两个确立"、坚决做到"两个维护"贯彻落实到人大工作全过程各方面。要准确把握市委部署，在领会核心要义中见成效，深入学习、准确把握"五大牢牢把握"的使命要求、"七方面现代化新实践"战略部署，谋深谋细履职思路和重点任务，深入推进人民代表大会制度在杭州的生动实践。要切实全面履职尽责，在助推杭州经济社会高质量发展上见行动，筹备开好市十四届人大二次、三次会议，把市委决策部署落实到各国家机关工作安排和地方立法实践中；充分发挥立法引领保障作用，以高质量立法促进发展保障善治；坚持正确监督有效监督依法监督，推动重大决策部署贯彻落实；全面践行全过程人民民主重大理念，更好地发挥重要制度载体作用；对标落实加强党的全面领导和全面从严治党新部署新要求，全面推进"四个机关"建设，为推进"两个先行"、打造"重要窗口"、争当城市范例贡献人大力量。

● ● 杭州亚残运会迎来倒计时300天。杭州亚残组委发布亚残运会宣传推广歌曲《我们都一样》以及盲人门球竞赛项目宣传片，展现杭州亚残运会筹办进展和残疾人事业发展成果。

27
日

SHI ER YUE

●● 省委常委、市委书记刘捷就学习宣传贯彻党的二十大精神和开好本次人代会做讲话。姚高员、马卫光等市四套班子领导参加。李火林主持会议。

刘捷指出，党的二十大是一次在历史性时刻召开的里程碑式的大会，取得了丰硕的理论成果、实践成果、制度成果。这段时间以来，市人大常委会党组按照市委统一部署，切实推动领导干部带头学、机关干部示范学、人大代表全员学，在推动二十大精神转化为人大履职的实际行动上取得了积极成效。学习党的二十大精神是一个常读常新、常学常悟、常用常进的过程。全市各级人大及其常委会和各级人大代表要牢记使命、履职尽责，更加坚定自觉地把学习宣传贯彻党的二十大精神持续推向深入，在深学细悟笃行上持续用力，在全面学习、全面把握、全面落实党的二十大精神上下功夫，切实做到学思用贯通、知信行合一。希望各位人大代表真学真懂党的二十大精神，全面提升履职能力，牢记"人民选我当代表、我当代表为人民"的初心使命，积极参与全过程人民民主的生动实践，积极参与"奋进新时代、建设新天堂"的变革性实践，积极参与打好经济翻身仗的攻坚实践，切实推动党的二十大精神在杭州落地生根、开花结果。

刘捷强调，市十四届人大二次会议是在全市上下深入学习贯彻党的二十大精神的关键时期召开的重要会议。各位人大代表要发挥模范带头作用，旗帜鲜明讲政治，履职尽责讲大局，严守纪律讲规矩，以良好的精神面貌全过程参加大会，用实际行动营造良好会风，共同完成好大会确定的各项任务，把这次大会开成一个民主团结、凝心聚力、风清气正的大会，为杭州加快打造世界一流的社会主义现代化国际大都市，在以"两个先行"打造"重要窗口"中展现头雁风采，努力成为中国式现代化的城市范例做出新的更大贡献。

●● 在全省新冠疫情防控工作电视电话会议结束后，杭州市立即召开续会，部署落实相关工作。市委副书记、代市长姚高员在会上强调，要认真贯彻落实党中央、国务院和省委、省政府决策部署，以高度的政治责任感和使命感，把人民生命安全和身体健康放在最重要的位置，在回应重点诉求、守好重点群体、防住重点部位和聚焦重点时段上精准发力，全力以赴确保平稳渡峰。胡伟、丁狄刚、罗杰、孙旭东参加会议。

姚高员指出，当前，杭州市新增感染者呈现上升趋势，感染人群数量规模快速扩大。要进一步认识疫情发展变化带来的新的挑战和压力，最大限度增强疫情防控工作的前瞻性和针对性，切实把重症高峰应对准备、重点人群服务保障等放在突出位置，优化资源力量配置，全力"保健康、防重症、遏病亡"。

●● 市政协召开党组（扩大）会议，传达学习市委十三届三次全体（扩大）会议暨市委经济工作会议精神，研究贯彻落实意见。市政协党组书记、主席马卫光主持并讲话。许明、郭清晔、林革参加。

会议强调，全市政协组织和广大政协委员要坚持以习近平新时代中国特色社会主义思想为指引，持续深入学习宣传贯彻党的二十大精神，将思想和行动统一到中央和省委、市委决策部署上来，持续深化人民政协制度在杭州的生动实践，更好地发挥专门协商机构作用，为杭州努力成为中国式现代化城市范例贡献政协力量。要紧扣党政中心大局，聚焦迭代深化建设新天堂"七个方面部署"、杭州亚运会、做好2023年经济工作等重点，深入建言资政，广泛凝聚共识，突出履职为民，有效服务助力高水平推进共同富裕幸福杭州建设。要持续深化政协协商民主创新实践，加强民生议事堂、委员工作室、协商驿站、社情民意联系点建设，完善政协民主监督和委员联系界别群众制度机制，提升专门协商机构效能潜能，助力打造全过程人民民主市域实践地。要以排头兵姿态加强政协自身建设，抓实抓好岁末年初各项工作，精心谋划2023年工作思路，高标准筹备好市政协十二届二次会议。

●● 市政府新闻办联合市发改委、市人力社保局、市文化广电旅游局、市商务局召开新闻发布会，发布杭州市《关于"抢先机、拼经济"实现开门红的实施意见》，即杭州市"抢先机、拼经济"30条政策。

该意见主要围绕统筹发展和安全、深化经济稳进提质，推出了暖心关爱用工、消费增长、产业链稳增长、"双百双千拓市场"、扩投资攻坚五大行动，并细化为30条政策措施，分别由13个市直部门牵头或负责。为统筹疫情防控和经济社会发展，鼓励和倡导省外员工春节期间留杭稳岗，助力企业复工达产，最大限度减少疫情对经济社会发展的影响，会议还发布了《春节期间省外员工留杭稳岗"十送"关爱行动方案》，主要包括"送消费券""送温暖""送健康""送文化""送旅游""送出行""送岗位""送培训""送亲情""送保障"这10个方面的举措。

28
日
SHI ER YUE

●● 省长王浩在杭州到企业生产一线调研。他强调，要深入学习贯彻党的二十大精神和习近平总书记在中央经济工作会议上的重要讲话精神，完整准确全面贯彻新发展理念，始终把高质量发展作为首要任务，把改革创新作为根本动力，进一步优化企业发展环境，满腔热情帮助企业解决难题，让他们预期更稳、信心更足、活力更强。

王浩先后走访浙江大华技术股份有限公司、网易集团，面对面听取两个企业负责人意见和建议，了解企业发展中的困难和问题，随后到滨江区社会矛盾纠纷调处化解中心，接待了两批来访企业负责人。

姚高员参加调研和接访。

●● 市委召开人大工作会议。省委常委、市委书记刘捷在会上强调，要深入学习贯彻习近平法治思想和习近平总书记关于坚持和完善人民代表大会制度的重要思想，全面贯彻落实党的二十大、中央人大工作会议和省委、市委有关精神，扎实推动新时代杭州人大工作高质量发展，着力打造全过程人民民主市域典范。李火林、马卫光等市四套班子领导出席。马小秋主持会议。

上城区委、桐庐县委、西湖区人大常委会、余杭区人大常委会、萧山区河上镇人大、钱塘区白杨街道党工委负责人做交流发言。与会人员观看了《人民民主的力量——全过程人民民主的杭州人大实践》视频短片。

28—
29
日
SHI ER YUE

●● 杭州市第十四届人民代表大会第二次会议召开。

大会执行主席刘捷、李火林、马小秋、戚哮虎、戴建平、罗卫红、卢春强、徐小林、张如勇和大会主席团成员在主席台就座。姚高员、马卫光等市委、市政府、市政协领导同志，市监委主任，以及有关方面的负责人在主席台就座。大会执行主席、主席团常务主席李火林主持大会。

　　大会通过总监票人、副总监票人名单。大会采用无记名投票方式，依法补选姚高员为杭州市人民政府市长。大会以无记名投票和差额选举的办法，选举产生了杭州市出席浙江省第十四届人民代表大会代表99人。新当选的市长姚高员在大会主会场进行宪法宣誓。

●●　刚当选为杭州市人民政府市长的姚高员第一时间到市一医院、四季青街道社区卫生服务中心等地检查医疗救治工作，并看望慰问一线工作人员。

　　调研中，姚高员强调，市、区两级卫健部门要着力解决好人民群众求医过程中急难愁盼的问题，及时回应和解决群众合理诉求，持续加强发热门诊力量配置，把医疗力量向发热门诊（诊室）倾斜，简化发热患者接诊流程，最大限度满足发热患者就诊需求。要提升做好重症收治能力，统筹做好医疗资源的布局和利用，强化医疗救治床位准备，加强重症医疗团队建设，确保重症人员得到最好的救治。要确保药品总量供应充足，加强市县统筹，确保所有患者都有药可配，确保服务暖心细致。

30 日

SHI ER YUE

●●　市委常委会召开会议，传达学习习近平总书记近期重要讲话和回信贺信精神，研究杭州市贯彻落实意见。

　　省委常委、市委书记刘捷主持会议并讲话。

　　会议指出，习近平总书记在中央农村工作会议上的重要讲话向全党全社会表明了党中央加强"三农"工作的鲜明态度，发出了强农重农的强烈信号。要从讲政治的高度抓三农促振兴，按照中央、省委统一部署，增强全局意识，坚决扛起粮食安全的政治责任，严格耕地保护，加强高标准农田建设，为建设世界一流的社会主义现代化国际大都市夯实"三农"基础。要用大历史观的眼光抓三农促振兴，把杭州"三农"工作放到打造中国式现代化城市范例历史征程中去谋划和推进，加快建设农业强市，创新完善体制机制，积极培育市场主体，推动农文旅深度融合，加大涉农干部人才培训力度，激活农业农村工作的"一池春水"，推动农民更富、产业更强，积极探索打造具有时代特征、杭州特点的中国式现代化乡村范例。要坚持五级书记亲自抓三农促振兴，通过抓书记、书记抓，真正做到把人力投入、物力配置、财力保障转移到乡村振兴上来。

会议强调，要认真学习贯彻习近平总书记致第五届"阿拉伯艺术节"贺信精神，建立健全与阿拉伯国家文化交流机制，用好中阿"一带一路"文旅融合发展平台，持续推进亚运"四进"活动，筹办"亚运之光"国际艺术节等文化交流活动，促进民心相知相通，巩固拓展对外开放先行优势，强化招商引资、宣传推介、产业合作、项目共建，形成更多务实合作成果。

会议强调，要认真学习贯彻习近平总书记给中国东方演艺集团的艺术家们回信精神，充分认识文艺工作者担负的光荣使命和艰巨任务，以社会主义核心价值观为引领，完善文艺创作生产资助体系和引导激励机制，持续深化市属文艺院团改革，营造出大作、出大家的文艺创作生态，推出思想深邃、内容丰富、形式多样的文艺作品，充分发挥文艺作品滋养心田、润物无声的艺术魅力，以更多叫好又叫座的精品力作讲好杭州故事、亚运故事、新时代故事，不断满足广大人民群众对美好生活的追求，不断增强人民精神力量，为建设社会主义文化强国做出新的贡献。

●● 市政府召开全体（扩大）会议，深入学习贯彻中央经济工作会议、省委十五届二次全会暨省委经济工作会议和省委书记易炼红在杭州调研时的重要讲话精神，全面落实市委十三届三次全会重大决策部署，部署推进新一年政府工作和一季度经济开门红工作。

姚高员指出，要提振信心、抢抓机遇，聚焦一季度"开门红"，抢赛点、拼经济，拉满弓、绷紧弦，按下"快进键"，跑出"加速度"，为2023年经济"全年红"开好局起好步。要拉高标杆，自我加压，奋斗目标要加快"立起来"，坚持清欠翻身、争先进位，确保完成底线目标，力争完成高线目标。要立足于早，紧抓快行，政策落实要加快"动起来"，重点细化好消费活动、投资项目、组团会展招商三张清单。要能快则快，靠前发力，项目攻坚要加快"干起来"，在规划攻坚快启动、前期工作再深化、项目进度再提速、补上基础设施投资缺口再提速、招大引强再发力、要素保障再强化等方面持续发力。要谋深抓实，打造集群，优势产业要加快"壮起来"，进一步找准细分赛道和产业增长点，打造产业生态。要稳定预期，提振信心，浓厚氛围要加快"造起来"，推动系列活动"好戏连台"。要健全机制，强化督导，责任链条要加快"紧起来"，做到各项工作有责任人、有派工单、有施工图、有时间表。

姚高员还对疫情防控、民生保障、安全生产、城市保供等工作进行了部署。

● ● 市政协召开市法院、检察院工作通报协商会。市政协主席马卫光出席并讲话。毛溪浩主持，郭清晔参加。市中级人民法院院长张宏伟、市人民检察院检察长叶伟忠分别通报情况，并就委员意见和建议做互动回应。

黄伟源、周建平、钱芬娟、毛爱东、戚敏敏、蒋国良等政协委员在会上发言。大家认为，2022年以来，市法检"两院"在市委的坚强领导下，忠实履行宪法和法律赋予的职责，服务大局彰显担当，改革创新主动有为，司法为民务实有效，自身建设严实有方，各项工作卓有成效，为护航杭州经济社会高质量发展做出了重要贡献。委员们还结合各自专业和关心问题，就发挥公益诉讼职能、规范统一财产保全行为、深化法检律良性互动机制、完善未成年人保护工作机制、优化法治营商环境等提出建议。

● ● 由市政府、浙江大学、中国美术学院主办，市委宣传部、市文化创意产业发展中心承办的第十六届杭州文化创意产业博览会在杭州国际博览中心开幕。

本届文博会采取"线上+线下"展示方式，线下展会开启，为期四天，设置"创新力量馆""传承力量馆"等两馆、"国际及台港澳主题专区""数智未来及新青年设计专区""宋韵文化专区""文化共富专区"4个区，以及国际文创、工艺活化、青年力量、文化共富、数智文化、民俗年礼、宋韵风雅7个板块，总展示面积3万平方米.线上会场已于12月25日亮相并持续至2023年1月4日，首次运用元宇宙概念打造"云尚宋韵"平台，并联合抖音、东家App、微拍堂等，共同打造"创意精抖云""宋韵江南·瑞兔迎新"等沉浸式文化消费体验场景。

本届杭州文博会坚持"国际化"路线，共计邀请近40个国家和地区的3800多个文化企业及品牌参加线上线下展示。其中，在杭州国际博览中心主会场就开设了"一带一路"匠心视界文创成果展、印象欧洲馆、"我是猫"主题展、"设计疗愈"瑞士馆、澜湄五国生活美学馆、捷克设计等六个国际主题展，首次进入国内参加2022年文博会的国际名品突破70%。开幕式上，杭州第三个海外文创产业交流中心——杭州瑞士文创产业交流中心揭牌。

集中发布一批有分量的文化行业年度发展指数研究报告，引领文化产业发展风向，是杭州文博会的一大特色。本届文博会联合清华大学、中国传媒大学、浙江大学、中国美术学院等知名高校以及多个文创机构的专家学者和业界大咖，安排了7场专业论坛和5项年度权威发展指数报告发布活动。

加快打造世界一流的
社会主义现代化国际大都市

JIAKUAI DAZAO SHIJIE YILIU DE

SHEHUI ZHUYI XIANDAIHUA GUOJI DADUSHI